D1699569

Gedruckt mit freundlicher Unterstützung von
der Rosa-Luxemburg-Stiftung und
der Norddeutschen Stiftung für Umwelt und Entwicklung

Bibliographische Information der Deutschen Nationalbibliothek

Die Deutsche Nationalbibliothek verzeichnet diese Publikation
in der Deutschen Nationalbibliographie; detaillierte bibliographische Daten
sind im Internet über http://dnb.d-nb.de abrufbar.

© 2007 oekom, München
oekom verlag, Gesellschaft für ökologische Kommunikation mbH
Waltherstrasse 29, 80337 München

Umschlagabbildung: Werner Schinko
Druck: DIP – Digital-Druck Witten
Gedruckt auf FSC-zertifiziertem Papier

ISBN 978-3-86581-059-5

Hermann Behrens, Jens Hoffmann (Bearb.)

Umweltschutz in der DDR

Analysen und Zeitzeugenberichte

Band 3
Beruflicher, ehrenamtlicher und
freiwilliger Umweltschutz

Institut für Umweltgeschichte und Regionalentwicklung e.V. (Hg.)
Hermann Behrens und Jens Hoffmann (Bearb.):

UMWELTSCHUTZ IN DER DDR

Band 3: Beruflicher, ehrenamtlicher und freiwilliger Umweltschutz

Vorwort

Abkürzungen

a	Jahr
AAT	Abproduktarme Technologie
ABI	Arbeiter- und Bauern-Inspektion
Abs.	Absatz
Abschn.	Abschnitt
Abt.	Abteilung
ABZ	Aufbereitungszentren
ACZ	Agrochemische Zentren
AdL	Akademie der Landwirtschaftswissenschaften
AdW	Akademie der Wissenschaften
AFT	Abproduktfreie Technologie
AfW	Amt für Wasserwirtschaft
AG (Z)	Zentrale Arbeitsgemeinschaft
AG	Arbeitsgruppe
AICB	Association International Contre le Bruit
AIV	Agrarindustrielle Vereinigung (Pflanzenproduktion)
AK	Arbeitskraft
AO	Anordnung
AROS	altrohstoffhaltiges (Papier)
Art.	Artikel
ASE	Arbeitsstab Elbe
ASP	Annahme-Stützpunkt
ASR	Akademie für Staats- und Rechtswissenschaften
AST	Aufgabenstellung
Az.	Aktenzeichen
BA / Barch	Bundesarchiv
BBergG	Bundesberggesetz
BBodSchG	Bundesbodenschutzgesetz
BFA	Bezirks-Fachausschuss
BfT	Büro für Territorialplanung
BGBl.	Bundesgesetzblatt
BGH	Bundesgerichtshof
BHI	Bezirkshygieneinspektion
BImSchV	Verordnung zur Durchführung des Bundes-Immissionsschutzgesetzes
BK	Braunkohle
Bl.	Blatt
BMBF	Bundesministerium für Bildung und Forschung
BPA	Bezirks-Parkaktiv
BPK	Bezirksplankommission
BRD	Bundesrepublik Deutschland
BSB	Biochemischer Sauerstoffbedarf
BStU	Bundesbeauftragte für die Unterlagen des Staatssicherheitsdienstes der ehemaligen Deutschen Demokratischen Republik
BTG	Brennstofftechnische Gesellschaft
Buchst.	Buchstabe
BUND	Bund für Umwelt und Naturschutz Deutschland
BVS	Bundesvereinigung gegen Schienenlärm
BVZ	Bundesvereinigung gegen Fluglärm

bzw.	beziehungsweise
C	Kohlenstoff
CDU	Christlich Demokratische Union
CDUD	Christlich-Demokratische Union Deutschlands
CKB	Chemisches Kombinat Bitterfeld
cm	Centimeter
CN	Cyanid
CO_2	Kohlendioxid
COMECON	Council of Mutual Economic Aid, englisch für: RGW, Rat für gegenseitige Wirtschaftshilfe
ČSFR	Tschechoslowakische Bundesrepublik, Tschechoslowakei
ČSSR	Tschechoslowakische Sozialistische Republik
$CuSO_4$	Kupfersulfat
d.h.	das heißt
DAL	Deutsche Akademie der Landwirtschaftswissenschaften
DAL	Deutscher Arbeitsring für Lärmbekämpfung e.V.
DB	Durchführungsbestimmung
DBA	Deutsche Bauakademie
DBD	Demokratische Bauernpartei Deutschlands
DDR	Deutsche Demokratische Republik
DDT	Dichlordiphenyltrichlorethan
DEFA	Deutsche Film AG
DGAW	Deutsche Gesellschaft für Abfallwirtschaft
DIN	Deutsches Institut für Normung e. V.
DK	Düngekalk
DKB	Deutscher Kulturbund
DM	Deutsche Mark
DSD	Duales System Deutschland
dto.	dito
DVO	Durchführungsverordnung
EAK	Eigenaufkommen
ebd.	ebenda
ECE	Economic Commission for Europe
EDV	Elektronische Datenverarbeitung
EG	Europäische Gemeinschaft
EGW	Einwohnergleichwerte
EU	Europäische Union
evtl.	eventuell
EW	Einwohner
f.	für
FAG	Facharbeitsgruppe
FB	Flussbereiche
FDGB	Freier Deutscher Gewerkschaftsbund
FDJ	Freie Deutsche Jugend
ff.	und folgende
FFH	Flora-Fauna-Habitat
FGW	Friedländer Große Wiese
FH	Fachhochschule
FN	Forstwirtschaftliche Nutzfläche
Fn.	Fußnote
FND	Flächennaturdenkmal

FZWT	Forschungszentrum für Wassertechnik
g	Gramm
GBl.	Gesetzblatt
GE	Grundsatzentscheidung
ggf.	gegebenenfalls
GHU	Gesellschaft für Hygiene und Umweltmedizin
GJ	Gigajoule
GmbH	Gesellschaft mit beschränkter Haftung
GNU	Gesellschaft für Natur und Umwelt
GST	Gesellschaft für Sport und Technik
GVS	Geheime Verschlusssache
GWR	Grundwasserregulierung
h	Stunde
H_2S	Schwefelwasserstoff
ha	Hektar
HAB	Hochschule für Architektur und Bauwesen (Weimar)
HEK	schlagbezogene Höchstertragskonzeption
Hg.	Herausgeber
HNO	Hals-Nasen-Ohren
HO	Handelsorganisation
HUB	Humboldt-Universität Berlin
i.d.R.	in der Regel
i.V.m.	in Verbindung mit
IAEA	International Atomic Energy Agency, Internationale Atomenergiebehörde
IBP	Industrielle Bruttoproduktion
ICSU	International Council of Scientific Union/Internationaler Rat der Wissenschaftlichen Union
IFG	Industriefachgruppe
IfK	Institut für Kommunalwirtschaft
IfS	Institut für Sekundärrohstoffwirtschaft
IfU	Institut für Umweltschutz
IfW	Institut für Wasserwirtschaft
IG	Interessensgemeinschaft
IGA	Internationale Gartenausstellung
IGBP	Internationales Geosphäre-Biosphäre-Programm
IGG	Institut für Geographie und Geoökologie Leipzig der AdW
ILN	Institut für Landesforschung und Naturschutz, später: für Landschaftsforschung und Naturschutz
IM	Inoffizieller Mitarbeiter des MfS, folgende Kategorien:
	FIM — Führungs-IM
	GMS — Gesellschaftlicher Mitarbeiter des MfS für Sicherheit
	IMB — Inoffizieller Mitarbeiter des MfS zur Bearbeitung im Verdacht der Feindtätigkeit stehender Personen
	IME — Inoffizieller Mitarbeiter des MfS im besonderen Einsatz
	IMK — Inoffizieller Mitarbeiter des MfS zur Sicherung der Konspiration
	IMK/KW — Inoffizieller Mitarbeiter des MfS, der konspirativ Räume zur Verfügung stellte
	IMS — Inoffizieller Mitarbeiter des MfS zur Sicherung eines Objekts oder Bereichs
ISW	Ingenieurschule für Wasserwirtschaft
IUCN	International Union for Conservation of Nature

IUGR	Institut für Umweltgeschichte und Regionalentwicklung e.V. an der Hochschule Neubrandenburg (Mecklenburg-Vorpommern)
IWWU	Institut für Weiterbildung, Wasser und Umwelt
KAP	Kooperative Abteilung Pflanzenproduktion
Kap.	Kapitel
KB	Kulturbund (der DDR)
KDT	Kammer der Technik
KFA	Komplexe Forschungsaufgabe
KFA	Kraftwerks-E-Filterasche
KFA	Komplexe Forschungsaufgabe
kg	Kilogramm
KHI	Kreishygieneinspektion
KIM	Kombinat Industrielle Mast
KKW	Kernkraftwerk
KMU	Karl-Marx-Universität (Leipzig)
KPD	Kommunistische Partei Deutschlands
kWh	Kilowattstunde
KWP	Kombinat Wassertechnik und Projektierung
LäSG	Lärmschutzgebiete
LAWA	Länderarbeitsgemeinschaft Wasser
LDPD	Liberal-Demokratische Partei Deutschlands
L_{eq}	äquivalenter Dauerschallpegel
lfm.	laufender Meter
LKG	Landeskulturgesetz
LKW	Lastkraftwagen
LN	Landwirtschaftliche Nutzfläche
LPG	Landwirtschaftliche Produktionsgenossenschaften, (T) = Tierproduktion; (P) = Pflanzenproduktion
LSG	Landschaftsschutzgebiet
lt.	laut
M	Mark der DDR
m	Meter
m.E.	meines Erachtens
m.W.	meines Wissens
m.w.N.	mit weiteren Nachweisen
m^3	Kubikmeter
MAB	(Kombinat) Metallaufbereitung
MAB	Man and the Biosphere
MAS	Maschinen-Ausleihstation
M-B-S	Mecklenburgisch-Brandenburgische Seenplatte
MDN	Mark Deutscher Notenbank (später Mark der DDR)
ME	Mengeneinheit
MFD	Maulwurffräsdränung
MfG	Ministerium für Gesundheitswesen
MfS	Ministerium für Staatssicherheit
MfUW	Ministerium für Umweltschutz und Wasserwirtschaft
mg	Milligramm
MGK	Ministerium für Glas- und Keramikindustrie
MHF	Ministerium für Hoch- und Fachschulwesen
Mio.	Million(en)
MIT	Massachusetts Institut of Technology

MJ	Megajoule
MLF	Ministerium für Land- und Forstwirtschaft
mm	Millimeter
MMK	mittelmaßstäbige Standortkartierung
MMM	Messe der Meister von Morgen
MPS	Material Product System
Mrd.	Milliarde(n)
MTS	Maschinen-Traktoren-Station
M-V	Mecklenburg-Vorpommern
MW	Megawatt
MWT	Ministerium für Wissenschaft und Technik
N	Stickstoff
NaNO$_3$	Natriumnitrat
NATO	North Atlantic Treaty Organisation, auch: Nordatlantikvertrag-Organisation
Nbg.	Neubrandenburg,
ND	Naturdenkmal
NDPD	Nationaldemokratische Partei Deutschlands
NGO	Non-Governmental Organization, Nichtstaatliche Organisation
NH$_3$	Ammoniak
NN	Normalnull
NO$_3$	Nitrat
NÖS	Neues Ökonomisches System
NO$_x$	Stickoxyde
NPT	Treaty on the Non-proliferation of Nuclear Weapons, Atomwaffensperrvertrag
Nr.	Nummer
NSG	Naturschutzgebiet
NSW	Nicht Sozialistisches Wirtschaftsgebiet
NVA	Nationale Volksarmee
o.a.	oben angeführt
O$_2$	Sauerstoff
OECD	Organisation for Economic Cooperation and Development, Organisation für wirtschaftliche Zusammenarbeit und Entwicklung
OFM	Oberflussmeisterei
OGK	Ortsgestaltungskonzeption
OM	Ordentliches Mitglied
OPEC	Organization of the Petroleum Exporting Countries, Organisation erdölexportierender Länder
OPK	Einleitung einer Operativen Personenkontrolle (Maßnahme des MfS)
OV	Operativer Vorgang
PE	Polyethylen
PVC	Polyvinylchlorid
rd.	rund
RdB	Rat des Bezirks
RdK	Rat des Kreises
RdL	Reinhaltung der Luft
Red.	Redaktion
RWV	rationelle Wasserverwendung
SAAS	Staatliches Amt für Atomsicherheit und Strahlenschutz
SAPMO	Stiftung Archive der Parteien und Massenorganisationen der DDR im Bundesarchiv
SAW	Sächsische Akademie der Wissenschaften

SBA	Staatliche Bauaufsicht
SBBI	Staatliches Büro für die Begutachtung von Innovationsvorhaben
SDAG	Sowjetisch-Deutsche Aktiengesellschaft Wismut
SED	Sozialistische Einheitspartei Deutschlands
SERO	Sekundärrohstoffwirtschaft
SKE	Steinkohleeinheit
SKF	Staatliches Komitee für Forstwirtschaft beim Rat für landwirtschaftliche Produktion und Nahrungsgüterwirtschaft der DDR
SKG	Ständige Kontrollgruppe Anlagensicherheit
SMAD	Sowjetische Militäradministration
SN	Sonstige Nutzfläche
SNA	System of National Accounts
SO$_2$	Schwefeldioxid
SPD	Sozialdemokratische Partei Deutschlands
SPK	Staatliche Plankommission
StAUN	Staatliches Amt für Umwelt und Natur
StAWA	Staatliches Amt für Wasser und Abfall
StFB	Staatlicher Forstbetrieb
StGB	Strafgesetzbuch
StK	Ständige Kommission
StUG	Studienarchiv Umweltgeschichte des Instituts für Umweltgeschichte und Regionalentwicklung e.V. an der Hochschule Neubrandenburg
STUI	Staatliche Umweltinspektion
t	Tonne
Tab.	Tabelle
TEK-LP	Territoriale Entwicklungskonzeption - Landschaftsplan
TGL	Technische Güte- und Leistungsbedingungen
TÖZ	Technisch-ökonomische Zielstellung
TPAH	Thermoplastabfälle aus Haushalten
TR	Totalreservat
Tsd.	Tausend
TSM	Talsperrenmeisterei
TU	Technische Universität
TWBA	Tiefenwasserbelüftungsanlage
u.a.	und andere, unter anderem
u.a.m.	und andere(s) mehr
UBA	Umweltbundesamt
UdSSR	Union der Sozialistischen Sowjetrepubliken (auch Sowjetunion)
UFZ	Umweltforschungszentrum
UNEP	United Nations Environment Programme, Umweltprogramm der Vereinten Nationen
UNESCO	United Nations Educational, Scientific and Cultural Organization, Organisation der Vereinten Nationen für Bildung, Wissenschaft und Kultur
UNO	United Nations Organization, Vereinte Nationen
USD	US-Dollar
usw.	und so weiter
UTG	Umwelttechnische Gesellschaft
UVP	Umweltverträglichkeitsprüfung
UWE	Abteilung Umweltschutz, Wasserwirtschaft und Erholung beim Rat des Bezirkes
v.a.	vor allem
v.H.	von Hundert

VbE	Verrechenbare Einheit
VD	Vertrauliche Dienstsache
VdgB	Vereinigung der gegenseitigen Bauernhilfe
VDI	Verein Deutscher Ingenieure
VE	Verrechnungseinheit
VEB	Volkseigener Betrieb
VEB FWV	Volkseigener Betrieb Fernwasserversorgung
VEB GuM	Volkseigener Betrieb der Gewässerunterhaltung und des Meliorationsbaus
VEB WAB	Volkseigener Betrieb der Wasserversorgung und Abwasserbehandlung
VEG	Volkseigenes Gut
Verf.	Verfasser
vgl.	vergleiche
VKSK	Verband der Kleingärtner, Siedler und Kleintierzüchter
VM	Valutamark
VÖW	Vereinigung für ökologische Wirtschaftsforschung e.V.
VR	Volksrepublik
VS	Verschluss-Sache
VVB	Vereinigung Volkseigener Betriebe
VVS	Vertrauliche Verschlusssache
VWR	Volkswirtschaftsrat
WBZ	Weiterbildungszentrum
WHO	World Health Organization, Weltgesundheitsorganisation
WN	Wasserwirtschaftliche Nutzfläche
WTR	Wissenschaftlich-Technische Revolution
WTZ	Wissenschaftlich-Technisches Zentrum
WWD	Wasserwirtschaftsdirektion
z.B.	zum Beispiel
z.T.	zum Teil
ZAK	Zentraler Arbeitskreis
ZBE	Zwischenbetriebliche Einrichtung
ZfK	Zentralinstitut für Kernforschung (Rossendorf)
ZGB	Zivilgesetzbuch
ZI	Zentralinstitut
Ziff.	Ziffer
ZIW	Zentralinstitut für Wirtschaftswissenschaften
ZK	Zentralkomitee
ZME	Zentralmodell Elbe
ZNV	Zentrale Naturschutzverwaltung
ZUG	Zentrum für Umweltgestaltung

Bezirke in der Deutschen Demokratischen Republik

Bezirke und Kreise in der DDR, Karte aus Geographie. Lehrbuch für Klasse 10. Ökonomische Geographie der sozialistischen Staatengemeinschaft und der Deutschen Demokratischen Republik, Berlin 1987, 3. Umschlagseite. <u>Bezirke</u>: 1 – Berlin (DDR), 2 – Cottbus, 3 – Dresden, 4 – Erfurt, 5 – Frankfurt/Oder, 6 – Gera, 7 – Halle, 8 – Karl-Marx-Stadt, 9 – Leipzig, 10 – Magdeburg, 11 – Neubrandenburg, 12 – Potsdam, 13 – Rostock, 14 – Schwerin, 15 – Suhl

Vorwort

Der Umweltschutz hatte Ende der 1980er Jahre in den Augen der Bevölkerung der Deutschen Demokratischen Republik insbesondere in den Industrieregionen in den Süd-Bezirken höchste Priorität. Auseinandersetzungen um Umweltprobleme wurden in diesen Regionen zunehmend öffentlich ausgetragen. Eine Bewegung „oppositioneller" Umweltgruppen entstand. In der Bundesrepublik erfreute sich vor allem der Teil dieser „oppositionellen" Umweltbewegung einer großen Aufmerksamkeit, der unter dem Dach der evangelischen Landeskirchen arbeitete.

Der Umweltschutz war in der Zeit der „Wende" auch einer der wichtigsten Diskussionspunkte am „Runden Tisch der DDR". Erste Umweltbilanzen erschienen mit dem „Umweltbericht der DDR", die auch eine empirische Grundlage für Urteile über die Umweltpolitik der DDR bildeten. Auch auf dem Gebiet der alten Bundesrepublik erlebte das Interesse am Thema „Umweltschutz in der DDR" in den ersten Jahren nach der Vereinigung der beiden deutschen Staaten einen kurzen Aufschwung. Dann ebbte es deutlich ab und ist heute fast „verschwunden".

In vorliegenden Rückblicken herrscht häufig ein negatives Urteil vor: Für die einen gab es eine Umweltpolitik, die ihren Namen verdiente, nicht. Für die anderen war sie theoretisch vorbildlich, aber praktisch ebenfalls nicht vorhanden. Für Dritte zeigten nur die (oppositionellen) Umweltgruppen unter dem Dach der evangelischen Landeskirchen umweltpolitische Verantwortung.

Das vorliegende Werk bietet genügend Grundlagen für ein differenzierteres Bild: Zahllose Expertinnen und Experten haben sich in unterschiedlichen Arbeitszusammenhängen engagiert für den Erhalt der natürlichen Lebensgrundlagen in der DDR eingesetzt, für Bodenschutz, Gewässerschutz und Schutz vor Lärm, für die Luftreinhaltung, für Naturschutz und Landschaftspflege.

Für die vorliegende Beitragssammlung in 3 Bänden konnten insgesamt 44 Autoren und 2 Autorinnen gewonnen werden, die überwiegend Zeitzeugen und Zeitzeuginnen sind und in vielen Fällen jahrzehntelang im Bereich Umweltforschung, Umweltschutz und Umweltgestaltung arbeiten. Sie äußern sich zu vielen bisher nicht oder nur wenig bearbeiteten Themenstellungen. Sie beschreiben Chancen und Hemmnisse, Reichweite und Grenzen für eine erfolgreiche Umweltpolitik im untergegangenen zweiten deutschen Staat.

Im **Band 1** finden sich Analysen und Zeitzeugenberichte zu den Rahmenbedingungen der Umweltpolitik in der DDR. Im Sinne einer Einführung gibt *Behrens* eine Übersicht über seit 1990 erschienene Rückblicke auf den Umweltschutz in der DDR insgesamt oder auf einzelne Bereiche der Umweltpolitik. Auf dieser Grundlage werden einige Forschungsdefizite benannt. *Hoffmann* und *Behrens* stellen daraufhin die Organisation des Umweltschutzes in der DDR dar. Danach wird

die Entwicklung der wesentlichen Umweltschutz-Begriffe (*Krummsdorf*) dargestellt. Es folgen Analysen zu den stofflichen Rahmenbedingungen der Umweltpolitik (*Tammer*), zum Umweltrecht (*Oehler*), zur sozialistischen „Reproduktions-
theorie" (*Tjaden*), zu Aspekten der Umweltphilosophie (*Löther, Hörz*) und zur
Wahrnehmung der „Umweltfrage" in der belletristischen Literatur (*H. Knabe*).
Beispielhaft werden schließlich Umweltprobleme und Umweltpolitik auf bezirklicher (regionaler) Ebene dargestellt (Beiträge *Herrmann* und *Behrens*).

Im **Band 2** folgen mediale und sektorale Betrachtungen der Umweltpolitik der
DDR mit Beiträgen zu Problemen des Naturschutzes und der Landschaftspflege
bzw. der Landeskultur in Agrarlandschaften sowie zum Schutz und zur Entwicklung der Wälder (*Wegener & Reichhoff, Gloger, Könker, Mohr, Joachim, Großer*),
zur Umweltrelevanz der Dorfplanung (*Mittag*), zum Gewässer- und Küstenschutz
(*Klapper, Simon, Bencard und Haase*), zur Sekundärrohstoffwirtschaft (*Kutzschbauch, Donner, Ramin, Hartard und Huhn*), zum Lärmschutz (*Schuschke, Brüdi-
gam und Schirmer*), zum Bodenschutz in Bergbaulandschaften (*Mücke, Krummsdorf*) und schließlich zum Ausstieg aus der Atomenergienutzung (*Pflugbeil*).

Im **Band 3** widmen sich die Autoren und die Autorin dem Themenbereich „beruflicher, ehrenamtlicher und freiwilliger Umweltschutz". Es werden von Zeitzeugen neben dem Beirat für Umweltschutz beim Ministerrat der DDR (*Oehler*) und
dem Rat für Umweltforschung beim Präsidium der Akademie der Wissenschaften
der DDR (*Mundt*) die Klasse Umweltschutz und Umweltgestaltung an der Akademie der Wissenschaften (*Kroske*) und die Sektion Landeskultur der Deutschen
Akademie der Landwirtschaftswissenschaften – später Akademie der Landwirtschaftswissenschaften – (*Bauer*) vorgestellt. *Behrens* stellt das Institut für Landschaftsforschung und Naturschutz vor, *Zuppke* das Zentrum für Umweltgestaltung.
Mohry gibt einen Überblick über die 290.000 „Experten-Köpfe" zählende Kammer der Technik. Der Umweltbewegung der DDR widmen sich *Behrens, Gensichen* und *Beleites*. *Simon* und *Rogge* stellen den Bezirksfachausschuss Wasser der
Gesellschaft für Natur und Umwelt im Kulturbund der DDR im Bezirk Magdeburg als Beispiel für ehrenamtlichen und freiwilligen Gewässerschutz dar. Beispiele für die hochschulgebundene Umweltforschung und ein Bericht über eine
frühe studentische Umweltschutzinitiative in Tharandt (Sachsen) folgen (*Hänsel,
Krummsdorf, Fritsche, Dobberkau, Stottmeister und W. Knabe*). Ein Beitrag über
Umweltplakate in der DDR beschließt den dritten Band (*Behrens* und *Hoffmann*).

Insgesamt zeigt sich, dass es in der Geschichte der DDR-Umweltpolitik mindestens vier Phasen gab, die jede für sich interessante Ansätze und Entwicklungen
bergen, deren weitere Untersuchung sich lohnen wird: Die Phase bis Anfang der
1960er Jahre, zu der als innovative Ansätze die „Landschaftsdiagnose der DDR",
das Naturschutzgesetz der DDR von 1954 oder die „landschaftsgebundenen Ta-

gungen" gehören, dann die Phase, in der als modernes Umweltschutzgesetz, das ohne wirksame Durchführungsverordnungen blieb, das Landeskulturgesetz entstand, das 1970 verabschiedet wurde. Diese Phase endete mit der Einrichtung des Ministeriums für Wasserwirtschaft und Umweltschutz 1972. Danach beginnt bereits die Phase der Stagnation – wesentlich mit hervorgerufen durch die Verschärfung der Rohstoff- und Energiesituation durch den „Ölschock" Mitte der 1970er Jahre und die damit verbundene Renaissance der Braunkohle – und schließlich, seit Mitte der 1980er Jahre, die des Niedergangs, zu deren Merkmalen das Entstehen oppositioneller bzw. autonomer Umweltgruppen gehörte.

Die Bearbeiter und das Institut für Umweltgeschichte und Regionalentwicklung e.V. hoffen, mit diesem umfangreichen Sammelband Neugier zu wecken „auf mehr" zum Thema Umweltschutz und Umweltgestaltung in der DDR und in den übrigen ehemaligen sozialistischen Staaten.

Dank gilt der *Norddeutschen Stiftung für Umwelt und Entwicklung* sowie der *Rosa-Luxemburg-Stiftung* für die Unterstützung der Drucklegung und des Vertriebs der vorliegenden Veröffentlichung.

Dank gilt auch den Grafikern Werner *Schinko* (Röbel) und Arno *Krause* (Hundorf bei Schwerin). Werner Schinko stellte die Grafiken für die Gestaltung der Titelseiten des ersten und dritten Bandes, Arno Krause die Grafik für die Titelseite des zweiten Bandes unentgeltlich zur Verfügung.

Hermann Behrens und Jens Hoffmann

Ellenor Oehler

Zu Funktion und Tätigkeit des Beirats für Umweltschutz beim Ministerrat

1. Bildung und Struktur

Der Ministerrat der DDR (die Regierung) hatte im Rahmen der Verantwortung für die einheitliche Durchführung der Staatspolitik auch die zentrale staatliche Leitung der Grundlagen der sozialistischen Landeskultur/des Umweltschutzes in ihrer volkswirtschaftlichen Komplexität und gesellschaftlichen Einordnung zu sichern.[1] Dem „Beirat für Umweltschutz" – bis 1972 „Ständige Arbeitsgruppe für sozialistische Landeskultur" – kam dabei eine wichtige Funktion zu.

Bereits 1967 hatte der Ministerrat die Erarbeitung einer Prognose „Industrielle Abprodukte und planmäßige Gestaltung einer sozialistischen Landeskultur[2] in der DDR" durch eine Arbeitsgruppe unter Leitung eines Stellvertreters des Vorsitzen-

---

[1] Gesetz vom 16.10.1972 über den Ministerrat der DDR, § 1 Abs. 7 („Der Ministerrat trifft grundsätzliche Entscheidungen, um eine harmonische, mit der Entwicklung der Zweige abgestimmte politische, ökonomische, kulturelle und soziale Entwicklung in den Territorien zu sichern. Das betrifft vor allem die Fragen der Standortverteilung der Produktivkräfte, der Entwicklung der Infrastruktur, ... sowie der sozialistischen Landeskultur einschließlich des Umweltschutzes"); Landeskulturgesetz vom 14.5.1970, § 3 (Abs. 1 S. 1: „Für die zentrale staatliche Planung und Leitung der Grundfragen der sozialistischen Landeskultur in ihrer volkswirtschaftlichen Komplexität ist der Ministerrat verantwortlich").

[2] Der Begriff „sozialistische Landeskultur" war 1967 in einer Beratung der „Prognosegruppe" unter Leitung Dr. Titels (Fn. 3), an der die Verfasserin teilgenommen hat, für die Gesetzgebung bestimmt worden. Die zuvor vorgeschlagenen Begriffe „Umweltschutz" („den Begriff gebrauchen die westlichen Länder, davon wollen wir uns aber abgrenzen!") und „Landeskultur" („der Begriff ist zu eng auf Landschaft und Landwirtschaft bezogen und wird traditionell so verstanden!") waren in der Diskussion abgelehnt worden, deshalb: „planmäßige Entwicklung/Gestaltung der sozialistischen Landeskultur" als Komplex (System) staatlicher und gesellschaftlicher Maßnahmen und Beziehungen der Realisierung der sozialistischen Umweltpolitik (als Kurzbezeichnung in verschiedenen Begriffsbildungen „Landeskultur", z.B. Landeskulturgesetz (im Folgenden LKG), landeskulturelle Erfordernisse, Aufgaben, Maßnahmen, Entwicklung). Der Oberbegriff „sozialistische Landeskultur" schloss den Naturschutz und den technischen Umweltschutz ein; exakt war deshalb die Formulierung „sozialistische Landeskultur einschließlich Umweltschutz". Nach 1972 wurde auch der Begriff „Umweltschutz" als Oberbegriff gebraucht, z.B. zur Bezeichnung des neu geschaffenen Ministeriums. In diesem Aufsatz werden die Begriffe aus den jeweils behandelten Materialien verwendet, also z.B. auch „sozialistische Landeskultur und Umweltschutz" oder „sozialistische Landeskultur/Umweltschutz".

den des Ministerrates (Dr. Werner Titel[3]) veranlasst, die 1968/1969 vorbereitet und beraten wurde. Auf dieser Grundlage waren mit Beschluss des Ministerrates vom 5.2.1969 „über die planmäßige Entwicklung einer sozialistischen Landeskultur in der DDR" Maßnahmen zur Gewährleistung der „einheitlichen und komplexen Durchführung" der betreffenden Aufgaben festgelegt worden (Ziff. 5). Dazu gehörten

- gemäß Buchst. a), dass zu deren Verwirklichung der Stellvertreter des Vorsitzenden des Ministerrates Dr. Werner Titel mit der Wahrnehmung der Anleitung, Koordinierung und Kontrolle auf dem Gebiet der sozialistischen Landeskultur beauftragt wurde;
- gemäß Buchst. b), dass für die Beratung und Koordinierung von Grundfragen der Entwicklung der sozialistischen Landeskultur sowie die Einbeziehung und Mobilisierung aller gesellschaftlichen Kräfte für die Lösung der Aufgaben eine „Ständige Arbeitsgruppe für sozialistische Landeskultur beim Ministerrat der DDR" zu bilden war. Die Arbeitsgruppe hatte gleichzeitig in Weiterführung der prognostischen Arbeit die Aufgaben einer ständigen Prognosegruppe des Ministerrates wahrzunehmen und dazu die erforderliche Gemeinschaftsarbeit zu veranlassen. Mit der Leitung wurde der Stellvertreter des Vorsitzenden des Ministerrates Dr. Titel beauftragt;

Abbildung 1: Dr. Werner Titel.
Foto aus: Kühn-Archiv 85 (1971) 2, 120

- gemäß Buchst. c), dass die Zusammensetzung der Arbeitsgruppe dem Präsidium des Ministerrates zur Bestätigung vorzulegen war.

---

[3] Werner Titel, promovierter Landwirtschaftswissenschaftler (Dr. agr.), war als Vertreter einer der den Ministerrat (die Regierung) der DDR tragenden 5 Parteien, nämlich der Demokratischen Bauernpartei Deutschlands (DBD), einer der Stellvertreter des Vorsitzenden des Ministerrates (ohne Ministeramt). Mit seinem Namen und Wirken sind besonders das große Engagement für die Verankerung des komplexen Umweltanliegens in der Verfassung von 1968, für die Vorbereitung und den Erlass des Landeskulturgesetzes von 1970 und für die Einordnung der Umwelterfordernisse in das „Neue Ökonomische System" (NÖS, Fn. 17 zu dem Aufsatz der Verfasserin „Die Entwicklung des Umweltrechts in der DDR" – siehe Band 1 der vorliegenden Reihe), insbesondere für die Einführung „ökonomischer Hebel", verbunden. Zu Veröffentlichungen Fn. 28.

Nach dem Tod Dr. Titels (Dezember 1971) ging die Leitung an dessen Nachfolger Dr. Hans Reichelt[4] über, der ebenfalls Stellvertreter des Vorsitzendes des Ministerrates und mit Bildung des Ministeriums für Umweltschutz und Wasserwirtschaft (1972[5]) der entsprechende Minister wurde. 1972 erfolgte die Umbenennung der „Ständigen Arbeitsgruppe ...“ in „Beirat für Umweltschutz“. Mitglieder der Ständigen Arbeitsgruppe bzw. des Beirats waren:[6]

- Stellvertreter des Vorsitzenden der Staatlichen Plankommission, Stellvertretende Minister bzw. Staatssekretäre der Ministerien für Kohle und Energie, für Land-, Forst- und Nahrungsgüterwirtschaft, für Chemische Industrie, für Leichtindustrie, für Bezirksgeleitete Industrie und Lebensmittelindustrie, für Schwermaschinen- und Anlagenbau, für Wissenschaft und Technik, für Umweltschutz und Wasserwirtschaft, für Gesundheitswesen, für Hoch- und Fachschulwesen sowie Vertreter der Ministerien für Bauwesen, für Verarbeitungsmaschinen- und Fahrzeugbau, für Materialwirtschaft;
- der Stellvertreter des Vorsitzenden des Rates des Bezirkes Halle[7], der Vorsitzende des Rates des Kreises Hoyerswerda;[8]

---

[4] Hans Reichelt war ebenfalls promovierter Landwirtschaftswissenschaftler (Dr. agr.) und gehörte ebenfalls (seit 1950) der DBD an, seit 1982 als Stellvertretender Vorsitzender. Dr. Reichelt war 1953-1963 Minister für Landwirtschaft und danach Vorsitzender des Staatlichen Komitees für Meliorationen. Während seiner Amtszeit als Stellvertreter des Vorsitzenden des Ministerrates und Umweltminister (1972-1989) waren die schwierigen Umweltprobleme bestimmend geworden, die in diesem Aufsatz behandelt werden. Die DBD der DDR ging 1990 in die CDU der BRD ein. Einschätzungen und Rückblicke in: Beratung des Präsidiums des Parteivorstandes über die Mitarbeit der DBD bei der Verwirklichung der Umweltpolitik der DDR am 13.1.1987, mit Hauptreferat H. Reichelt, (1987): Die Umweltpolitik der DDR und der Beitrag unserer Partei zu ihrer Verwirklichung, Broschüre Berlin, 85 S.; Reichelt, H.: Blockflöten – oder was? Zur Geschichte der DBD, Edition Ost, Berlin 1997, 389 S. Entsprechende Publikationen als Umweltminister: Reichelt, H.: Umweltpolitik in unserer Gesellschaft – Die natürliche Umwelt rationell nutzen, gestalten, schützen, in: Einheit 39 (1984) 11, 1010-1017; Reichelt, H.: Beiträge zur Lösung des Umweltproblems, Vortrag und Diskussion zum Parlamentarischen Dialog 19 des Italienischen Senats, Verlag des Senats, Rom 1986, 95 S. (17-45, 81-94).

[5] Das Ministerium wurde 1972 auf Beschluss des Ministerrates als zentrales Staatsorgan gebildet und auf dem Gebiet des Umweltschutzes als ein Funktionalorgan des Ministerrates mit weitreichenden Koordinierungsfunktionen ausgestattet; Statut vom 23.10.1975.

[6] Beschluss des Präsidiums des Ministerrates vom 20.9.1972 „Grundsätze für die Arbeit des Beirates für Umweltschutz beim Ministerrat“, Abschn. 3 „Leitung und Arbeitsweise des Beirates für Umweltschutz“ sowie Anlage 2 „Zusammensetzung des Beirates für Umweltschutz beim Ministerrat“.

[7] Gemäß Ministerratsbeschlüssen waren seit 1967 beispielhaft in diesem Bezirk konzeptionelle Arbeiten und Experimente zur Leitung, Planung und ökonomischen Stimulierung von Umweltaufgaben erfolgt. Die Verfasserin war an den Untersuchungen und Auswertungen beteiligt, dazu näher Oehler, E.: Zur Entwicklung des Agrarumweltrechts in der DDR, in: Götz, V. & Winkler, W. für Institut für Landwirtschaftsrecht der Universität Göttingen (Hg.): Jahrbuch des Agrarrechts Bd. I, Heymanns-Verlag, Köln 1997, S. 223-366 (S. 243-246 mit Fn. 95-101).

[8] Es handelte sich um einen der Kreise des Bezirks Cottbus, in dem Umweltprobleme des Braunkohlenabbaus und der Energiepolitik konzentriert auftraten.

- der Leiter der Kommission Wasserwirtschaft des Forschungsrates der DDR, der Leiter der Kommission Reinhaltung der Luft des Forschungsrates der DDR;[9]
- der Direktor des Instituts für Landschaftsforschung und Naturschutz der Akademie der Landwirtschaftswissenschaften zu Berlin, Vertreter der Technischen Universität Dresden sowie der Akademie der Wissenschaften zu Berlin;
- der Sekretär der Ständigen Arbeitsgruppe/des Beirates.[10]

Die Teilnahme an der Arbeit der Ständigen Arbeitsgruppe/des Beirates war weiterhin festgelegt[11] für:

- Präsidiumsmitglieder des Nationalrates der Nationalen Front sowie des Bundesvorstandes des Freien Deutschen Gewerkschaftsbundes (FDGB), ein Mitglied des Bundesvorstandes des Bundes der Architekten der DDR, Vertreter des Präsidiums der Kammer der Technik (KDT) sowie des Präsidialrates des Deutschen Kulturbundes, den Vizepräsidenten der URANIA (Gesellschaft zur Verbreitung wissenschaftlicher Kenntnisse).

Zu den Beratungen der Ständigen Arbeitsgruppe/des Beirates konnten außerdem zugezogen werden:[12]

- weitere Vertreter zentraler (z.B. Zentralverwaltung für Statistik) und örtlicher staatlicher Organe, gesellschaftlicher Organisationen und wissenschaftlicher Einrichtungen.[13]

Die Struktur (Staatsorgane, zentrale Organe wirtschaftlicher und nichtwirtschaftlicher Bereiche, Wissenschafts- und Bildungseinrichtungen, gesellschaftliche Organisationen) entsprach somit der als Zielsetzung vorgegebenen Gewährleistung der „einheitlichen und komplexen Durchführung" der gestellten Aufgaben, ausgehend von der Einheit von Natur und Umwelt als Lebens- und Produktionsgrundlage für alle gesellschaftlichen Bereiche und Bedürfnisse.

---

[9] Diese interdisziplinär zusammengesetzte Kommission war 1961 gebildet worden. Die Verfasserin gehörte ihr, als Vertreterin der Rechtswissenschaft, von Anfang an an.

[10] Diese Funktion oblag einem verantwortlichen Mitarbeiter des Stellvertreters des Vorsitzenden des Ministerrates Dr. Titel und ab 1972 einem verantwortlichen Vertreter des Umweltministeriums, das zugleich die Sekretariatsfunktion für den Beirat wahrnahm.

[11] Fn. 6, Anlage 2 des Beschlusses.

[12] Fn. 6, Abschn. 3 Buchst. h) des Beschlusses.

[13] Die Verfasserin nahm an den 35 Tagungen der Ständigen Arbeitsgruppe/des Beirats (1969-1989) als Vertreterin der Rechtswissenschaft teil, und zwar in den Funktionen als Leiterin des Forschungsbereiches „Umwelt- und Bodenrecht" der Akademie für Staats- und Rechtswissenschaft Potsdam-Babelsberg und als Leiterin des Arbeitskreises „Umwelt- und Bodenrecht" des Rates für staats- und rechtswissenschaftliche Forschung der Akademie der Wissenschaften der DDR. Eine entsprechende Bereitschaftserklärung zur Mitarbeit war auf Anforderung des Beiratsvorsitzenden abgegeben worden.

2. Aufgabenstellung

Ausgehend von den im Abschnitt 1 genannten, pauschal formulierten Zielstellungen wurden die Aufgaben 1972 detaillierter folgendermaßen bestimmt:[14]

- Beratung von Grundfragen der Leitung und Planung der sozialistischen Landeskultur/des Umweltschutzes, der Realisierung des Volkswirtschaftsplanes und der Rechtsvorschriften auf diesem Gebiet;
- Beratung von Programmen und Konzeptionen zur Durchführung von Maßnahmen der sozialistischen Landeskultur/des Umweltschutzes in den Wirtschaftszweigen und den Territorien;[15]
- Beratung von Maßnahmen zur Vertiefung der wissenschaftlich-technischen und der ökonomischen Zusammenarbeit der sozialistischen Länder[16] sowie zur Sicherung des wissenschaftlich-technischen Vorlaufes und der raschen Überleitung von Forschungs- und Entwicklungsergebnissen in die Praxis sowie die Kontrolle deren Erfüllung;
- Beratung der Weiterentwicklung der Rechtsgrundlagen und ökonomischen Regelungen zur effektiven Gestaltung des Umweltschutzes in einzelnen Bereichen der Volkswirtschaft auf der Grundlage der Einschätzung der Wirksamkeit der bisherigen Rechtsgrundlagen mit den Ergebnissen der staatliche Kontrollorgane;
- Förderung der breiten Einbeziehung der Werktätigen und ihrer Organisationen in die Durchführung von landeskulturellen Aufgaben sowie einer wirksamen Öffentlichkeitsarbeit;[17]
- Koordinierung der Aktivitäten der auf dem Gebiet der sozialistischen Landeskultur/des Umweltschutzes tätigen wissenschaftlichen und gesellschaftlichen Organisationen (Kulturbund, Kammer der Technik, URANIA u.a.).

Diese Aufgabenstellung für den Beirat umfasste somit faktisch die gesamte Breite der umweltpolitischen Verantwortung der zusammenwirkenden Akteure mit allen ihren von 1967 bis 1989 entstandenen internationalen und nationalen An-

---

[14] Fn. 6, Abschn. 2.

[15] Der Begriff „Territorien" erfasste nach der DDR-Terminologie die Gebiete von Bezirken, Kreisen, Städten und Gemeinden.

[16] Zu allgemeinen Grundlagen und speziell zum Umweltrecht Oehler, E.: Internationale Forschungskooperation der ehemaligen RGW-/COMECON-Staaten zum Umweltrecht/Zwischen ihnen bzw. unter ihrer Beteiligung und auf dem Wege zur EU-Osterweiterung, Dr. Kovač, Hamburg 2004, 537 S., m.w.N.

[17] Beschluss des Ministerrates vom 25.7.1970, Ziff. 3.2.: „Die Ständige Arbeitsgruppe für sozialistische Landeskultur beim Ministerrat ist das Organ, das die Verstärkung der Öffentlichkeitsarbeit durch entsprechende Anleitung und Koordinierung der Maßnahmen zu sichern hat"; danach 1972: Fn. 6, Abschn. 2 Buchst. e) des Beschlusses.

forderungen. Als beratendes Organ des Ministerrates konzentrierte er sich in seiner Arbeit auf die Analyse des Erreichten und die Suche nach Lösungsmöglichkeiten für wirksamen Umweltschutz – unter Mobilisierung aller Reserven und Kräfte
–, und zwar bei sich ständig verschärfenden materiellen und finanziellen Rahmenbedingungen und entstandenen Widersprüchen zur Umweltrealität.

Bereits 1970[18] hatte der Ministerrat entsprechend dem Beispiel der zentralen
Ebene festgelegt, dass auch auf *Bezirksebene* Ständige Arbeitsgruppen für sozialistische Landeskultur zu bilden seien; für die *Kreisebene* wurde die Bildung ana-
loger Ständiger Arbeitsgruppen empfohlen. In einigen Bezirken (z.B. Halle und
Gera) bestanden derartige Organe bereits, die anderen Bezirke und die meisten
Kreise bildeten sie Anfang der 1970er Jahre. Zum Teil wurden sie wie auf zentraler Ebene nach 1972 in „Beirat für Umweltschutz" umbenannt. Sie waren, wie der
zentrale Beirat, bis 1989 tätig.[19]

Als Mitglieder der bezirklichen Organe sollten insbesondere berufen werden:[20]
- verantwortliche Vertreter der Bezirksplankommission, des Bezirkswirtschafts-
rates, des bezirklichen Rates für Landwirtschaft und Nahrungsgüterwirtschaft;
- verantwortliche Vertreter der Fachabteilungen des Rates, die wichtige Teilaufgaben der sozialistischen Landeskultur/des Umweltschutzes zu lösen hatten;
- verantwortliche Vertreter von wirtschaftsleitenden Organen, Betrieben[21] und
wissenschaftlichen Einrichtungen, soweit diese wesentlichen Einfluss auf die
Gestaltung der sozialistischen Landeskultur/des Umweltschutzes im Territorium
ausübten.

Die Mitwirkung von Vertretern gesellschaftlicher Organisationen sollte in
Übereinstimmung mit diesen Organisationen gewährleistet werden. Entsprechend
der Notwendigkeit konnten Untergruppen für Teilaufgaben der sozialistischen
Landeskultur/des Umweltschutzes gebildet werden. Mit der Leitung sollte ein
Mitglied des Rates des Bezirkes[22] beauftragt werden.

Die *Aufgabenstellung* für die bezirklichen (und kreislichen) Ständigen Ar-
beitsgruppen/Beiräte entsprachen den vorstehend für die zentrale Ebene genannten
Anforderungen.[23] Ziel war die Ausarbeitung, Beratung und Koordinierung von

---

[18] Beschluss des Ministerrates vom 15.4.1970, Ziff. 2; Fn. 17. Ziff. 3.1. Abs. 1 des Beschlusses.

[19] Die Verfasserin war als Vertreterin der Rechtswissenschaft (Fn. 13) Mitglied der Ständigen Arbeitsgruppe für sozialistische Landeskultur/des Beirats für Umweltschutz beim Rat des Bezirkes Potsdam.

[20] Beschlüsse des Ministerrates Fn. 18, ebenda.

[21] Der Begriff „Betriebe" erfasste gemäß § 1 Abs. 2 LKG „volkseigene Betriebe und Kombinate, Genossenschaften, Betriebe anderer Eigentumsformen und Einrichtungen", also auch die landwirtschaftlichen Produktionsgenossenschaften (LPG).

[22] Mit Bildung der entsprechenden Ratsbereiche waren das die Mitglieder des Rates des Bezirkes für
Umweltschutz (und Wasserwirtschaft).

[23] Beschlüsse des Ministerrates Fn. 18, ebenda.

grundsätzlichen Maßnahmen zur komplexen Entwicklung der sozialistischen Landeskultur/des Umweltschutzes im Bezirk/Kreis sowie zur Förderung der Initiative aller gesellschaftlichen Kräfte für die Lösung der landeskulturellen Aufgaben. Betont wurde, dass es sich um keine neuen Fachorgane handelt, sondern dass die Arbeitsgruppen durch ihre Tätigkeit wesentlich dazu beitragen sollten, dass die Verantwortung der Fachabteilungen mit einem größeren gesellschaftlichen Nutzeffekt für die Durchführung der landeskulturellen Maßnahmen wahrgenommen werden könnte.

3. Umweltpolitik, Leitungsaufgaben, Programme/Konzeptionen

Zu den ständigen Tagesordnungspunkten der Tagungen der Ständigen Arbeitsgruppe für sozialistische Landeskultur/des Beirats für Umweltschutz gehörte die Beratung über die vom Ministerrat beschlossene/zu beschließende Leitungsstruktur (Abschnitte 1 und 2) sowie über die Erfüllung der vom Ministerrat gefassten weiteren Beschlüsse auf dem Gebiet sozialistische Landeskultur/Umweltschutz.

So standen bereits 1973 (5. Tagung) die Analyse der Wirksamkeit der zentralen, bezirklichen und kreislichen Einordnung der Umweltschutz-Verantwortung in die Tätigkeit der Ministerien und bezirklichen/kreislichen Ratsbereiche, die Einsetzung von Umweltbeauftragten in den Ministerien und in der Wirtschaft sowie die Erarbeitung und Umsetzung langfristiger bezirklicher Programme zur Diskussion. Die 6. Tagung (1974) beriet u.a. den Entwurf des Jahresberichts 1973 der Staatlichen Zentralverwaltung für Statistik über die Entwicklung der sozialistischen Landeskultur/des Umweltschutzes und Schlussfolgerungen für erforderliche Ministerratsbeschlüsse, so zur Eindämmung von Luftschadstoffen. Dem Beirat lagen regelmäßig ausführliche Informationen über den Stand der Verwirklichung der sozialistischen Landeskultur/des Umweltschutzes sowie über Orientierungen und Schwerpunktprobleme für die Weiterentwicklung vor, deren Beratung zu Empfehlungen für den Ministerrat und insbesondere die staatliche Planung führten (näher Abschn. 5).

Auf der 8. Tagung (1975) wurde nach Beratung des Jahresberichts 1974 die Notwendigkeit unterstrichen, das staatliche Berichtswesen zu vervollkommnen und die Kennziffern-Nomenklaturen für das Statistische Jahrbuch exakt festzulegen sowie durch das Umweltministerium einen Beschlussvorschlag für das Präsidium des Ministerrates zur Erhöhung der Effektivität der Maßnahmen des Umweltschutzes und zur Verstärkung der Kontrolle vorzubereiten.

Die 9. Tagung (1975) befasste sich u.a. mit Konzeptionen über die Entwicklung der sozialistischen Landeskultur/des Umweltschutzes in den Ballungsgebieten der

Bezirke Halle, Leipzig, Karl-Marx-Stadt/Chemnitz und Cottbus bis 1980, um Schwerpunkte für die Planung zu bestimmen und zu begründen; es zeigten sich dabei Widersprüche zwischen formulierten Wunschvorstellungen, gemessen an Umwelterfordernissen, und den materiellen und finanziellen Möglichkeiten einer Realisierung, was zu scharfer Kritik des Beirats an den Konzeptionen unter Forderung realer Angaben führte.

Auf der 10. Tagung (1976) standen die Konzeptionen zur Entwicklung der sozialistischen Landeskultur/des Umweltschutzes in der Hauptstadt Berlin (auf der Grundlage der zentralen Orientierungen zur Ausarbeitung des Generalplanes) bis zum Jahre 2000 und im Bezirk Cottbus bis 1980 zur Beratung. Auch hierbei zeigten sich gleichartige Mängel. Die Probleme der Luftverschmutzung (mit ihren gesundheitlichen Folgen), der Abwasser- und Abproduktebeseitigung, der Lärmbelästigungen, der Waldschäden und in Cottbus der Folgen des Braunkohlenabbaus und der Energiepolitik waren in den Vorlagen nicht den Fakten entsprechend erfasst und die Schlussfolgerungen unrealistisch. Bei Anerkennung guter Beispiele kooperativer Anstrengungen zur Minderung der Defizite wurden erforderliche Änderungen und Präzisierungen der Programme eingefordert; die Diskrepanzen zur Absicherung erforderlicher Umweltschutzmaßnahmen blieben aber weiterhin unbewältigt.

In allen folgenden Jahren wurden – gestützt auf parallel beratene Probleme des Umweltschutzes in der Wirtschaftsentwicklung (Abschn. 5), des Gesundheitsschutzes (Abschn. 6), der Forschungsarbeit (Abschn. 7) und der internationalen Beziehungen (Abschn. 8) – im Beirat die Ergebnisse der umweltpolitischen Aktivitäten eingeschätzt und konzeptionelle/programmatische Richtlinien für die Weiterentwicklung und für Beschlussfassungen im Ministerrat beraten/vorbereitet und Anforderungen für bezirkliche und kreisliche Programme vorgegeben.

Bei aller realistischen und kritischen Wertung der erreichten Ergebnisse, gegebenen Umweltbedingungen und -zustände, vorgesehenen Entwicklungen und vorhandenen (begrenzten) materiellen Quellen, die eine Relativierung der „Fortschritte" einschloss, blieb das „optimistische" Vertrauen in die Vorteile planmäßiger, vorsorgender, kooperativer „sozialistischer" Umweltpolitik bestimmend.[24] Zu

---

[24] Nicht zuletzt war das auf die weitgehende Geheimhaltung der Fakten über den Umweltzustand, auch in den Beiratsberatungen, zurückzuführen (dazu Ausführungen in den Abschnitten 4 und 5) sowie auf die fehlenden Kenntnisse über den „Welthöchststand". Unbestritten bleiben aber Vorteile des Gesellschaftssystems, wie das interdisziplinäre, komplexe Herangehen, die breite Gemeinschaftsarbeit unter Einschluss gesellschaftlicher Mitwirkung. Erste zusammenfassende Publikationen in der DDR waren: Reinhardt, H.; Lütke, H.-A. & Dahlke, E. (Hg.): Mensch und Umwelt, URANIA-Sonderheft, 2. Aufl., URANIA-Verlag, Leipzig, Jena, Berlin (Ost) 1973, 99 S.; Lohs, K. & Döring, S. (Hg.): Im Mittelpunkt der Mensch, Umweltgestaltung – Umweltschutz, 25 Beiträge, Akademie-Verlag, Berlin (Ost) 1975, 422 S.; Gerassimow, I.P. (Hg.): Mensch, Gesellschaft und Umwelt, Übersetzung aus dem Russi-

Schwerpunkten der Anstrengungen wurden ressourcen-, material- und energiesparende Technologien, Kreislaufführungen, Mehrfachnutzungen, Wiederverwertungen und „Rationalisierungen" erklärt, verbunden mit steigenden gesellschaftlichen Initiativen zur Erschließung von Reserven, einer breiten Gemeinschaftsarbeit und Kooperation der Akteure in Wirtschaft, Kommunen und Gesellschaft und einer ständigen Kontrolle und Einschätzung der Aktivitäten.

So wurden z.B. auf der 30. Beiratstagung (1986) für neu zu fassende langfristige komplexe Programme/Konzeptionen der Kreistage/Räte der Kreise als Schwerpunkte empfohlen:

- Analyse der Territorialsituation (Hauptrichtungen für die Verbesserung der Umweltbedingungen);
- territoriale Schwerpunktaufgaben des Umweltschutzes bis 1990:
  - Entwicklung und Einführung abproduktarmer Technologien, geschlossener Stoffkreisläufe, Verwertung von industriellen Abprodukten als Sekundärrohstoffe, schadlose Beseitigung nicht verwertbarer Abprodukte, rationeller Einsatz von Rohstoffen, Hilfsstoffen, Zwischenprodukten, Energie und Sekundärrohstoffen im Reproduktionsprozess, Kompostierung von Hausmüll, Gewinnung von Biogas;
  - Maßnahmen zur Verringerung der Luftbelastung – effektiver Einsatz und rationelle Energieanwendung, Einführung effektiver Technologien der Rauchgasentschwefelung und Entstaubung, Optimierung von Verbrennungsprozessen, Reduzierung von Emissionen durch Optimierung der Verkehrsabläufe;
  - Maßnahmen zur Reinhaltung der Gewässer und Sicherung ihrer Verfügbarkeit – einfache Verfahren zur Erhöhung des Anschlussgrades an zentrale Kläranlagen, Errichtung und Erhöhung der Wirksamkeit biologischer Reinigungsstufen, komplexe Sanierung von Flusseinzugsgebieten;
  - Bodenschutz-, Naturschutz- und Landschaftsschutzmaßnahmen. Rekultivierung von Deponie- und Abbauflächen, Nutzung von Restflächen, Öd- und Unland, Erarbeitung und Umsetzung von Landschaftspflegeplänen (sollten der Konzeption beigefügt werden), Behandlungs-, Pflege- und Bewirtschaftungsrichtlinien und -verträgen, Artenschutzregelungen;
  - Verbesserung der Arbeits- und Lebensbedingungen – Schutz vor Verkehrs- und Industrielärm, Gestaltung und Schutz der Umwelt auf der Grundlage von Ortsgestaltungskonzeptionen sowie Stadt- und Gemeindeordnungen, weitere Entwicklung der Naherholungsbedingungen;

schen, Volk und Wissen, Berlin (Ost) 1973, deutsch 1976, 335 S.; Neef, E. & Neef, V. (Hg.): Brockhaus Handbuch Sozialistische Landeskultur, Umweltgestaltung-Umweltschutz, mit einem ABC, F.A. Brockhaus Verlag, Leipzig 1977, 620 S.; Schindler, H.: Graben wir uns selbst das Wasser ab? Umweltprobleme in unserer Zeit, Neues Leben, Berlin (Ost) 1979, 206 S.

- weitere Maßnahmen zur Verbesserung der Umweltbedingungen in Schwerpunktgebieten mit hoher Umweltbelastung sowie in umweltgefährdeten Gebieten (dazu sollten in einer Anlage Schwerpunkte der Investitionsmaßnahmen mit den zu erreichenden Ergebnissen der Verbesserung der Umweltbedingungen ausgewiesen werden);
- Maßnahmen zur Entwicklung von Leitung und Planung:
  - Koordinierung der Durchführung der Programme/Konzeptionen durch den Ratsbereich Umweltschutz/Wasserwirtschaft;
  - Aufgaben der anderen Ratsbereiche;
  - Aufgaben der Räte, Beiräte, Ständigen Kommissionen und staatlichen Kontrollorgane, insbesondere zur Kontrolle der Verwirklichung der Programme/Konzeptionen;
  - Durchführung von Landschaftstagen;
- Beiträge der gesellschaftlichen Organisationen für Umwelterziehung, Entwicklung des Umweltbewusstseins und „Realisierung von Initiativen" – Nationale Front, Kulturbund, insbesondere Gesellschaft für Natur und Umwelt, Gewerkschaft, Jugendorganisation, Frauenorganisation, Kammer der Technik, Anglerverband, Jagdgesellschaften, Sportvereine und andere (dazu sollten in einer Anlage Schwerpunktvorhaben – konkrete Objekte –, die durch gesellschaftliche Organisationen realisiert werden, ausgewiesen werden).

Soweit nicht vorhanden, sollten auch auf Bezirksebene neue Programme erarbeitet werden.

In die Ausarbeitung sollten die Staatlichen Umweltinspektionen bei den Räten der Bezirke, die Kreishygieneinspektionen sowie die Umweltbeauftragten/Wasser- und Emissionsbeauftragten/Beauftragten für Sekundärrohstoffwirtschaft der Betriebe und der Einrichtungen im Kreis einbezogen werden. Die Erarbeitung der Konzeptionen sollte in Abstimmung mit der Kreisplankommission, dem Kreisbauamt, dem Kreisarzt sowie den Ratsbereichen für Örtliche Versorgungswirtschaft, für Energie, für Verkehr, für Land-, Forst- und Nahrungsgüterwirtschaft sowie für Erholungswesen erfolgen.

Das der Verfasserin vorliegende „Programm der planmäßigen Gestaltung der sozialistischen Landeskultur im Bezirk Potsdam" (Bezirkstagsbeschluss vom 17.3.1986) sowie kreisliche Programme/langfristige Konzeptionen von 1987 entsprachen diesen zentralen Empfehlungen. Durchgängig war die nur allgemein gehaltene Formulierung eingefügt, dass „zur Reduzierung bestehender Umweltbelastungen erforderliche Maßnahmen/Investitionen in die Pläne aufzunehmen/zu berücksichtigen sind." Damit war – ohne den Umweltzustand zu werten und die „erforderlichen" Maßnahmen/Investitionen zu begründen – die Durchsetzung in den Planungsmechanismus verwiesen (dazu Abschn. 5); zugleich wurde die Kontrolle dieser allgemein gehaltenen Programme/langfristigen Konzeptionen den Ständigen Kommissionen der Bezirks- und Kreistage, den Räten sowie den haupt- und ehrenamtlichen Kontrollorganen übertragen.

Der 31. Beiratstagung (2.12.1987) wurde dann vom Umweltministerium eine „zusammengefasste Einschätzung der beschlossenen langfristigen Konzeptionen zur Entwicklung der Umweltbedingungen in den Kreisen 1986-1990 und darüber hinaus" zur Beratung für die Weiterleitung an den Ministerrat unterbreitet. Sie kam zu dem Ergebnis, dass durch die Erfassung der erforderlichen Maßnahmen „langfristige Rang- und Reihenfolgen, Schwerpunkte und Entwicklungslinien" bestimmt und damit „exaktere Grundlagen für die planmäßige, koordinierte und abgestimmte Realisierung der umweltpolitischen Erfordernisse" geschaffen werden konnten, insbesondere für „Planung, Bilanzierung und Koordinierung der Maßnahmen", für die Gemeinschaftsarbeit, für eine „objektkonkrete gesellschaftliche Mitwirkung" sowie für die „Kontrolle der Realisierung", auch im Hinblick auf „die qualifizierte Vorbereitung des kommenden Fünfjahresplanes". Gestützt auf verallgemeinerte positive Beispiele wurden als inhaltliche Schwerpunkte der Konzeptionen bezeichnet:

• Verwirklichung der ökonomischen Strategie mit Hilfe von Wissenschaft und Technik;
• Maßnahmen der territorialen Rationalisierung zur Verbesserung der Umweltbedingungen;
• Festlegungen zur Weiterentwicklung und Einführung abproduktarmer Technologien;
• Weiterführung der Gefährdungsanalyse (mit Vertraulichkeitsgrad erhobene Fakten zum Umweltzustand) sowie Erfassung der hieraus resultierenden Maßnahmen;
• planmäßige Entwicklung kleiner Entschwefelungs- und Entstaubungsanlagen im Rahmen der territorialen Rationalisierung;
• langfristige kontinuierliche Sicherung der erforderlichen Kapazitäten von Deponien im Territorium;
• Sicherung der planmäßigen territorialen Einordnung von Rekonstruktionen und Generalreparaturen an Verbrennungsanlagen sowie anderen Umweltinvestitionen.

Hervorgehoben wurde die Orientierung auf örtliche Reserven und die Einbeziehung gesellschaftlicher Initiativen (Vereinbarungen mit gesellschaftlichen Organisationen, Landschaftstage, Umweltkonferenzen, Wettbewerbe und Aktionen „Sauberer Wald", „Gepflegte Landschaft/gepflegte Umwelt", „Gepflegte Gewässer", „Sauberes Gebirge", „Vorbildlich gepflegter Park", „Sauberer Strand").

Das amtliche Protokoll wies als Ergebnis der Beratung, „Probleme" umgehend, aus: „1. Der Bericht wird zur Kenntnis genommen. 2. Der Beirat empfiehlt, die in den Kreiskonzeptionen enthaltenen Maßnahmen zur Einbeziehung der gesellschaftlichen Organisationen durch konkrete Vereinbarungen, insbesondere mit den Ausschüssen der Nationalen Front, der Kammer der Technik, der Gesellschaft für Natur und Umwelt und der Freien Deutschen Jugend zu untersetzen. Darin sollten die Maßnahmen und Objekte zur breiten Einbeziehung der Initiativen der Bürger und zur Vorbereitung und auch zur Durchführung von Veranstaltungen (Landschaftstage, Erfahrungsaustausche, Kolloquien u.a.) ausgewiesen werden. 3. Die in den Konzeptionen enthaltenen Maßnahmen für den Zeitraum nach 1990 sind bei der Arbeit an der Vorbereitung des Fünfjahresplanes 1991-1995 mit zugrunde zu legen (Verantwortliche: Stellvertretender Umweltminister, Vertreter der Staatlichen Plankommission im Beirat)".

Festzustellen bleibt hierzu, dass Beratung und Ergebnis dieser Beiratstagung eindeutig von der „verbindlichen" *politischen*, nicht „infrage zu stellenden Vorgabe" bestimmt waren, seitens des Umweltministeriums „Erfolge" der „sozialistischen Umweltpolitik" (als Bestandteil der Wirtschafts- und Sozialpolitik) aufzuzeigen und das Vertrauen in die Lösbarkeit der umweltpolitischen Aufgaben zu „fundieren". Fehlende materielle und finanzielle Voraussetzungen, Eingaben und Kritiken zur Umweltpolitik sowie massiv vorgebrachte Forderungen kirchlicher und anderer „Umweltgruppen" blieben unerwähnt. Eine gleiche Grundtendenz bestimmte die weiteren Beiratstagungen 1988/1989.[25]

So verwundert es auch nicht, dass die letzte – 35., auf ca. 200 Teilnehmer[26] erweiterte – Tagung am 21. und 22. März 1989, die der Diskussion des „Brundtland-Berichts"[27] diente, von einer positiven Wertung der DDR-Umweltpolitik getragen war. Ziel sollte sein, die Positionen der DDR zu dem Bericht zu bestimmen und Schlussfolgerungen für die weitere Gestaltung der Umweltpolitik abzuleiten, dabei

---

[25] Aus heutiger Sicht gewertet, wurde hier eine „politische Linie" durchgesetzt, die das Politbüro der SED bestimmte, und der auch das Umweltministerium und der Umweltminister, der die Beiratstagungen leitete und die Protokolle „bestätigte", „untergeordnet" waren. Obwohl Mitglied der DBD und nicht der SED, vertrat der Minister diese „politische Linie", wie auch die in Fn. 4 genannten Veröffentlichungen zeigen. Gleiches gilt für die anderen „Block"-Parteien, so z.B. Czok, D.: Nutzen und Haushalten – Christliche Demokraten für Landeskultur und Umweltschutz, Hefte aus Burgscheidungen, Broschüre, Sekretariat des Hauptvorstandes der Christlich-Demokratischen Union Deutschlands, Berlin 1988, 48 S.

[26] Die Verfasserin nahm als Beiratsmitglied teil.

[27] Der Bericht „Unsere gemeinsame Zukunft" wurde gemäß UNO-Auftrag von 1983 von der „Weltkommission für Umwelt und Entwicklung" (Vorsitzende Gro Harlem Brundtland, Norwegen) erarbeitet und auf der 42. UNO-Vollversammlung (Oktober 1988) bestätigt. Er enthält ein „Weltprogramm des Wandels" bis zum Jahre 2000 und darüber hinaus. In der DDR wurde der Bericht 1988 in Staatsverlag, Berlin (Ost), veröffentlicht, in der BRD 1987 unter der Redaktion von Volker Hauff, der Mitglied der Kommission war.

den Nachweis zu führen, dass die Umweltpolitik der DDR der Verwirklichung der im "Brundtland-Bericht" gegebenen Empfehlungen und Vorschläge entspricht, und international deutlich zu machen, dass die DDR gemäß den Empfehlungen der UNO engagiert, unter breiter Einbeziehung gesellschaftlicher Organisationen, an der Verwirklichung der Empfehlungen mitwirkt.

Nach dem Hauptreferat des Beiratsvorsitzenden Minister Dr. Reichelt, das viele positive Ergebnisse aufführte, folgten Vorträge und Diskussionen zu folgenden sechs Themenkomplexen:

- Friedenssicherung durch Abrüstung – Hauptrichtung im Ringen um die Erhaltung der Umwelt;
- Gesellschaftsstrategie und Umweltpolitik;
- Einheit von Ökonomie und Ökologie – entscheidende Bedingung für die Erhaltung der Umwelt;
- Herausforderung an Wissenschaft und Technik zur Erhaltung, Gestaltung und zum Schutz der Umwelt und der Naturressourcen;
- Allgemeinbildung und Umwelterziehung;
- Entwicklung breiter Initiativen der Bürger und der gesellschaftlichen Organisationen zur Verbesserung der Lebens- und Umweltbedingungen.

Sowohl als Gäste teilnehmende Mitglieder der „Brundtland-Kommission" als auch die Vertreter der politischen Partien und gesellschaftlichen Organisationen, der staatlichen Organe, der Gesellschafts-, Technik- und Naturwissenschaften sowie aus Wirtschaft und nichtmateriellen Bereichen würdigten die DDR-Umweltpolitik und erklärten ausdrücklich ihre Unterstützung zur Fortführung in gemeinsamer Anstrengung aller gesellschaftlichen Kräfte.

Von der nach der politischen „Wende" rückwirkend erhobenen massiven Kritik an der Umweltpolitik der DDR war auf dieser Tagung wiederum nichts zu hören. Im Gegenteil folgten der Veranstaltung in den Folgemonaten bis Juli 1989 eine Reihe politischer (staatlicher) Aktivitäten, bei denen Vorbildwirkung und Anerkennung der DDR-Umweltpolitik unterstrichen wurden. Dazu gehörten:

- Teilnahme an der internationalen Londoner UNEP-Konferenz zum Schutz der Ozonschicht (März 1989);
- Umweltabkommen DDR-Tschechoslowakei (April 1989);
- Arbeitstreffen mit Umweltminister der Niederlande (April 1989);
- Teilnahme an Helsinki-Konferenz der Unterzeichner des Montrealprotokolls zur Verminderung der ozonverdünnenden Stoffe (Mai 1989);
- Besuch des Bundesforschungsministers Dr. Riesenhuber in der DDR zur Vertiefung der wissenschaftlich-technischen Zusammenarbeit (Mai 1989);
- Teilnahme an Prager Konferenz von Umweltministern aus „sozialistischen" und aus EG-Staaten zur Verstärkung gemeinsamer Anstrengungen (Mai 1989);

- Ausrichtung des Berliner Symposiums anlässlich des Weltumwelttages über Forschungsergebnisse zum Schutz der Ozonschicht (Juni 1989);
- Vertragsabschluss über den Bau des „modernsten Klärwerks in der BRD" durch Techniker aus der DDR (Juni 1989);
- Protokoll zur Datenübergabe von Emissions- und anderen Daten im Zusammenhang mit dem Betrieb der Abfallverbrennungsanlage Schöneiche (Bezirk Potsdam) vom DDR-Umweltministerium an die Westberliner Senatsverwaltung (Juni 1989);
- Umweltabkommen DDR-Polen-Tschechoslowakei (Juli 1989).

Erwähnt seien schließlich noch die bezirklichen Auswertungsveranstaltungen der Berliner erweiterten (35.) Beiratstagung. Der Verfasserin liegt die Broschüre über die 6. Konferenz über die Aufgaben des Umweltschutzes im Bezirk Cottbus im April 1989 vor, auf der im Referat der Vorsitzenden des Rates des Bezirkes sowie in 13 weiteren Referaten aus allen Bereichen von Politik, Staatsapparat, Wirtschaft, Wissenschaft und gesellschaftlichen Organisationen die Umweltpolitik in diesem Schwerpunktbezirk der Kohle- und Energiewirtschaft eingeschätzt wurde. Gestützt auf positive Beispiele wurde durchweg von der Bereitschaft zur „Bewältigung" der Umweltaufgaben und breiter gesellschaftlicher Unterstützung ausgegangen. Wo auf Schwierigkeiten und Belastungen, auf Eingaben und Kritiken verwiesen wurde, war dies meist mit verstärkten „Bereitschaftserklärungen" zu „höheren Anstrengungen" zu künftiger „planmäßiger" Überwindung und mit dem Verweis auf erfolgreiche Einzelbeispiele verbunden. Auf die Planung für 1991-1995 wurde mit der Erwartung weiterer „Fortschritte" verwiesen.

Im Bezirk Potsdam war die Auswertung der erweiterten zentralen Beiratstagung vom März 1989 auf einer Bezirkstagstagung am 19.6.1989 mit einer Bestandsaufnahme über die Ergebnisse des vorn in diesem Abschnitt erwähnten Bezirkstagsprogramms vom 17.3.1986 verbunden. Dazu führten die Ständigen Kommissionen des Bezirkstagstagung zur Vorbereitung eines „Maßnahmeplans" Untersuchungen durch, die ebenfalls vor allem auf die Hervorhebung von „Erfolgen" gerichtet waren.

Zusammenfassend zu Abschn. 3 ergibt sich aus heutiger Sicht, dass die Beiratstätigkeit zwar – ihrer Aufgabenstellung gemäß – zur komplexen konzeptionellen „Behandlung" der Umweltprobleme entsprechend den Ministerratsvorgaben – aus politischer, staatlicher, wirtschaftlicher, wissenschaftlicher und gesellschaftlicher Sicht – beitrug, dass die ständige intensive Erörterung und Kontrolle der Ergebnisse (Abschn. 5) und die damit verbundene (relative) Kenntnis der „Umweltrealität" aber nur unzureichend dazu führten, für die zentrale staatliche Umweltpolitik die Fakten entsprechend kritisch aufzuzeigen und die programmatischen/ konzeptionellen Aussagen danach zu bestimmen.

4. Entwicklung der Rechtsgrundlagen

Der Ständigen Arbeitsgruppe/dem Beirat oblag als eines der Aufgabengebiete (Abschn. 2) die Beratung über Grundfragen der Rechtsgestaltung, die Weiterentwicklung der Rechtsgrundlagen und die Einschätzung ihrer Wirksamkeit. Als beratendes Organ des Ministerrates war dies auf die vom Ministerrat zu erlassenden Verordnungen (Rechtsverordnungen) konzentriert.

Abgestimmt auf die seit 1966 vorbereitete und 1968 angenommene Verfassung mit ihrem speziellen Umweltartikel 15 und gestützt auf die seit 1967 erarbeitete und 1969 bestätigte Prognose über die planmäßige Gestaltung einer sozialistischen Landeskultur in der DDR waren parallel Arbeiten für das dann 1970 von der Volkskammer erlassene komplexe Umweltgesetz – das Landeskulturgesetz – erfolgt.[28] Mitglieder der Gesetzgebungskommission unter Leitung des Stellvertreters des Vorsitzenden des Ministerrates Dr. Titel waren Spezialisten, die auch an der Verfassung und der Auswertung ihrer öffentlichen Diskussion sowie an der Prognose mitgearbeitet hatten und die 1969 zu Mitgliedern der Ständigen Arbeitsgruppe für sozialistische Landeskultur berufen wurden (Abschn. 1).[29]

Da zeitgleich mit dem Landeskulturgesetz die ersten 4 Durchführungsverordnungen zur Verabschiedung durch den Ministerrat erarbeitet wurden, waren die Tagungen der Ständigen Arbeitsgruppe 1969 und 1970 von deren Beratung bestimmt.

Gleichzeitig wurde bereits 1970 im Ergebnis der öffentlichen Diskussion zum Entwurf des Landeskulturgesetzes 1968/1969 die Erarbeitung eines Kommentars

---

[28] Beschluss des Ministerrates vom 5.2.1969, Ziff. 6: „Zur Schaffung der notwendigen Rechtsgrundlagen für die Verwirklichung des Art. 15 der Verfassung der DDR ist ein Gesetz für die Entwicklung einer sozialistischen Landeskultur (als Rahmengesetz) auszuarbeiten." Beiträge dazu von Dr. Titel: Titel, W.: Die Aufgaben der sozialistischen Landeskultur bei der Gestaltung des entwickelten gesellschaftlichen Systems des Sozialismus, Vortrag und Diskussion auf wissenschaftlicher Konferenz der Technischen Universität Dresden, Universitätsreden, Heft 22, Eigenverlag, Dresden 1969, 87 S. (12-23, 80-82); Titel, W.: Begründung des Landeskulturgesetzes vor der Volkskammer der DDR, 17. Tagung, Veröffentlichung der stenographischen Niederschrift, Berlin (Ost) 1970, S. 623-629; Titel, W.: Planmäßige Gestaltung der sozialistischen Landeskultur – Verwirklichung eines Verfassungsauftrages, Begründung des Landeskulturgesetzes in der 17. Tagung der Volkskammer der DDR, Aus der Tätigkeit der Volkskammer und ihrer Ausschüsse, Abt. Presse und Information des Staatsrates der DDR, Heft 18, Berlin (Ost) 1970, 109 S. (S. 7-26); Titel, W.: Die Verwirklichung des Landeskulturgesetzes bei der Gestaltung des entwickelten gesellschaftlichen Systems des Sozialismus in der DDR, Vortrag auf URANIA-Kolloquium (1970) „Zur Verwirklichung des Landeskulturgesetzes", URANIA-Schriftenreihe für den Referenten, Heft 1/1971, Präsidium der URANIA, Berlin (Ost), 95 S. (S. 8-19); Titel, W.: Aufgaben und Probleme der sozialistischen Landeskultur in der DDR, Vortrag auf Symposium der Universität Halle (1970) „Sozialistische Landeskultur und Pflanzenproduktion", Kühn-Archiv, Band 85 (1971) 2, S. 121-130.

[29] Dazu gehörte die Verfasserin in allen genannten Gremien (Fn. 2, Fn. 7, Fn. 13).

zum Landeskulturgesetz unter Berücksichtigung der die Grundsätze untersetzenden Rechtsvorschriften, insbesondere der ersten 4 Durchführungsverordnungen, veranlasst.[30] Die Verantwortung für die Erarbeitung des Kommentars übertrug der Ministerrat seinem Staatssekretär für das Staats- und Wirtschaftsrecht Prof. Dr. Stephan Supranowitz.[31] Der Kommentar wurde von einem Kollektiv von Spezialisten erarbeitet und 1973 im Staatsverlag der DDR Berlin (Ost) herausgegeben.[32]

Auch an einer 5. Durchführungsverordnung – Reinhaltung der Luft – wurde seit Anfang der 1970er Jahre gearbeitet. Entwürfe wurden in der Ständigen Arbeitsgruppe/dem Beirat beraten. 1973 (5. Tagung des Beirats) standen im Zusammenhang mit der Einschätzung des Umweltzustandes auch Durchführungsbestimmungen, darunter eine zu Luftverschmutzungen aus Verbrennungsmotoren, zur Diskussion, und 1975 (9. Tagung des Beirats) wurde der Stand der Umsetzung der 5. Durchführungsverordnung insgesamt beraten. Es wurde gefordert, erforderliche Umweltschutzmaßnahmen mit der Planung abzusichern, in belasteten Kreisen „Koordinierungsberatungen" durchzuführen und für 4 Schwerpunktbezirke vordringliche Maßnahmen zu bestimmen.

Für eine 6. Durchführungsverordnung – Abprodukte – lag auf der 5. Beiratstagung (1973) ein Entwurf zur Beratung vor. Mit diesem Problemkreis befasste sich der Beirat infolge seiner volkswirtschaftlichen Brisanz (dazu Abschn. 5) auch in vielen weiteren Beratungen. 1974 (7. Tagung) wurde erneut zum Entwurf der Verordnung, verbunden mit den Entwürfen für Durchführungsbestimmungen, diskutiert, danach wiederum 1976 auf der 10. Tagung und 1978 auf der 14. Tagung, wo der Stand der Durchführung eingeschätzt wurde. Nach Novellierung der Verordnung 1983 stand auf der 25. Tagung (1983) eine Information des Umweltministers über eingeleitete Maßnahmen für die Durchsetzung der Bestimmungen der Verordnung auf der Tagesordnung. Ein Ergebnis war der Erlass einer Gemeinsa-

---

[30] Der Vorschlag zur Erarbeitung des Kommentars wurde in der öffentlichen Diskussion zum Entwurf des Landeskulturgesetzes vom Verfassungs- und Rechtsausschuss der Volkskammer eingebracht und führte 1969 zu einem entsprechenden Auftrag des Präsidiums des Ministerrates und 1970 zum Beginn der Erarbeitung.

[31] Prof. Dr. S. Supranowitz war Wirtschaftsrechtler, kein Umweltrechtler, und hat auch an der Kommentierung nicht mitgewirkt, nur die der „Kommentierung" vorangesetzte „Einleitung" verfasst.

[32] Die Verfasserin hat als Mitglied des Autorenkollektivs die Kommentierungen zur Präambel (S. 33-38) und zum Hauptabschn. II „Gestaltung und Pflege der Landschaft sowie Schutz der heimatlichen Natur" – §§ 10-16 (S. 102-163) verfasst. 1987-1989 wurde von der Verfasserin (als Leiterin des Autorenkollektivs) und weiteren Spezialisten ein neuer Kommentar zum Landeskulturgesetz, den Durchführungsverordnungen und weiteren das Gesetz untersetzenden Rechtsvorschriften zur Herausgabe im Staatsverlag der DDR erarbeitet. Infolge der „politischen Wende" und der „Abwicklung" des Verlags wurde jedoch seitens des Verlags der Herausgebervertrag gekündigt (Begründung: „gegenwärtig kein Bedarf an dem Titel"). Ein gleiches „Schicksal" war übrigens auch dem unter Red. und Leitung der Verfasserin erarbeiteten Buch „Textausgabe Sozialistische Landeskultur/Umweltschutz, 3., überarbeitete Auflage" beschieden.

men Rahmenrichtlinie vom 2.4.1984 der Stellvertreter des Vorsitzenden des Ministerrates und Minister für Umweltschutz und Wasserwirtschaft und für Materialwirtschaft „zur Realisierung der Aufgaben der Fachorgane für Sekundärrohstoffwirtschaft und der Fachorgane für Umweltschutz und Wasserwirtschaft der Räte der Bezirke und Kreise bei der Durchsetzung der Sechsten Durchführungsverordnung zum Landeskulturgesetz".

Aber nicht nur die vom Ministerrat zu erlassenden/erlassenen Durchführungsverordnungen zum Landeskulturgesetz waren Gegenstand der Beiratsberatungen, sondern auch die Bestimmungen der Wasser-, Boden-, Wald- und Berg- (insbesondere Wiedernutzbarmachungs-) Gesetzgebung. Ausführlich beraten wurde z.B. auf der 18. Tagung (1980) die Durchsetzung der Wasserschadstoffverordnung vom 15.12.1977 im Hinblick auf die Abwehr von Schadstoffhavarien. Auf der 19. Tagung (1981) stand die Erarbeitung der Baumschutzverordnung mit ihrer Begründung auf der Tagesordnung.

Zur Entwicklung und Vervollkommnung des staatlichen Leitungssystems wurden in den 1970er Jahren vor allem Rahmenregelungen über Funktion und Tätigkeit der bezirklichen und kreislichen Organe (Ratsbereiche und -mitglieder, Ständige Arbeitsgruppen/Beiräte, Ständige Kommissionen der Volksvertretungen) im Beirat beraten und der Stand der Umsetzung analysiert,[33] 1984/1985 Rahmenregelungen für Umweltschutzbeauftragte und ab 1986 Regelungen über die Staatliche Umweltinspektion auf zentraler und bezirklicher Ebene.

Beratungen zu Rechtsvorschriften auf den Gebieten der Planung, Bilanzierung und Investitionen werden im Zusammenhang mit den Problemen der wirtschaftlichen Entwicklung im Abschn. 5 angeführt.

Mit den Beratungen zu den Wirtschaftsfragen und zur sich verschlechternden Umweltrealität (Abschn. 5) engstens verbunden war die Beratung zu zentralen politischen Vorgaben über die Öffentlichkeit bzw. Geheimhaltung von Umweltdaten. Wurde bis 1975 vom Beirat noch gefordert, das offizielle statistische Berichtswesen zu vervollkommnen, insbesondere die Kennziffern-Nomenklaturen zu präzisieren (Abschn. 3), trug der „Statistische Jahresbericht 1976 Umweltschutz" des Ministerrats (Staatliche Zentralverwaltung für Statistik) bereits den Geheimhal-

---

[33] Eine Reihe Ausarbeitungen wurden hierzu unter Leitung der Verfasserin im Forschungsbereich der Akademie für Staats- und Rechtswissenschaft Potsdam-Babelsberg gefertigt, auf Bezirks- und Kreisebene sowie in wissenschaftlichen Veranstaltungen diskutiert und dem Umweltministerium übergeben; sie waren Grundlagen für die der Ständigen Arbeitsgruppe/dem Beirat vom Umweltministerium unterbreiteten Materialien (z.B. 6. Beiratstagung, 1974, Beratung der Vorschläge für die Aufgabenstellung der Ständigen Arbeitsgruppe für sozialistische Landeskultur bei den Räten der Bezirke sowie der Aufgabenstellung für die Fachorgane der Räte der Bezirke und Kreise auf dem Gebiet der sozialistischen Landeskultur).

tungsgrad „Vertrauliche Dienstsache"[34] und wurden in den 1980er Jahren die entsprechenden Vorgaben aus politischen Gründen immer weiter verschärft. So beriet der Beirat auf seiner 24. Tagung (28.6.1983) zum Tagesordnungspunkt „Schutz von Informationen über den Zustand der natürlichen Umwelt" zu einer "Information des 1. Stellvertreters des Vorsitzenden des Ministerrates vom 23.6.1983 über die Durchführung des Beschlusses des Präsidiums des Ministerrates vom 16.11.1982 über die Anordnung zur Gewinnung und Bearbeitung von Informationen über den Zustand der natürlichen Umwelt in der DDR". Das amtliche Protokoll der Beiratstagung wies folgende Festlegungen aus:

„a) In den Bereichen ist zu prüfen, welche Maßnahmen zur Umsetzung der Anordnung, insbesondere zu spezifischen Regelungen, zu kadermäßigen Voraussetzungen und zur Präzisierung der Nomenklatur für Staats- und Dienstgeheimnisse, eingeleitet wurden, und der Stellvertreter des Vorsitzenden des Ministerrates und Minister für Umweltschutz und Wasserwirtschaft darüber zu informieren. ...

b) Über den Stand der Umsetzung der Anordnung im Bereich des Ministeriums für Gesundheitswesen, des Ministeriums für Chemische Industrie, des Ministeriums für Erzbergbau, Metallurgie und Kali, des Ministeriums für Land-, Forst- und Nahrungsgüterwirtschaft, des Ministeriums für Hoch- und Fachschulwesen sowie der Akademie der Wissenschaften ist auf der 25. Tagung des Beirates für Umweltschutz zu beraten. ..."

Die vorstehend genannte, für die 25. Beiratstagung vorgesehene, Berichterstattung erfolgte auf der 26. Tagung (6.3.1984). Dazu enthielt das Protokoll folgende Festlegungen:

„1. Die Information des Stellvertreters des Vorsitzenden des Ministerrates und Minister für Umweltschutz und Wasserwirtschaft über die Durchsetzung der Anordnung zur Gewinnung und Bearbeitung von Informationen über den Zustand der natürlichen Umwelt wird zur Kenntnis genommen.

2. Die den Ministerien übergebene Information an den Vorsitzenden des Ministerrates der DDR über die Durchsetzung der Anordnung sowie die Zentrale Nomenklatur zur Anordnung ist mit den Generaldirektoren der Kombinate auszuwerten. Die Bereichsnomenklaturen zum Schutz der Staats- und Dienstgeheimnisse sind entsprechend der Zentralen Nomenklatur zu verändern. ..."

Die Außerkraftsetzung der zentralen Geheimhaltungsvorschriften erfolgte erst mit der politischen „Wende" – nach Beendigung der Tätigkeit des Beirats für

---

[34] Der relativ niedrige Geheimhaltungsgrad „Vertrauliche Dienstsache" (VD) von Materialien aus den 1960er, 1970er und frühen 1980er Jahren war allerdings infolge Geltungsablaufs schon während DDR-Zeiten erloschen (aus den Materialien gelöscht worden), so dass sie danach jeweils zugänglich wurden.

Umweltschutz – mit Verordnung vom 13.11.1989 über Umweltdaten (GBl. DDR I
S. 24), worin der Datenschutz für Angaben zur Immissionssituation aufgehoben
wurde; schon 1988 waren, ausgelöst durch massive Forderungen, vereinzelte Daten (z.b. SO_2-Emission und Zustand der Wälder) wieder im Statistischen Jahrbuch
veröffentlicht worden. Eine nachfolgende Regelung zur Überwindung der Ge-
heimhaltungspolitik war die Ministerratsverordnung vom 1.3.1990 über die Tätigkeit von Bürgerkomitees und Bürgerinitiativen (GBl. DDR I S. 112).

5. Umweltschutz in der Wirtschaftsentwicklung

Die Einordnung des Umweltschutzes in die Wirtschaftsentwicklung und insbesondere die zentrale Planung und Bilanzierung erforderlicher Maßnahmen sowie die
Analyse und Wertung der erreichten Ergebnisse und des Umweltzustandes bildeten den absoluten Schwerpunkt der Beratungstätigkeit der Ständigen Arbeitsgrup-
pe/des Beirats während des 20-jährigen Wirkens. Die nach der politischen „Wende" veröffentlichten Fakten über die Umweltrealität und die damit verbundene
massive Kritik an der Umweltpolitik der DDR verlangen eine gründliche Untersuchung und Wertung, welche Anstrengungen zum Umweltschutz in der Wirtschaft
und mit welchen Ergebnissen unternommen wurden. Dazu gehört das Aufzeigen
des Beitrags der Ständigen Arbeitsgruppe/des Beirats als Beratungsorgan des Ministerrates in seiner Verantwortung für die zentrale Planung des Umweltschutzes.

Der entsprechende Aufgabenbereich der Ständigen Arbeitsgruppe/des Beirates
umfasste gemäß den Regelungen (Abschnitte 1 und 2) die Beratung von Grundfragen der Planung und der Erfüllung des Volkswirtschaftsplanes. Dass derartige
Beratungen regelmäßig erfolgen konnten, hatte ganz wesentlich das Umweltministerium zu sichern, und zwar nicht nur infolge seiner Sekretariatsfunktion für den
Beirat, was die organisatorische Vorbereitung der Beiratstagungen einschloss,
sondern vor allem infolge seiner eigenen weitreichenden Funktionen bei der Planung des Umweltschutzes, was die Verpflichtung einschloss zu sichern, dass
grundlegende Fragen im Beirat beraten wurden.

Die ersten Tagungen der Ständigen Arbeitsgruppe/des Beirates (Ende der
1960er/Anfang der 1970er Jahre) gingen erklärtermaßen noch von der Bewälti-
gungsmöglichkeit aller Umweltprobleme aus. Sie stützten sich auf die Aussagen
der Prognose von 1968/1969, den Auftrag aus Art. 15 der Verfassung von 1968
und die Grundsätze des Landeskulturgesetzes von 1970. § 2 LKG legte als ein
Prinzip der Planung und Leitung der sozialistischen Landeskultur fest: „Durch die
staatliche Planung und Leitung ist die Entwicklung der sozialistischen Landeskultur mit höchstem gesellschaftlichem Nutzen zu gewährleisten. Das erfordert die

komplexe Planung der landeskulturellen Entwicklung, die gesellschaftlich effektive Mehrfachnutzung der Landschaft und ihrer Reichtümer, die Konzentration der
Kräfte und Mittel auf die volkswirtschaftlichen und territorialen Schwerpunkte
sowie den rationellen Einsatz der Fonds. In die Planung der Standortverteilung der
Produktivkräfte sowie in die Vorbereitung der Investitionen sind die Erfordernisse
der sozialistischen Landeskultur einzubeziehen." Präzisierend für die Verantwortung des Ministerrates bestimmte § 3 in Abs. 2: „Der Ministerrat hat die Einordnung der Planung und Leitung der sozialistischen Landeskultur in das ökonomische System des Sozialismus zu sichern. Er gewährleistet, dass ihre Erfordernisse
Gegenstand von Prognosen, Perspektiv- und Volkswirtschaftsplänen sind. Durch
den Ministerrat ist zu sichern, dass die Entwicklung einer produktiven, den gesellschaftlichen Erfordernissen entsprechenden Landschaft, die sinnvolle und rationelle Nutzung des Bodens und der Gewässer, die Reinhaltung der Luft und die Behandlung bzw. Verwertung der Abprodukte durch ökonomische Regelungen wirksam gefördert werden"; nach Abs. 3 galt als weiterer Grundsatz: „Der Ministerrat
hat in seiner Verantwortung für die zentrale staatliche Planung und Leitung zu
gewährleisten, dass bei unterschiedlichen Standpunkten zur Durchführung grund-
sätzlicher landeskultureller Aufgaben den gesamtgesellschaftlichen Interessen der
Vorrang gegeben wird."

Als Voraussetzung für die Umsetzung dieser Festlegungen dienten Minister-
ratsverordnungen und -beschlüsse über die Bildung entsprechender Leitungsorga-
ne (Umweltministerium, Umweltleitung auf Bezirks- und Kreisebene, erwähnt in
den Abschnitten 1 und 2) sowie speziell über die Entwicklung des Planungsmechanismus (Planteile Umweltschutz ab 1973) und über ökonomische Regelungen
(insbesondere für Boden, Gewässer, Luft, Abprodukte). So hatte der Ministerrat
bereits mit Beschluss vom 8.9.1966 insbesondere zur Verminderung und Beseitigung von Luftverunreinigungen die Anwendung ökonomischer Hebel gefordert
und 1968/1969 ein ökonomisches „Experiment" im Bezirk Halle in Vorbereitung
der generellen Einführung von Wassernutzungsentgelt und Abwassergeld sowie
des Staub- und Abgasgeldes durchführen lassen. Zu dessen Vorbereitung, Durchführung und Auswertung fanden Beratungen der Ständigen Arbeitsgruppe statt. In
einer Beratung am 23.9.1970 behandelte der Ministerrat erneut die Erfordernisse
wirksamer Planung der sozialistischen Landeskultur/des Umweltschutzes, wozu
die Ständige Arbeitsgruppe für sozialistische Landeskultur eine Beratung durchführte.

Ausgehend von dem Ministerratsbeschluss vom 15.4.1970 über die alljährliche
Durchführung einer „Woche der sozialistischen Landeskultur" wurde durch Mi-
nisterratsbeschluss vom 10.2.1971 festgelegt, dass vom 29.8. bis. 4.9.1971 die
„Woche der sozialistischen Landeskultur 1971" veranstaltet werden sollte, für de-

ren Vorbereitung und Durchführung in dem Ministerratsbeschluss ausdrücklich die Ständige Arbeitsgruppe für sozialistische Landeskultur „im Zusammenwirken mit dem Nationalrat der Nationalen Front und den gesellschaftlichen Organisationen" unter Leitung ihres Vorsitzenden Dr. Titel verantwortlich gemacht wurde. Diesem wurde außerdem aufgetragen, im Zusammenwirken mit anderen zuständigen Ministern entsprechende Festlegungen für konkrete Maßnahmen zu treffen.

Die „Woche ..." stand unter dem Motto „Sozialistische Landeskultur zur Gestaltung unserer natürlichen Umwelt – Gemeinschaftsaufgabe a l l e r " und hatte zum Ziel, „auf der Grundlage des Landeskulturgesetzes

- die Bevölkerung mit den Erfordernissen der sozialistischen Landeskultur vertraut zu machen,
- öffentliche Rechenschaft abzulegen über die planmäßige Verwirklichung landeskultureller Maßnahmen,
- die Initiative der Werktätigen in den Betrieben[35] und Einrichtungen, in den Städten und Gemeinden zur Gestaltung der sozialistischen Landeskultur als Gemeinschaftswerk aller gesellschaftlichen Kräfte zu fördern,
- neue wissenschaftliche, technische und ökonomische Erkenntnisse für die rationelle Lösung landeskultureller Aufgaben zu vermitteln."

Entsprechende Beschlussfassungen im Ministerrat und Beratungen in der Ständigen Arbeitsgruppe für sozialistische Landeskultur/im Beirat für Umweltschutz erfolgten zu den „Wochen ..." 1972 und 1973. So legte der Ministerrat mit Beschluss vom 7.2.1973 in der Konzeption der „Woche der sozialistischen Landeskultur 1973" unter anderem als Zielstellungen fest,

- die Werktätigen mit Ergebnissen und Erfahrungen vertraut zu machen und weitere Initiativen in der Wirtschaft auszulösen,
- im Wettbewerb „Schöner unsere Städte und Gemeinden – Mach mit!" und in anderen Massenaktionen die Initiative auch auf die Verbesserung von Sauberkeit, Ordnung und Hygiene, die Errichtung weiterer Trinkwasserversorgungsanlagen in den Dörfern, die Nutzung von Abprodukten sowie auf konkrete Maßnahmen zur Verschönerung und den Schutz der Natur zu lenken,
- die Plandiskussion für 1974 zu unterstützen, um durch weitere Konzentration der Mittel und Kräfte für die Umweltbedingungen in den industriellen Ballungsgebieten in den nächsten Jahren spürbare Verbesserungen zu erreichen,
- die Ergebnisse der Zusammenarbeit im Umweltbereich mit anderen sozialistischen Staaten zu erläutern.

Der Vorbereitung solcher Veranstaltungen auf zentraler, bezirklicher, kreislicher und kommunaler Ebene dienten insbesondere die vom Ministerrat herausge-

---

[35] Zum Begriff „Betriebe" Fn. 21.

gebenen Informationen über die Umweltrealität und die Entwicklungserfordernisse, die vom Umweltministerium zusammengestellt und von der Ständigen Arbeitsgruppe/dem Beirat beraten wurden. So war 1972 für den Ministerrat eine „Information über den Stand und die Entwicklung des Umweltschutzes in der DDR" erarbeitet worden, die der Schwerpunktbestimmung und der Festlegung konkreter Maßnahmen für den Fünfjahrplan 1971-1975 diente. Sie wurde ebenfalls in der Ständigen Arbeitsgruppe behandelt. Das Präsidium des Ministerrates hatte dazu mit Beschluss vom 20.9.1972 festgelegt, dass nunmehr alljährlich für den Ministerrat ein zusammengefasster Bericht vom Umweltministerium zu erarbeiten ist. Dementsprechend wurde im Mai 1973 der „Jahresbericht 1972 über die Ergebnisse der sozialistischen Landeskultur und des Umweltschutzes in der DDR" dem Beirat vorgelegt, den der Ministerrat mit Beschluss vom 13.6.1973 bestätigte. In Verbindung mit dem Planentwurf 1973 lag damit eine Gesamteinschätzung und Abrechnung vor, mit der kritisch zu den Umweltproblemen Stellung genommen wurde. In Auswertung wurde festgelegt, spezielle Planteile „Umweltschutz" einzuführen und auf Bezirksebene, vor allem in Ballungsgebieten, Programme für den Zeitraum bis 1980 auszuarbeiten (zu Auswertungen der Ministerrats-Festlegungen zu Programmen/Konzeptionen im Rahmen der 5. bis zur 10. Beiratstagung sind im Abschn. 3 bereits Ausführungen erfolgt).

Die angeführten Ministerratsbeschlüsse und Beiratsberatungen sicherten die in § 3 LKG geforderte komplexe, schwerpunktbezogene staatliche Leitung und Planung der sozialistischen Landeskultur/des Umweltschutzes unter Vermeidung der Überbetonung von Ressortinteressen einzelner Zweige.

Ab 1973 (5. Beiratstagung) bis 1989 (34. Beiratstagung) gehörten zu den ständigen Tagesordnungspunkten:

- Jahresberichte über die Entwicklung der sozialistischen Landeskultur/des Umweltschutzes in der DDR;
- Planinformationen zur Entwicklung des Umweltschutzes im nachfolgenden Volkswirtschaftsplan 1974, 1975 usw. (einschließlich materiell-technischer und finanzieller Sicherung der Maßnahmen);
- Orientierungen und Schwerpunktprobleme für die Entwicklung des Umweltschutzes im nachfolgenden Fünfjahrplanzeitraum 1976-1980 usw. mit Rang- und Reihenfolgen (nach Belastungssituation, Dringlichkeit, Bezirkstagsprogrammen). Die 7. Beiratstagung (1974) traf z.B. folgende Festlegung: „Durch die Industrieministerien ist an der Präzisierung der Zielstellungen für die Senkung der Umweltbelastung einschließlich der Schaffung der materiell-technischen Voraussetzungen (Anlagen und Ausrüstungen, Messgeräte) weiterzuarbeiten. ... Die Orientierungen und Schwerpunktprobleme des Umwelt-

schutzes bis 1980 sind auf der 8. Tagung des Beirates für Umweltschutz erneut zu behandeln";

- Beratung der Statistischen Berichte 1973, 1974, 1975 usw. über Ergebnisse der sozialistischen Landeskultur/des Umweltschutzes (nach Nomenklaturen für die Abrechnung) als Grundlage für die Jahresberichte für den Ministerrat und als Grundlage für die weiteren Planungen;
- Entwicklung des einheitlichen Kontrollsystems (Überwachungssystem und Umweltanalyse, verstärkte Kontrolle über die Erfüllung der Planaufgaben). Auf der 7. Beiratstagung (1974) wurde z.B. festgelegt, dass auf jeder Beiratstagung die Kontrolle der wichtigsten Investitionsvorhaben auf der Grundlage der Berichte der verantwortlichen zentralen Staatsorgane zu erfolgen hat.

Die Beratungsunterlagen zu den entsprechenden Tagesordnungspunkten hatten neben dem Umweltministerium die Beiratsmitglieder der Staatlichen Plankommission, des Finanzministeriums und der jeweils betroffenen Ministerien der materiellen Bereiche einzubringen und zu vertreten. Diese Vorlagen wurden nach 1973 überwiegend mit hohem Vertraulichkeitsgrad versehen und wurden nur einem beschränkten Kreis der Beiratsmitglieder zur Kenntnis gebracht (zur Vorbereitung der Beratung ausgehändigt mit Rückgabepflicht oder zu Beginn der Beratung zum Lesen – ohne Aushändigung – bereitgestellt). Die Verfasserin gehörte nicht zu diesem berechtigten Kreis.[36]

Im Weiteren wird auf einzelne Beiratstagungen und Tagesordnungspunkte detaillierter eingegangen.

Die bereits vorstehend erwähnte 7. Tagung (1974) behandelte erforderliche Maßnahmen des Umweltschutzes, u.a. für die Kläranlage Buna, die im Volkswirtschaftsplan 1976 erfasst werden sollten. Der 8. Tagung (1975) wurde darüber berichtet. Außerdem standen auf dieser 8. Tagung die Umweltaufgaben im Fünfjahrplan 1976-1980 zur Diskussion. Nach der Beratung wurde festgelegt: „Die Hauptrichtungen für die Entwicklung des Umweltschutzes sind entsprechend den gegebenen Hinweisen zu überarbeiten und besonders hinsichtlich der Objektliste mit den zuständigen Ministerien abzustimmen ... Die überarbeiteten Hauptrichtungen sind dem Vorsitzenden der Staatlichen Plankommission zur Entscheidung über die Übergabe des Materials an die Leiter der zentralen Staatsorgane und die Räte der Bezirke zu übermitteln." Weiterhin wurden auf der 8. Tagung in speziellen Tagesordnungspunkten Informationen zu Vorschlägen zur Einbeziehung von Maßnahmen zur Bekämpfung von Luftschadstoffen und des Lärms in Betrieben in den

---

[36] Zur Datengeheimhaltung Fn. 24, Fn. 34. Die Darlegungen dieses Aufsatzes zu den Beiratstagungen und vertraulichen Materialien sind gestützt auf die mündlichen Vorträge der Einreicher und die Diskussionen bei privater – meist stenographischer – Mitschrift und auf die amtlichen Protokolle, die die Verfasserin als Beiratsmitglied erhielt.

Fünfjahrplan 1976-1980 und zum Umgang mit toxischen Abprodukten beraten, die unter Leitung des Umweltministeriums erarbeitet worden waren. Dazu erfolgte die Festlegung, dass durch die zuständigen Minister eine zusammenfassende Information mit einem Beschlussvorschlag für das Präsidium des Ministerrates auszuarbeiten sei.

Die 11. Tagung (1976) beriet über „Maßnahmen zur materiell-technischen Sicherung der Anlagen und Ausrüstungen für Entstaubung und Abgasreinigung im Fünfjahrplanzeitraum 1976-1980". Das amtliche Protokoll weist dazu aus: „In der Diskussion wurde eingeschätzt, dass der Anlagenbedarf, der nach dem Ausweis des Ministeriums für Schwermaschinen- und Anlagenbau 1976 bis 1980 erst zu 65 % gedeckt werden kann, eher zu niedrig als zu hoch angesetzt wurde. Besondere Schwierigkeiten zeigen sich auch in der Bereitstellung von thermischen Nachverbrennungsanlagen für Anlagen zur Lösungsmittelrückgewinnung. Die Bilanzregelungen erweisen sich als ungenügend". Als Festlegungen sind in dem Protokoll erfasst: „Die vorgeschlagenen Maßnahmen zur Erhöhung des Aufkommens an Entstaubungs- und Abgasreinigungsanlagen sind zielstrebig zu realisieren. Die Aufnahme der Anlagen in die S-Bilanz wird unterstützt und ist beim Ministerium für Materialwirtschaft und der Staatlichen Plankommission zu beantragen, wobei die Bilanzverantwortlichkeit für Abgasreinigungsanlagen umfassend im Sinne der Grundsatzvereinbarung zwischen dem Minister für Schwermaschinen- und Anlagenbau und dem Minister für Chemische Industrie zu regeln ist. ... Auf der 13. Tagung des Beirats für Umweltschutz ist über das Ergebnis der Maßnahmen zu berichten."

Die 12. Tagung (1977) enthielt u.a. folgende Tagesordnungspunkte:

• „Erfüllungsstand der zentralgeleiteten Investitionsvorhaben des Umweltschutzes des Planes 1977 im Bereich des Ministeriums für Kohle und Energie, des Ministeriums für Chemische Industrie und des Ministeriums für Erzbergbau, Metallurgie und Kali"

sowie

• „Ergebnis der eingeleiteten Maßnahmen zur Sicherung des Aufkommens an Entstaubungs- und Abgasreinigungsanlagen durch das Ministerium für Schwermaschinen- und Anlagenbau und das Ministerium für Chemische Industrie".

Zum ersten Punkt wurde u.a. über aufgetretene Rückstände und über Maßnahmen zu deren Überwindung informiert (Grubenwasserreinigungsanlage Boxberg, Rauchgasentteerung Elektrokohle Lichtenberg, Schlammspülhalde des Stickstoffwerks Piesteritz, Kläranlage Buna, Strahlmittelanlage Nickelhütte St. Egedin).

Auf der 13. Tagung (1977) wurden zur Planinformation zum Entwurf des Volkswirtschaftsplanes 1978 u.a. folgende Festlegungen getroffen:

- „In Vorbereitung auf die Herausgabe der Staatlichen Aufgaben 1979 und 1980 für die Staatsplanposition ‚Mechanische und elektrische Entstaubungsanlagen' (ELN 017 30 000) ist der Entwurf des nach Objekten gegliederten Projektierungsplanes 1978 abzustimmen mit dem Ziel einer auf die Schwerpunkte des Umweltschutzes orientierten Rang- und Reihenfolge. ...
- Auf der 15. Tagung des Beirates für Umweltschutz ist eine Information über den erreichten Stand und die weitere Entwicklung in der Bereitstellung von Anlagen und Ausrüstungen für Staub- und Abgasreinigung sowie Abwasserbehandlung einschließlich der erforderlichen Messtechnik und Automatisierungsmittel zu beraten."

Auf der 14. Beiratstagung (1978) wurde die Erfüllung der zentral geplanten Investitionsvorhaben des Umweltschutzes 1977 diskutiert und beim Plananlauf 1978 überprüft. Es wurde nach Diskussionen über eingetretene Rückstände festgelegt, dass die Anstrengungen des Ministeriums für Chemische Industrie auf die Fertigstellung der Kläranlage Buna sowie des Ministeriums für Kohle und Energie auf die Inbetriebnahme der Grubenwasserreinigungsanlage Jänschwalde 1979 zu richten sind. Auf der 15. Beiratstagung sollte der Erfüllungsstand der zentral geplanten Vorhaben erneut behandelt werden, wozu in Vorbereitung unter Verantwortung der Stellvertretenden Minister Kontrollen in den Betrieben insbesondere in den Bezirken Cottbus, Halle und Leipzig erfolgen sollten.

Die 15. Beiratstagung (1978) beriet über den Jahresbericht über die Entwicklung des Umweltschutzes 1977 und erneut über den Realisierungsstand der zentralgeplanten Investitionsvorhaben 1978. Auf der 16. Tagung (1979) wurden dann der Jahresbericht über die Ergebnisse des Umweltschutzes in der DDR 1978 und die Schlussfolgerungen erörtert. Die 18. Tagung (1980) schließlich behandelte den Bericht über die Ergebnisse der Entwicklung des Umweltschutzes 1979 sowie „Hauptrichtungen der Entwicklung des Umweltschutzes in der DDR im Zeitraum 1981-1985 und in den Grundzügen bis 1990". Hervorgehoben wurden Ergebnisse höherer Material-, Energie- und Ressourcenökonomie sowie der Wertstoffrückgewinnung für die Verbesserung des Umweltschutzes. Höhere Anstrengungen sollten dabei auf die Verbesserung der Lebensbedingungen in den Ballungszentren, insbesondere in den Bezirken Halle und Leipzig, gerichtet werden. Es wurde eine Arbeitsgruppe aus Verantwortlichen der Ministerien mit der Präzisierung der „Hauptrichtungen" beauftragt. Der 19. Tagung (1981) lag der Bericht über die Ergebnisse der Entwicklung des Umweltschutzes 1976-1980 vor, woraus abgeleitet folgende Schwerpunkte für den neuen Fünfjahrplan benannt wurden: SO_2, Staub, Asbestbelastungen, Erzgebirge, Fäkalien, Trinkwasserschutz, Bodennutzung, Lärmschutz. Umweltschutz und materialökonomische Ergebnisse sollten in ihren Verbindungen berücksichtigt, die Anstrengungen auf die Ballungsgebiete konzentriert werden. Die bereits gebildete Arbeitsgruppe wurde mit der Präzisierung des Berichts beauftragt.

Auf der 21. Tagung (1982) nahm der Beirat Berichte über die Ergebnisse des Umweltschutzes im Jahre 1981 und über den Realisierungsstand ausgewählter Investitionsvorhaben des Umweltschutzes per 30.4.1982 entgegen. Festlegungen betrafen Maßnahmen zur Aufholung eingetretener Rückstände bei 4 konkreten Vorhaben, die erforderliche vertragliche Sicherung von 4 weiteren konkreten Vorhaben sowie den Auftrag an die zuständigen Ministerien, „zu sichern, dass die zentralgeplanten Vorhaben des Umweltschutzes mit dem Volkswirtschaftsplan in Übereinstimmung gebracht werden und mit der Staatlichen Zentralverwaltung für Statistik ab 30.7.1982 eine ordnungsgemäße Abrechnung gewährleistet wird." Kritisch festgestellt wurde, dass die Übernahme zurückgestellter Vorhaben in nachfolgende Pläne nicht ordnungsgemäß und kontrollfähig erfolgt war.

Die 22. Tagung des Beirats (1982) hatte unter anderem eine Vielzahl wirtschaftsbezogener Tagesordnungspunkte zu behandeln:

• Bericht über den Realisierungsstand ausgewählter Investitionsvorhaben des Umweltschutzes per 30.8.1982;
• Bericht über die Realisierung der zentralen Anlage zur Entgiftung von cyanidhaltigen Härtereisalzen;
• Konzeption zum Einsatz des Kalkstein-Additiv-Verfahrens in der DDR im Zeitraum 1983 bis 1985 und bis 1990;
• Konzeption für die Forschung und Entwicklung auf dem Gebiet der Entschwefelung von Russ- und Chemieabgasen unter gleichzeitiger Rückgewinnung von Schadstoffen als wertvolle Sekundärrohstoffe für 1982-1990;
• Planinformation des Umweltschutzes zum Entwurf des Volkswirtschaftsplanes 1983;
• Programm der Maßnahmen zur Minderung der Umweltbelastungen durch das Zementwerk Rüdersdorf bis 1985;
• Bericht über die von der Staatlichen Gewässeraufsicht durchgeführten Kontrollen der Galvanikbetriebe und anderen Betriebe, die mit Giften umgehen.

Die Festlegungen betrafen wiederum Maßnahmen zur Sicherung der Bilanzierung der Vorhaben sowie verstärkte Kontrollmaßnahmen unter Verantwortung der Beiratsmitglieder mit der Zielrichtung, „die Inbetriebnahme der Investitionsvorhaben des Umweltschutzes ... unbedingt zu gewährleisten." Weitere strenge Festlegungen erfolgten nach Behandlung umfangreicher Materialien zu ausgewählten Umweltproblemen in ihrer Bedeutung für die Gesundheit der Bevölkerung (dazu näher nachfolgend in Abschn. 6).

Auch die 23., die 24. und die 25. Beiratstagung (1983) sowie die 26. und die 27. Tagung (1984), die 28. Tagung (1985) und die 29. Tagung (1986) befassten sich

mit gleicher Intensität mit der Planung des Umweltschutzes. Es wurden eine Verpflichtung zur vierteljährlichen Kontrolle aller rückständigen Maßnahmen festgelegt, Arbeitsgruppen zur Analyse der Ursachen mit Berichtspflichten bestimmt,
die Inhalte von Informationen an die Staatliche Plankommission und an die Staatliche Zentralverwaltung für Statistik präzisiert sowie Maßnahmen zur Festlegung
von Rang- und Reihenfolgen der Investitionen getroffen. Gleiches ist für die 30.
Tagung (1987) bis zur 34. Tagung (1989) festzustellen. Da die Rückstände und
ihre Folgen immer größer wurden, Havarien und Produktionsstörungen zu Schäden und Gefährdungen für Menschen und Umwelt geführt hatten, wurde verstärkt
auf Disziplin und Kontrolle, auf neue technologische Lösungen und auf gesellschaftliche Initiativen orientiert.

Die Darlegungen dieses Abschnitts 5 über die Beiratsberatungen zum Umweltschutz in der Wirtschaftsentwicklung und zur zunehmend kritischer einzuschät-
zenden Umweltrealität betreffen für alle Tagungen nur einen Bestandteil des jeweils mit umfangreicher Tagesordnung zu behandelnden aktuellen Aufgabenkom-
plexes, der zur systematischen Darstellung vor- und nachstehend in die Abschnitte
3 bis 9 gegliedert worden ist. Dabei sollten die speziellen Ausführungen unter 5.
deutlich machen, dass und wie die immer unzureichender werdenden materiellen
und finanziellen Rahmenbedingungen die Anstrengungen und Ergebnisse für
wirksamen Umweltschutz begrenzten, dass aber trotzdem – wie im Abschn. 3 zur
35. Beiratstagung ausführlich dargestellt – von einer insgesamt mit großen gemeinsamen Anstrengungen betriebenen und insoweit positiv zu wertenden Umweltpolitik auszugehen war, zu der auch die Wirtschaft – im Rahmen ihrer Möglichkeiten – beigetragen hat.

6. Umweltschutz und Gesundheitspolitik

Bereits 1966 und 1967 hatte der Ministerrat dem Stellvertreter der Vorsitzenden
des Ministerrates und Minister für Gesundheitswesen auf der Grundlage entsprechender Analysen und der Auswertung von Eingaben Aufgaben zur schrittweisen
Verbesserung der Lage auf dem Gebiet der Reinhaltung der Luft und der Lärmbekämpfung übertragen. Dazu gehörten unter anderem
- die Sicherung der Aufnahme erforderlicher Maßnahmen in die Jahres- und Per-
  spektivenpläne und die Erarbeitung langfristiger Sanierungsprogramme für In-
  dustriezweige und Territorien sowie die Koordinierung und Kontrolle ihrer
  Durchführung;
- die Vorbereitung von Rechtsvorschriften und ökonomischen Regelungen;

- die Gewährleistung des Betriebs der in den Betrieben vorhandenen Anlagen ständig mit höchstem Wirkungsgrad;
- im Bezirk Halle die Ausarbeitung eines komplexen Programms zur Reinhaltung der Luft mit konkreten Maßnahmen für das Ballungsgebiet Bitterfeld/Wolfen und der Festlegung einer stufenweisen Erarbeitung von Analysen und Maßnahmen. Die dabei gesammelten Erkenntnisse und Erfahrungen sollten allen anderen Bezirken übermittelt werden. Die Verantwortung wurde dem Minister für Gesundheitswesen und dem Vorsitzenden des Rates des Bezirkes Halle unter Mitarbeit der Kommission „Reinhaltung der Luft" des Forschungsrates der DDR[37] und der zuständigen zentralen Organe des Ministerrates übertragen;
- die Sicherung, ausgehend von den volkswirtschaftlichen Möglichkeiten, der Erweiterung der Fachgebiete Lufthygiene bei den Hygieneinstituten der Bezirke und des weiteren Ausbaus der Messnetze dieser Institute.

Nach mehrfachen Kontrollberatungen, auch im Beirat für Umweltschutz, wurde mit Beschluss des Ministerrates vom 17.1.1973 (zur Fünften Durchführungsverordnung zum Landeskulturgesetz – Reinhaltung der Luft) der Minister für Gesundheitswesen erneut mit einer Reihe Aufgaben zum Gesundheitsschutz beauftragt, wozu auch die Sicherung der Planungsvoraussetzungen für die messtechnische Emissions- und Immissionskontrolle gehörten.

Im Weiteren erfolgten seitens des Ministerrates und seines Beirates für Umweltschutz wiederholt spezielle Aktivitäten auf den Gebieten Reinhaltung der Luft, Lärmschutz, Umgang mit Giften, mit toxischen Abprodukten und mit Schadstoffen sowie insgesamt der umweltpolitischen Erfordernisse des Gesundheitsschutzes, wie nachfolgende Ausführungen verdeutlichen sollen. Außerdem gehörten diese Probleme zu den bereits in den Abschnitten 3 und 5 erfassten konzeptionellen und wirtschaftspolitischen Beratungsinhalten.

So beriet die 6. Beiratstagung (1974) zu Vorlagen des Bundesvorstandes der Gewerkschaften über Probleme und Aufgaben zum Schutz der Bürger vor gesundheitsschädigendem und belästigendem Lärm sowie vor staub-, gas- und dampfförmigen Luftschadstoffen am Arbeitsplatz. Im Ergebnis wurden Arbeitsgruppen zur Vorbereitung der Planung und materiell-technischen Sicherung erforderlicher Maßnahmen im Volkswirtschaftsplan 1975 und Fünfjahrplan 1976 bis 1980 gebildet, deren Schlussfolgerungen auf der 8. Tagung (1975) beraten und gebilligt wurden.

Auf der 7. Tagung (1974) wurden eine Information des Umweltministeriums und Schlussfolgerungen über Maßnahmen auf dem Gebiet der Ablagerung und Vernichtung von toxischen Abprodukten hinsichtlich der Kontrollverantwortlich-

---

[37] Fn. 9.

keit und gesetzgeberischen Erfordernisse diskutiert. Dazu legte die 10. Tagung (1976) u.a. fest, dass der Entwurf der Rechtsvorschrift ergänzt und mit zentralen Staatsorganen sowie den Räten der Bezirke abgestimmt werden sollte, und zwar nach folgenden Gesichtspunkten:

- Kontrolle durch Bezirkshygieneinspektion im Zusammenwirken mit der Gewässeraufsicht; verstärkte betriebliche Eigenkontrolle mit Informationspflicht gegenüber der Bezirkshygieneinspektion;
- Aufstellung eines Katalogs der toxischen Abprodukte in Abstimmung mit dem Landwirtschaftsministerium (Auswirkungen auf Pflanzen und Tiere);
- erhöhte Verantwortung für Wissenschaft und Technik zur Beseitigung (insbesondere Verfahren und Projekte der Deponie) und Verwertung der toxischen Abprodukte.

Die 11. Tagung (1976) überprüfte in speziellen Beratungspunkten die materiell-technische Sicherung der Maßnahmen zum Lärmschutz sowie der Anlagen und Ausrüstungen für Entstaubung und Abgasreinigung im Fünfjahrplanzeitraum 1976 bis 1980 (dazu nähere Ausführungen im Abschn. 5).

Auf der 14. Tagung (1978) wurde auf der Grundlage einer umfangreichen Vorlage zur Entwicklung der Schwefeldioxidbelastung und zu Möglichkeiten ihrer Reduzierung in der DDR beraten. Betont wurde die Notwendigkeit eines Komplexes energiewirtschaftlicher, stoffwirtschaftlicher und technologischer Maßnahmen einschließlich der Schaffung eines integrierten Messnetzes für Luftverunreinigungen. Die Auswirkungen der Luftverunreinigung auf den Gesundheitszustand der Menschen waren in die Beratungen eingeschlossen.

Die 17. Tagung (1979) befasste sich erneut mit dem Umgang mit toxischen Stoffen (Stand der schadlosen Beseitigung von toxischen Abprodukten und anderen Schadstoffen sowie Konzeption über deren Entwicklung im Zeitraum 1981-1985). Zu den Festlegungen gehörte, dass eine Arbeitsgruppe eine Vorlage für den Ministerrat zur Konzeption 1981-1985 erarbeiten sollte sowie dass der Entwurf einer Anordnung über den Umgang mit gefährlichen Stoffen vorzubereiten sei.

Auf der 19. Tagung (1981) wurden u.a. beraten:

- ein Maßnahmeplan zur Umsetzung und Kontrolle eines Beschlusses des Präsidiums des Ministerrats vom 15.1.1981 über die Deponierung von toxischen Abprodukten mit einer Festlegung zur Bildung einer Nutzergemeinschaft der Betreiber der entsprechenden Deponie unter Leitung der Deponie Potsdam;
- ein Material des Gesundheitsministers zur Entwicklung des Bedarfs an Entstaubungskapazitäten und zu den Möglichkeiten seiner Deckung im Zeitraum 1981-1985, wozu Festlegungen dahingehend getroffen wurden, die Liefermöglichkeiten zu berücksichtigen und Rang- und Reihenfolgen für den Einsatz der Entstaubungsanlagen zu bestimmen.

Auf der 20. Tagung (1982) wurde zu beiden Problemkreisen der Stand der Erfüllung überprüft und insbesondere der Bedarf an Entstaubungskapazitäten und die Deckungsmöglichkeiten präzisiert. Weitere Kontrollberatungen erfolgten auf den nachfolgenden Beiratstagungen.

Die 22. Tagung (1982) behandelte zudem als gesonderten Tagesordnungpunkt „Maßnahmen, die sich aus dem Beschluss des Präsidiums des Ministerrates ‚Information über ausgewählte Umweltprobleme und ihre Bedeutung für die Gesundheit der Bevölkerung' vom 9.9.1982 ergeben", wozu eine Vielzahl Festlegungen getroffen wurden:

- Aufgaben der medizinischen Forschung nach Schlussfolgerungen für die gesundheitliche Betreuung der Bürger in ausgewählten lufthygienisch hochbelasteten Gebieten;
- Erarbeitung einer Konzeption für ein System der lufthygienischen Kontrolle einschließlich erforderlicher Maßnahmen zur Bereitstellung entsprechender automatischer Messgeräte;
- Ausarbeitung von Maßnahmen der zeitlich begrenzten Emissionsreduzierung und zur Information der Bevölkerung in ausgewählten hochbelasteten Territorien;
- Kontrolle der Festlegung der notwendigen Maßnahmen zur Gewährleistung und Erhöhung der Verfügbarkeit von Entstaubungsanlagen in betrieblichen Reparatur- und Rationalisierungsplänen;
- Prüfung der Bilanzmeldung 1983 für Entstaubungstechnik und Festlegung der Rang- und Reihenfolgen für die Verteilung der Anlagen entsprechend den territorialen Schwerpunkten;
- Erarbeitung einer Konzeption zur planmäßigen Entwicklung der Produktion von Entstaubungsanlagen 1984-1990, insbesondere zur Deckung des Bedarfs für die Rekonstruktion und den Ersatz verschlissener Anlagen sowie über die territorialen Schwerpunkte des Einsatzes von Entstaubungsanlagen für diesen Zeitraum;
- Erfahrungsaustausch im Raum Freiberg zu Sanierungsmaßnahmen mit Ratsmitgliedern für Umweltschutz der betreffenden Bezirke und Kreise und Umweltschutzbeauftragten der Ministerien und Kombinate;
- Erarbeitung von Programmen zur Begrenzung der Schwermetallemission in bestimmten Gebieten zur Verhinderung der Gefährdung der Bevölkerung.

Kontrollberatungen zu diesen Festlegungen erfolgten auf der 23. und auf der 24. Beiratstagung (1983).

Die 24. Tagung nahm außerdem einen Bericht des Umweltministers über den Betrieb der Anlagen, mit denen 1982 toxische Abprodukte und andere Schadstoffe schadlos beseitigt wurden, entgegen. Kritisch diskutiert wurden Rückstände bei der materiell-technischen Bilanzierung erforderlicher Anlagen, für deren planmäßige Inbetriebnahme weitere Maßnahmen und Kontrollen festgelegt wurden. Dazu erfolgte auf der 25. Tagung (1983) die Beratung zu speziellen Berichten „über den Stand der Erfüllung ausgewählter Investitionsvorhaben des Umweltschutzes, deren Realisierungsstand per 30.9.1983 wesentliche Rückstände aufwies," (darunter einer Entstaubungsanlage im Bergbau- und Hüttenkombinat Freiberg, von industriellen Abwasserneutralisierungsanlagen und der zentralen Entgiftungsanlage im Betrieb Galvanotechnik Leipzig). Gleichartige kritische Beratungen bestimmten die 26. und die 27. Tagung (1984).

Die 28. Beiratstagung (1985) behandelte u.a. folgende Tagesordnungspunkte:

- Stand der Erfüllung des Programms zur Minderung der Umweltbelastung im Raum Freiberg;
- Information zur Abdeckung des Bedarfs an Entstaubungsanlagen für ausgewählte Objekte des Umweltschutzes 1985;
- Programm zur Minderung der Belastung durch Schwefelwasserstoff und Kohlenwasserstoff im Bereich der Kunstfaserindustrie im Zeitraum 1986-1990;
- Programm zur Minderung der Umweltbelastungen durch die Chemischen Werke Buna im Zeitraum 1986-1990.

Auch bei diesen Beratungen ging es wieder um nicht gesicherte materielle und finanzielle Voraussetzungen für die Maßnahmen und als Schlussfolgerungen um vom Beirat geforderte Entscheidungen des Ministerrates bzw. der Staatlichen Plankommission. Gleichgelagerte Probleme des Umwelt- und Gesundheitsschutzes betrafen in Bezug auf konkrete Anlagen und Betriebe die Kontrollberatungen auf der 29. Tagung (1986), auf der 30. Tagung und der 31. Tagung (1987) sowie auf den weiteren Tagungen bis 1989.

Die 30. Tagung behandelte außerdem einen „Zusammenfassenden Bericht zur Entwicklung der Emission von Luftverunreinigungen in der DDR im Jahre 1986". Auf dieser und den folgenden Tagungen wurden die Schwerpunkte für erforderliche Maßnahmen aufgrund der in den Bezirken zwischenzeitlich erarbeiteten „Gefährdungsanalysen" neu bestimmt und eingeengt und die Kontrollergebnisse der 1986 gebildeten bezirklichen Umweltinspektionen analysiert, ohne dass aber – mangels Kapazitäten – der Realisierungsgrad erhöht werden konnte. Es wurde verstärkt auf Forschungsergebnisse zu technologischen Lösungen orientiert (näher Abschn. 7).

So war auch die letzte inhaltliche (34.) Tagung (1989) von den Widersprüchen zwischen Umweltschutzerfordernissen einschließlich Gesundheitsschutz und mangelnden Realisierungsmöglichkeiten bestimmt.

7. Umweltschutz durch Forschung und Entwicklung sowie Wissenschafts- und Bildungspolitik

In den Beratungen der Ständigen Arbeitsgruppe für sozialistische Landeskultur/ des Beirats für Umweltschutz nahmen gesellschafts-, natur- und technikwissenschaftliche Forschungsaufgaben ständig einen bedeutsamen Platz ein,[38] wie in der folgenden Übersicht näher dargelegt wird. Zu Mitgliedern waren Vertreter wissenschaftlicher Einrichtungen berufen worden (Abschn. 1). An Hochschulen, Akademien und anderen Forschungseinrichtungen fanden bedeutsame Veranstaltungen statt, von hier gingen entscheidende Aktivitäten zu technisch-technologischen Lösungen aus, Vertreter der Grundlagen- und angewandten Forschungsrichtungen wirkten an Prognosen und Konzeptionen sowie bei Gesetzgebungsarbeiten mit. In der Bildungs- und Öffentlichkeitsarbeit spielten sie eine große Rolle.

Schon im Ministerratsbeschluss vom 8.9.1966 über Maßnahmen zur Reinhaltung der Luft war gefordert worden, „Forschungskapazitäten auf bisher technisch nicht oder nicht befriedigend gelöste Probleme … zu konzentrieren." Zum Inhalt der „Wochen der sozialistischen Landeskultur" (Abschn. 5), der im Beirat für Umweltschutz beraten wurde, gehörte, „neue wissenschaftliche, technische und ökonomische Erkenntnisse für die rationelle Lösung landeskultureller Aufgaben zu vermitteln". Die in der Ständigen Arbeitsgruppe/im Beirat erarbeiteten und ausgewerteten Jahresberichte über die Ergebnisse der sozialistischen Landeskultur/des Umweltschutzes enthielten gesonderte Abschnitte „Entwicklung von Wissenschaft und Technik". So hieß es im Jahresbericht 1972: „Auf dem Gebiet von Wissenschaft und Technik konnte 1972 bei steigendem Einsatz von Kräften und Mitteln eine stärkere Konzentration auf die Schwerpunkte der Reinhaltung der Luft sowie der Ökologie und Toxikologie erreicht werden. Insgesamt wurden für Staatsplanaufgaben und Themen des Ministeriums für Wissenschaft und Technik 625 Kader eingesetzt und 25,6 Mio. M aufgewendet". Diese Angaben wurden in dem Bericht im Weiteren detailliert belegt.

1973 beauftragte der Ministerrat den Präsidenten der Akademie der Wissenschaften, gemeinsam mit dem Minister für Wissenschaft und Technik und dem Stellvertreter des Vorsitzenden des Ministerrates und Minister für Umweltschutz und Wasserwirtschaft Vorschläge für die schrittweise Entwicklung der Akademie der Wissenschaften zum Zentrum der Umweltforschung auszuarbeiten. Auf der 5. Beiratstagung (23.10.1973) lag im Ergebnis dieses Auftrags dem Beirat eine 91

---

[38] Als Aufgabenstellung (Abschn. 2) war festgelegt: Beratung von Maßnahmen zur Sicherung des wissenschaftlich-technischen Vorlaufes und der raschen Überleitung von Forschungs- und Entwicklungsergebnissen in die Praxis sowie Kontrolle der Erfüllung.

Seiten umfassende „Konzeption der Entwicklung der Grundlagenforschung auf dem Gebiet des Umweltschutzes" der Akademie der Wissenschaften zur Beratung vor. Zudem wurden in einem gesonderten Tagesordnungspunkt „die Aufgaben von Wissenschaft und Technik auf dem Gebiet des Umweltschutzes 1974"[39] behandelt, wozu der Stellvertreter des Ministers für Wissenschaft und Technik als Beiratsmitglied die Vorlage eingebracht hatte. Die Akademiekonzeption stellte folgende Themenkomplexe in den Vordergrund:

- Sozial-ökonomische und bioökonomische Grundaufgaben, Wirken der ökonomischen Gesetze bei intensiv erweiterter Reproduktion der natürlichen Umweltbedingungen des Menschen; organisatorisch-rechtliche und pädagogische Aspekte der Umweltgestaltung;
- Schaffung von Stoffkreisläufen mit maximaler Stoffausnutzung zur Minimierung des Anfalls von Reststoffen;
- zu ausgewählten natürlich und technogen veränderten Ökosystemen und ihrer Dynamik;
- Sammlung und Interpretation von Informationen über den Umweltzustand und seine Entwicklung aus dem terrestrischen und kosmischen Raum einschließlich der Grundlagen der Messtechnik und Messmethodik;
- Dynamik und Zusammenhang der Hauptsysteme der physischen Umwelt und zu ihrem komplexen „Management";
- zu Umweltbelastungen des menschlichen Organismus sowie zu hauptsächlich akuten und langfristigen Auswirkungen von Umweltschädigungen auf die Gesundheit des Menschen.

Der 6. Beiratstagung (1974) lagen Vorschläge des Umweltministeriums und des Ministeriums für Wissenschaft und Technik zur weiteren Entwicklung und Profilierung von Forschungskapazitäten für den Umweltschutz gemäß Ministerratsbeschluss vom 9.2.1973 zur Beratung vor. Es wurde festgestellt, dass namentlich auf gesellschaftswissenschaftlichem Gebiet Lücken in der Umweltforschung bestehen, so hinsichtlich der volkswirtschaftlichen Einordnung landeskultureller Maßnahmen und der Aufwand-Nutzen-Problematik, und dass auch die wachsende internationale Zusammenarbeit wissenschaftliche Anforderungen stellt (dazu weiter Abschn. 8).

Auf der 8. Beiratstagung (1975) wurde auf der Grundlage der langfristigen Konzeption der Entwurf der Aufgaben für die Grundlagenforschung 1976-1980 auf dem Gebiet der Umweltgestaltung und die Organisation der entsprechenden Forschungskoordinierung durch die Akademie der Wissenschaften beraten. In der

---

[39] Das Material wurde im Wesentlichen von der „Kommission für Umweltforschung beim Präsidium der Akademie der Wissenschaften der DDR" (Kommissionsvorsitzender: Prof. Dr. Dr. h.c. H. Mottek), der auch die Verfasserin angehörte, erarbeitet.

Diskussion erfolgten Hinweise, für die RGW-Aufgaben den von der DDR zu erbringenden Leistungsanteil in die Aufgabenstellung der Grundlagenforschung fest zu integrieren und die landeskulturellen Erfordernisse bei der Erforschung stoffumwandelnder Prozesse deutlich zu machen.

Die 11. Tagung (1976) beriet – auf der Grundlage einer Vorlage des Direktors des Instituts für Geographie und Geoökologie der Akademie der Wissenschaften, Prof. Dr. H. Lüdemann, – erneut zu Schwerpunkten der Grundlagenforschung auf dem Gebiet Umweltschutz/Umweltgestaltung 1976-1980 (sowie zu Zielstellungen bis 1990). In der Beratung wurde insbesondere darauf orientiert,

- die Entwicklung von Grundlagen für abproduktarme und -freie Technologien vor allem in den Forschungsrichtungen für Physik einschließlich Kern- und Werkstoffforschung sowie Chemie stärker zu beachten und in Verbindung damit auch Lösungswege für die Verwertung und Beseitigung von Schwefelwasserstoff- und Schwefelkohlenstoffabgasen der Viskosefaserproduktion zu untersuchen;

- die gesellschaftswissenschaftliche Forschung hinsichtlich der ökonomischen Bewertung der Naturressourcen und der Stimulierung ihrer rationellen Verwendung und der Optimierung der Nutzungsansprüche sowie hinsichtlich der philosophischen und soziologischen Probleme in den Mensch-Umwelt-Beziehungen zu verstärken;

- den Anteil der für die staatliche und gesellschaftliche Praxis nutzbaren Forschungsergebnisse zu erhöhen.

Die 12. Beiratstagung (1977) beriet – außer einer Information über Maßnahmen und Ergebnisse in Auswertung eines internationalen Symposiums über abproduktarme und -freie Technologien und zur Einordnung weiterer Themenstellungen in die Pläne Wissenschaft und Technik – eine Vorlage des Direktors des Instituts für Landschaftsforschung und Naturschutz der Akademie der Landwirtschaftswissenschaften, Prof. Dr. H. Weinitschke, zu den Forschungsarbeiten des Instituts mit Schlussfolgerungen für die weitere Praxiswirksamkeit der Themen (insbesondere Flurneugestaltung, Rekultivierung, Landschaftspflege, geschützte Gebiete und Objekte, Ökosystemforschung). Die Festlegungen betrafen u.a. die verstärkte wissenschaftliche Bearbeitung des Problemkreises „Landschaftspflegepläne". Die 14. Tagung (1978) befasste sich mit der Konzeption für die Gestaltung der Halle „Umweltschutz" auf der Internationalen Gartenbauausstellung (iga) 1978 in Erfurt.[40]

Auf der 17. Tagung (1979) wurden die Hauptrichtungen der Forschung und Entwicklung auf dem Gebiet des Umweltschutzes bis 1985/1990 beraten, wobei

---

[40] Die iga umfasste bereits seit 1971 einen gesonderten Ausstellungsteil „Sozialistische Landeskultur".

erneut eine verstärkte Orientierung auf technologische Forschungsrichtungen erfolgte. Anschließend an die Ergebnisse dieser Tagung lag auf der 18. Beiratstagung (1980) die überarbeitete Fassung der Vorlage zur gleichen Thematik zur Beratung vor. Als Schwerpunkte waren erfasst:

- Untersuchungen zur langfristigen Sicherung des volkswirtschaftlichen Reproduktionsprozesses durch schwerpunktorientierte Grundlagenforschungen mit komplexen Lösungen;
- Untersuchungen zur erhöhten Wertstoffrückgewinnung aus Abprodukten zur Sicherung der Rohstoffbereitstellung für volkswirtschaftlich wichtige Produktionsprozesse und zur rationellen Nutzung der Naturressourcen;
- Untersuchungen zur Verbesserung der Lebensbedingungen;
- Untersuchungen zur Erhöhung des Niveaus der Leitung und Planung des Umweltschutzes.

Dazu erfolgte eine detaillierte Untersetzung mit Bestimmung der federführenden Forschungseinrichtungen.

Die überarbeitete Vorlage wurde nochmals auf der 19. Beiratstatung (1981) beraten und mit folgenden Festlegungen bestätigt:

- Durch eine Arbeitsgruppe von Beiratsmitgliedern der verantwortlichen Ministerien sind die konkreten Staatsplanthemen für den Zeitraum 1981-1985 zu bestimmen.
- Über die in den Plan Wissenschaft und Technik 1981-1985 eingeordneten Themen ist der 20. Beiratstagung eine Information vorzulegen.

Die 20. Tagung (1982) behandelte diese Information und forderte einen Bericht zu den präzisierten Themen mit Nachweis der Einführung von Verfahren mit den wissenschaftlich-technischen Ergebnissen im Zeitraum 1981-1985 sowie dem zu erwartenden Nutzen für den Gesundheitsschutz der Bevölkerung und für die ökonomische Effektivität der Volkswirtschaft sowie die Benennung von Themenkomplexen, die im Beirat im Zeitraum 1982-1985 gesondert behandelt werden sollten. Die 20. Tagung beriet außerdem das Programm der Forschung, Entwicklung und Einführung von abproduktarmen technologischen Verfahren und Verfahren zur Wertstoffrückgewinnung in den Jahren 1981 bis 1985 und bis 1990. Kontrollberatungen erfolgten dazu auf weiteren Beiratstagungen 1982, 1983 und 1984.

Auf der 26. Tagung (1984) wurden auf der Grundlage von Vorlagen des Direktors des Zentrums für Umweltgestaltung (wissenschaftliche Einrichtung des Umweltministeriums)[41] Aufgaben für den Plan Wissenschaft und Technik des Umweltschutzes 1985 und Maßnahmen zur Kontrolle der Aufgaben des Planes 1984

---

[41] Vom Zentrum für Umweltgestaltung wurden unter Leitung seines Direktors Prof. Dr. E. Seidel seit Ende der 1970er Jahre regelmäßig Kolloquien zu ökonomischen Fragen des Umweltschutzes veranstaltet, an denen die Verfasserin als Gast teilgenommen hat.

erörtert. Schwerpunkt, bildeten erneut technologische Fragen. Es wurde festgelegt, weitere Kontrolle durch den Beirat nach einem „Kontrollplan" durchzuführen. Die 27. Tagung (1984) überprüfte danach Forschungs- und Entwicklungsvorhaben zur Ablösung von Anlagenimporten aus dem westlichen Ausland. Außerdem wurden auf dieser Tagung die Schwerpunktthemen der Ministerien und Hochschuleinrichtungen für den Fünfjahrplan Wissenschaft und Technik 1986-1990 beraten.

Die 28. Tagung (1985) kontrollierte u.a. den Realisierungsstand der wissenschaftlich-technischen Aufgaben des Umweltschutzes 1985 in Bezug auf die Entwicklung von Dampferzeugern mit Wirbelschichtfeuerung und Verfahrenslösungen zur Erzeugung von Biogas aus Schweinegülle und beriet über einen Bericht aus der Technischen Universität Dresden über Möglichkeiten und Ergebnisse der Bewertung von abproduktarmen Technologien in ausgewählten Bereichen, mit der Einschätzung, dass die vorgestellte Bewertungsmethode für einen künftigen DDR-Standard „Abproduktfreie Technologien" weiterentwickelt werden sollte.

Auf der 29. Tagung (1986) standen zur Diskussion:
- der detaillierte Plan der wissenschaftlich-technischen Aufgaben des Umweltschutzes im Zeitraum 1986-1990;
- eine Zusammenstellung ausgewählter Aufgaben des Umweltschutzes und der rationellen Wasserverwendung des Planes Wissenschaft und Technik 1986 mit Nachweis der volkswirtschaftlichen Zielstellungen und Auswirkungen auf die Umwelt;
- Eine Information über die komplexe Forschungsaufgabe der Akademie der Wissenschaften „Umweltgestaltung – Umweltschutz" aufgrund einer Vorlage des Vorsitzenden des Wissenschaftlichen Rates für Grundlagen der Umweltgestaltung und des Umweltschutzes, beim Präsidium der Akademie der Wissenschaften, Prof. Dr. W. Mundt.

Die 30. Beiratstagung (Mai 1987) beriet den Bericht über die Erfüllung der Vorhaben Wissenschaft und Technik des Planteils Umweltschutz des Volkswirtschaftsplanes 1987, wozu auf verstärkte Aktivitäten zur Bereitstellung der Kapazitäten und termingemäße Erfüllung der Aufgaben orientiert wurden. Diese Thematik stand erneut auf der 31. Tagung (Dezember 1987) zur Beratung, ergänzt durch Berichte über die in den Volkswirtschaftsplan eingeordneten Maßnahmen zur Entwicklung des wissenschaftlich-technischen Vorlaufs der erforderlichen Projektierungsleistungen, u.a. für Entstaubungstechnik, wozu festgelegt wurde, zu Rückständen Objektlisten nach Bedarfsanforderungen aufzustellen und weitere ständige Kontrollen zu sichern.

Die 32. Tagung (1988) behandelte den Plan der Aufgaben von Wissenschaft und Technik des Umweltschutzes 1988 und forderte die Erarbeitung eines Entwurfs der Forschungsstrategie für den Umweltschutz in den Jahren 1991 bis 1995 und bis 2000, der 1989 im Beirat beraten werden sollte. Auf der Tagesordnung stand außerdem eine Information zur Tätigkeit des Wissenschaftlichen Rates für Grundlagen der Umweltgestaltung und des Umweltschutzes beim Präsidium der Akademie der Wissenschaften und zu Hauptrichtungen der Arbeit 1988 und bis 1990. Dem Wissenschaftlichen Rat wurde empfohlen, Vorschläge zu den Hauptrichtungen der Grundlagen- und Erkundungsforschung 1991 bis 1995 und bis 2000 zu erarbeiten und dem Beirat 1989 zur Beratung vorzulegen.

Auf der 34. Tagung (1989) schließlich wurde noch ein Bericht über wissenschaftlich-technische Erkenntnisse zu Veränderungen im Ozonhaushalt und des Klimas mit Schlussfolgerungen beraten, der vom Direktor des Meteorologischen Dienstes der DDR, dem Bereich Physik der Humboldt-Universität zu Berlin und dem Vertreter der Akademie der Wissenschaften, Prof. Dr. Mundt, vorgelegt worden war.

8. Anforderungen aus internationalen Aktivitäten

Die Auswertung internationaler Erfahrungen und wissenschaftlicher Erkenntnisse und die Teilnahme an internationalen Aktivitäten gehörten zu den grundsätzlichen Anforderungen zur Lösung der Umweltaufgaben. Das bestimmte auch die Tätigkeit der Ständigen Arbeitsgruppe für sozialistische Landeskultur/des Beirats für Umweltschutz.

Die Entwicklung der Wirtschafts- und Forschungskooperation zum Umweltschutz mit den anderen sozialistischen Staaten im „Rat für Gegenseitige Wirtschaftshilfe (RGW/COMECON)" sowie auf zwei- und mehrseitiger vertraglicher Basis waren ebenso wie die Teilnahme an Aktivitäten im weltweiten Rahmen Gegenstand der Beiratsberatungen. Das soll nachstehende Chronik verdeutlichen:

- 1972/1973 wurden auf den Beiratstagungen mit den Jahresberichten zum Umweltschutz auch die Ergebnisse der multi- und bilateralen Zusammenarbeit beraten, 1973 zudem speziell zu einem Ministerratsbeschluss vom 9.2.1973 die Auswertung sowjetischer Erfahrungen.
- 1974 (7. Tagung) standen Informationen über die RGW-Arbeit und erneut Erfahrungen aus Umweltgremien der Sowjetunion auf der Tagesordnung.
- Beginnend 1975 (8. Tagung) wurden außer dem DDR-Beitrag in der RGW-Arbeit auch die Aktivitäten im Rahmen des UN-Umweltprogramms (UNEP) erörtert.
- 1976 (11. Tagung): Spezielle internationale Aktivitäten betrafen Ergebnisse
  - eines RGW-Symposiums über abproduktarme und -freie Technologien in Dresden,

- eines Internationalen Symposiums über die Eutrophierung und Sanierung von Oberflächengewässern im Karl-Marx-Stadt (Chemnitz),
- einer RGW-Tagung in Warschau.

- 1977 (12. Tagung): Außer weiteren Maßnahmen in Auswertung vorgenannten RGW-Symposiums in Dresden wurden Beiträge zu Tagungen der ECE (Wirtschaftskommission für Europa) in Vorbereitung des gesamteuropäischen Umweltschutzkongresses (1979, Genf, zu grenzüberschreitenden Luftverunreinigungen und zu Abproduktetechnologien) beraten.

- 1977 (13. Tagung): Behandelt wurde – außer der RGW-Arbeit – der Beitrag der DDR zum UNESCO-Programm „Mensch und Biosphäre" – MAB.

- 1978 (15. Tagung): Auf der Tagesordnung stand die Beratung einer ausführlichen Vorlage „Weitere Maßnahmen zur Durchführung und Koordinierung des Umfassenden Programms der Zusammenarbeit des RGW auf dem Gebiet des Umweltschutzes und zur Anwendung multilateraler Arbeitsergebnisse in der Praxis". Vom Beirat wurden Vorschläge für Hauptrichtungen der Zusammenarbeit im Zeitraum 1981 bis 1985 und für die zu erwartenden Ergebnisse für die DDR erarbeitet.

- 1979 (16. und 17. Tagung): Behandelt wurden erneut Aufgaben und Ergebnisse aus der internationalen Zusammenarbeit (RGW, ECE-Kongress Genf, UNEP).

- 1982 (20. Tagung): Diskussionsgrundlage war eine Information über den Abschluss eines neuen Abkommens zwischen der Regierung der DDR und der Regierung der Tschechoslowakei über die Zusammenarbeit zur Vermeidung von Luftverunreinigungen und ihrer Auswirkungen. Die vertragliche Zusammenarbeit zu dieser Thematik bestand seit 1970 und wurde insbesondere unter Gesichtspunkten des Gesundheitsschutzes (Abschn. 6) im Beirat wiederholt beraten.

- 1987 (31. Tagung): Es erfolgte eine weitere umfassende Erörterung internationaler Aktivitäten, insbesondere auch zum Brundtland-Bericht „Unsere gemeinsame Zukunft",[42] zur Ozonreduzierung, zu Ostsee-, Nordsee- und Elbeschutz und zur Zusammenarbeit mit der Bundesrepublik.

- 1988 (33. Tagung): Behandelt wurden Aktivitäten zur „ökologischen Sicherheit" sowie die Vorbereitungen für ein neues Regierungsabkommen mit der Sowjetunion zur Zusammenarbeit beim Umweltschutz.

- 1989 (34. Tagung): Noch einmal wurden internationale Aktivitäten zum Umweltschutz im Rahmen der ECE beraten. Vor allem aber diente die Tagung der Vorbereitung der letzten – erweiterten, 35. – Beiratstagung (1989), die zur Auswertung des Brundtland-Berichts veranstaltet wurde (näher Abschn. 3).

---

[42] Fn. 27.

Zusammenfassend zu diesem Abschnitt kann festgestellt werden, dass der Beirat für Umweltschutz in seinen Beratungen und Festlegungen ständig die Ergebnisse der internationalen Zusammenarbeit berücksichtigte, wobei er aber auch – wie in der DDR-Umweltpolitik – die schwindenden materiellen und finanziellen Deckungsmöglichkeiten für den Umweltschutz berücksichtigten musste, die in allen „realsozialistischen" Staaten und Volkswirtschaften bestimmend geworden waren.

9. Förderung gesellschaftlicher Initiativen, Koordinierung der der Beiträge gesellschaftlicher Organisationen

Der Ständigen Arbeitsgruppe für sozialistische Landeskultur/dem Beirat für Umweltschutz gehörten auf Beschluss des Ministerrates von Anfang an verantwortliche Vertreter gesellschaftlicher und wissenschaftlicher Organisationen an; die Mobilisierung aller gesellschaftlichen Kräfte und ihre Einbeziehung in die Lösung der Aufgaben gehörten zu den vorgegebenen Zielstellungen der Tätigkeit des Organs (Abschnitte 1 und 2).

So waren bereits die ersten Aktivitäten der Ständigen Arbeitsgruppe – die Vorbereitung und Durchführung der „Wochen der sozialistischen Landeskultur" (Abschn. 5) und die Erarbeitung und Beratung des Entwurfs des Landeskulturgesetzes (Abschn. 4) – nicht zuletzt von Initiativen gesellschaftlicher Organisationen getragen.

Die ständige breite gesellschaftliche Mitarbeit entsprach dabei nicht nur einem in der Verfassung (Art. 21) verankerten Prinzip der Gesellschaftsordnung und seiner Umsetzung in die Praxis, sondern speziell beim Umweltschutz den emotionalen Beziehungen der Bürger zur Natur,[43] und sie wurde – besondere in den 1980er Jahren infolge der sich ständig verschlechternden finanziellen und materiellen Rahmenbedingungen – zu einer unabdingbaren Reserve der Erfüllung von Umweltaufgaben, wobei aber das freiwillige Engagement stets bestimmend blieb.

Die 6. Beiratstagung (1974) behandelte in 2 speziell problembezogenen Tagesordnungspunkten:

- die Auswertung eines Ministerratsbeschlusses vom 15.2.1974 zur Unterstützung des Wettbewerbs „Schöner unsere Städte und Gemeinden – Mach mit!" und Maßnahmen zur weiteren Förderung von Masseninitiativen auf dem Gebiet der sozialistischen Landeskultur;

---

[43] Dies wurde auch im Landeskulturgesetz (Abs. 7 der Präambel) als „eine wichtige Grundlage für die Verwirklichung (des) Gesetzes" betont.

- den Plan der Veröffentlichungen auf landeskulturellem Gebiet für die Jahre 1974/1975.

Es wurde angeregt, die vielfältigen Initiativen, die in den Wettbewerben und insbesondere in den „Wochen ..." entwickelt wurden, künftig auf breiter Grundlage auf das ganze Jahr auszudehnen. Dabei wurde von inzwischen entwickelten vielfältigen Aktivitäten ausgegangen, von einer lebendigen, auf die volkswirtschaftlichen Schwerpunkte orientierten massenpolitischen Arbeit in Betrieben und Genossenschaften, in wissenschaftlichen Einrichtungen sowie in Städten und Dörfern. Hervorgehoben wurden langfristige Zielstellungen in den Wettbewerbskonzeptionen der Bezirke, die Öffentlichkeitsarbeit zur Verallgemeinerung guter Erfahrungen sowie spezielle Aktivitäten wie zur Verbesserung der Erholungsbedingungen an den Gewässern, Erfahrungsaustausche in Bürgermeisterschulungen und die Verleihung von Qualitätspässen. Besondere Würdigung fanden die Initiativen gesellschaftlicher Organisationen.

Die 7. Beiratstagung (1974) beriet aufgrund einer Vorlage des Umweltministers den „Entwurf des Jahresarbeitsplanes 1975 über gemeinsam durchzuführende Maßnahmen und Veranstaltungen zur Förderung der Masseninitiative auf dem Gebiet der sozialistischen Landeskultur und des Umweltschutzes einschließlich der Aufgaben der Öffentlichkeitsarbeit". In der Diskussion wurden die Vorschläge für den Mach-mit-Wettbewerb präzisiert (Verbesserung der Wohnbedingungen, Instandhaltung der Gewässer, Sauberhaltung und Aufforstung der Wälder, Verschönerung der Betriebsumgebung) und es wurde die Erweiterung des Planes um die Maßnahmen der Industrieministerien und anderen zentralen Staatsorgane einschließlich einer Übersicht über Buchpublikationen sowie um weitere Aktivitäten gesellschaftlicher Organisationen und wissenschaftlicher Einrichtungen, wie der Akademie der Wissenschaften und der Bergakademie Freiberg, angeregt.

Auf der 11. Beiratstagung (1976) stand der „Plan der Zusammenarbeit des Ministeriums für Umweltschutz und Wasserwirtschaft mit gesellschaftlichen Organisationen zur Vorbereitung und Durchführung von Veranstaltungen auf dem Gebiet des Umweltschutzes im Jahre 1977" zur Beratung. Er enthielt eine Vielzahl Veranstaltungen, eingeschlossen Landschaftstage, Erfahrungsaustausche, Schulungsveranstaltungen, Foren, Kolloquien, Veranstaltungen mit internationaler Beteiligung, erweiterte Beiratstagungen und gemeinsame Veranstaltungen mehrerer Organisationen, und zeigte den erreichten Stand der gesellschaftlichen Aktivitäten auf allen Gebieten des Umweltschutzes.

Eine neue Organisationsform gesellschaftlichen Engagements beriet die 21. Tagung (1982), und zwar einen von der Kommission Umweltschutz der Kammer der Technik initiierten „Ideenwettbewerb zur Veränderung vorhandener technologischer Verfahren im Sinne der abproduktarmen Technologie". Der Beirat unterstützte diese Initiative und gab Hinweise zur Bereitstellung von Prämienmitteln durch die Industrieministerien.

Der 22. Tagung (1982) lag eine Zusammenstellung des Umweltministeriums über vorhergesehene gesellschaftliche Aktivitäten auf dem Gebiet sozialistische Landeskultur/Umweltschutz im Jahre 1983 zur Beratung vor, wozu weitere Präzisierungen angeregt wurden. Auf der 23. Tagung (1983) erfolgte erneut eine umfassende Beratung, und zwar zu den Ergebnissen der Arbeit der gesellschaftlichen Organisationen, ausgehend von folgenden Tagesordnungspunkten:

- Information über die Bürgerinitiative zur Verbesserung der Umweltbedingungen in den Städten und Gemeinden im Rahmen des Mach-mit-Wettbewerbs;
- Berichte über die Ergebnisse des Zusammenwirkens der Gesellschaft für Natur und Umwelt mit den örtlichen Staatsorganen sowie Kombinaten und Betrieben zur Verbesserung der Umweltbedingungen;
- Ergebnisse der Arbeit der Kammer der Technik zur Verbesserung der Umweltbedingungen in Verbindung mit der Steigerung der Material- und Energieökonomie;
- Schwerpunkte für die Öffentlichkeitsarbeit auf dem Gebiet des Umweltschutzes 1983.

Festgelegt wurde unter anderem, dass durch das Umweltministerium die Mitglieder der Räte der Bezirke für Umweltschutz beauftragt werden sollten, dafür zu sorgen, dass kreisliche Vereinbarungen mit dem Kulturbund abgeschlossen und die Landschaftstage (auch in Stadtregionen und Ballungsgebieten) gemeinsam mit der Gesellschaft für Natur und Umwelt und anderen gesellschaftlichen Organisationen durchgeführt werden. Für das 3. Quartal 1983 wurde ein Erfahrungsaustausch mit gesellschaftlichen Organisationen vorgesehen.

Die 27. Beiratstagung (1984) beriet Vorschläge für die Festlegung von Objekten durch die Räte der Bezirke und Kreise für die Arbeit der Gesellschaft für Natur und Umwelt 1985. Auf der 29. Tagung (1986) fand dann wieder eine umfassendere Erörterung gesellschaftlicher Initiativen statt, basierend auf einer Information über den vorstehend erwähnten Erfahrungsaustausch, der gemeinsam vom Umweltministerium und vom Landwirtschaftsministerium mit dem Nationalrat der Nationalen Front als Träger des Mach-mit-Wettbewerbs, dem Zentralvorstand der Gesellschaft für Natur und Umwelt und anderen gesellschaftlichen Organisationen zur Unterstützung der zu lösenden Umweltaufgaben durchgeführt worden war.

Die 30. Beiratstagung (1987) nahm Berichte der Mitglieder der Räte der Bezirke Rostock und Dresden für Umweltschutz „über erste Erfahrungen und weitere Aufgaben bei der Verwirklichung der Bürgerinitiative bis zum Jahre 1990 entsprechend den Orientierungen des Nationalrats der Nationalen Front vom

19.2.1987" entgegen. Sie enthielten Informationen über die vielfältigen Initiativen, die zur Erfüllung der Umweltaufgaben entwickelt wurden.

Erneut wurde danach umfassend die Thematik auf der 33. Beiratstagung (1988) erörtert. Unter dem Tagesordnungspunkt „Information über die Aktivitäten gesellschaftlicher Organisationen im Jahre 1987 und in der 1. Hälfte 1988" wurden beraten:

- Ergebnisse der Umweltgestaltung im Rahmen der Bürgerinitiative der Nationalen Front „Schöner unsere Städte und Gemeinden – Mach mit!";
- Ergebnisse der Gesellschaft für Natur und Umwelt im Kulturbund in der Initiative „Gepflegte Landschaft – gepflegte Umwelt";
- Bericht über die Aktivitäten der Kammer der Technik bei der Einführung abproduktarmer und abproduktfreier Technologien und zur Reinhaltung der Luft;
- Bericht über die Aktivitäten und Ergebnisse der Aktion der Jugendorganisation FDJ „DDR – 40".

Der Beirat sprach den gesellschaftlichen Organisationen den Dank für die vollbrachten Leistungen aus. Die Berichte sollten den Mitgliedern der Räte der Bezirke für Umweltschutz zur Auswertung übergeben und als Presseinformation zusammengefasst werden. In Abstimmung des Umweltministeriums mit gesellschaftlichen Organisationen sollten weitere Aktivitäten konzentriert werden auf:

- die Vorbereitung von Landschaftstagen, Konferenzen u.a., wobei auch die aktive Beteiligung der Ausschüsse der Nationalen Front und der FDJ gewährleistet werden sollte;
- neue Vorhaben im Rahmen der MMM – (Messe der Meister von Morgen) Bewegung, der Jugendforscherkollektive und im Rahmen des studentischen Leistungsvergleichs;
- Erfahrungsaustausche von Jugendforscherkollektiven und „jungen Neuerern" zur Reinhaltung der Luft in Zusammenarbeit mit der FDJ, der Kammer der Technik, des Ministeriums für Kohle und Energie und dem Ministerium für Umweltschutz und Wasserwirtschaft zur rationellen Nutzung von Rohstoff- und regenerierbaren Naturressourcen und im Rahmen der Bewegung wasserwirtschaftlich vorbildlicher Arbeit;
- Jugendforen zu speziellen Themen der Umweltpolitik.

Gemeinsame Veranstaltungen auf der Landwirtschaftsausstellung agra und der Gartenbauausstellung iga sollten geprüft und Auszeichnungen anlässlich des Weltumwelttages 1989 vorgesehen werden.

Die Beiratstagung behandelte außerdem Maßnahmen der Umwelterziehung, die sich aus dem UNESCO-/UNEP-Kongress über Umwelterziehung (Moskau 1987) ergaben.

Breiten Raum nahmen die Formen und Ergebnisse gesellschaftlicher Aktivitäten schließlich auch in Referaten und Diskussionsbeiträgen der letzten Beiratstagung, der – erweiterten – 35. Tagung (1989) zur Auswertung des „Brundtland-Berichts", ein (Abschn. 3).

10. Zusammenfassung

Der Aufsatz umschreibt die Hauptrichtungen zentraler staatlicher Umweltpolitik anhand des Wirkens des Beirats für Umweltschutz beim Ministerrat der DDR, dem die Verfasserin als Vertreterin der Rechtswissenschaft angehört hat, seit Ende der 1960er Jahre. Sichtbar gemacht wird die Komplexität der Aufgabenstellungen in ihren gesellschaftlichen Bezügen und das Zusammenwirken der Akteure aus Politik, Wirtschaft, Wissenschaft und gesellschaftlichem Engagement. Die im letzten Abschnitt dargestellten gesellschaftlichen Initiativen, insbesondere im Rahmen gesellschaftlicher Organisationen, bildeten dabei einen wesensbestimmenden, unverzichtbaren Bestandteil aller Anstrengungen zur Lösung der Umweltaufgaben.

Von den Anfängen der Ausarbeitung und Fundierung der staatsorganisatorischen, rechtlichen, wirtschaftlichen, technisch-technologischen, wissenschaftlichen und gesellschaftspolitischen Grundlagen staatlich geleiteter Umweltpolitik in der DDR in den 1960er/1970er Jahren bis zur Auseinandersetzung mit der immer prekäreren wirtschaftlichen Lage zur materiellen und finanziellen Abdeckung notwendiger Maßnahmen mit immer spürbareren Folgen in den 1980er Jahren sind die behandelten Beratungsinhalte und -ergebnisse der 35 Beiratstagungen Widerspiegelung der Entwicklung und Verschärfung nationaler (und internationaler) umweltpolitischer Probleme. Die Anstrengungen der DDR-Umweltpolitik und damit die Beiratsarbeit wurden dabei zunehmend auf Beiträge durch technologische Lösungen, Kooperation und Gemeinschaftsarbeit, gesellschaftliche Initiativen sowie Mitwirkung an internationalen Aktivitäten gerichtet.

Literatur

Beratung des Präsidiums des Parteivorstandes über die Mitarbeit der DBD bei der Verwirklichung der Umweltpolitik der DDR am 13.1.1987, mit Hauptreferat H. Reichelt, (1987): Die Umweltpolitik der DDR und der Beitrag unserer Partei zu ihrer Verwirklichung, Broschüre Berlin, 85 S.

Czok, D.: Nutzen und Haushalten – Christliche Demokraten für Landeskultur und Umweltschutz, Hefte aus Burgscheidungen, Broschüre, Sekretariat des Hauptvorstandes der Christlich-Demokratischen Union Deutschlands, Berlin 1988, 48 S.

Gerassimow, I.P. (Hg.): Mensch, Gesellschaft und Umwelt, Übersetzung aus dem Russischen, Volk und Wissen, Berlin (Ost) 1973, deutsch 1976, 335 S.

44

Lohs, K. & Döring, S. (Hg.): Im Mittelpunkt der Mensch, Umweltgestaltung – Umweltschutz, 25 Beiträge, Akademie-Verlag, Berlin (Ost) 1975, 422 S.

MLU – Martin-Luther-Universität Halle-Wittenberg (Hg.): Symposium Sozialistische Landeskultur und Pflanzenproduktion, 22.10.1970, Vorträge, Kühn-Archiv 85 (1971) 2

Neef, E.; Neef, V. (Hg.): Brockhaus Handbuch Sozialistische Landeskultur, Umweltgestaltung-Umweltschutz, mit einem ABC, F.A. Brockhaus Verlag, Leipzig 1977, 620 S.

Oehler, E.: Zur Entwicklung des Agrarumweltrechts in der DDR, in: Götz, V. & Winkler, W. für Institut für Landwirtschaftsrecht der Universität Göttingen (Hg.): Jahrbuch des Agrarrechts Bd. I, Heymanns-Verlag, Köln 1997, 223-366 (243-246 mit Fn. 95-101)

Oehler, E.: Internationale Forschungskooperation der ehemaligen RGW-/COMECON-Staaten zum Umweltrecht/ Zwischen ihnen bzw. unter ihrer Beteiligung und auf dem Wege zur EU-Osterweiterung, Dr. Kovač, Hamburg 2004, 537 S., m.w.N.

Reichelt, H.: Beiträge zur Lösung des Umweltproblems, Vortrag und Diskussion zum Parlamentarischen Dialog 19 des Italienischen Senats, Verlag des Senats, Rom 1986, 95 S. (17-45, 81-94).

Reichelt, H.: Blockflöten – oder was? Zur Geschichte der DBD, Edition Ost, Berlin 1997, 389 S.

Reichelt, H.: Umweltpolitik in unserer Gesellschaft – Die natürliche Umwelt rationell nutzen, gestalten, schützen, in: Einheit. 39 (1984) 11, 1010-1017

Reinhardt, H.; Lütke, H.-A. & Dahlke, E. (Hg.): Mensch und Umwelt, URANIA-Sonderheft, 2. Aufl., URANIA-Verlag, Leipzig, Jena, Berlin (Ost) 1973, 99 S.

Schindler, H.: Graben wir uns selbst das Wasser ab? Umweltprobleme in unserer Zeit, Neues Leben, Berlin (Ost) 1979, 206 S.

Titel, W.: Aufgaben und Probleme der sozialistischen Landeskultur in der DDR, Vortrag auf Symposium der Universität Halle (1970) „Sozialistische Landeskultur und Pflanzenproduktion", Kühn-Archiv, Band 85 (1971) 2, 121-130

Titel, W.: Begründung des Landeskulturgesetzes vor der Volkskammer der DDR, 17. Tagung, Veröffentlichung der stenographischen Niederschrift, Berlin (Ost) 1970, 623-629

Titel, W.: Die Aufgaben der sozialistischen Landeskultur bei der Gestaltung des entwickelten gesellschaftlichen Systems des Sozialismus, Vortrag und Diskussion auf wissenschaftlicher Konferenz der Technischen Universität Dresden, Universitätsreden, Heft 22, Eigenverlag, Dresden 1969, 87 S. (12-23, 80-82)

Titel, W.: Die Verwirklichung des Landeskulturgesetzes bei der Gestaltung des entwickelten gesellschaftlichen Systems des Sozialismus in der DDR, Vortrag auf URANIA-Kolloquium (1970) „Zur Verwirklichung des Landeskulturgesetzes", URANIA-Schriftenreihe für den Referenten, Heft 1/1971, Präsidium der URANIA, Berlin (Ost) 1971, 95 S. (S. 8-19)

Titel, W.: Planmäßige Gestaltung der sozialistischen Landeskultur – Verwirklichung eines Verfassungsauftrages, Begründung des Landeskulturgesetzes in der 17. Tagung der Volkskammer der DDR, Aus der Tätigkeit der Volkskammer und ihrer Ausschüsse, Abt. Presse und Information des Staatsrates der DDR, Heft 18, Berlin (Ost) 1970, 109 S. (S. 7-26)

Unsere gemeinsame Zukunft, Staatsverlag, Berlin (Ost) 1988

Wolfgang Mundt

Der Rat für Umweltforschung beim Präsidium der Akademie der Wissenschaften und die komplexe Forschungsaufgabe „Umweltgestaltung/Umweltschutz"

1. Umweltprobleme als komplexes Phänomen

Umweltprobleme gehören in unserer Zeit weltweit zu den wichtigsten Fragestellungen, die nicht nur Wissenschaftler und Politiker beschäftigen, sondern die Menschheit insgesamt beunruhigen. Zwar in der wissenschaftlichen Welt schon seit einigen Dezennien diskutiert, entwickelten sie sich von Themen lokaler, vielleicht auch schon regionaler Bedeutung in historisch kurzer Zeit zu Fragen von existenzieller Dimension für die Menschheit.

In der Öffentlichkeit stehen vor allem die Havarien, die pulsförmigen Kollapseffekte für den Begriff „ökologische Gefahr". Für die ökologische Sicherstellung der Menschheitsbelange sind es jedoch vor allem die diffusen, lange verdeckten, latenten und zunächst unmerklich wachsenden Instabilitäten in geophysikalischen und biogeochemischen Basisprozessen, denen das Hauptaugenmerk der Umweltforschung zu gelten hat. Auch der „ökologische Infarkt" lässt sich vermeiden, mindern oder wenigstens am „ökologischen Pulsschlag" prognostizieren, wenn wir die sensitiven Felder seiner Entstehung kennen (MUNDT 1989).

Auf die Umwelt bezogen leben wir offensichtlich in einer nichtlinearen Welt, in der simple, sich andeutende Indizien für Veränderungen schon in ihren Ansätzen ernst zu nehmen sind, da Sprünge bzw. ein „Umkippen" von verkoppelten Systemen nicht ausgeschlossen werden können. Dabei spielen die Langzeitwirkungen im globalen Erdsystem eine bedeutende Rolle. Die Atmosphärenforschung gab dazu mit dem Ozonloch schon in den 1980er Jahren ein überzeugendes Beispiel: Die FCKW-Konzentration würde auch nach einem völligen, weltweiten Produktionsstop in der Stratosphäre in 60 km Höhe noch etwa 15 Jahre lang weiter ansteigen, bevor der allmähliche Rückgang einsetzt. Vermutlich erst 70 Jahre nach dem Produktionsstopp würde die Abnahme des stratosphärischen Ozons abgeklungen sein und damit ein Ausheilen der Ozonschicht beginnen.

Die Analyse der Umweltprobleme im weltweiten Maßstab deutete schon Mitte der 1980er Jahre darauf hin, dass sie eine neue Qualität annehmen würden. Diese besteht nicht nur im Anwachsen von Bevölkerung und Industrie gegenüber geschrumpften biogeologischen Entsorgungspotentialen, sondern auch in den diffusen Quellen, in der Amplitude der Effekte, besonders der in der Atmosphäre, als auch in den verschiedenen Fern- und Langzeitwirkungen der Erscheinungen. Die Gefahr für irreversible Schäden vielfältiger Art war bereits gegeben.

Welche Beispiele belegten diese dramatisch anmutenden Aussagen, worum handelte es sich vor allem? Es ging um die ständige Zunahme der so genannten Treibhausgase wie Kohlendioxid, Methan, Stickoxide, Halogenkohlenwasserstoffe, Ozon u.a. in der Erdatmosphäre und um die daraus entstehenden Folgen für globale Veränderungen des Klimas und des Meeresspiegels. Erwähnt wurde schon das durch Beobachtungen aufgedeckte so genannte „Ozonloch" in den Polargebieten als Frühwarnung für eine mögliche globale Schädigung der stratosphärischen Ozonschicht und die damit gekoppelte Zunahme des ultravioletten Anteils in der Sonnenstrahlung, der uns Menschen und die gesamte Biosphäre erreicht.

Es handelte sich weiterhin um die Ausbreitung der Wüstengebiete in vielen Entwicklungsländern, um massivste Eingriffe in die tropischen Wälder, um die nachgewiesene Reduktion der Vielfalt unserer Tier- und Pflanzenwelt, die wir als Gen-Erosion bezeichnen.

Wir kennen die Probleme in den Waldgebieten mittlerer geographischer Breiten ebenso wie die Versauerung von Seen und Böden in vielen Regionen der Erde, bekanntlich oft fernab der sie verursachenden Ballungsgebiete.

Sicher nachgewiesen wurden jährliche Zuwachsraten der Treibhausgase CO_2 um 0,4-0,5 %, CH_4 um etwa 1 % und N_2O um 0,2-0,3 %. Anspruchsvolle Klimamodelle weisen dazu Temperaturerhöhungen zwischen 0,5-4,5 K in den nächsten 50 Jahren aus, wobei die wahrscheinlichsten Werte bei 1,5-2,0 K liegen. Diese globale Erwärmung würde bereits allein durch die thermische Ausdehnung des Ozeanwassers eine Meeresspiegelerhöhung von 1,5-2 m zur Folge haben, pessimistische Modelle liefern noch größere Werte. Ein Abschmelzen des Eises in der Antarktis würde den Meeresspiegel um 60-70 m erhöhen. Dabei ist zu beachten, dass etwa 70 % der Weltbevölkerung in Küstenregionen leben.

2. Herausforderung an die Wissenschaft

Die hier aufgeführten Fakten stellen eine enorme wissenschaftliche Herausforderung dar. Sie zeigt sich darüber hinaus aber auch noch in Folgendem: Aufgrund der großen Zeitkonstanten in den Umweltveränderungen lag in den 1980er Jahren ein enormer Handlungsbedarf für die Politik, die Ökonomie und die Wissenschaft vor. Die in den Jahrzehnten zuvor abgeschlossenen internationalen Abkommen bzw. Konventionen, beispielsweise zur SO_2-Reduktion, zum Schutz der Ozonschicht oder zur Reduzierung des Stickoxidausstoßes bewiesen, dass bereits gehandelt wurde. Die Wissenschaftler gerieten jedoch in eine ungewohnte und ungeheuer schwierige Situation. Es war erforderlich, Aussagen über Trendentwicklungen in den Umweltmedien und in der Biosphäre zu machen, obwohl häufig noch keine zuverlässige statistische Absicherung vorlag. Gegenüber manchen Problemen wirkte die Wissenschaft noch geradezu hilflos. So lagen zum Problem der abproduktarmen bzw. abproduktfreien Technologie mit dem Ziel der Schaffung geschlossener Kreisläufe erst wenige Lösungen vor. Die „neuartigen" Waldschäden boten ein weiteres Beispiel. Sie zeigten uns, in wie komplizierter Weise Umweltschädigungen verlaufen, wie sie entstehen, sich verschärfen und auch wieder mildern. Es war zwar deutlich, dass es „den" Waldschaden oder „die" Ursache dafür nicht gibt noch geben wird. Restlos aufgeklärt werden konnten die Schadensursachen Mitte der 1980er Jahre und auch heute noch nicht.

Die Wissenschaft musste sich daran orientieren, dass Umweltschutz eine Jahrhundertaufgabe ist. In ihr sind mindestens vier Teilaufgaben enthalten, welche ihre Dimension deutlich machen (HABER 1989).

1. Bestehende und unmittelbar drohende Umweltgefährdungen müssen beseitigt oder gemildert werden.
2. Die überkommenen, in den letzten 150-200 Jahren entwickelten technisch-industriellen Produktions- und Betriebsweisen, die Hauptursache der heutigen Umweltbelastungen sind, müssen bis ins Einzelne korrigiert werden.
3. Für die weitere technisch-industrielle Entwicklung müssen zum Teil ganz neue, umweltschonende Konzepte erarbeitet und in die Praxis umgesetzt werden.
4. Das menschliche Denken und Handeln ist konsequent auf Vorsorge für die Erhaltung und Schonung der Umwelt auszurichten.

Die Erfüllung aller dieser Aufgaben setzt eine genaue, wohlorganisierte und übernational abgestimmte Umweltüberwachung voraus, die den Maßstab für die Wirksamkeit des Umweltschutzes liefert.

Die hier genannten Probleme und Aufgabenstellungen wurden in der zweiten Hälfte der 1980er Jahre formuliert, sie sind aber auch heute noch nahezu ausnahmslos gültig.

3. Rat für Umweltforschung

In der DDR spielte die Umweltforschung jahrzehntelang nicht die ihr gebührende Rolle, da Umweltprobleme weitgehend verschleiert und damit auch der Forschung der Handlungsbedarf entzogen wurde. Die Einheit von Ökonomie und Ökologie wurde zwar ständig beschworen, aber nahezu niemals erreicht. Ökonomie stand in der Bedeutungsskala weit oberhalb der Ökologie.

Ein wichtiger Schritt auf dem Weg zur Korrektur dieses verhängnisvollen Ungleichgewichts, vielleicht sogar zur Paradigmenumkehr, war sicherlich die Bildung des Wissenschaftlichen Rates für Grundlagen der Umweltgestaltung und des Umweltschutzes beim Präsidium der Akademie der Wissenschaften (AdW) der DDR im Januar 1986.

Als Nachfolger der Klasse Umweltschutz und Umweltgestaltung der Akademie stützte sich der Umweltrat auf die Erfahrungen dieser Klasse. Hier wurden die zu lösenden Probleme beim Namen genannt, obwohl auch dem Rat viele Daten über den Umweltzustand in der DDR damals nicht zugänglich waren. Erst 1990 offenbarte sich den Wissenschaftlern das ganze Ausmaß der Umweltschäden in der DDR, die von der Deutschen Bank auf 200-300 Mrd. DM geschätzt wurden. Hierzu einige Zahlen:

Die Luftbelastung in der DDR war sehr hoch. Sie betrug jährlich 0,13t Staub, 0,32t SO_2 und 0,04t NO_x pro Einwohner. Für mehr als ein Drittel der Bevölkerung übertraf die Belastung durch SO_2 den lufthygienischen Grenzwert für die menschliche Gesundheit (150 µg SO_2 / m^3) über längere Zeiträume.

Nur 85 % des Abwassers aus dem kommunalen Bereich und 67 % der Industrieabwässer wurden ausreichend geklärt. Nur 3 % der Fließgewässer waren noch als Trinkwasser geeignet, 36 % als Betriebswasser und bedingt als Trinkwasser, 35 % nur noch als Betriebswasser.

Jährlich anfallende rund 91 Mio. t industrielle Abprodukte und Sekundärrohstoffe wurden nur zu 40 % verwertet. Die vorhandenen Deponien besaßen häufig einen ungenügenden Sicherheitsstandard und gefährdeten Boden, Luft und Grundwasser. Über 54 % der Waldflächen in der DDR waren geschädigt, 16 % wiesen mittlere bis starke Schäden auf.

4. Komplexe Forschungsaufgabe „Umweltgestaltung / Umweltschutz" (KFA-U)

Die DDR-Grundlagenwissenschaft konnte sich an der erforderlichen erkenntnisorientierten Umweltforschung natürlich nicht in ganzer Breite, sondern nur an ausgewählten Problemen beteiligen. Es war erforderlich, die direkt oder potenziell interessierenden Schwerpunkte auszuwählen.

Die erste Aufgabe des Rates für Umweltforschung bestand daher in der Ausarbeitung einer so genannten Komplexen Forschungsaufgabe „Umweltgestaltung/Umweltschutz" (KFA-U). Der Rat für Umweltforschung wirkte als wissenschaftlicher Rat dieser Komplexen Forschungsaufgabe. Ihm gehörten 35 Wissenschaftler aus allen umweltrelevanten Fachdisziplinen an. Ziel war es, eine multidisziplinäre Zusammenarbeit von Natur- und Gesellschaftswissenschaftlern, Technikern und Medizinern der AdW, des Hochschulwesens, der Akademie für Landwirtschaftswissenschaften (AdL), des Meteorologischen Dienstes und des Umweltministeriums zu erreichen.

Die Konzeption der KFA-U ging davon aus, dass die genannte Komplexität nicht nur im interdisziplinären Charakter der Grundlagenforschung zu sehen ist, sondern bis zur technisch-technologischen Umsetzung, um die Forschungsergebnisse in der Praxis wirksam zu machen.

4.1   Hauptlinien der KFA-U

Für die inhaltliche Arbeit galt es zunächst, Hauptlinien für die Grundlagenforschung zur Umweltgestaltung und zum Umweltschutz aufzustellen. Es wurden sechs thematische Komplexe formuliert, die wiederum in 28 interdisziplinäre Forschungsprojekte untergliedert waren.

Der erste Komplex beinhaltete Forschungsaufgaben zur „abproduktarmen und abproduktfreien Technologie" (AAFT). Die Möglichkeit, durch abproduktarme Verfahrensgestaltung die Effektivität der Produktion zu erhöhen und gleichzeitig die von ihr verursachten Wirkungen auf die Umwelt zu reduzieren, war seit Jahren Stand des Wissens. Die dazu entwickelten wissenschaftlichen Grundlagen in der DDR waren jedoch noch lange nicht ausreichend. Bei der Entwicklung der AAFT in der DDR ging es zum einen um technologische Entwicklungen und Anwendungen abproduktarmer/-freier Verfahren einschließlich der sekundären Nutzung nicht vermeidbarer Abprodukte in abproduktarmen Territorien. Es war geplant, bis 1990 einen „Standard AAFT" auszuarbeiten und das Instrumentarium zur abproduktarmen Gestaltung eines Territoriums in Beispielgebieten praxisnah zu testen. Zum anderen ging es um neuartige technologische Ansätze und Lösungen für die AAFT und zur Produktsubstitution, um die Umweltbelastungen zu minimieren. Es wurden zwar Fortschritte bei der Verringerung von Schadstoffemissionen und zum Abbau extremer Umweltbelastungen erreicht, doch es fehlten vor allem neue technologische Entwicklungen zur effektiven Abscheidung solcher Schadstoffe wie Stickstoff, Phosphor, Schwermetalle oder schwer abbaubarer organischer Substanzen aus kontaminierten Klärschlämmen, deren Aufkommen durch eine intensive Abwasserbehandlung zunehmen würde.

Die Forschungen im zweiten Komplex bezogen sich auf die Umweltüberwachung. Sie umfassten die Entwicklung rationeller und effektiver Methoden, Verfahren, Technologien, Gerätesysteme und Netzkonfigurationen zur Einzelerfassung und Dauerüberwachung der Umweltbelastung von Luft, Wasser, Boden und Biosphäre. Die Umweltüberwachung erforderte sowohl die Messung physikalischer Parameter, vor allem in der Atmosphäre, als auch den Nachweis unterschiedlichster Elemente und Verbindungen in einem breiten Konzentrationsbereich. Die Anforderungen an die Umweltmesstechnik waren daher sehr hoch. Importe waren nur vereinzelt möglich. Eigenentwicklungen waren gefragt. Als Beispiel dafür standen die SODAR-Geräte. Sie arbeiteten nach dem Prinzip des akustischen Radars und gestatteten in den verschiedenen Varianten des Vertikal-SODARs und des Doppler-SODARs den Nachweis und die Höhenbestimmung von Temperaturinversionsschichten sowie die Messung des Windvektors als auch charakteristischer Turbulenzparameter in der planetaren Grenzschicht bis etwa 1.000 m Höhe. Diese Daten dienten der Qualifizierung von Schadstoffausbreitungsmodellen.

Im Mittelpunkt des dritten Komplexes „Modellierung von Ursache-Wirkungsbeziehungen" standen Forschungsarbeiten zur systemanalytischen Beschreibung der Folgen anthropogen verursachter medialer Umweltverunreinigungen und zur Modellierung der komplexen Prozessabläufe in Ökosystemen. Die zu erarbeitenden Modelle sollten Trendaussagen und Prognosen gestatten und damit wissenschaftliche Grundlage für ökonomische Entscheidungen sein. Neue interdisziplinäre Entwicklungen zur Ökosystemmodellierung und zu Beratungssystemen im Umweltschutz wurden für terrestrische und limnische Ökosysteme erreicht. Die Software „Luftschadstoffe und immissionsgeschädigte Forsten" sowie „Wassermengen und -güte" zum „Prognose- und Entscheidungsmodell Umweltschutz" (PEMU) bedeuteten damals echte Fortschritte.

Im vierten Komplex „Einfluss von Umweltfaktoren auf die menschliche Gesundheit" stand die Schaffung von umweltmedizinisch-toxikologischen Grundlagen für die Entscheidungsfindung im Hinblick auf die Prävention akuter und chronischer Gefährdungsmöglichkeiten für Mensch und Biosphäre im Mittelpunkt. Damals wie heute war das Wissen über die positiven oder negativen Beeinflussungen der menschlichen Gesundheit durch Umweltnoxen vielfach noch widersprüchlich. Zahlreiche Sachverhalte waren ungeklärt. Im Vordergrund standen daher Betrachtungen zur Gefährdung durch einzelne chemische Stoffe. Eine Fülle von Erkenntnissen über Stoffeintrag, Toxizität, Abbaubarkeit, Akkumulation und Transport dieser Substanzen innerhalb und zwischen den Umweltmedien Luft, Wasser und Boden wurde zusammengetragen. Es ging vor allem darum, die synergetischen Wirkungen von Schadstoffen, insbesondere solcher, die oft erst nach langen Expositionszeiten Wirkungen zeigen, sowie das Risiko der komplexen Gesamtexposition mehrerer Schadstoffe aufzuklären.

Der fünfte Komplex befasste sich mit „Gesellschaftswissenschaftlichen Grundlagen für die humane Gestaltung der Mensch-Umwelt-Beziehungen". Sie beinhalteten erstens weltanschauliche Probleme der Naturaneignung im Sozialismus. Zweites Thema war die Umweltgestaltung als Bestandteil der intensiv erweiterten Reproduktion. Die dritte Linie befasste sich mit den sozialen Zielen und Bedingungen der sozialistischen Umweltgestaltung. Viertens ging es um das Problem der Umweltverträglichkeitsprüfung.

Im sechsten Komplex „Ökosystemforschung/Ökotechnologie" wurden Beiträge für die langfristige Sicherung und Nutzung natürlicher regenerierbarer Ressourcen erarbeitet. Diese Forschungsarbeiten waren hochgradig interdisziplinär und bauten auf den Ergebnissen der vorgenannten Komplexe auf. Vorrangig ging es um naturwissenschaftliche Grundlagen für die Erfassung der Struktur, Funktion und Stabilität naturnaher, anthropogen überprägter Ökosysteme, über die Auswirkungen anthropogener Belastungen und die Entwicklung von Strategien und Technologien zur Steuerung des Zustandes von Ökosystemen. Zwei in diesem Komplex bearbeitete Projekte untersuchten die Prozessabläufe und Wirkungsmechanismen in Ökosystemen der Agrarlandschaft. Forschungsbedarf lag außerdem vor allem zu Ökotechnologien in aquatischen Ökosystemen vor, da die DDR zu denjenigen Industriestaaten zählte, deren Wasserhaushalt überaus angespannt war. Um die Ökotechnologie zur Gewässersanierung stärker einsetzen zu können, wurden interdisziplinär angelegte komplexe Forschungsarbeiten begonnen. Sie waren auf die Entwicklung und Erprobung von Ökotechnologien sowie Bioindikationsmethoden konzentriert. Zur Breitenanwendung erprobter Ökotechnologien sollten entsprechende Standards und Anwenderrichtlinien ausgearbeitet werden.

4.2 Umfang der Forschungsaufgaben, Potentialeinsatz

In die KFA „Umweltgestaltung/Umweltschutz" waren im Frühjahr 1988 insgesamt 25 Projekte mit 371 Forschungsaufgaben und einer Kapazität von 1.553 VbE eingeordnet. Über die Verteilung der zum 30.03.1988 erfassten umweltrelevanten Forschungsaufgaben geben die folgenden Zusammenstellungen Auskunft.

Damit stand ein beträchtliches Potential zur Verfügung. Es war jedoch institutionell und thematisch zersplittert und noch keineswegs ausreichend auf die relevanten Schwerpunkte der Umweltgestaltung und des Umweltschutzes konzentriert. Eine Übersicht über die detaillierte inhaltliche Gliederung der KFA-U befindet sich im *Anhang*.

Tabelle 1: Verteilung der Forschungsaufgaben auf die 6 KFA-U-Komplexe

KFA-U-Komplex	Kurztitel	VbE	Forschungsaufgaben
I	AAT / AFT	266	90
II	Überwachung	355	92
III	Entscheidungsmodelle	59	15
IV	Gesundheit	285	50
V	Gesellschaftswissenschaften	20	10
VI	Ökosysteme	568	114

Tabelle 2: Zuordnung der Forschungsaufgaben zu den Institutionen

Institution	VbE	Forschungsaufgaben
AdW	1.016	201
MHF	283	119
MUW	43	18
MfGe	64	13
MLFN/AdL	144	20

Tabelle 3: Beteiligung der Forschungsbereiche der AdW an den umweltrelevanten Forschungsaufgaben

Forschungsbereich	VbE	Forschungsaufgaben
Geo-/Kosmoswissenschaft	234	48
Biowissenschaft/Medizin	298	46
Physik	146	32
Chemie	260	56
Mathematik/Informatik	58	10
Gesellschaftswissenschaft	20	9
AdW gesamt	1.016	201

4.3   Tagungen des Umweltrates, Empfehlungen

Im Zeitraum 1986-1990 wurden insgesamt 17 Ratstagungen durchgeführt. Die Zielstellung bestand zunächst darin, die Schwerpunktaufgaben der 6 KFA-U-Komplexe zu definieren. Häufig wurden Empfehlungen des Rates verabschiedet, welche eine Analyse der Umweltsituation in der 2. Hälfte der 1980er Jahre dokumentieren. Sie beziehen sich auf folgende Themen:

- Empfehlungen zur Aufklärung von Ursache-Wirkungsbeziehungen im Erscheinungsbild von Waldschäden in der DDR (4. Tagung, 20.11.1986)
- Empfehlungen zur Förderung der Entwicklung und des Einsatzes von Umweltmesstechnik (5. Tagung, 07.03.1987)
- Empfehlungen zur Grundlagenforschung über Prozessabläufe und Wirkungsmechanismen in Ökosystemen der Agrarlandschaft (6. Tagung, 28.04.1987)
- Empfehlungen zur abproduktarmen und abproduktfreien Technologie (7. Tagung, 15.09.1987)
- Empfehlungen zu den gesellschaftswissenschaftlichen Grundlagen für die humane Gestaltung der Mensch-Umwelt-Beziehungen (8. Tagung, 08.12.1987)
- Empfehlungen zur gezielten Erforschung des Einflusses von Umweltfaktoren auf die menschliche Gesundheit (9. Tagung, 02.02.1988)
- Ökosystemmodellierung und Beratersysteme im Umweltschutz (10. Tagung, 21.04.1988)
- Ökotechnologie in aquatischen Ökosystemen (11. Tagung, 20.09.1988)
- Ergebnisse ausgewählter Projekte der KFA-U (12. Tagung, 22.11.1988)

Die 17. Tagung am 23.05.1990 war die letzte Beratung des Plenums, ein offizielles Ende gab es nicht. Beratungen zur Bearbeitung von umweltrelevanten Forschungsarbeiten fanden in anderen Gremien statt.

4.4 Hindernisse für die Umweltforschung und die Bearbeitung der KFA-U

Ein nicht geringer Anteil der konzipierten Forschungsaufgaben resultierte aus der ungenügenden Grundausstattung vieler Institute mit Forschungsmitteln. Der Zwang zu originären Lösungen unter Beachtung vorhandener Patente war beispielsweise immer dann gegeben, wenn aufgrund fehlender Importmittel Geräte zum Eigenbedarf entwickelt und unter erheblichen Schwierigkeiten in Kleinserien produziert werden mussten, die auf dem Weltmarkt bereits verfügbar waren. Dies hatte zur Folge, dass häufig vorliegende Entwicklungen auf der Stufe des Labormusters oder des Prototyps stehen blieben.

Generell stellte das Fehlen moderner elektronischer Baugruppen auf dem gesamten Gebiet der Entwicklung von Umweltmesstechnik ein ausgesprochenes Hemmnis dar. Das Gleiche galt für das weitgehende Fehlen moderner elektronischer Rechentechnik. Viele Forschungsarbeiten wurden dadurch im Niveau beeinträchtigt, andere wesentliche Probleme konnten nicht oder nur in enger Kooperation mit ausländischen Partnern bearbeitet werden. Die Ausstattung der Labors mit moderner Mess- und Analysentechnik war insbesondere hinsichtlich der hohen Anforderungen der Umweltchemie absolut unzureichend.

Die dargestellte KFA-U war ein wahrhaft komplexes Gebilde. Ihre Grenzen bei der Konzipierung, Koordinierung und Durchführung interdisziplinärer Grundlagenforschung wurden daher sehr bald deutlich. Da keine durchgängigen Leitungslinien bestanden, war der Einfluss der Verantwortlichen für die Komplexe und Projekte fast ausschließlich von ihrer wissenschaftlichen Autorität und der Übereinstimmung der Interessen zwischen den Projektverantwortlichen und den Leitern der jeweiligen Forschungsteams abhängig. Der Gegensatz zwischen der vorwiegend disziplinär orientierten Forschungsstruktur an der AdW und im Bereich des MHF und der überwiegend komplexen Problemstruktur der KFA-U erwies sich häufig als hinderlich und konnte kaum überwunden werden.

4.5 Internationale Forschungskooperation

Vor der Wissenschaft stand stets die Aufgabe, lokale oder regionale Umweltbelastungen vor dem Hintergrund und als Spezifik der globalen Umweltprobleme zu sehen. Diese Verflechtungen wurden in den 1980er Jahren in dem Maße durchgreifender und damit komplizierter, wie die globalen Veränderungen in der Umwelt deutlicher wurden. Die globalen Umwelteffekte erlangten eine ganz neue Dimension.

Als Reaktion auf diese globale Herausforderung wurde zu dieser Zeit in den Akademien der Wissenschaften der sozialistischen Länder ein gemeinsames Forschungsprogramm zur Ökologie und zu den Anforderungen aus dem Konzept der ökologischen Sicherheit ausgearbeitet.

Außerdem wurde weltweit und auch in der DDR das Internationale Geosphäre-Biosphäre-Programm (IGBP) zur Untersuchung der globalen Veränderungen im komplexen Erdsystem durch den Internationalen Rat der Wissenschaftlichen Unionen (ICSU) federführend vorbereitet. Ziele waren ein gesicherter Nachweis weltweiter Veränderungen in der Geo- und Biosphäre, die Aufklärung ihrer Wirkungen auf die Ökosphäre sowie die Modellierung dieser Vorgänge als Grundlage und Voraussetzung zur begründeten Voraussage globaler Veränderungen.

Der Problematik der sich abzeichnenden ökologischen Globalveränderungen hatten sich bereits vorher mehrere internationale geo- und biowissenschaftliche Forschungsprogramme gestellt. Ihre Bemühungen blieben jedoch überwiegend auf disziplinär begrenzte Teilgebiete gerichtet, wobei insbesondere die sich verstärkenden Wechselwirkungen zwischen den Prozessen der Geosphäre und der Biosphäre nur ungenügend berücksichtigt wurden. Gerade diese Wechselwirkungen zeigten sich aber letztendlich als entscheidend für die eintretenden Veränderungen globalen Ausmaßes und waren deshalb Hauptanliegen des IGBP.

Die programmatische Arbeit zum IGBP, an der auch die DDR-Wissenschaft mitwirkte, führte bis Ende 1990 zur Formulierung folgender Kernprojekte:
- Die Rolle der Vegetation und Landnutzung in den chemischen Kreisläufen in der Atmosphäre, die zum Treibhaus-Effekt führen,
- Die Rolle der Meeresorganismen im globalen CO_2-Kreislauf,
- Biosphäre-Aspekte des Wasserkreislaufs,
- Die Auswirkungen von Klimaveränderungen auf die Vegetation und Landnutzung und entsprechende Rückkopplungen,
- Globale Veränderungen in der Vergangenheit.

Im Vordergrund der IGBP-Forschungen sollten generell stehen:
- Die Dokumentation und Vorhersage globaler Veränderungen mit dem Ziel, die noch bestehenden großen Unsicherheiten bei den Analysen und Vorhersagen zu reduzieren,
- die Beobachtung und Erklärung dominierender Antriebsfunktionen,
- eine verbesserte Beschreibung der Übergangserscheinungen,
- die Erfassung der Auswirkungen solcher globalen Veränderungen, die großräumige und bedeutende Veränderungen in der Verfügbarkeit erneuerbarer und nichterneuerbarer Ressourcen bewirken können.

Die Beiträge der Grundlagenforschung der DDR zur Lösung der globalen Umweltfragen sollten aus der komplexen Forschungsaufgabe „Umweltgestaltung/ Umweltschutz" abgeleitet werden.

Da nach der deutschen Wiedervereinigung die Forschungspotentiale aus der ehemaligen DDR neu strukturiert oder aufgelöst wurden, änderten sich natürlich auch die thematischen Schwerpunke.

Dass die Zielstellungen zur Lösung der globalen Umweltprobleme in der BRD und in der DDR ein großes Maß an Übereinstimmung besaßen, zeigte sich anlässlich des 87. Bergedorfer Gesprächskreises, der am 14. und 15. Januar 1989 im Hotel Bellevue in Dresden stattfand (BERGEDORFER GESPRÄCHSKREIS 1989). Er war dem Thema „Globale Umweltproblematik als gemeinsame Überlebensfrage – neue Kooperationsformen zwischen Ost und West" gewidmet. An den Vorträgen und Diskussionen waren Vertreter aus den Bereichen Wissenschaft, Politik und Medien beteiligt.

5. Zusammenfassung

In der DDR spielte die Umweltforschung jahrzehntelang nicht die ihr gebührende Rolle. Die Umweltprobleme wurden weitgehend verschleiert und damit auch der Forschung der Handlungsbedarf entzogen. Die Ökonomie stand in der Bedeutungsskala weit oberhalb der Ökologie. Als ein wichtiger Schritt in Richtung Korrektur dieses Ungleichgewichts ist die Bildung des Wissenschaftlichen Rates für Grundlagen der Umweltgestaltung und des Umweltschutzes beim Präsidium der AdW der DDR im Januar 1986 zu betrachten. Ihm gehörten 35 Wissenschaftler aus umweltrelevanten Fachdisziplinen an.

Die erste Aufgabe des Umweltrates bestand in der Ausarbeitung einer Komplexen Forschungsaufgabe „Umweltgestaltung/Umweltschutz". Sie sollte die multidisziplinäre Zusammenarbeit von Wissenschaftlern der AdW, des Hochschulwesens und weiterer Institutionen in folgenden als vorrangig angesehenen sechs Komplexen organisieren:

- Abproduktarme und abproduktfreie Technologie,
- Umweltüberwachung,
- Modellierung von Ursache-Wirkungsbeziehungen,
- Einfluss von Umweltfaktoren auf die menschliche Gesundheit,
- Humane Gestaltung der Mensch-Umwelt-Beziehungen,
- Ökosystemforschung/Ökotechnologie.

Literatur

Körber-Stiftung (Hg.): Bergedorfer Gesprächskreis, Protokoll Nr. 87, Selbstverlag, Hamburg 1989

Haber, W.: Globale Umweltproblematik als gemeinsame Überlebensfrage – neue Kooperationsformen zwischen Ost und West, in: Bergedorfer Gesprächskreis, Protokoll Nr. 87, Körber-Stiftung (Hg.), Selbstverlag, Hamburg, 1989, 18-26

Mundt, W.: Globale Umweltproblematik als gemeinsame Überlebensfrage – neue Kooperationsformen zwischen Ost und West, in: Bergedorfer Gesprächskreis, Protokoll Nr. 87, Körber-Stiftung (Hg.), Selbstverlag, Hamburg 1989, 10-18

Anhang

Inhaltliche Gliederung Komplexe Forschungsaufgabe „Umweltgestaltung / Umweltschutz" (KFA-U)
Übersicht (Stand 15. Mai 1990)

Komplex Kurztitel	Projekt Kurztitel

I
Abproduktarme und
-freie Technologie
	1.1 Strategie der AAFT - Naturwissenschaftl., technische und ökonomische
	    Grundlagen
	1.2 Wissenschaftl. u. methodische Grundlagen für die AAFT im Territorium
	    bzw. Produktionsverbund
	1.3 Grundlagenuntersuchungen für die Entwicklung biotechnologischer
	    Verfahren zur Realisierung der AAFT
	1.4 Schadstoff- u. abproduktarme Verbrennungstechnologien

II Umweltüberwachung	2.1 Luftschadstoffanalytik 2.2 Wasserschadstoffanalytik 2.3 Luftschadstoffausbreitung 2.4 Atmosphärenchemie 2.5 Indirekte Sondierung der planetaren Grenzschicht 2.6 ökologische Belastungsgrenzen

III
Modellierung von Ur-
sache-Wirkungs-
Beziehungen
	3.1 Prognose- u. Entscheidungsmodelle für den Umweltschutz PEMU Luft
	3.2 PEMU Wasser
	3.3 Erarbeitung von Selektionskriterien und Methoden zur Vermehrung
	    relativ rauchharter Fichten und Schaffung von Voraussetzungen für
	    gezielte genetische Verbesserung

IV Einfluss von Umwelt- faktoren auf die menschliche Gesund- heit	4.1 Erfassung und Bewertung realer Expositionen 4.2 Erkennung und Bewertung neuer Schadstoffgruppen 4.3 Umwelt-/Deponieverhalten von Chemikalien
V Gesellschaftswiss. Grundlagen für die humane Gestaltung d. Mensch-Umwelt- Beziehungen	5.1 Weltanschauliche Probleme der Naturaneignung 5.2 Umweltgestaltung als Bestandteil der intensiv erweiterten Reproduktion 5.3 Soziale Ziele und Bedingungen der Umweltgestaltung 5.4 Umweltverträglichkeitsprüfung

VI
Ökosystemforschung/
Ökotechnologie
	6.1 Ökosysteme in der Agrarlandschaft
	6.2 Agrarraumgestaltung/Stoffhaushalt und -transformation auf
	    landwirtschaftlich genutzten Standorten
	6.3 Einfluss des Bodensediments auf die Wasserbeschaffenheit in
	    Stand- und Fließgewässern
	6.4 Stabilität von Küstengewässern
	6.5 Stofftransport- und Stoffumsetzungsprozesse im ober- und
	    unterirdischen Wasser
	6.6 Ökologische Grundlagen für die Gestaltung von Städten und urbanen
	    Ballungsgebieten
	6.7 Rechnergestützte Lösungen zur Gestaltung von Braunkohlen-
	    Bergbaufolgelandschaften
	6.8 Ökologie von gefährdeten einheimischen Pflanzen und Tieren

„Aktionswoche Natur und Umwelt vom 17.4.-23.4.1983 in Neubrandenburg. Herausgeber und Gestalter unbekannt. Quelle: Plakatsammlung im Studienarchiv Umweltgeschichte des Instituts für Umweltgeschichte und Regionalentwicklung e.V. an der Hochschule Neubrandenburg

Heinz Kroske

Zur Arbeit der Klasse Umweltschutz und Umweltgestaltung an der Akademie der Wissenschaften

Die Umweltforschung an der Akademie der Wissenschaften (AdW) der DDR war vielfältig gegliedert und entwickelte ihre Strukturen entsprechend den wissenschaftlichen und gesellschaftlichen Anforderungen.

Grundlagenforschung zu Umweltfragen wurde durch die Klasse Umweltschutz und Umweltgestaltung betrieben. Sie war eine von zehn Klassen der AdW.

Laut Statut der AdW sind die Klassen

1. Arbeitsgremien der Ordentlichen und Korrespondierenden Mitglieder eines oder mehrerer Wissenschaftsgebiete,

2. jedes Akademiemitglied gehört einer Klasse an. An Beratungen der Klassen können auf Einladung der Vorsitzenden auch Gäste teilnehmen.[1]

3. Die Klassen beraten grundlegende Probleme der Entwicklung der Wissenschaftsgebiete und der betreffenden Grenzgebiete sowie der Wechselbeziehungen zwischen den Wissenschaftsgebieten,

   Die Klassen tragen zur

   – theoretischen Vertiefung der Wissenschaftsdisziplinen und zu ihrer Verflechtung bei,

   – erarbeiten Empfehlungen zur Auswahl und zur Förderung bedeutsamer Aufgaben und Methoden der Forschung und tragen

   – zur gesellschaftlichen Nutzung wissenschaftlicher Ergebnisse bei.

4. Jede Klasse pflegt die Verbindung zu den anderen Klassen der AdW, den zugeordneten wissenschaftlichen Räten sowie zu wissenschaftlichen beratenden Gremien anderer gesellschaftlicher Bereiche. Sie unterstützen die Forschungsbereiche und Institute bei ihrer Aufgabenerfüllung, und die Ergebnisse der Klassensitzungen werden in geeigneter Form publiziert.[2]

Die Klassen waren auf eine Wissenschaftsdisziplin orientiert. Die Arbeit der Klasse Umweltschutz und Umweltgestaltung musste sich, sollte sie den oben genannten Maßstäben entsprechen, von vornherein mit komplexen, andere Wissen-

---

[1] Der Autor nahm seit den 1970er Jahren als Gast an den Sitzungen der Klasse Umweltschutz und Umweltgestaltung teil. Die Ausführungen im Beitrag beruhen auf persönlichen Erfahrungen bei der Mitwirkung in dieser Klasse.

[2] Statut der Akademie der Wissenschaften der DDR. Beschluss des Ministerrates vom 28. Juni 1984. – Siehe auch: Heikenroth 1988.

schaftsgebiete umfassenden Problemen beschäftigen. Diese Aufgabe wurde durch die Akademiemitglieder und auch durch die Gäste wahrgenommen und erforderte schon bei der Zusammensetzung und der Leitung der Klasse besondere Fähigkeiten zur interdisziplinären Arbeit.

Die Klasse Umweltschutz und Umweltgestaltung wurde lange Jahre von Akademiemitglied Edgar Lehmann geleitet. Das Wissenschaftliche Informationszentrum der AdW und der Akademie-Verlag publizierten die Sitzungsberichte.

Da es sich bei den in der Klasse diskutierten Fragen vordringlich um Berichte aus der Grundlagenforschung handelte, war eine Nutzung in der gesellschaftlichen Praxis nicht unmittelbar gegeben. Zur Umsetzung waren dann wissenschaftliche Räte notwendig.

Als Beispiele zu dieser Problematik seien einige Klassenvorträge angeführt:

Akademiemitglied Hans Mottek hielt in den Klassensitzungen vom 25.10.1979 und vom 24.04.1980 zwei Vorträge zum Problem „Ökonomie und Umwelt" (MOTTEK 1981).

„Probleme und Methoden zur Einschätzung komplexer ökologischer Wirkungen von Wirtschaftsmaßnahmen" wurden in der Klasse Umweltschutz und Umweltgestaltung am 18.01.1979 diskutiert (KROSKE 1980).

Unter dem Titel „Gesellschaft und Umwelt" wurde anlässlich des 65. Geburtstages von Hans Mottek eine Klassensitzung durchgeführt. Die Diskussionsbeiträge (17 Beiträge) sind in einer Festschrift veröffentlicht.[3]

Die Klasse Umweltschutz und Umweltgestaltung monopolisierte die komplexen Umweltfragen jedoch nicht. Auch andere Klassen der AdW der DDR diskutierten spezielle Umweltfragen, z.B. die Klassen Chemie und Physik, die in einer gemeinsamen Tagung zum Thema „Wasserstoff als Energieträger" am 03.05.1981 sieben Beiträge diskutierten (KLARE et al. 1981).

Die Klasse Medizin befasste sich am 13.11.1980 mit der Problematik „Aktuelle Umweltschadstoffe und Trinkwasser", Vortrag von Prof. Dr. med. habil. H.-J. Dobberkau (DOBBERKAU 1981).

Im Zusammenhang mit der weltweit zunehmenden Beschäftigung und Auseinandersetzung mit Umweltproblemen, auch eine der Wirkungen des vom Club of Rome und von D. L. Meadows publizierten Buches „Grenzen des Wachstums", konnte auf Initiative von Akademiemitglied Hans Mottek ein „Wissenschaftlicher Rat für Umweltforschung" bei der AdW gebildet werden, den er auch leitete. Als Arbeitsgremium wurde dazu die Forschungsstelle Umweltgestaltung gebildet, die später als „Bereich ökologisch-ökonomische Systeme" dem Institut für

---

[3] Festkolloquium der Klasse Umweltschutz und Umweltgestaltung „Gesellschaft und Umwelt", Sitzungsberichte der AdW der DDR, Reihe Gesellschaftswissenschaften, Akademie-Verlag Berlin, 2G, 1976.

Geographie und Geoökologie zugeordnet wurde. Der oben genannte Rat hatte die Aufgabe, die Umweltforschung der AdW zu koordinieren und Forschungsergebnisse zur Lösung von Umweltproblemen der DDR vorzulegen. Akademiemitglied Mottek hatte bereits 1972 mit seinem Beitrag „Zu einigen Grundfragen der Mensch-Umwelt-Problematik" dazu angeregt (MOTTEK 1972, 36-43).

Der Wissenschaftliche Rat für Umweltforschung ging über die Grenzen der AdW hinweg und bezog Umweltforscher aus anderen wissenschaftlichen Bereichen in die Forschung zur Lösung von Umweltfragen mit ein.

Als in den 1980er Jahren die Umweltprobleme der DDR dringend nach Lösungen verlangten, mussten die wissenschaftlichen Potentiale konzentriert und koordiniert werden. Diese Aufgabe erhielt der Direktor des Instituts für Atmosphärenforschung und Geomagnetismus, Akademiemitglied Prof. Dr. habil. Wolfgang Mundt. Er leitete den neuen „Wissenschaftlichen Rat für Grundfragen des Umweltschutzes und der Umweltgestaltung". Sein Institut war der Träger und Koordinator dafür.

Dieser Ausschnitt aus der Arbeit der Klasse Umweltschutz und Umweltgestaltung kann nicht die gesamte Tätigkeit dieser Klasse widerspiegeln. Es kann nur beispielhaft angeführt werden, dass besonders seit den 1970er Jahren die Grundlagenforschung der AdW sich auch dieser neuen gesellschaftlichen Herausforderung gestellt und Beiträge geleistet hat, die, unter den damaligen Bedingungen zustande gekommen, beachtenswert sind.

Diese wissenschaftliche Tätigkeit im Rahmen der Klasse Umweltschutz und Umweltgestaltung war in verschiedene internationale Forschungsprogramme eingebunden, besonders in die Arbeiten befreundeter sozialistischer Akademien zu Umweltproblemen.

Mitarbeiter der AdW waren an weiteren zahlreichen internationalen Programmen zu Umweltproblemen beteiligt (Man and the Biosphere, SCOPE – Scientific Committee of Problems of the Environment, ECE – Economic Commission for Europe).

Literatur

Akademie der Wissenschaften der DDR (Hg.): Festkolloquium der Klasse Umweltschutz und Umweltgestaltung „Gesellschaft und Umwelt", Sitzungsberichte der AdW der DDR, Reihe Gesellschaftswissenschaften 2 G, Akademie-Verlag, Berlin 1976

Dobberkau, H.-J.: Aktuelle Umweltschadstoffe und Trinkwasser. Aus der Arbeit von Plenum und Klassen der AdW der DDR (1981) 11, Berlin

Heikenroth, H.: Zu den Aufgaben und Problemen der Tätigkeit der Gelehrtengesellschaft der AdW. Aus der Arbeit von Plenum und Klassen der AdW der DDR (1988) 10, Berlin

Klare, H. et al.: Wasserstoff als Energieträger. Aus der Arbeit von Plenum und Klassen der AdW der DDR (1981) 9

Kroske, H.: Probleme und Methoden zur Einschätzung komplexer ökologischer Wirkungen von Wirtschaftsmaßnahmen, Sitzungsberichte der Akademie der Wissenschaften der DDR, Reihe Gesellschaftswissenschaften 5/G, Akademie Verlag, Berlin 1980

Mottek, H.: Ökonomie und Umwelt, Informationen aus Wissenschaft und Technik. Aus der Arbeit von Plenum und Klassen der AdW der DDR (1981) 8

Mottek, H.: Zu einigen Grundfragen der Mensch-Umwelt-Problematik, Wirtschaftswissenschaften (1972) 1, 36-43

Statut der Akademie der Wissenschaften der DDR, Beschluss des Ministerrates vom 28. Juni 1984, Akademie-Verlag, Berlin 1984, 16-17

Ludwig Bauer

Zur Arbeit der Sektion Landeskultur und Naturschutz der Akademie der Landwirtschaftswissenschaften

1951 wurde von der Regierung der Deutschen Demokratischen Republik als Dachorganisation aller (nicht-universitären) land- und forstwissenschaftlichen Züchtungs- und Forschungsinstitute des Landes die „Deutsche Akademie der Landwirtschaftswissenschaften zu Berlin" (DAL) gegründet. Als ihr erster Präsident wurde Prof. Dr. Dr. h.c. mult. Hans Stubbe berufen.

Hans Stubbe, Direktor des Instituts für Genetik und Kulturpflanzenforschung Gatersleben der Deutschen Akademie der Wissenschaften (DAW), war ein international hoch angesehener Naturwissenschaftler (Genetiker landwirtschaftlicher Nutzpflanzen), ein begeisterter und weitsichtiger Naturfreund und -schützer. Er betonte von Beginn seiner Amtsführung an die besondere Verpflichtung aller landnutzenden Zweige der Volkswirtschaft (wie Land-, Forst-, Wasserwirtschaft, Fischerei, Bergbau, Verkehrs- und Siedlungsbau, ...) für den Schutz der Natur und den sorgsam-pfleglichen Umgang mit allen natürlichen Ressourcen des Landes. Wir nennen es heute das Prinzip der Nachhaltigkeit (sustainable development), das Stubbe schon vor 55 Jahren als Fernziel einer verantwortungsbewussten Landesentwicklung einforderte.

Folgerichtig gründete er an seiner neuen Akademie 1952 eine eigene „Sektion Landeskultur und Naturschutz". Zum Sekretär wurde Prof. Dr. Hermann Meusel ernannt. Hermann Meusel war Ordinarius für Spezielle Botanik und Pflanzengeographie an der Martin-Luther-Universität Halle-Wittenberg und (ab 1953) auch Direktor des neu gegründeten Instituts für Landesforschung und Naturschutz Halle der DAL.

Die Sektion vertrat in den ersten Jahren ihres Bestehens die volle Breite umfassender Landeskultur sowie der Landschaftspflege/Landschaftsgestaltung und des Naturschutzes. Von den berufenen Mitgliedern der Sektion Landeskultur und Naturschutz in dieser ersten Phase ihrer Existenz nenne ich eine Auswahl von Personen und die von ihnen zu vertretenden Aufgabenbereiche:

- Prof. Dr. Hermann Meusel, Halle (Geobotanik, Naturschutz),
- Prof. Dipl. Ing. Otto Möller, Berlin (Leiter des Amtes für Wasserwirtschaft),
- Dr. Ingo Kalweit, Berlin (Wasserhaushalts-Forschung),
- Prof. Dr. Asmus Petersen, Paulinenaue (Grünland- und Moorforschung, Meliorationswesen),

- Prof. Georg Bela Pniower, Berlin (Gartenkultur und Landschaftsgestaltung),
- Prof. Dr. Karl-Franz Busch, Dresden (Wasserwirtschaft/Wasserbau),
- Prof. Dr. Alexis Scamoni, Eberswalde (forstliche Vegetationskunde und Naturschutz),
- Prof. Dr. Ernst Neef, Leipzig/Dresden (Geoökologie, Naturraumgliederung),
- Prof. Werner Bauch, Dresden (Garten- und Landschaftsgestaltung),
- Gartenarchitekt Otto Rindt, Halle/Senftenberg (Landschaftsgestaltung, Rekultivierung von Bergbaugebieten),
- Dipl. Ing. Hans Bollmann, Halle (Grundwasserhaushalt, besonders in Bergbaurevieren des Braunkohlen-Tagebaus),
- Dr. Karl Mansfeld, Seebach (Ornithologie und Vogelschutz),
- Prof. Dr. K.H.C. Jordan, Dresden (Zoologie, Faunistik, Naturschutz).

Schon bald erhob das Ministerium für Land- und Forstwirtschaft (als Dienstaufsichtsbehörde der Akademie) die Forderung nach vorrangiger Berücksichtigung von Themen des Meliorationswesens und der Grünlandforschung in den Arbeitsberatungen der Sektion zu Lasten von Themen des Bereichs Landschaftspflege und Naturschutz. Mit Hermann Meusel war dies nicht zu machen. Als Konsequenz wurde 1956 die bisherige Sektion „Landeskultur und Naturschutz" aufgegliedert in eine Sektion „Landeskultur und Grünland" (deren Sekretär Prof. Dr. Asmus Petersen wurde) und eine „Ständige Kommission Landschaftspflege und Naturschutz" unter Leitung von Prof. Dr. Hermann Meusel.

Neben den o.g. Herren Meusel, Bauch, Neef, Scamoni, Rindt, Mansfeld wurden in die Ständige Kommission Landschaftspflege und Naturschutz neu berufen:

- Prof. Dr. Heinrich Dathe, Berlin-Friedrichsfelde (Ornithologie, geschützte Tierarten, Naturschutzstrategie),
- Prof. Dr. Dr. Hans Grimm, Berlin (Landeskultur und Gesundheitswesen),
- Prof. Dr. H.-J. Müller, Quedlinburg (Zoologie, Ökologie und Naturschutz),
- Prof. Dr. Wolfgang Müller-Stoll, Potsdam (Vegetationskunde und Naturschutz),
- Prof. Dr. Erich Rutschke, Potsdam (Wasservogelforschung, Schutz von Feuchtgebieten),
- Dr. Dieter Kopp, Eberswalde (Bodenkunde, forstliche Standortkartierung, Forstwirtschaft und Naturschutz),
- Prof. Dr. Alfred Mäde, Halle (Agrarmeteorologie und Landeskultur),
- Prof. Dr. Gerhard Darmer, Leipzig (landwirtschaftliche Landschaftsgestaltung, Flurholzanbau, Rekultivierung),
- Prof. Dr. Klaus Dörter, Halle (Meliorationswesen, Landeskultur und Naturschutz),
- Gartenarchitekt Waldemar Horn, Magdeburg (als Vertreter einer Bezirksnaturschutzverwaltung),

- Gartenbauingenieur Fritz Wernicke, Berlin (als Vertreter der Zentralen Naturschutzverwaltung),
- Dr. Ludwig Bauer, Jena (Hydrogeographie, Verbindung und Abstimmung von Naturschutz zu Wasserwirtschaft/ Meliorationswesen).

Die nunmehrige Sektion Landeskultur und Grünland setzte ihre Arbeit fort mit den o.g. Mitgliedern, ergänzt u.a. durch:

- Dipl.-Ing. Johann Rochlitzer, Berlin (Wasserwirtschaft),
- Prof. Dr. Eberhard Wojahn, Paulinenaue (Grünland- und Moorforschung, Meliorationswesen),
- Prof. Dr. Manfred Olbertz, Rostock (Meliorationstechnik),
- Prof. Dr. Heinz Janert, Rostock (Bodenkunde und Bodenmelioration).

Dies war in etwa der Stand Ende der 1950er, Anfang der 1960er Jahre. In den ersten Jahren stand der Sektion/Ständigen Kommission ein hauptamtlicher Geschäftsführer (Angestellter der DAL-Zentrale in Berlin) zur Verfügung, was insbesondere die organisatorische Arbeit sehr erleichterte. Geschäftsführer war von 1953 bis 1960 Dr. Klaus Schwarz, ab 1960 Dr. Heinrich Koriath. (Beide sind später Professoren und Direktoren agrarwissenschaftlicher Institute geworden.)

Sektion wie Ständige Kommission pflegten bei ihrer Arbeit engen Kontakt zu anderen Fachgremien der Akademie, insbesondere zur Sektion Forstwesen und zur Sektion Bodenkunde und Pflanzenernährung.

Zu den Aufgaben von Sektion wie Ständiger Kommission (als fachlichen Querschnittsgremien von berufenen Bio-, Geo-, Land- und Forstwissenschaftlern und Ingenieuren sowie von Vertretern der landnutzenden Praxis und zentraler Behörden) gehörten u.a.

- Regelmäßige Beratung aktueller Probleme und Aufgaben der Landeskultur, der Landschaftspflege und des Naturschutzes, der Landes- und Raumplanung, des Meliorationswesens und der Grünlandwirtschaft bei der Entwicklung der Volkswirtschaft, insbesondere der Land- und Forstwirtschaft, der Wasserwirtschaft, des Bergbaus, ..., mit Vertretern von Praxis und Verwaltung;
- Diskussion und Beratung entsprechender Forschungsvorhaben und -ergebnisse, Überleitung in die Praxis. Ich nenne hier als Beispiele nur Themen wie
  - Entwicklung von Verfahren zur „Komplexmelioration",
  - Entwicklung der „landschaftlichen Mehrfachnutzung" und Flurneugestaltung,
  - Rekultivierung und Wiederurbarmachung komplex gestalteter „Bergbaufolgelandschaften" (dieser Terminus wurde von uns 1968 – meines Wissens erstmals in der deutschsprachigen Literatur – als Zielvorstellung präzisiert);
- Systematische, auf das Gesamtterritorium der DDR bezogene Ausweisung und Einrichtung eines Netzes von Reservaten (Naturschutzgebiete und Landschaftsschutzgebiete);

- Diskussion fachlicher Aspekte bei der Vorbereitung neuer Verordnungen und Gesetze, z.B. des neuen Naturschutzgesetzes der DDR von 1954 und des „Gesetzes über die planmäßige Gestaltung der sozialistischen Landeskultur" von 1970;
- Regelmäßige Rechenschaftslegung der Arbeitsergebnisse sowie der Forschungsplanung des Instituts für Landesforschung und Naturschutz Halle der DAL/AdL durch den Institutsdirektor;
- Regelmäßige Rechenschaftslegung der Arbeitsergebnisse sowie der Forschungsplanung des Instituts für Grünland- und Moorforschung Paulinenaue der DAL/AdL durch den Institutsdirektor;
- Regelmäßige Information über Vorhaben der Zentralen Naturschutzverwaltung (ZNV) beim Ministerium für Land-, Forst- und Nahrungsgüterwirtschaft/ Staatliches Komitee für Forstwirtschaft durch den berufenen Vertreter der ZNV; Diskussion und Erarbeitung entsprechender Empfehlungen für die zuständigen staatlichen Organe;
- Regelmäßige Information über Vorhaben des Staatlichen Komitees für Meliorationswesen beim MLFN, teilweise auch des Amtes für Wasserwirtschaft des Ministerrates der DDR; Diskussion und Erarbeitung entsprechender Empfehlungen für die zuständigen staatlichen Organe.

Nach dem Tod von Prof. Dr. Asmus Petersen wurde 1963 Prof. Dr. Eberhard Wojahn Sekretär der Sektion Landeskultur und Grünland (bis 1969).

Die Ständige Kommission für Landschaftspflege und Naturschutz wurde 1971 wieder in Sektion Landeskultur und Naturschutz umbenannt; Sekretär wurde nun Prof. Dr. Ludwig Bauer, ILN Halle (ab 1979 Prof. Dr. Rudolf Schubert, Direktor des Instituts für Spezielle Botanik und Pflanzengeographie der Martin-Luther-Universität Halle-Wittenberg).

Man darf einschätzen, dass die Sacharbeit von Sektion wie Ständiger Kommission in den beiden ersten Jahrzehnten nach Gründung der DAL recht gut und konstruktiv war. Nach dem altersbedingten Ausscheiden von Prof. Dr. Stubbe als Präsiden der DAL/AdL mussten wir ein rasches Nachlassen des Interesses der Akademie-Leitung an unseren Aktivitäten feststellen. Die Hans Stubbe nachfolgenden Präsidenten zeigten sich an Umwelt- und Naturschutz wenig bis gar nicht interessiert.

Nun wurde die Arbeit der DAL/AdL und ihrer Einrichtungen einseitig auf die Entwicklung wissenschaftlicher Grundlagen für die Einführung der industriemäßigen Produktionsmethoden in der Land- und Forstwirtschaft ausgerichtet. Was in der Praxis die landeskulturellen Folgen dieser neuen Art der Flächennutzung waren, muss ich hier kaum näher darlegen.

Erst in den letzten Jahren der DDR – und auch unter dem Druck internationaler Entwicklungen und Forderungen – setzte auch in der DAL/AdL ein gewisses Umdenken ein. Umweltschutz, Landeskultur und Naturschutz wurden wieder hoffähig und anerkannt.

Da waren dann aber alle Eulen schon verflogen.

„Naturschutzwoche 1961 vom 7. bis 14. Mai". Herausgegeben vom Ministerium für Landwirtschaft, Erfassung und Forstwirtschaft, Zentrale Naturschutzverwaltung (1961). Gestaltung: Zimmermann & Engemann. Quelle: Plakatsammlung im Studienarchiv Umweltgeschichte des Instituts für Umweltgeschichte und Regionalentwicklung e.V. an der Hochschule Neubrandenburg

Hermann Behrens

Das Institut für Landesforschung und Naturschutz (ILN) und die Biologischen Stationen

Das Institut für Landesforschung und Naturschutz (ILN – später: Institut für Land-*schaft*sforschung und Naturschutz) an der Deutschen Akademie der Landwirtschaftswissenschaften (DAL – später: Akademie der Landwirtschaftswissenschaften der DDR, AdL) wurde 1953 gegründet; erster Direktor war Prof. Dr. Hermann Meusel, ein Botaniker.[1] Das ILN hatte laut Gründungsdokument drei Aufgaben:

1. Durchführung regionaler landeskundlicher Untersuchungen in biologischer, biogeographischer und standortskundlicher Hinsicht;
2. Erforschung der vom Naturschutz betreuten Objekte und wissenschaftliche Beratung der Naturschutzarbeit in der Deutschen Demokratischen Republik;
3. Sammlung aller bisher erschienenen Unterlagen und Karten über die einzelnen Landschaften der Deutschen Demokratischen Republik.

Zum ILN gehörten die Zentrale in Halle, fünf Zweigstellen in Dessau, Greifswald, Potsdam, Dresden und Jena sowie mehrere biologische Stationen (auch vereinzelt Außenstellen des ILN genannt). Jede der Zweigstellen führte neben beratenden und koordinierenden Aufgaben wissenschaftliche Schwerpunktprogramme (in Kooperation mit den biologischen Stationen) durch. Anfangs gab es nur einen Leiter und zwei wissenschaftliche Mitarbeiter sowie eine Sekretärin je Zweigstelle und wenige hauptamtliche Mitarbeiter in der Zentrale und den Außenstellen. Erst in den 1980er Jahren wuchs die Mitarbeiterzahl nennenswert. 1989 gehörten dem ILN 140 Mitarbeiter und Mitarbeiterinnen an.

Die einzelnen Zweigstellen gaben für ihren Bereich gemeinsam mit den jeweiligen Räten der Bezirke regionale Naturschutzzeitschriften heraus, in denen insbesondere praktische Fragen des Naturschutzes behandelt wurden und sowohl der staatliche als auch der ehrenamtliche Naturschutz nebeneinander publizieren konnten. 1958 erschien das erste Heft der „Naturschutzarbeit in Mecklenburg", ab 1963 die „Naturschutzarbeit und naturkundliche Heimatforschung in den Bezirken Halle und Magdeburg", 1964 „Landschaftspflege und Naturschutz in Thüringen" und 1965 „Naturschutzarbeit in Berlin und Brandenburg". Seit 1961 erschien dar-

---

[1] Meusel war bis 1963 ILN-Direktor, danach folgten Prof. Dr. Ludwig Bauer (bis 1974) und Prof. Dr. Hugo Weinitschke (bis 1991).

über hinaus unter der Redaktion des ILN und der Herausgeberschaft der DAL/
AdL das „Archiv für Naturschutz und Landschaftsforschung", das stärker auf wissenschaftliche Fragen und Beiträge ausgerichtet war.

Mit den sozialistischen Nachbarländern gab es vielfältige fachliche und institutionelle Beziehungen. Eine fruchtbare internationale Zusammenarbeit, die darüber
hinaus ging, konnte das ILN erst nach 1970 auf der Grundlage entsprechender ge-
setzlicher Bestimmungen (Naturschutzverordnung von 1970) pflegen.

Seit Mitte der 1950er Jahre wurden in der Deutschen Demokratischen Republik
Biologische Stationen eröffnet oder wieder eröffnet. Seit Mitte der 1960er Jahre
gab es neben dem ILN und seinen Zweigstellen oder Arbeitsgruppen folgende
biologische Stationen, die z.T. dem ILN zugeordnet waren und in denen sich Wissenschaftler und ehrenamtliche Helfer der angewandten ökologischen Forschung
widmeten (MÜLLER 1965):

1. die Vogelschutzwarte Seebach (Kreis Mühlhausen/Thüringen), die Anfang des
   20. Jahrhunderts durch private Initiative entstanden war (Freiherr v. Berlepsch)
   und seit 1908 durch den preußischen Staat anerkannt und gefördert wurde. Nach
   dem Zweiten Weltkrieg wurde sie der Biologischen Zentralanstalt für Land-
   und Forstwirtschaft angegliedert (später unter dem Dach der DAL/AdL). Von
   1953 bis 1963 unterstanden ihr die Vogelschutzstationen Serrahn, Steckby und
   Neschwitz. Ihre Hauptaufgaben lagen auf dem Gebiet der Angewandten Ornithologie (Siedlungsdichteuntersuchungen, praktischer Vogelschutz usw.);

2. die Vogelschutzstation Steckby (Kreis Zerbst/Sachsen-Anhalt), die auf Initiative von M. Behr Anfang der 20er Jahre des 20.Jahrhunderts gegründet wurde.
   Sie war vor dem Zweiten Weltkrieg Versuchs- und Musterstation des Deutschen Bund für Vogelschutz. Nachdem sie von 1953 bis 1963 zur Vogelschutzstation Seebach gehörte, stand sie ab 1963 direkt unter der Aufsicht der Biologischen Zentralanstalt der DAL/AdL. 1970 wurde die Station Steckby dem ILN
   unterstellt;

3. die Vogelschutzwarte Neschwitz (Sachsen), die 1930 auf private Initiative von
   v. Vietinghoff-Riesch gegründet worden war. 1936 wurde sie als Staatliche Vogelwarte anerkannt, konnte aber nach dem Krieg ihre Arbeit erst 1953 als Au-
   ßenstation der Vogelschutzwarte Seebach wieder aufnehmen. Seit 1964 unterstand sie als selbständige Vogelschutzwarte der Biologischen Zentralanstalt der
   DAL/AdL. Arbeitsschwerpunkte waren faunistische und ökologische Untersuchungen in der Bautzener „Gefildelandschaft" und im Lausitzer Teich- und
   Heidewaldgebiet;

4. die Biologische Station in Serrahn (Mecklenburg). Sie bearbeitete vorwiegend
   Fragen der angewandten Ornithologie (Biologische Schädlingsbekämpfung in
   der Forstwirtschaft, Schutz der Großvögel, Beringung ausgewählter Vogelarten)

und führte darüber hinaus Untersuchungen zu Vorkommen und Brutbiologie heimischer Vogelarten durch. Sie existierte seit 1953 als Zweigstelle der Vogelschutzwarte Seebach, wurde 1961 offiziell als „Biologische Station" benannt und 1964 dem ILN unterstellt. Seit den 1960er Jahren wurden unter dem Dach der Biologischen Station auch hydrologische Untersuchungen durchgeführt und Grundsätze zur Pflege naturnaher Waldbiogeozönosen bearbeitet;

5. die Biologische Forschungsanstalt Hiddensee, die von dem Botaniker und Ökologen Leick gegründet und nach dem Krieg der Ernst-Moritz-Arndt-Universität Greifswald angegliedert war. Ihr Arbeitsschwerpunkt war – in vier Abteilungen – die biologische Erforschung der südlichen Ostseeküste, besonders der Boddenlandschaft. Die Abteilung Vogelwarte der Forschungsanstalt war die Zentrale für das Vogelberingungswesen der Deutschen Demokratischen Republik. Sie war damit Leitstelle aller Untersuchungen über Vogelzug und Biologie der Vögel;

6. die Vogelschutzinsel Langenwerder (zwischen der Insel Poel und der Halbinsel Wustrow), die bereits seit Anfang des 20. Jahrhunderts geschützt war und auf der pflanzengeographische, meteorologische und küstenmorphologische Daten gesammelt wurden;

7. die Außenstelle Müritzhof des Instituts für Forstschutz und Jagdwesen der Technischen Universität Dresden in Tharandt. Sie wurde vom Nestor des Naturschutzes am Ostufer der Müritz, Karl Bartels, gegründet. Arbeitsschwerpunkt der Einrichtung, die jährlich nur zeitweise besetzt war, waren faunistisch-ökologische Untersuchungen im Müritz-Seen-Gebiet;

8. die Biologische Station Fauler Ort (ebenfalls in der Nähe des NSG „Ostufer der Müritz") des Zoologischen Instituts der Martin-Luther-Universität Halle-Wittenberg, die in erster Linie als Aufenthaltsort für Biologie-Studenten diente;

9. die Station der Forschungsstelle für Limnologie Jena-Lobeda am Stechlinsee nahe Rheinsberg, deren Mitarbeiter die ökologischen Folgen der Nutzung der Gewässer um Rheinsberg als Kühlwasserlieferanten für das Kernkraftwerk Rheinsberg untersuchten;

10. das Hydrobiologische Laboratorium Neunzehnhain (Kreis Marienberg/Sachsen), das der Forschung und Lehre im Fachgebiet Trinkwasserbiologie diente;

11. die Station Dölzig mit deren Außenstelle Finsterwalde, deren Analyseschwerpunkte die Probleme der Rekultivierung von Braunkohletagebauen waren.

Hinzu kam die 1954 gegründete Zentrale Lehrstätte für Naturschutz Müritzhof im Naturschutzgebiet „Ostufer der Müritz" im Bezirk Neubrandenburg. Sie war die erste staatliche Lehrstätte für Naturschutz weltweit. In ihr konnten sich bis zur „Wende" Tausende ehrenamtliche Naturschutzhelfer und Naturschutzbeauftragte weiterbilden. Die Zentrale Lehrstätte wurde 1966 in das ILN eingegliedert.

In allen Biologischen Stationen und in Müritzhof arbeiteten zumeist lediglich ein bis zwei wissenschaftliche und durchschnittlich zwei technische Mitarbeiter.

Mittlerweile liegen zur Arbeit des ILN umfassende Darstellungen vor, sodass darauf verwiesen werden kann: WEINITSCHKE stellte den Entstehungs- und Praxiszusammenhang der Einrichtung dar (1998/2001, 307-324). KLAFS beschrieb ausführlich Arbeitsergebnisse der Zweigstelle Greifswald (1998/2001, 325-348), HIEKEL die der Zweigstelle Jena (1998/2001, 349-374) und HENTSCHEL & REICHHOFF die der Zweigstelle Halle/Dessau (1998/2001, 375-384). Weinitschke war von 1973-1991 Direktor des ILN, Klafs, Hiekel und Hentschel Leiter der genannten ILN-Zweigstellen (Arbeitsgruppen).

Das ILN beendete seine Arbeit nach Maßgabe des Einigungsvertrages zwischen BRD und DDR am 31.12.1991. Die meisten Mitarbeiter und Mitarbeiterinnen konnten ihre Arbeit unter dem Dach neuer Natur- und Umweltschutzinstitutionen wie den Landesumweltämtern fortsetzen oder machten sich selbständig.

Literatur

Hentschel, P. & Reichhoff, L.: Die Arbeitsgruppe Halle/ Dessau des ILN 1953 bis 1991, In: Institut für Umweltgeschichte und Regionalentwicklung (Hg.): Naturschutz in den neuen Bundesländern – Ein Rückblick, Marburg 1998, 2. Aufl. Berlin 2001, 375-384

Hiekel, W.: Forschungen und wissenschaftliche Beratung der Naturschutzarbeit in Thüringen durch die Arbeitsgruppe Jena des ILN 1953 bis 1991. In: Institut für Umweltgeschichte und Regionalentwicklung (Hg.): Naturschutz in den neuen Bundesländern – Ein Rückblick, Marburg 1998, 2. Aufl. Berlin 2001, 349-374

Klafs, G.: Die Arbeitsgruppe Greifswald des Institutes für Landschaftsforschung und Naturschutz. - In: Institut für Umweltgeschichte und Regionalentwicklung (Hg.): Naturschutz in den neuen Bundesländern – Ein Rückblick, Marburg 1998, 2. Aufl. Berlin 2001, 325-348

Weinitschke, H.: Das Institut für Landschaftsforschung und Naturshcutz (ILN). In: Institut für Umweltgeschichte und Regionalentwicklung (Hg.): Naturschutz in den neuen Bundesländern – Ein Rückblick, Marburg 1998, 2. Aufl. Berlin 2001, 307-324

Uwe Zuppke

Aus der Tätigkeit des Zentrums für Umweltgestaltung (ZUG)

Fast unbemerkt von der Öffentlichkeit gab es in der DDR eine wissenschaftliche Einrichtung, die an Grundlagen des Umweltschutzes ebenso arbeitete wie an konkreten Planungsunterlagen für die Durchführung von Umweltschutzmaßnahmen.

Das Ministerium für Umweltschutz und Wasserwirtschaft hatte mit dem Institut für Wasserwirtschaft (IfW) in Berlin (heute: Sitz der Außenstelle der Bundesanstalt für Gewässerkunde) eine Einrichtung, die fundierte Grundlagen für die Bewirtschaftung der nur begrenzt vorhandenen Wasserressourcen (450 m³/ Einwohner nutzbarer Wasservorrat; europäischer Durchschnitt: 1.700 m³/ Einwohner) erarbeitete. Da auch die anderen Naturressourcen nur sehr begrenzt zur Verfügung standen, mussten diese in einem so kleinen Land mit hoher Einwohnerdichte sehr intensiv genutzt werden, sodass Beeinträchtigungen der Natur unausweichlich waren. Da diese Beeinträchtigungen auch grenzüberschreitend wirkten (z.B. die Luftschadstoffe), blieb internationaler Druck besonders der hoch industrialisierten westlichen Länder auf die Regierung der DDR nicht aus. Daher bildete das Ministerium im Jahr 1982 aus einer bis dahin existierenden, durch das engagierte Wirken von Prof. Dr. E. Seidel gegründeten Abteilung Umweltüberwachung im IfW ein eigenständiges Institut für die Lösung der Probleme des Umweltschutzes, das Zentrum für Umweltgestaltung (ZUG) Berlin mit Sitz in Berlin-Schöneweide in der Schnellerstraße. Dieses ZUG erhielt Außenstellen in Wittenberg, Cottbus, Freiberg und Erfurt.

Insgesamt hatte dieses Institut die Aufgabe, die von verschiedenen Kontrolleinrichtungen (Meteorologischer Dienst, Staatliche Umweltinspektion, Staatliche Hygieneinspektion, Staatliche Gewässeraufsicht u.a.) erhobenen Messdaten zur Umweltbelastung zusammenzufassen, zu bewerten und daraus Analysen der Belastungssituation der Städte, Kreise und Bezirke der DDR zu erstellen, als Entscheidungsgrundlage des Ministeriums für den Einsatz der nur minimal zur Verfügung stehenden Investitionsmittel für den Umweltschutz. Weiterhin sollte das Gefährdungspotential analysiert und es sollten Belastungsschwerpunkte verdeutlicht werden, um die schlimmsten negativen Auswirkungen auf die Bevölkerung, aber vor allem auf die Volkswirtschaft einzudämmen. Gleichzeitig sollten Argumentationshilfen für die umweltpolitischen Auseinandersetzungen in der Außenpolitik der DDR erarbeitet werden. Dazu war das ZUG in verschiedene fachspezifische Abteilungen gegliedert.

Ein äußerst wesentlicher Schwerpunkt war die Luftbelastung, da die für die DDR charakteristische Energieträgerstruktur zu rund 70 % auf der Verbrennung von Braunkohle basierte, die besonders in den westelbischen Revieren Schwefelgehalte um 2 % aufwies und die Ursache für eine im Vergleich zu europäischen Ländern sehr hohe Schwefeldioxidemission war (DDR: 49,3 t/km^2; Großbritannien: 21,5 t/km^2; BRD: 14,5 t/km^2). Die Abteilung „Umweltüberwachung" hatte daher die Aufgabe, auf der Grundlage der täglichen Emissionsdaten, die aus den an die Zentralverwaltung für Statistik zu meldenden betrieblichen Einsatzmengen der Braunkohle errechnet wurden, und den meteorologischen Daten mit einer für diesen Zweck modifizierten Ausbreitungsrechnung den Transport und die Ausbreitung der SO$_2$-Mengen zu berechnen. Das Ergebnis bekam der Minister für Umweltschutz und Wasserwirtschaft täglich als Bulletin auf den Tisch. Damit ausgerüstet bestritt er die ständigen Auseinandersetzungen mit den Anrainerstaaten, insbesondere der Bundesrepublik.

Die Abteilung „Territorialentwicklung" trug Daten und Angaben der Kontrolleinrichtungen und der Betriebe (die ja alle einen Umweltschutzbeauftragten hatten!) zusammen und erarbeitete daraus Analysen der Umweltbelastung für Schwerpunktgebiete wie Bitterfeld-Wolfen, Leuna-Buna-Merseburg, Borna-Böhlen-Espenhain, Cottbus-Spremberg-Senftenberg, Dessau-Gräfenhainichen-Piesteritz u.a. und daraus erwachsende Notwendigkeiten für Umweltschutzmaßnahmen (Rauchgasentschwefelungsanlagen, Staubfilter etc.), die im Ministerium unter oftmals heftigen Diskussionen verteidigt wurden, dann aber mangels fehlender Investitionskraft der Wirtschaft nicht umgesetzt werden konnten. Der erste (und einzige) Emissionsbericht der DDR über das Jahr 1989 (*Abbildung 1*) wurde dann 1990 herausgegeben (IfU 1990a). Weiterhin wurden Gefährdungsanalysen erarbeitet, die das Gefährdungspotential durch unsachgemäße Lagerung, Transport und Aufbereitung von toxischen Produkten und Abfällen sowie durch mögliche Havarien darstellte und in der notwendige Maßnahmen zur Abstellung bzw. Verringerung dieses Potentials herausgearbeitet wurden. Darin wurde z.B. sichtbar, dass in 88 Betrieben, vorwiegend in der Elektrotechnik/Elektronik, der chemischen Industrie und im Maschinenbau, Entgiftungs- bzw. Neutralisationsanlagen fehlten oder von 147 Betrieben ernste Gefährdungen für die Gewässer oder deren Nutzung ausgingen.

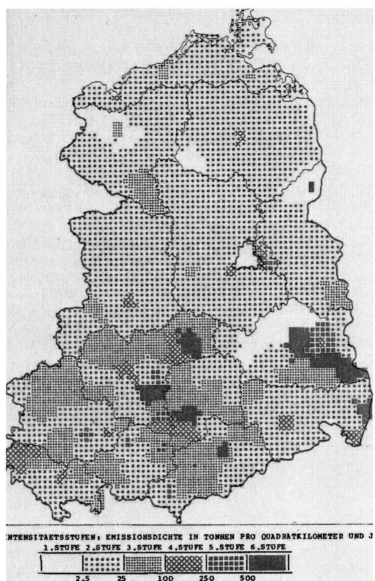

Abbildung 1: Grafik Emissionsdichte Schwefeldioxid 1989. Quelle: Emissionsbericht der DDR

In der Zeit der politischen Wende wurde von der ehemaligen Staatlichen Plankommission unter Leitung von Prof. Dr. W. Ostwald der erste „Raumordnungsreport" (*Abbildung 2*) herausgegeben, in dem durch Wissenschaftliche Mitarbeiter des ZUG das Kapitel 2.7. Umweltsituation bearbeitet wurde (OSTWALD 1990).

Durch ungenügend geschlossene Stoffkreisläufe in der überwiegenden Mehrheit der stoffbearbeitenden Prozesse fielen Abfälle (in der DDR hießen sie Abprodukte!) in großer Menge an. So wurde z.B. im Jahr 1987 eine Menge von 1.368.770 t toxischer und schadstoffhaltiger Abprodukte erfasst, die deponiert, verbrannt oder neutralisiert werden mussten. Zunehmende Entsorgungsprobleme brachte auch die immer stärkere Einführung der Mikroelektronik. Da in der DDR die Rohstoffsituation sehr angespannt war, gab es unter dem Aspekt der effektiven Ressourcennutzung große Bemühungen, den Anfall an Abprodukten zu vermeiden bzw. zu verringern oder die Abprodukte wieder nutzbar zu machen. Daher arbeitete am ZUG auch eine Abteilung „Abproduktarme Technologie", die das internationale Know-how auf diesem Gebiet zusammentragen und daraus umsetzbare Vorschläge für die einzelnen Wirtschaftszweige ableiten sollte.

Abbildung 2: Umschlag Raumordnungsreport 1990, mit Kap. 2.7. Umweltsituation

Ein leistungsfähiges „Umweltlabor" arbeitete am Standort Wittenberg, wo es zunächst vorrangig die von der Gewässeraufsicht anfallenden Wasserproben zu analysieren hatte. Zunehmend erhielt es aber auch andere Aufgabenbereiche, u.a. Rückstandsanalysen. Ein Schwerpunkt war der Aufbau und Betrieb eines DDR-landesweiten Biomonitoring-Messnetzes. Ziele waren die Erfassung des Waldzustandes als integrale Indikation der Umweltbelastung (Chlorosen, Nekrosen, Nadellebensdauer, Chlorophyllgehalt, Nadeltrockenmasse u.a.), die Erfassung der Grundbelastung durch akkumulative Verunreinigungen (z.B. Schwefel, Calzium, Schwermetalle, elektrische Leitfähigkeit, pH-Wert, Wasserstoffionen-Konzentrationen in Borke, Nadeln, Boden, Moos) und die Erfassung des Nährstoffversorgung.

Die Ergebnisse wurden in jährlichen Ergebnisberichten zum Biomonitoring zusammengefasst, allerdings, wie auch alle anderen Ergebnisse, nicht veröffentlicht.

Mit großen Erwartungen begann auch der Einsatz des einzigen in der DDR verfügbaren, von Hewlett-Packard gelieferten Massenspektrometers, kombiniert mit einem Gaschromatographen, mit dem dann auch Spurenkonzentrationen von hochtoxischen Stoffen, wie z.B. Dioxinen oder Furanen nachgewiesen werden konnten.

Ein großer Engpass in der DDR-Umwelttechnik waren sensible Messgeräte zur Kontrolle der Umweltbelastung, besonders der Belastung durch Luftschadstoffe. Da die Einfuhr an für diesen Zweck nicht verfügbaren „Devisen" (also D-Mark oder Dollar) scheiterte, sollte versucht werden, Eigenkonstruktionen herzustellen. Dazu wurde am Standort Wittenberg/Mühlanger eine Abteilung „Messgerätebau" installiert, die einfache Geräte entwickelte, in einer Werkstatt auch herstellte und die von der Staatlichen Umweltinspektion eingesetzt wurden.

Die anhaltend hohen Emissionen von Luftschadstoffen (SO_2, Staub, NO_x) führten zu hohen Waldschäden, sodass 1989 die Waldfläche zu 54,3 % geschädigt war, wobei die Kiefer die am stärksten geschädigte Baumart war. Das Ministerium für Umweltschutz und Wasserwirtschaft versprach sich eine umfassendere Erkennung der Waldschäden aus der Auswertung von Luftbildern. Daher gab es am ZUG eine Abteilung „Fernerkundung", die vorhandene Satelliten- und Befliegungsaufnahmen interpretieren und Waldschäden erkennen sollte. Dazu wurde an einer Interpredationsmethodik gearbeitet. Im geringen Umfang wurden im Rahmen der finanziellen Möglichkeiten auch eigene Befliegungen mit der Abteilung Wirtschaftsflug der Interflug organisiert und fotogrammetrische Auswertungen durchgeführt.

Die Verwaltung der in den 1980er Jahren verstärkt zum Einsatz kommenden elektronischen Datenverarbeitung, vorwiegend auf der Basis der vom VEB ROBOTRON hergestellten Rechentechnik, oblag einer Abteilung „EDV", die zu sichern hatte, dass die unzureichend zur Verfügung stehenden Geräte mehrschichtig ausgelastet wurden. Die Nutzung der Rechentechnik durch den einzelnen Mitarbeiter musste angemeldet und in einen Zeitplan eingetragen werden, um einerseits Doppelbelegungen zu vermeiden und andererseits die volle Auslastung zu gewährleisten. In dieser Abteilung wurden auch die von der Zentralverwaltung für Statistik zentral erhobenen Daten zur Umweltsituation (z.B. Emissionsdaten) verwaltet, sodass alle Außenstellen, Abteilungen und Mitarbeiter mit einheitlichen Ausgangsdaten arbeiten konnten.

Eine Abteilung „Internationale Zusammenarbeit" stellte Verbindungen mit Einrichtungen der Umweltministerien anderer Länder her, nicht mit Umweltorganisationen. Das waren schwerpunktmäßig natürlich die Ministerien der Staaten im RGW (Rat für gegenseitige Wirtschaftshilfe), also die Ostblockländer. Mit diesen wurden in regelmäßigen Abständen Erfahrungsaustausche, Beratungen und Konferenzen, auch „gemeinsame Experimente" zu den verschiedensten Themen des Umweltschutzes organisiert. Aber auch zu westlichen Umweltministerien (z.B. Österreich, Schweden, Finnland u.a.) wurden Verbindungen hergestellt und Besuche ausgetauscht, von ZUG-Seite durch ausgewählte „NSW-Reisekader" (NSW = Nichtsozialistisches Wirtschaftsgebiet). Auch die Betreuung und Führung der westlichen Delegationen erfolgte durch zwar nicht ganz so streng ausgewählte Mitarbeiter, um die Kontakte zwischen ZUG-Mitarbeitern und ausländischen Besuchern zu minimie-

Biosphärenreservat
Steckby-Lödderitzer Forst

Nationalkomitee der DDR
für das Programm der UNESCO
Mensch und Biosphäre

Abbildung 3: Informationsschrift des MAB-Nationalkomitees

ren, zu kontrollieren und keine persönlichen Beziehungen entstehen zu lassen. Groß war bei den westlichen Besuchern immer wieder das Erstaunen über die gigantischen Ausmaße des Braunkohlenabbaus in der DDR und die damit einhergehende Vernichtung der ursprünglichen Landschaft.

Im ZUG angesiedelt war auch das Nationalkomitee für das Programm der UNESCO „Mensch und Biosphäre" (MAB), in dem die DDR aktiv mitarbeitete. Diese Mitarbeit führte dazu, dass bereits 1979 zwei Biosphärenreservate in der

DDR durch die UNESCO anerkannt und über die mehrsprachige Materialien (*Abbildung 3*) für die internationale Öffentlichkeit herausgegeben wurden (DORNBUSCH & HEIDECKE 1980). In diesem Nationalkomitee erfolgte auch die einzige substanzielle Zusammenarbeit mit dem Institut für Landschaftsforschung und Naturschutz der AdL der DDR, da es ansonsten eine strikte Trennung zwischen Umwelt- und Naturschutz gab und diese beiden Bereiche von verschiedenen Ministerien administriert wurden (MfUW und MLFN).

- UMWELTINFORM -

Sonderinformation

Karl Marx und Friedrich Engels über das Verhältnis von Natur und Gesellschaft

Chrestomathie (Auswahl)

1/83
6. Jahrgang

Zentrum für Umweltgestaltung
Berlin

Abbildung 4: Heft aus der Schriftenreihe UMWELT-INFORM des Zentrums für Umweltgestaltung

Zur gezielten Information über ausgewählte Themen des Umweltschutzes erarbeitete eine Abteilung „Umweltinformation" eine Schriftenreihe „Umweltinform" (*Abbildung 4*), die in mehreren Jahrgängen erschienen ist. Stellvertretend genannt sei das im 6. Jahrgang in Zusammenarbeit mit dem Zentralinstitut für Philosophie erschienene Heft 1/83 über „Karl Marx und Friedrich Engels über das Verhältnis von Natur und Gesellschaft" (ZUG, 1983).

Die personell kleinste Abteilung war die Abteilung „Öffentlichkeitsarbeit", die in Erfurt ihren Sitz hatte. Ihr oblag im Wesentlichen die Ausgestaltung und Betreuung einer ständigen Ausstellung in einem Pavillon der Internationalen Gartenausstellung (IGA) über Themen des Umweltschutzes, die der Öffentlichkeit nur wenig Kritik- und Angriffspunkte boten, wie etwa die Gestaltung der Bergbaufolgelandschaft.

Der Problemkreis Gewässerverschmutzung war aus dem Tätigkeitsbereich des ZUG ausgeklammert, da es dafür ein eigenes Institut, das Institut für Wasserwirtschaft (IfW), gab, das neben den Fragen der Wassernutzung und -bewirtschaftung auch die Gewässerbelastung bearbeitete.

Fast alle im ZUG erarbeiteten Berichte erhielten entsprechend ihrem Inhalt die graduell gestaffelten Geheimhaltungsstufen „Vertrauliche Verschlusssache (VVS)" oder „Geheime Verschlusssache (GVS)", sodass die Öffentlichkeit von diesen Ergebnissen keine Kenntnis erhielt.

So erarbeitete also von der Bevölkerung nicht wahrgenommen das ZUG wesentliche Grundlagen des Umweltschutzes, die bei konsequenter Umsetzung eine spürbare Entlastung der Bevölkerung und der gesamten Umwelt bewirkt hätten. In der Zeit der politischen Wende wurde das ZUG in „Institut für Umweltschutz" umbenannt, um das eigentliche Wirkungsfeld dieser Einrichtung herauszustellen. Die sofort hergestellten Kontakte mit dem Umweltbundesamt (UBA) erzeugten bei den dortigen Mitarbeitern Erstaunen über die Fülle der Daten und Informationen, die im Institut für Umweltschutz vorlagen, hatte man doch auch dort die Vorstellung, dass der Umweltschutz in der DDR völlig tabu gewesen sei! Unter dem neuen Namen wurde dann auch sofort ein umfassender „Umweltbericht" (*Abbildung 5*) erarbeitet und herausgegeben (IfU 1990b). Im Vorwort schrieb der damalige Minister für Naturschutz, Umweltschutz und Wasserwirtschaft, Dr. Peter Diederich: „Diese Information stellt den Anfang des Offenlegens von Umweltdaten für das Territorium der DDR dar. Sie soll der Beginn einer Reihe öffentlicher Jahresberichte sein." Dazu kam es dann aber nicht mehr!

Mit dem 3. Oktober 1991 wurde dieses Institut „abgewickelt". Die von beiden Seiten angestrebte Übernahme durch das Umweltbundesamt scheiterte an den nicht bereitgestellten finanziellen Grundlagen durch das Bundesministerium für Finanzen. Nach langwierigen Verhandlungen erfolgte dann die Umwandlung in einen Teilbereich des „Staatlichen Amtes für Umweltschutz (StAU) Dessau/Wittenberg", in dem der überwiegende Teil der Mitarbeiter bis zur völligen Zersplitterung durch die Ämterneubildung im Zuge der Verwaltungsreformen weiterbeschäftigt werden konnte.

Literatur

Nationalkomitee für das Programm der UNESCO „Mensch und Biosphäre" (Hg.), Dornbusch, M. & Heidecke, D. (Bearb.): Biosphärenreservat Steckby-Lödderitzer Forst, Berlin 1980

Institut für Umweltschutz (IfU/Hg.) (1990a): Emissionsbericht der DDR 1989, Berlin 1990, 40 S. + Anlagen

Institut für Umweltschutz (IfU/Hg.) (1990b): Umweltbericht der DDR. Information zur Analyse der Umweltbedingungen in der DDR und zu weiteren Maßnahmen, Verlag „visuell", Berlin 1990

Ostwald, W. (Hg.): Raumordnungsreport `90: Daten und Fakten zur Lage in den ostdeutschen Ländern, Verlag Die Wirtschaft GmbH Berlin 1990, 208 S.

Zentrum für Umweltgestaltung (ZUG/Hg.); Bearb.: Paucke, H.: Karl Marx und Friedrich Engels über das Verhältnis von Natur und Gesellschaft, Chrestomathie (Auswahl), UMWELTINFORM 1/83, Zentrum für Umweltgestaltung, Berlin 1983, 83 S.

82

Abbildung 5: Beispielhafte Übersicht aus dem „Umweltbericht der DDR" (1990): Messnetz des Meteo-rologischen Dienstes der DDR und des Instituts für Umweltschutz (IfU) zur Überwachung von Luftver-unreinigungen. Aus: INSTITUT FÜR UMWELTSCHUTZ: Umweltbericht der DDR, Berlin 1990, 26

Herbert Mohry

Aktivitäten der Kammer der Technik auf dem Gebiet des Umweltschutzes

1. Abriss zur Kammer der Technik

Die Kammer der Technik (KDT) wurde am 2. Juli 1946 als Deutscher Demokratischer Ingenieurverband von namhaften Wissenschaftlern, Ingenieuren und Technikern gebildet. Im Gründungsaufruf hieß es: „Die Kammer der Technik erstrebt die Konzentration aller technisch-wissenschaftlich und praktisch-gestaltenden Kräfte mit dem Ziel, die technische Wissenschaft, Forschung und Praxis zu fördern, um sie der menschlichen Gesellschaft unmittelbar nutzbar zu machen. Sie will darüber wachen, dass die Entwicklung der Technik in Deutschland nicht durch einseitige Privatinteressen gehemmt oder für kriegerische Zwecke missbraucht, sondern in den Dienst der Zivilisation und Kultur gestellt wird."

Die Gründungsmitglieder (Max Günther, Enno Heidebroek u.w.) der KDT erklärten ihre Bereitschaft, durch Vorschläge an der Gesetzgebung auf technischem Gebiet mitzuarbeiten, als technische Sachverständige zu wirken sowie durch Förderung der Normung, Typisierung und Standardisierung zu hoher Wirtschaftlichkeit beizutragen.

Entsprechend den dringenden Erfordernissen des Wiederaufbaus und der sich herausbildenden volkseigenen Industrie und regionalen Körperschaften entwickelte sich die KDT in der DDR zu einer umfassenden Organisation der wissenschaftlich-technischen und ökonomischen Intelligenz. Sie beruhte auf einer intensiven freiwilligen Gemeinschaftsarbeit ihrer Mitglieder, die sich die Durchsetzung des wissenschaftlichen Höchststandes und die Verbreitung neuester Erkenntnisse der Wissenschaft zum Ziel setzten. Demzufolge entstanden schrittweise über 1.500 fachlich und territorial gegliederte Arbeitsgremien (Fachverbände, Bezirksfachsektionen und -fachausschüsse u.a.) sowie in nahezu allen betrieblichen Unternehmen, Forschungs- und Bildungseinrichtungen KDT-Sektionen.

Dabei entwickelte sich eine enge Zusammenarbeit mit den Staats- und wirtschaftsleitenden Organen auf den verschiedenen Ebenen der Gesellschaft, die sich sowohl vorteilhaft als auch nachteilig auswirkte. Im Jahre 1989 gehörten über 290.000 Mitglieder der KDT an, die in der Industrie, Wissenschaft und Aus- und

Weiterbildung tätig waren. Mit der Entwicklung der sozialistischen Industrie bildeten sich folgende Hauptrichtungen in der Arbeit der KDT heraus:

- Mitarbeit in KDT-Sektionen und -Fachgremien, um sich entsprechend beruflichen Interessen das erforderliche Wissen, Können und fachliche Rüstzeug für die Lösung wissenschaftlich-technischer und wirtschaftlicher Aufgaben anzueignen,
- die Förderung der Entwicklung einer effizienten Wissenschaft, Technik und Produktion sowie des Schutzes der Umwelt durch eine vielfältige interdisziplinäre Gemeinschaftsarbeit in den verschiedenen Bereichen der wirtschaftlichen Entwicklung,
- die Teilnahme an den wissenschaftlich-technischen Veranstaltungen der KDT zum Zwecke der Aus- und Weiterbildung, der Information und des Erfahrungsaustausches für die Lösung betrieblicher und regionaler Aufgaben,
- die aktive Mitarbeit an der Erarbeitung, Bewertung und Realisierung der staatlichen und betrieblichen Pläne für Forschung, Entwicklung und Produktion in enger Zusammenarbeit mit den zuständigen leitenden Institutionen auf den verschiedenen Ebenen der Wirtschaft, Wissenschaft und Bildung,
- die Förderung des ingenieurtechnischen Nachwuchses sowie der Chancengleichheit weiblicher Ingenieure durch spezifische Formen der Gemeinschaftsarbeit, wie „Messen der Meister von Morgen" (MMM), KDT-Erfinderschulen und ingenieurtechnische Frauenkommissionen,
- die Entwicklung einer vielfältigen fachlichen Zusammenarbeit mit den damaligen Ingenieurorganisationen sozialistischer Länder zur Unterstützung der RGW-Arbeit im Rahmen der internationalen Organisation FENTO und darüber hinaus. Dazu gehörte auch die Übernahme internationaler Kongresse im Rahmen von internationalen Mitgliedschaften.

In *Abbildung 1* sind die KDT-Kongresse und die gewählten Präsidenten aufgeführt. Alle Kongresse fanden in Berlin statt. Zwischen den Kongressen fanden 10 bis 14 Beratungen des Präsidiums statt.

Die 1989 mit der politischen Wende in der DDR eingeleitete demokratische Erneuerung der KDT führte sowohl zu einer größeren Selbständigkeit des ingenieurtechnischen Verbandes KDT als auch zur stärkeren Unterstützung der Berufsinteressen ihrer Mitglieder beim Übergang zur Marktwirtschaft. Ausdruck waren u.a. Erfolg versprechende Aktivitäten zur Unterstützung bei der Bewältigung der vielschichtigen marktwirtschaftlichen Erfordernisse inklusive rechtlicher Fragen, der Gründung eigener Unternehmen und Vorhaben zum Erhalt und zur Schonung der Umwelt sowie zur Förderung der Ingenieurethik für die umweltverträgliche Gestaltung von Produkten und Technologien. Sie fanden z.B. auf dem Gebiet der Technikfolgenabschätzung und nachwachsender Rohstoffe im Rahmen der Anfang der 1990er Jahre gegründeten Ingenieur- und Wirtschaftsakademie „Johann Beckmann" e.V. ihre kontinuierliche Fortsetzung. **Am 24.** März 1990 fand ein außerordentlicher KDT-Kongress in Berlin statt, auf dem die weitere Strategie der KDT beraten wurde. Dagmar Hülsenberg wurde erneut zur Präsidentin gewählt. Danach gab es in den Jahren 1990/91 mehrere Präsidiumsberatungen mit immer unsicheren Ergebnissen. Das danach (1992) gewählte Präsidium führte 1994 mit ihrem Management den Crash der Organisation herbei und trat zurück.

Präsident von 1946 bis 1949: Enno Heidebroek
Präsident von 1949 bis 1955: Hans Heinrich Franck

1. KDT-Kongress 03. bis 04. Dezember 1955 — Präsident Hans Heinrich Franck
2. KDT-Kongress 09. bis 10. Januar 1959 — Präsident Horst Peschel
3. KDT-Kongress 05. bis 06. Juni 1962 — Präsident Horst Peschel
4. KDT-Kongress 09. bis 11. Dezember 1965 — Präsident Horst Peschel
5. KDT-Kongress 06. bis 07. Februar 1970 — Präsident Horst Peschel
6. KDT-Kongress 16. bis 17. Mai 1974 — Präsident Manfred Schubert
7. KDT-Kongress 16. bis 17. November 1978 — Präsident Manfred Schubert
8. KDT-Kongress 18. bis 19. November 1983 — Präsident Manfred Schubert
9. KDT-Kongress 09. bis 10. November 1987 — Präsidentin Dagmar Hülsenberg
10. Außerord. KDT-Kongress 24. März 1990 — Präsidentin Dagmar Hülsenberg
11. KDT-Kongress 29. Februar 1992 — Präsident Peter Budig

Abbildung 1: Übersicht KDT-Kongresse und gewählte Präsidenten

2. Die Kommission Umweltschutz beim Präsidium der Kammer der Technik

In den fünfziger und sechziger Jahren des 20. Jahrhunderts kamen durch die Entwicklung der gesellschaftlichen Verhältnisse und den Aufbau der Industrie Technologien zum Einsatz, die mit unzureichender Reinigungstechnik für Abluft und Abwasser ausgerüstet waren sowie Rückstände verursachten, die meist unbehandelt auf Deponien abgelagert wurden. Zur Wärmeerzeugung im kommunalen und gewerblichen Bereich waren überwiegend Kohlefeuerungen vorhanden, die zusammen mit den Abgasen von PKW und LKW zur hohen lufthygienischen Belastung besonders in den Städten führten. Der Grad der Luftverunreinigung, die Wasserverschmutzung in Flüssen und Seen sowie die Bodenverseuchung in Industriebetrieben und durch Deponien waren soweit angestiegen, dass die Öffentlichkeit die Verminderung der Schadstoffbelastung in der Biosphäre forderte.

In dieser Zeit schlossen sich Wissenschaftler, Ingenieure und engagierte Bürger in freiwilliger Gemeinschaftsarbeit zusammen, um den Zustand der Luft-, Wasser- und Bodenbelastung zu analysieren und Maßnahmen zur Verminderung vorzubereiten. So bildeten sich in den 1960er Jahren Arbeitsausschüsse für Abwasser und Abluft in der Brennstofftechnischen Gesellschaft und Arbeitsgemeinschaften in der Kammer der Technik.

Bereits in der „Technischen Gemeinschaft", dem Presseorgan des Präsidiums der KDT, Heft 7 vom Juli 1971 wird die Arbeit der o.g. Gremien hervorgehoben und gefordert, dass die Kräfte zu interdisziplinärer sozialistischer Gemeinschaftsarbeit zusammengeführt werden und dies eine verdienstvolle Aufgabe der KDT ist.

1969 bereitete die Regierung der DDR die gesetzlichen Grundlagen für die Erhaltung der natürlichen Ressourcen Luft, Wasser und Boden vor. Am 14. Mai 1970 wurde das Landeskulturgesetz[1] erlassen. Somit war die gesetzliche Grundlage zur Schaffung von Gremien in den Staatsorganen, den Räten der Bezirke, den Behörden und den gesellschaftlichen Einrichtungen wie z.B. im Kulturbund und der Kammer der Technik gegeben.

Am 2. Februar 1973 wurde in Berlin die Kommission Umweltschutz beim Präsidium der Kam-

Foto 1: Manfred Schubert. Quelle: Archiv Mohry

mer der Technik gegründet. Den ersten Vorsitz übernahm der damalige Vizepräsident der KDT (*Foto 1*) Manfred Schubert, Hochschullehrer für Verfahrenstechnik an der Technischen Universität Dresden. Stellvertreter wurde Herbert Mohry, damals Luftbeauftragter im VEB Kombinat Otto Grotewohl Böhlen. Die politische

---

[1] Gesetz über die planmäßige Gestaltung der sozialistischen Landeskultur in der Deutschen Demokratischen Republik, vom 14. Mai 1970, GBl. der DDR vom 28.05.1970, Teil I, Nr. 12.

und inhaltliche Vorbereitung wurde vom Sekretär für Wissenschaft und Technik beim Präsidium der Kammer der Technik Rudi Höntzsch durchgeführt.

Auf dem 6. KDT-Kongress am 16. und 17. Mai 1974 wurde Manfred Schubert zum Präsidenten gewählt, sodass Rudolf Junghans, Lehrstuhlinhaber für Technische Sicherheit, Arbeits- und Umweltschutz an der Bergakademie Freiberg und Vorsitzender der Zentralen Arbeitsgemeinschaft Lärmschutz beim Präsidium der KDT, den Vorsitz übernahm.

Foto 2: Peter Lötzsch, Herbert Mohry. Quelle: Archiv Mohry

1978 wurde Peter Lötzsch, Hochschullehrer für Verfahrenstechnik an der Technischen Universität Dresden, zum Vorsitzenden der Kommission Umweltschutz berufen. Stellvertreter blieb Herbert Mohry(*Foto 2*); Sekretär wurde Joris Wotte, TU Dresden.

2.1 Struktur und Aufgaben der Kommission Umweltschutz beim Präsidium der KDT

Vorsitzende: Manfred Schubert (1973 bis 1974), Rudolf Junghans (1974 bis 1978), Peter Lötzsch (1978 bis 1990); **Stellvertreter:** Herbert Mohry (1973 bis 1990); **Sekretär:** Joris Wotte (1973 bis 1990).

Der Kommission Umweltschutz waren folgende Zentrale Arbeitsgemeinschaften zugeordnet:

- **AG (Z) Reinhaltung der Luft** beim Präsidium der KDT
  Vorsitzender: Herbert Mohry (1969 bis 1991); Stellvertreter: Lothar Eremit;
  Sekretäre: Dietmar Chmelik, Peter Mielsch, D. Lippold;
- **AG (Z) Reinhaltung des Wassers** im Fachverband Wasser
  Vorsitzender: Herbert Schuster (1968 bis 1989);
- **AG (Z) Bodenschutz und Abproduktnutzung** beim Präsidium der KDT
  Vorsitzender: Werner Neidel (1974 bis 1984), Aufspaltung dieser AG (Z) in:
  - **AG (Z) Schutz und Nutzung des Bodens** beim Präsidium der KDT
    Vorsitzender: Eckart Hildmann (1984 bis 1990) und
  - **AG (Z) Abproduktarme/-freie Technologie**
    Vorsitzender: Wolfgang Lausch (1984 bis 1991);
- **AG (Z) Lärmschutz**
  Vorsitzende: Erwin Gniza, Rudolf Junghans, G. Engler, Stellvertreter: Werner
  Schirmer, Herbert Zenker.

Außer den Vorsitzenden der Zentralen Arbeitsgemeinschaften waren weitere berufene Experten aus der Industrie und dem Hochschulwesen tätig.

Die Kommission Umweltschutz führte von 1973 bis 1990 jährlich 3 bis 5 Beratungen durch, wobei je eine davon in einem Produktionsbetrieb stattfand. Auf diesen Beratungen wurden aktuelle und langfristige Probleme erörtert, die zur Unterstützung der staatlichen Aufgaben dienten. Es wurden die Themen und Beiträge der Broschürenreihe „Technik und Umweltschutz" sowie der Symposien „Naturwissenschaftliche Umweltprobleme" diskutiert und beschlossen. Ein wichtiges Thema war die Mitarbeit der Kommission Umweltschutz in den RGW-Ländern. Die Kommission schuf eine Lehrbriefreihe für einen KDT-Fernkurs „Umweltschutz" und lieferte Beiträge zum Buch „Abproduktarme und abproduktfreie Technologie". Es wurden Richtlinien und Empfehlungen zu verschiedenen Sachgebieten erarbeitet und herausgegeben.

2.2 Broschürenreihe „Technik und Umweltschutz" (herausgegeben von der Kommission Umweltschutz beim Präsidium der KDT)

Am 8. Oktober 1969 wurde Herbert Mohry beim VEB Deutscher Verlag für Grundstoffindustrie mit der Idee vorstellig, eine Zeitschrift oder eine zwanglose Folge von Schriften, also eine Broschürenreihe ins Leben zu rufen. Die Anregung wurde positiv aufgenommen und die danach angeforderten Gutachten und Stellungnahmen von Ministerien, Hochschulen, wissenschaftlichen Einrichtungen und Produktionsbetrieben fielen insgesamt bejahend aus. So wurden nach dem 1. Lufthygienischen Kolloquium vom Dezember 1969 die Beiträge zur Veröffentlichung vorbereitet. 1972 erschien die erste Broschüre. Die Reihe wuchs in dem Maße, wie die Möglichkeiten des Verlages hinsichtlich Druckkapazität und Papierkontingent gegeben waren. Es gab keine weitere Schriftenreihe oder Zeitschrift auf dem Gebiet des Umweltschutzes in der DDR. Die Mitglieder der Redaktion und des wissenschaftlichen Beirates sind im *Anhang 1* aufgeführt.

Das Präsidium der Kammer der Technik zeichnete die Broschürenreihe im Jahre 1979 mit der Ehrenplakette in Bronze und im Jahre 1989 mit der Ehrenplakette in Silber aus. Im *Anhang 2* sind die Publikationen der Broschürenreihe „Technik und Umweltschutz", Luft-Wasser-Boden-Lärm aufgeführt. Insgesamt sind von 1972 bis 1990 38 Broschüren erschienen. Ein großer Teil der Auflagen hatte feste Abnehmer wie z.B. Produktionsbetriebe, Hoch- und Fachschulen, wissenschaftliche Einrichtungen, Behörden u.a.m. Die Publikationen dienten auch als Lehrmaterial für den KDT-Lehrgang „Umweltschutz".

2.3 Symposien „Naturwissenschaftliche Umweltprobleme"

Die akuter werdenden Umweltprobleme besonders im Raum Leipzig, Halle/Saale, Bitterfeld mobilisierten immer größere Kreise der Bevölkerung. So reifte im Ergebnis der von der AG (Z) Reinhaltung der Luft durchgeführten Kolloquien und der wissenschaftlichen Konferenzen das Vorhaben heran, auch im Schwerpunktgebiet der Umweltbelastung in der DDR weitere Sachverhalte zu vermitteln.

1979 trat der Vorsitzende der AG (Z) Reinhaltung der Luft an die Karl-Marx-Universität Leipzig mit der Bitte heran, gemeinsame Symposien zu organisieren. So entstand in Gesprächen zwischen Professor Hänsel, Professor Mahrwald und Dr. Mohry das von der Karl-Marx-Universität Leipzig und der Kommission Umweltschutz beim Präsidium der Kammer der Technik gemeinsam getragene Symposium als interdisziplinäre Weiterbildungsveranstaltung über naturwissenschaftliche Probleme der Umweltforschung und des Umweltschutzes. Jedes Symposium wurde unter eine bestimmte Thematik gestellt.

Beginnend mit dem Jahr 1980 fanden die Symposien jährlich im Januar im Hörsaalgebäude der Universität statt. Alle 12 Symposien sind im *Anhang 3* aufgelistet. Die Vortragenden sind namentlich aufgeführt. Viele ihrer Beiträge sind in der Broschürenreihe „Technik und Umweltschutz" veröffentlicht worden.

2.4 Mitarbeit in Umweltschutzgremien der RGW-Länder

Die Kammer der Technik hatte vielfältige Verbindungen zu den sozialistischen Ingenieurorganisationen der RGW-Länder. So begann auch die internationale Zusammenarbeit auf dem Gebiet des Umweltschutzes bereits mit der Gründung der Kommission Umweltschutz beim Präsidium der KDT. Mit der Wahrnehmung von

Aufgaben der Vorbereitung und Durchführung wurde der Stellvertreter der Kommission Umweltschutz und Vorsitzende der AG (Z) Reinhaltung der Luft Herbert Mohry vom Sekretär für Wissenschaft und Technik beim Präsidium der KDT beauftragt. *Anhang 4* gibt einen Überblick zu internationalen Umweltschutzaktivitäten.

2.5 Lehrbriefreihe zum KDT-Lehrgang/Fernkurs Umweltschutz

Bereits Mitte der 1970er Jahre wurde von der Leitung der Kommission Umweltschutz und der AG (Z) Reinhaltung der Luft beim Präsidium der KDT in Abstimmung mit dem Ministerium für Umweltschutz und Wasserwirtschaft der Beschluss gefasst, eine gezielte Weiterbildung auf dem Gebiet des Umweltschutzes vorzubereiten. Zunächst wurde im Juli 1977 eine Studienanleitung mit 6 Komplexen erarbeitet, um die Grundlage für eine Lehrbriefreihe zu schaffen, die sowohl für Lehrgänge als auch für einen KDT-Fernkurs Umweltschutz verbindlich sein sollte.

So entstanden 1982 im Sekretariatsbereich Weiterbildung beim Präsidium der KDT die in *Abbildung 2* aufgeführten Lehrbriefe KDT-Fernkurs Umweltschutz. Herausgeber der Lehrbriefreihe waren die Kommission Umweltschutz und die AG (Z) Reinhaltung der Luft beim Präsidium der KDT.

Für den KDT-Fernkurs Umweltschutz wurde ebenfalls eine Anleitung erarbeitet, in der die Ziele des KDT-Fernkurses, der Teilnehmerkreis und die inhaltlichen

---

Lehrbrief 1: Gesellschaftliche Aspekte von Umweltschutz und Umweltgestaltung

Autor: Herbert Schindler

Lehrbrief 2: Abproduktarme /-freie Verfahrensgestaltung und Abproduktnutzung

Autoren: Peter Lötzsch, Rudolf Scheibe, Joris Wotte

Lehrbrief 3: Reinhaltung der Luft

Autor: Herbert Mohry

Lehrbrief 4: Reinhaltung des Wassers

Autoren: Herbert Schuster, Reiner Kinder, F. Schmidt

Lehrbrief 5: Bodenschutz und Deponie von Abprodukten.

Teil A: Bodenschutz

Autoren: Albrecht Krummsdorf, Konrad Werner, G. Saupe, Manfred Seela;

Teil B: Oberirdische Deponie toxischer und schadstoffhaltiger Abprodukte

Autoren: Bernhard Remde, Rolf Jeschke, Angelika Mleinek, S. Rabenhorst, Karin Schulze

---

Abbildung 2: Lehrbriefe KDT-Fernkurs Umweltschutz

Schwerpunkte dargelegt wurden. Die Dauer des KDT-Fernkurses betrug 6 Monate (7 Konsultationstage). Die Teilnahmegebühr betrug 300 Mark; für KDT-Mitglieder 225 Mark. Zum erfolgreichen Abschluss gab es einen Qualifikationsnachweis.

2.6 Inhaltliche Vorbereitung zur abproduktarmen/-freien Technologie

Manfred Schubert hat am Lehrstuhl Verfahrenstechnik an der Technischen Universität Dresden die inhaltliche Gestaltung der abproduktarmen und abproduktfreien Technologie geprägt. Somit ist es verständlich, dass er auch die Kommission Umweltschutz beim Präsidium der KDT einbezog. Auch die Mitarbeiter dieses Lehrstuhls, Professor Lötzsch und Doktor Wotte haben entscheidend auch in der Kommission Umweltschutz mitgewirkt.

So wurden von der Kommission Umweltschutz gemeinsam mit dem Wissenschaftsbereich (Lehrstuhl) an der Technischen Universität Dresden drei wissenschaftliche Kolloquien zur abproduktfreien Technologie durchgeführt (siehe *Anhang 5*).

An der Technischen Universität Dresden, Sektion Verarbeitungs- und Verfahrenstechnik, Wissenschaftsbereich Verfahrenstechnik wurde eine Anwendungsvorschrift „Methode zur Bewertung technologischer Verfahren vom Standpunkt der abproduktarmen und -freien Technologie" (Autoren: Joris Wotte, Peter Lötzsch) erarbeitet. Das Material wurde am 4. Dezember 1984 als Dokument Nr. ENV/R31 der ECE der UNO verbreitet (31 Seiten).

2.7 Monographie „Abproduktarme und abproduktfreie Technologie"

Anfang der 1980er Jahre war der Kenntnisstand zur abproduktarmen und abproduktfreien Technologie so weit fortgeschritten, dass sich der Nestor zur abproduktarmen und -freien Technologie in der DDR Professor Manfred Schubert entschloss, dazu eine Monographie herauszugeben. Diese erschien 1987 unter dem Titel: „Abproduktarme und abproduktfreie Technologie" beim VEB Deutscher Verlag für Grundstoffindustrie Leipzig (ISBN 3-34200093-7 – zum Inhalt siehe *Anhang 6*).

In dieser Monographie werden die theoretischen Grundlagen aufgezeigt, die mit praktischen Beispielen aus der Industrie belegt sind. Es sind die Bemühungen ersichtlich, um aus den zum großen Teil veralteten Produktionsanlagen eine ökonomisch-ökologische Verminderung der Schadstoffbelastung in der DDR aufzuzeigen.

3. Die AG (Z) Reinhaltung der Luft beim Präsidium der KDT

Vorsitzender: Herbert Mohry; **Stellvertreter:** Lothar Eremit

Am 2. April 1969 berieten 11 Teilnehmer in der Außenstelle des Ingenieurtechnischen Zentralbüros (IZ) Böhlen in Leipzig mit dem Ergebnis, eine Arbeitsgruppe Reinhaltung der Luft (RdL) im Arbeitsausschuss „Flüssige Brennstoffe und Wertstoffe aus Erdöl und Kohle" der Brennstofftechnischen Gesellschaft in der DDR (BTG) zu gründen.

In der Arbeitsgruppe RdL sollten die Probleme der Entstaubung, der thermisch-katalytischen Abgasreinigung, der Messtechnik, der Schaffung industrieller Messstellen und der Erfassung von Klimadaten behandelt sowie regelmäßige Arbeitsberatungen und Vortragsveranstaltungen organisiert und durchgeführt werden. Zum Vorsitzenden der Arbeitsgruppe wurde Diplomingenieur Herbert Mohry benannt. Die BTG war eine wissenschaftlich-technische Gesellschaft in der Deutschen Akademie der Wissenschaften zu Berlin. Sie wurde 1954 gegründet und führte jährlich eine zweitägige Konferenz sowie zahlreiche Beratungen in den Arbeitsausschüssen durch. Am 5. Oktober 1972 wurde die BTG in die Kammer der Technik überführt und demnach auch die Arbeitsgruppe RdL, die den Status einer Zentralen Arbeitsgemeinschaft beim Präsidium der KDT erhielt.

Die Arbeitsgruppe hatte von 1969 bis 1972 bereits über 20 berufene Mitglieder und führte vier lufthygienische Kolloquien durch. Eine ihrer ersten sichtbaren Aktivitäten war der Bau eines Messgerätes zur Bestimmung von Schwefeldioxidimmissionen und der Bau kleiner katalytischer Nachverbrennungsanlagen zur Beseitigung von Geruchsemissionen.

Als Mitte der 1950er Jahre die durch den Zweiten Weltkrieg unterbrochenen Arbeiten zur forstlichen Rauchschadensforschung in Tharandt durch E. Zieger wieder aufgenommen und durch H.-G. Däßler fortgeführt wurden, mangelte es an einer hinreichend empfindlichen, selektiven und im Gelände netzunabhängig anwendbaren Methode zur ambulanten SO_2-Bestimmung in der Atmosphäre (Kurzzeitmessungen).

In seiner Dissertation an der TU Dresden unter Leitung von K. Schwabe adaptierte G. Herrmann die damals gerade im Schrifttum aufgetauchte TCM-Methode (Pararosanilin-Methode) von West und Gaeke so, dass sie sowohl in Form eines SO_2-Messkoffers obigen Anforderungen genügte, darüber hinaus aber auch zur stationären Überwachung des grenzüberschreitenden Schadstofftransportes längs des Erzgebirgskammes verwendet werden konnte.

Bereits 1962 wurde der erste funktionsfähige SO_2-Messkoffer vorgestellt. Trotz gutachterlich bestätigter Eignung und eines dringenden Bedarfs seitens Einrichtungen der Forstwirtschaft, des hygienischen Dienstes und der Eigenüberwachung von Industriebetrieben konnte keine Produktionskapazität zur Serienfertigung gefunden werden, auch nicht, als 1968 mit dem „SO$_2$-Messkoffer 3a" (*Foto 3*) ein wesentlich verbesserter Prototyp zur Verfügung stand.

Durch nachhaltigen Einsatz des damaligen Leiters der AG RdL bei der BTG, H. Mohry, wurde für das Gerät nach Vorstellung auf einer Arbeitsberatung 1969 eine Bresche durch den Wald der Bürokratie geschlagen: Schon zwei Monate später konnte die „Station Junger Techniker und Naturforscher Markleeberg" beim Rat des Kreises Leipzig mit der Fertigung beginnen. Diese Arbeitsgemeinschaft künftiger BMSR-Techniker unter Leitung des rührigen Feinmechanikers Heinicke baute in Zusammenarbeit mit einem Tischler und einem Glasbläser über 40 SO$_2$-Messkoffer unter Überwindung von heute geradezu skurril erscheinenden Schwierigkeiten. So war es beispielsweise nicht möglich, Kleinstmotoren für die Membranpumpen „außerplanmäßig" aufzutreiben; sie mussten aus eigens dazu gekauften Autoventilatoren ausgebaut werden! Eine Erweiterung der Auflage scheiterte trotz weiteren dringenden Bedarfs an bürokratischen Hemmnissen.

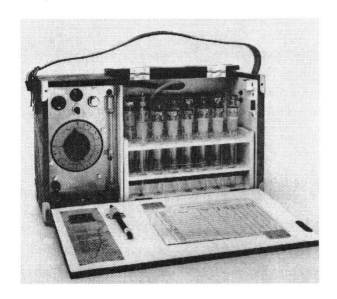

Foto 3: SO$_2$-Messkoffer. Quelle: Archiv Mohry

Die Arbeitsberatungen der AG (Z) RdL wurden regelmäßig durchgeführt (*siehe Anhang 7*). Die Mitgliederzahl stieg stetig an, sodass Mitte der 1970er Jahre ein struktureller Aufbau mit einem Orientierungsprogramm geschaffen werden musste.

Mit der geschaffenen Struktur wurde ein Vorstand gebildet, dem die Mitglieder Bürosekretariatsbereiche (BSB) und die Vorsitzenden der Facharbeitsgruppen (FAG), der Industriefachgruppen (IFG) und der bezirklichen Arbeitsgemeinschaften (AG (B)) angehörten (*im Detail siehe dazu Punkt 3.1*). Im engeren Vorstand waren 15 Mitglieder vertreten. Es gab 19 FAG, 16 IFG und 15 AG (B) Reinhaltung der Luft. Somit bestand der Vorstand aus 65 Personen.

Die Mitgliederzahl in den Arbeitsgruppen war unterschiedlich und bewegte sich zwischen 10 und 35 Personen. In den 1980er Jahren hatte die AG (Z) Reinhaltung der Luft nahezu 1.000 Mitglieder.

Die AG (Z) RdL führte von 1969 bis 1991 insgesamt 92 Arbeitsberatungen oder Vorstandssitzungen durch *(siehe Anhang 7)*. Von 1969 bis 1990 veranstaltete die AG (Z) 22 Lufthygienische Kolloquien *(siehe Anhang 8)*. Die mehrtägigen bzw. einwöchigen Wissenschaftskonferenzen in Warnemünde, Klink, Lückendorf, Dümmer bei Schwerin, Binz, Heiligendamm und Eisenach *(Punkt 3.2)* haben erheblich zum Erfahrungsaustausch und Sondierung der Forschungsthemen beigetragen. 66 Autoren, vorwiegend Mitglieder der AG (Z) RdL haben das Buch „Reinhaltung der Luft" gestaltet *(Punkt 3.3)*. Weiterhin wurden zahlreiche KDT-Richtlinien und KDT-Empfehlungen geschaffen *(Punkt 3.4)*.

Die Tätigkeit der AG (Z) RdL wirkte sich mobilisierend auf die Aktivitäten weiterer KDT-Gremien, besonders auf die KDT-Betriebssektionen, sowie anderer Einrichtungen auf dem Gebiet Reinhaltung der Luft aus *(Anhang 13)*. Die ehrenamtliche Tätigkeit der Mitglieder wurde mit Auszeichnungen geehrt und war eine Chance zur weiteren Qualifizierung *(Punkt 3.5)*.

Die Aufgaben der Kommission „Reinhaltung der Luft" der KDT – vormals AG (Z) – gingen 1991 in die Umwelttechnische Gesellschaft (UTG) über.

3.1 Aufgaben und Struktur der AG (Z) Reinhaltung der Luft

3.1.1 Büro-Sekretariatsbereiche (BSB)

Die BSB bildeten den engeren Vorstand und waren das Beratungsgremium des Vorsitzenden für die langfristige Arbeit sowie für die Durchsetzung der Jahresarbeitspläne. In diesen Bereichen wurde die politische Strategie auf dem Gebiet Reinhaltung der Luft festgelegt, wurden die wissenschaftlich-technischen Arbeiten sowie die Weiterbildung auf dem Gebiet Reinhaltung der Luft koordiniert. Die Arbeiten des Sekretärs sowie die Arbeit mit der „jungen Intelligenz" wurden hierbei in Einklang mit dem vorher Dargelegten gebracht. Durch die Mitwirkung der zuständigen zentralen Staatsorgane, des Ministeriums für Umweltschutz und Wasserwirtschaft und des Ministeriums für Gesundheitswesens erfolgte die direkte Anleitung der AG (Z) RdL.

Durch den BSB Forschungskoordinierung und den BSB KOZ „Schutz der Atmosphäre" des RGW beim Kombinat Luft- und Kältetechnik Dresden erfolgten weitere Informationen.

Vorsitzender: Herbert Mohry (Leipzig, Ministerium für Kohle und Energie, Berlin, Institut für Energetik, Leipzig), **Stellvertreter für Wissenschaft und Technik:** Lothar Eremit (Leuna, VEB Leuna-Werke), **Stellvertreter für Weiterbildung:** Reiner Espey (Leipzig, VEB Ingenieurbetrieb der Energieversorgung), **Stellvertreter für die junge Intelligenz:** Karl Enders (Bitterfeld, VEB Chemisches Kombinat Bitterfeld), **Stellvertreter für Öffentlichkeitsarbeit:** Peter Mielsch (Neukieritzsch, VEB Braunkohlenveredlung Espenhain), **Sekretär:** Artur Drescher (Berlin), Dietmar Chmelik (Leipzig), Peter Mielsch (Neukieritzsch), Dieter Lippold (Leipzig, Institut für Energetik Leipzig), **Hauptamtliche Berater des Präsidiums der KDT:** Ulrich Weber (Berlin), Dieter Grube (Berlin), Manfred Windt (Berlin), Ingrid Dost (Berlin), **Ministerium für Umweltschutz und Wasserwirtschaft:** Klaus Schlegelmilch (Berlin), **Ministerium für Gesundheitswesen:** Horst Werner (Berlin), **Koordinierungszentrum des RGW im Kombinat Luft- u. Kältetechnik:** Ulrich Müller (Dresden), Manfred Wölke (Dresden), **Kulturbund, FDJ, Nationale Front:** Kurt Kny, **Experten:** Gerhard Dietze (Radebeul), Hans-Günther Däßler (Freital), Hans-Günter Riedel (Markkleeberg)

Abbildung 3: Struktur der AG (Z) Reinhaltung der Luft

3.1.2 Facharbeitsgruppen (FAG)

Die FAG waren Vereinigungen von Mitgliedern mehrerer Institutionen, die sich die Aufgabe stellten, organisiert und interdisziplinär Probleme eines Wissenszweiges zu bearbeiten bzw. Empfehlungen zu deren Bearbeitung in staatlichen Einrichtungen zu vermitteln.

Atmosphärenchemie	Korrosion
Aufwand-Ergebnis-Vergleich	Land- und Forstwirtschaft
Deutsche Reichsbahn	Meteorologie und Ausbreitung
Emissionskontrolle	MIK-Werte
Emissionsmesstechik	Sorption und Oxidation
Entstaubung	Schwefeldioxid u. Abgasentschwefelung
Geruchsintensive Stoffe	Stickstoffoxide
Immissionsüberwachung	TUL-Prozesse im Kohlehandel
Kfz-Emissionen	Verkehrswesen
Kommunalbereich	

Abbildung 4: Überblick zu den Facharbeitsgruppen (im Detail siehe *Anhang 9*)

Es war das Ziel der Mitglieder, auf der Basis des staatlich vorgegebenen Schwerpunktproblems im Rahmen der gesellschaftlichen Arbeit Aufgaben zu übernehmen. Diese wurden in Arbeitsberatungen mit dem Ziel erörtert, hierüber entsprechende Empfehlungen, Richtlinien bzw. Publikationen zu erstellen. Mit diesem erarbeiteten Wissensstand traten die Mitglieder mit Vorträgen auf Tagungen auf oder gaben ihr Wissen in Lehrveranstaltungen weiter. Es wurde empfohlen, dass jede FAG Kontakt zu einer oder mehreren staatlichen Einrichtung unterhielt.

3.1.3 Industriefachgruppen (IFG)

Die IFG hatten die Aufgabe, die Erfahrungen des betreffenden Industriebereiches auszuwerten und zu verallgemeinern. Dabei auftretende spezifische Probleme sollten gemeinsam mit den Facharbeitsgruppen bzw. den bezirklichen Arbeitsgemeinschaften Reinhaltung der Luft beraten werden.

Die Industriefachgruppen hatten die auf ihrem Gebiet erscheinenden Publikationen auszuwerten, Weltstandsvergleich zu erarbeiten und ihren staatlichen Einrichtungen entsprechende Empfehlungen zu unterbreiten.

Ausgewählte chemische Prozesse	Keramik
Baumaterialien	Kernenergie
Braunkohle	Kohleveredlung
Elektronik	Kraftwerke
Galvanotechnik	NE-Metalle
Gießereien	Schwarzmetallurgie
Glas	Territoriale Wärmeversorgung
Kali	Wismut

Abbildung 5: Überblick zu den Industriefachgruppen (im Detail siehe *Anhang 10*)

3.1.4 Bezirkliche Arbeitsgemeinschaften Reinhaltung der Luft

Die AG (B) nahmen aktiv Einfluss auf die Verbesserung der lufthygienischen Situation im Territorium. Sie nutzten hierbei die Erfahrungen der FAG, der IFG und der anderen AG (B). Sie arbeiteten eng mit den zuständigen Fachabteilungen des Rates des Bezirkes, der Hygieneinspektion bzw. der Hygieneinstitute, mit den Emissionsbeauftragten der Betriebe sowie mit den fachlich zuständigen Mitarbeitern bei den Räten der Kreise bzw. Städte zusammen.

Eine ihrer wesentlichen Aufgaben bestand des Weiteren in der Zusammenarbeit mit den Betriebssektionen der KDT von Schwerpunktbetrieben mit hoher Umweltbelastung. Außerdem arbeiteten sie bei den Bezirksverbänden der KDT, insbesondere bei den bezirklichen Kommissionen für Umweltschutz aktiv mit.

Die Arbeit der AG (B) bestand vorwiegend in Problemdiskussionen mit Betriebsbefahrungen und Empfehlungen zur Verbesserung der Reinhaltung der Luft. Sie nahmen dabei aktiv Einfluss auf die Pläne Wissenschaft und Technik, unterstützten Neuerervorschläge, Rationalisierungs- und Investvorhaben.

Die AG (B) RdL orientierten die Fachsektionen „Umweltschutz" in den Betriebssektionen auf KDT-Objekte sowie auf die Anwendung der Mikroelektronik auf dem Gebiet des Umweltschutzes.

Sie traten als Lehrkräfte im KDT-Fernkurs Umweltschutz sowie in anderen Veranstaltungen auf. Die AG (B) organisierten Informationsveranstaltungen oder Fachtagungen zu speziellen Problemen. Je nach Bedarf wurden 2 bis 6 Arbeitsberatungen im Jahr durchgeführt. Die für die Leitung der AG (B) in den einzelnen Bezirken verantwortlichen Personen sind in *Anhang 11* aufgeführt.

3.2 Wissenschaftskonferenzen

Das Ministerium für Wissenschaft und Technik (MWT) hatte die „strukturbestimmende Querschnittsaufgabe Reinhaltung der Luft" an die Technische Universität Dresden, Sektion Forstwirtschaft, Bereich Pflanzenchemie in Auftrag gegeben. Hans-Günther Däßler oblag die wissenschaftliche und organisatorische Leitung.

Es fanden drei Veranstaltungen statt: vom 15. bis 17. Januar 1974, vom 13. bis 18. Januar 1975 und vom 19. bis 24. Januar 1976 jeweils in Warnemünde (Hotel „Neptun"). An diesen Diskussionsrunden nahmen die Kommission „Reinhaltung der Luft" beim Forschungsrat der DDR, Vertreter von Forschungseinrichtungen und Produktionsbetrieben sowie Mitglieder der AG (Z) RdL beim Präsidium der Kammer der Technik teil.

Der Auftrag wurde staatlicherseits nicht erneuert, sodass die AG (Z) RdL als gesellschaftliche Organisation die wissenschaftliche und organisatorische Vorbereitung sowie die Durchführung übernahm. Die erste Veranstaltung fand vom 28. März bis 1. April 1977 in Warnemünde statt. Hierzu liegt ein umfangreicher Bericht vor. Aufgrund der erfolgreichen Durchführung beauftragte das Ministerium für Umweltschutz und Wasserwirtschaft die AG (Z) RdL mit der weiteren Vorbereitung und Durchführung der Koordinierung von Forschungsaufgaben. Es fanden so weitere Veranstaltung statt: vom 9. bis 14. Januar 1978 und vom 15. bis 18. Januar 1980 in Klink (Müritz). Die Berichte liegen ebenfalls vor.

Auch diesem Ministerium ging die Puste aus, sodass die AG (Z) RdL den Forschungserfahrungsaustausch allein vorbereitete und durchführte. Es gab von 1982 bis 1988 fünf Veranstaltungen, die protokollarisch festgehalten sind: vom 1. bis 7. November 1982 im Luftkurort Lückendorf, vom 29. Oktober bis 3. November

1984 in Dümmer bei Schwerin, vom 25. bis 29. November 1986 in Binz, vom 13. bis 15. Januar 1988 in Heiligendamm sowie vom 21. bis 27. November 1988 in Eisenach *(Foto 4)*.

Die Durchführung dieser wissenschaftlichen Veranstaltungen zeigt, dass die AG (Z) RdL in der Lage war, die gesamte interdisziplinäre Breite auf dem Gebiet Reinhaltung der Luft abzudecken. Dies wurde auch von den staatlichen Institutionen anerkannt.

Foto 4: Teilnehmer der Wissenschaftskonferenz in Eisenach (1988). Quelle: Archiv Mohry

3.3 Buch „Reinhaltung der Luft"
(Hg. Herbert Mohry, Hans-Günter Riedel, 1981)

66 Autoren, vorwiegend Mitglieder der AG (Z) RdL, haben den Inhalt gestaltet. Es war zu dieser Zeit das Standardwerk auf diesem Gebiet im deutschsprachigen Raum. Das Geleitwort haben der Minister für Gesundheitswesen Ludwig Mecklinger und der Präsident der Kammer der Technik Manfred Schubert unterschrieben. Der Minister für Umweltschutz und Wasserwirtschaft hat die Unterzeichnung abgelehnt, da sehr viele spezifische Daten im Buch enthalten sind. Mit diesen Daten hat dann die Bundesrepublik eine Emissionshochrechnung der DDR publiziert, die großen politischen Ärger für die Herausgeber verursacht hat.

Ausgehend von den Wechselbeziehungen Mensch-Umwelt werden die sozialistische Gesetzlichkeit sowie physikalisch-chemische Grundlagen der Luft behandelt. Anhand der wichtigsten technologischen Verfahren werden die Schadstoffemissionen qualitativ und quantitativ aufgezeigt sowie mögliche Maßnahmen (Brennstoffbehandlung, Entstaubung, Rauchgasentschwefelung, Sorptionsverfahren, oxidative Behandlung, Schadstoffableitung) auch in Hinblick auf die Entwicklung zur abproduktarmen Technologie komplex betrachtet. Emissionen aus dem Verkehrswesen, dem Kommunal- und Wohnbereich und der Arbeitsumwelt vervollständigen die Darstellung. Ausführungen zur Emissions- und Immissionsüberwachung, zur atmosphärischen Diffusion und Ausbreitungsrechnung sowie zu den Auswirkungen auf die menschliche Gesundheit und die Land- und Forstwirtschaft geben Aufschluss über die gesamtgesellschaftliche Aufgabe der Luftreinhaltung.

3.4 KDT-Richtlinien und KDT-Empfehlungen

Die ehrenamtliche Erstellung von KDT-Richtlinien und KDT-Empfehlungen und deren Verbreitung an die verantwortlichen Gremien erleichterte die Arbeit vieler Fachleute und trug maßgeblich zur Vereinheitlichung von Maßnahmen (Messtechnik, Bewertung von Schäden u.a.m.) bei. Im *Anhang 12* werden die noch beim Autor vorhandenen Materialien aufgeführt.

3.5 Auszeichnungen und Entwicklung der Mitglieder

Das Präsidium der Kammer der Technik verlieh in Würdigung hervorragender Verdienste bei der Mitwirkung an der Erfüllung volkswirtschaftlicher Aufgaben durch sozialistische Gemeinschaftsarbeit Auszeichnungen, die mit einer Urkunde und einem Blumenstrauß ohne finanzielle Zuwendungen überreicht wurden:
- für Kollektive die Ehrenplakette in Bronze, in Silber und in Gold sowie die Ernst-Abbe-Medaille,
- für Einzelpersonen die bronzene, silberne und goldene Ehrennadel sowie die Ernst-Abbe-Medaille.

Soweit aus den Unterlagen zu ersehen ist, wurden in der AG (Z) RdL folgende Auszeichnungen überreicht: 5 Ehrenplaketten in Gold, 8 Ehrenplaketten in Silber, 13 Ehrenplaketten in Bronze, 11 goldene Ehrennadeln, 16 silberne Ehrennadeln, 38 bronzene Ehrennadeln. Sowohl die AG (Z) RdL als auch ihr Vorsitzender wurden mit der Ernst-Abbe-Medaille ausgezeichnet (*Abbildung 6*).

Die gute fachliche und persönliche Zusammenarbeit trug auch dazu bei, dass sich viele Mitglieder weiter qualifizieren konnten. So erfolgten von 1970 bis 1990

16 A-Promotionen, wovon 7 an der Bergakademie Freiberg am Lehrstuhl von Professor Junghans absolviert wurden, und 5 B-Promotionen. Viele Mitglieder absolvierten postgraduale Studien und waren als Lehrkräfte sowohl im KDT-Fernkurs als auch in anderen Bildungseinrichtungen tätig.

Abbildung 6: Auszeichnungen mit der Ernst-Abbe-Medaille. Quelle: Archiv Mohry

4. Die AG (Z) Reinhaltung des Wassers beim Präsidium der KDT

Vorsitzender: Herbert Schuster

Praxisorientierte Wissenschaftler und Fachleute aus vielen Bereichen der Volkswirtschaft fanden sich in dieser Arbeitsgruppe zu schöpferischer freiwilliger Gemeinschaftsarbeit zusammen. Ihren Arbeitsgegenstand „Wasser – die Quelle allen Lebens" betrachteten sie aus der Sicht der industriellen Wassernutzung und Wasserverwendung. Naturgemäß standen dabei Verfahren, Anlagen und Technologien zur Abwasseraufbereitung als wesentliche Quelle der rationellen Wasserverwendung im Mittelpunkt der gemeinsamen Überlegungen und des Erfahrungsaustausches. Eine Plattform dazu waren die von der Brennstofftechnischen Gesellschaft (BTG) 1972 in die KDT übernommenen „Abwassertechnischen Kolloquien", die national und international beachtliche Resonanz fanden, eingeschlossen darin die heiteren Gespräche im kulturell-amüsanten Teil der Kolloquien. Kontinuierlich waren Kollegen aus den sozialistischen „Bruderländern" gern gesehene Gäste. Richtungsweisende Vorträge wurden in der Broschürenreihe „Technik und Umweltschutz" veröffentlicht.

Seit 1962 wurden Abwassertechnische Kolloquien in der AG „Reinhaltung der Biosphäre" im Arbeitsausschuss „Flüssige Brennstoffe und Wertstoffe aus Kohle und Erdöl" der BTG im jährlichen Rhythmus durchgeführt. Leider gibt es hierzu keine Unterlagen mehr. Folgende abwassertechnische Kolloquien können noch nachgewiesen werden: 10. Abwassertechnisches Kolloquium am 25./26. April 1974 in Erfurt, 12. Abwassertechnisches Kolloquium am 11./12. April 1979 in Gera, 15. Abwassertechnisches Kolloquium am 27./28.März 1985 in Gera, 16. Abwassertechnisches Kolloquium am 18./19. Juni 1987 in Frankfurt/Oder, 17. Abwassertechnisches Kolloquium am 27./28. September 1989 in Schwerin (*im Detail Anhang 14*).

5. Die AG (Z) Bodenschutz und Abproduktnutzung beim Präsidium der KDT

Vorsitzender: Werner Neidel
Die Arbeitsgemeinschaft bildete sich aus Fachleuten, die sich mit der Rückstandsverbrennung in Chemiebetrieben, mit kommunaler Müllentsorgung und Deponien beschäftigten.

Die Kommission Umweltschutz beim Präsidium der KDT bereitete mit Professor Neidel die Bildung der AG (Z) Bodenschutz und Abproduktnutzung vor, die 1974 gegründet wurde. Diese führte 4 Fachtagungen durch:
1. Fachtagung „Bodenschutz und Abproduktnutzung", „Abproduktarme Prozessgestaltung und Abproduktnutzung im Dienste der Materialökonomie und des Umweltschutzes" am 14. und 15. April 1976 in Leipzig,
2. Fachtagung „Bodenschutz und Abproduktnutzung", „Technologien zur verstärkten Nutzung von Abprodukten als Sekundärrohstoff in Industrie und Landwirtschaft" am 4. und 5. April 1978 in Halle/Saale,
3. Fachtagung „Bodenschutz und Abproduktnutzung" gemeinsam mit der Wilhelm-Pieck-Universität Rostock am 16. und 17. April 1980 in Warnemünde,
4. Fachtagung „Bodenschutz und Abproduktnutzung" am 21. und 22. April 1982 in Erfurt (im Detail *Anhang 15*).

Infolge der herangereiften Bedeutung von Bodenschutz und Abproduktnutzung wurde von der Kommission Umweltschutz beim Präsidium der KDT am 27. Juni

1983 in der Technischen Universität Dresden die Gründung von zwei neuen selbständigen zentralen Arbeitsgemeinschaften beschlossen.

6. Die AG (Z) Schutz und Nutzung des Bodens beim Präsidium der KDT

Vorsitzender: Eckart Hildmann

Die AG (Z) Schutz und Nutzung des Bodens führte die Arbeit fort und nummerierte auch die Fachtagungen weiter:

5. Fachtagung „Schutz und Nutzung des Bodens" am 14. und 15. Oktober 1986 in Magdeburg,
6. Fachtagung „Schutz und Nutzung des Bodens" am 20. und 21. Dezember 1989 in Gera (im Detail *Anhang 16*).

7. Die AG (Z) abproduktarme und -freie Technologie beim Präsidium der KDT

Vorsitzender: Wolfgang Lausch

Dr. Wolfgang Lausch übernahm den Kenntnisstand der AG (Z) Bodenschutz und Abproduktnutzung sowie der Kommission Umweltschutz und führte diesen mit der neu gegründeten AG (Z) fort.

5. Fachtagung „Abproduktarme Technologie – Ressourcennutzung und Umweltschutz" am 8. und 9. April 1986 in Magdeburg,
6. Fachtagung „Abproduktarme Technologie – Ressourcennutzung und Umweltschutz" am 14. und 15. März 1989 in Eisenach.

Der Vorstand der AG (Z) Abproduktarme/-freie Technologie beim Präsidium der KDT hat in seiner Beratung vom Januar 1990 beschlossen, sich in AG (Z) Abfallwirtschaft, später in Kommission Abfallwirtschaft im Ingenieurtechnischen Verband KDT e.V. umzubenennen. Sie führte die nachfolgende Tagung mit der Deutschen Gesellschaft für Abfallwirtschaft e.V. durch:

7. Fachtagung Abfallwirtschaft „Der Übergang von der Abfallbeseitigung zur integrierten Abfallwirtschaft" am 25. und 26. März 1992 in Magdeburg.

(Zu den Tagungen im Detail *Anhang 17*.)

8. Die AG (Z) Lärmschutz beim Präsidium der KDT

Vorsitzende: Prof. Dr. Holstein (1960 bis 1964), Erwin Gniza (1964 bis 1968),
Rudolf Junghans (1968 bis 1985), Günther Engler (1985 bis 1990)
Nach der Gründung 1960 entstanden in kurzer Zeit die Untergruppen: Lärmdia-
gnostik, Anerkennung der Berufskrankheit Lärmschwerhörigkeit, individueller,
persönlicher Lärmschutz, Lärmschutz im Bauwesen, Lärmschutz in der Chemie
und Lärmschutz im Bergbau und Hüttenwesen.

Nationale Kongresse, z.T. mit internationaler Beteiligung, wurden von den einzelnen Gruppen unter Anleitung der AG (Z) „Lärmschutz" durchgeführt:

1. Wissenschaftliche Konferenz „Lärmbekämpfung" im Jahre 1975,
2. Konferenz „Lärmschutz": Schutz vor lärmbedingten Hörschäden in der
   Industrie vom 14. bis 16.Dezember 1977 in Halle/Saale,
3. Konferenz „Lärmschutz": Schutz vor Kommunallärm am 22. und 23. März
   1979 in Leipzig,
4. Fachtagung „Lärmschutz": Schutz der Gesundheit vor Lärmschäden am
   Arbeitsplatz am 22. und 23. April 1981 in Leipzig,
5. Fachtagung „Lärmschutz" in Cottbus, Tagungsmaterial nicht vorhanden,
6. Konferenz „Lärmschutz": Innerstädtisches Bauen am 26. und 27. Februar
   1985 in Gera,
7. Konferenz „Lärmschutz": Fortschritte der Lärmbekämpfung, am 1. und
   2. Dezember 1987 in Gera.

1970 nimmt erstmalig im Auftrag des KDT-Präsidiums eine DDR-Delegation
am internationalen Lärmkongress der AICB (Association internationale contre le
bruit) in Groningen/Holland teil. Der AICB ist eine Organisation der WHO (Welt-
gesundheitsorganisation) mit Sitz in Zürich. Einen Hauptvortrag hält Professor
Rudolf Junghans; er erreicht, dass der nächste AICB-Kongress 1972 in Dresden
veranstaltet wird.

Unter der Schirmherrschaft des Stellvertreters des Vorsitzenden des Ministerrates der DDR und Minister für Umweltschutz und Wasserwirtschaft Hans Reichelt
fand der VII. AICB-Kongress vom 29. Mai bis 2. Juni 1972 in Dresden unter der
Losung „Humanistisches Anliegen und gesellschaftliche Verpflichtung" statt.
Kongresspräsident war Professor Junghans; er wurde anschließend Mitglied des
Präsidiums der AICB und nahm mit weiteren DDR-Fachleuten an den Kongressen
1974 in Basel, 1976 in Budapest, 1978 in Baden-Baden, 1980 in Varna sowie
1982 in Wien teil. Professor Junghans wurde als Vortragender für Lärmschutz zu
Kongressen nach Katowice, Miskolc, Praha, Innsbruck, Rom und Havanna einge-
laden.

Die intensive Beschäftigung mit dem Komplex „Lärm" hat auch am eigenen Lehrstuhl an der Bergakademie Freiberg ihren Niederschlag gefunden. 1968 wurde die Dozentur „Lärmbekämpfung in der Industrie" und 1974 die Dozentur „Umweltschutztechnik" ins Leben gerufen.

Zahlreiche junge Akademiker aus der Industrie und Assistenten von mehreren Hochschulen promovierten mit spezifischen Teilgebieten der Lärmbekämpfung bei Professor Junghans als Doktorvater (Frau Künzel, Neuhofer, Schindler, Frau Palmer, Eckoldt, Wiehe, Schreiber, Flügel u.a.).

Hervorzuheben ist noch die umfangreiche Öffentlichkeitsarbeit der AG (Z) „Lärmschutz" z.B. zu den berg- und hüttenmännischen Tagen an der Bergakademie Freiberg und in der Broschürenreihe „Technik und Umweltschutz".

9. Die Gründung der Umwelttechnischen Gesellschaft (UTG)

So wie in vielen Bereichen des politischen, wirtschaftlichen und gesellschaftlichen Lebens sich nach der Vereinigung der beiden deutschen Staaten am 3. Oktober 1990 grundsätzliche Veränderungen vollzogen, haben auch die Fachleute auf dem Gebiet des Umweltschutzes neue Wege gesucht, um gemeinsam in der Bundesrepublik Deutschland verstärkt die hohen Umweltbelastungen in Ostdeutschland abzubauen. So sind viele Mitglieder der KDT in bestehende Gremien der Bundesrepublik, z.B. den Verein Deutscher Ingenieure (VDI), die Deutschen Gesellschaft für Abfallwirtschaft (DGAW) und weitere Gremien, eingetreten.

Viele Mitglieder äußerten den Wunsch, eine neue Gesellschaft auf dem Gebiet des Umweltschutzes zu gründen, um eine Vielzahl der KDT-Mitglieder für die Lösung der Umweltprobleme zu gewinnen und in einen gemeinsamen Erfahrungsaustausch mit den Fachleuten aus den westlichen Bundesländern zu treten. So fand die Gründung der Umwelttechnischen Gesellschaft UTG der KDT (später e.V.) am 24. April 1991 im Leipziger Hotel International statt. Aufgaben und Ziele waren:

- die umfassende Beratung von und Zusammenarbeit mit Unternehmern, Kommunen, Instituten, Universitäten und Fachhochschulen,
- der moderne Einsatz von Umwelttechnik und -technologien,
- die Unterstützung von Forschungsprogrammen,
- Weiterbildung und Veranstaltungen, wie Kongresse, Seminare, Workshops,
- Erarbeitung von Gutachten, Expertisen und Empfehlungen,
- lebendige Kommunikationsplattform für Wissenschaftler, Ingenieure, Techniker und Umweltinteressierte sowie
- Technologietransfer.

Zum Präsidenten wurde Herbert Mohry gewählt.

Die UTG führte von 1991 bis 1994 vier Kongresse und eine Energiekonferenz durch: 1. Congress Umwelt und Technik CUT 91 vom 10. bis 12. Oktober 1991 in Erfurt, 2. Congress Umwelt und Technik CUT 92 vom 30. September bis 2. Oktober 1992 in Erfurt, 3. Congress Umwelt und Technik CUT 93 vom 13. bis 15. September 1993 in Erfurt, 4. Congress Umwelt und Technik CUT 94, am 4. November 1994 in Erfurt (im Detail *Anhang 18*).

Die Kongresse 1 bis 3 wurden von einer Fachmesse „Umwelttechnik" auf dem iga-Gelände begleitet. Veranstalter war die Dr. Anton & Partner GmbH.

Die 1. Fachtagung der UTG, Land Thüringen, fand am 21. Oktober 1992 in Erfurt statt. Die Thüringer Energiekonferenz wurde von der UTG am 9. März 1994 in Erfurt durchgeführt.

Die Umwelttechnische Gesellschaft hat mit dem Sächsischen Staatsministerium für Umwelt und Geologie (Kurt Kny) gemeinsam Kontakte zu Umweltgesellschaften in der Tschechoslowakischen Republik und Polen aufgenommen, um Vorschläge für die Verminderung der hohen Umweltbelastung im so genannten „Schwarzen Dreieck" Sachsen-Böhmen-Niederschlesien zu unterbreiten. So wurde die 1. Konferenz zur Euroregion Böhmen-Sachsen-Schlesien vom 19. bis 20. Juni 1992 in Görlitz durchgeführt. Getragen von humanitärer Verantwortung veranstalteten zwei Umweltgesellschaften aus der Tschechoslowakei und Deutschland sowie die Föderation der Gemeinschaften von Wissenschaft und Technik aus Polen diese Konferenz mit dem Ziel, auf nichtstaatlichem Wege Empfehlungen zur Entwicklung in Böhmen, Sachsen und Schlesien an die EG-Kommission und an die nationalen und regionalen Regierungen der Länder zu erarbeiten. Mit dieser Konferenz sollten Verbindungen zwischen den Fachleuten geknüpft werden, um die Zusammenarbeit zu erleichtern. Die Schirmherrschaft hatte der Ministerpräsident des Freistaates Sachsen Kurt Biedenkopf.

Die 2. Konferenz zur Ökoregion (neuer Name) Böhmen-Sachsen-Niederschlesien fand am 3. und 4. Februar 1994 in Most statt. Die 3. Konferenz zur Ökoregion wurde am 27. und 28. April 1995 in Wroclaw durchgeführt. Bis zum Jahr 2000 fanden acht Konferenzen bzw. Workshops statt.

Die drei Gesellschaften, die Tschechoslowakische Gesellschaft für Umwelt (CSSZP), der Wroclawer Rat der Föderation der Gemeinschaften von Wissenschaft und Technik (FSNZ) bei der NOT und die Umwelttechnische Gesellschaft e.V. (UTG) haben eine dreiseitige Vereinbarung über die Zusammenarbeit abgeschlossen. Sie bildeten einen Hauptausschuss, der turnusmäßig im Wechsel in den drei Ländern tagte. Ein im Jahr 1992 erarbeitetes Memorandum bildete den roten Faden der Tagungsordnungen.

Im Auftrag der Kommission der Europäischen Union bearbeitete die UTG mit der CSSZP und der FSNZ die Studie „Länderübergreifende ökologische Energiekonzeption für die Region Böhmen-Sachsen-Niederschlesien". Die Studie besteht aus drei Teilen: Methodikbericht, Zustandsbericht und Ergebnisbericht; sie wurde im April 1996 abgeschlossen.

Die UTG führte mehrere Seminare und Diskussionsveranstaltungen durch und war Mitveranstalterin von Fachmessen und Kongressen auf den Leipziger Frühjahrsmessen „TERRATEC" in den Jahren 1994 und 1995. Aus wirtschaftlichen Gründen hat die UTG ihre Tätigkeit eingestellt.

10. Eingliederung der Fachleute in Politik, Wirtschaft und Behörden der BRD

Die hohe Fachkompetenz und human-christliche Einstellung der Mitglieder, unabhängig von der Parteizugehörigkeit, waren Voraussetzungen dafür, diesem Personenkreis nach der Wiedervereinigung hohe und mittlere verantwortungsvolle Tätigkeiten zu übertragen. Leider konnten nicht alle Mitglieder ermittelt werden. Einen Einblick in die Tätigkeiten vieler Mitglieder nach 1990 vermittelt *Anhang 19*.

11. Zusammenfassung und Schlussfolgerungen

Es ist die Kunst des Leitens, nicht zu reglementieren, sondern durch interessante Aufgabenstellungen die geistigen Kräfte zu wecken, dann zu gewinnen und im Interesse des Gesamtanliegens zu steuern.

Es wurde versucht, das Gesamtanliegen der Erfassung der Umweltbelastung in der DDR sowie des Aufzeigens von Wegen zu ihrer Verminderung komplex, d.h. interdisziplinär zu lösen. Unter Einbeziehung von wissenschaftlichen Einrichtungen, Produktionsbetrieben und Behörden wurden sowohl aktive Maßnahmen (abproduktarme Technologien, Entstaubungs-und Entschwefelungsverfahren, Abwasserreinigungsanlagen u.a.m.) als auch passive Anpassungen zum Gesundheitszustand der Bevölkerung durch Festlegung von MIK-Werten, zur Düngung der Wälder und der landwirtschaftlichen Flächen sowie zur Veränderung der Anbaustrukturen sowie zu Korrosionsschutzmaßnahmen eingeleitet. Die Gremien der Kammer der Technik haben zur Unterstützung der staatlichen Aufgaben einen großen Teil beigetragen.

So waren fast alle Industrieministerien, das Gesundheitsministerium und das Ministerium für Land- und Forstwirtschaft sowie die Räte der Bezirke angesprochen, die Arbeit der KDT aktiv zu unterstützen. Hervorgehoben werden muss die Zusammenarbeit zwischen dem Ministerium für Umweltschutz und Wasserwirtschaft und dem Zentrum für Umweltgestaltung mit der KDT. Ferner wurden Gemeinschaftsveranstaltungen mit dem Kulturbund der DDR, mit der Nationalen Front und anderen gesellschaftlichen Einrichtungen zur Information breiter Kreise der Bevölkerung durchgeführt.

Die Arbeit in der Kammer der Technik beruhte **auf freiwilliger, ehrenamtlicher Gemeinschaftsarbeit, für die es keine finanzielle Vergütung gab,** sondern gute Leistungen wurden mit einer Urkunde und einem Blumenstrauß bedacht.

Man muss sich die Frage stellen, woher diese Triebkraft so vieler Mitglieder kam, freiwillig und ehrenamtlich zu wirken. Zunächst entwickelte sich Ende der 1960er Jahre das Bewusstsein der Bevölkerung, die hohe Belastung von Luft, Wasser, Boden und Lärm verringern zu wollen. Engagierte Fachleute fühlten sich besonders herausgefordert, um die gewachsenen Möglichkeiten des wissenschaftlich-technischen Fortschritts für die Verbesserung des Umweltschutzes zu nutzen. Einige Institutionen beschäftigten sich schon vorher mit der Erfassung und mit Maßnahmen zur Verminderung der Umweltbelastung. So waren es vor allem die Hygieneinspektionen mit ihren Hygieneinstituten, die sich mit der Luftverunreinigung, dem Bodenschutz und Lärmschutz sowie die Wasserwirtschaftdirektionen, die sich mit der Abwasserlast beschäftigten.

Es war ein neues Aufgabengebiet, das viele Fachleute interessierte und zur Mitarbeit bewog. Auch wurden in den Produktionsbetrieben, bei den Räten der Bezirke und in zentralen Einrichtungen neue Planstellen für Umweltschutz geschaffen.

Der Umweltschutz wurde von der Sozialistischen Einheitspartei Deutschlands (SED) den so genannten „bürgerlichen Parteien", der Bauernpartei, der CDU, der LDPD, der NDPD sowie der Nationalen Front des demokratischen Deutschlands, d.h. auch den parteilosen Bürgern übertragen.

Die Kammer der Technik war besonders in den Umweltgremien das Sammelbecken für viele parteilose Fachleute, die nicht für Leitungsfunktionen im Staatsapparat und in den Betrieben in Frage kamen. Es gibt den Ausspruch, „dass die KDT die Partei der Parteilosen war".

So erklären sich auch z.T. die Aktivitäten der Mitglieder der AG (Z) Reinhaltung der Luft, in der auch viele Christen beider Konfessionen mitwirkten. Dieses Gremium umfasste zuletzt nahezu 1.000 Mitglieder.

Es gibt keine Wertung zu den anderen Gremien, die nicht den Umfang der Aktivitäten der AG (Z) Reinhaltung der Luft erreichten. Der Autor dieses Beitrages hat das Material der Kommission Umweltschutz und der AG (Z) RdL nach 1990 aufgehoben, sodass die Fülle der Angaben noch vorhanden war. Leider konnte der

Verfasser von den Vorsitzenden der anderen Gremien für diese Publikation nur wenig Dokumentationsmaterial erhalten, sodass um Verständnis gebeten wird.

Es war die Problematik der hohen Luftverunreinigung in der DDR, die so viele Institutionen unterschiedlicher Fachgebiete beschäftigte, sodass sich eine interdisziplinäre Zusammenarbeit anbot.

Man kann es wohl als einen Glücksumstand ansehen, dass der Leiter der Arbeitsgruppe und ab 1972 der Vorsitzende der AG (Z) Reinhaltung der Luft Herbert Mohry aufgrund seiner guten Ausbildung als Bergknappe und Verfahrenstechniker sowohl an der Bergingenieurschule Senftenberg als auch an der Bergakademie Freiberg mit seiner beruflichen Entwicklung vom Bergmann zum Dozenten an der Bergingenieurschule Senftenberg, zum Gruppenleiter bei der Zentralstelle für wirtschaftliche Energieanwendung (einer nachgeordneten Dienststelle des Ministerrates der DDR), zum Haupttechnologen und Umweltschutzbeauftragten des VEB Kombinates „Otto Grotewohl" Böhlen und letztendlich als Umweltschutzbeauftragter des Ministeriums für Kohle und Energie mit Sitz im Institut für Energetik Leipzig diese Entwicklung genommen hat. Er war parteilos und Katholik. Seine Erfahrungen, die er als langjähriger enger Mitarbeiter der vormaligen älteren Generation gewinnen konnte, waren ein Fundament, um eine so große Arbeitsgemeinschaft zu führen.

Die AG (Z) Reinhaltung der Luft hatte einen guten Ruf in der DDR und sie wurde mit der höchsten Auszeichnung, der Ernst-Abbe-Medaille, geehrt. Die Arbeitsgemeinschaft war auch beim Verein Deutscher Ingenieure (VDI) in der BRD und in den sozialistischen Ländern Europas bekannt. Das waren Voraussetzungen, um nach der Vereinigung des Deutschen Vaterlandes aktiv in unterschiedlichen Positionen weiterzuarbeiten.

Anhang 1: Broschürenreihe „Technik und Umweltschutz"
(herausgegeben von der Kommission Umweltschutz beim Präsidium der KDT)
Mitglieder der Redaktion und des Wissenschaftlichen Beirates

Redaktion: Herbert Mohry, verantwortlicher Redakteur (1971 bis 1990), Herbert Schuster, Stellvertreter (1971 bis 1989), Joachim Klingsporn (1971 bis 1976), Artur Drescher (1971 bis 1977), Klaus Berger (1976 bis 1990)

Wissenschaftlicher Beirat: Wolfgang Böer (1971 bis 1972), Karlwilhelm Horn (1971 bis 1982), Rudolf Junghans (1971 bis 1990, Vorsitzender des Beirats 1974 bis 1979), Joachim Käding (1971 bis 1982), Gottfried Klepel (1971 bis 1990), Werner Neidel (1971 bis 1982), Hans-Günter Riedel (1971 bis 1979), Hans-Günther Däßler (1973 bis 1982), Rolf Donner (1973 bis 1987), Herbert Krug (1973 bis 1982), Angela Lehmann (1973 bis 1982), Manfred Schubert (1973 bis 1987), Ulrich Weber (1973 bis 1982), Peter Lötzsch (1979 bis 1990, Vorsitzender des Beirats 1979 bis 1990), Hans-Albrecht Lütke (1980 bis 1990), Klaus Asperger (1983 bis 1990), Eckart Hildmann (1983 bis 1990), Wolfgang Lausch (1983 bis 1990), Herbert Mohry (1983 bis 1990), Paul Sawatzki (1983 bis 1990), Günther Engler (1989 bis 1990)

Anhang 2: Broschürenreihe „Technik und Umweltschutz"

1. Grundfragen und technische Maßnahmen zur Reinhaltung der Luft, 1972 (Autoren: Horn, Grosser, Böer, Junghans, Marquardt, Ihle, Löschau, Wolfrom, Herrmann, Hünigen, Manig, Schulze, Wölbing, Prüfer)

2. Erfassung und Auswirkungen von Luftverunreinigungen, 1972 (Autoren: Herrmann, Grosser, Kahl, Gross, Kossatz, Schwinkowski, Sommer, Gressmann, Zier, Mohry, Wilsdorf, Fritz, Engst, Kertesz, Auersch, Stastny, Warmbt)

3. Technologie der Abwasserreinigung und Emissionskontrolle der Luft, 1973 (Autoren: Boccarius, Schuster, Zimmer, Wölbing, Soyez, Kinder, Beelitz, Hänel, Pester, Klapper, Müller, Günther, Chmelik, Warmbt)

4. Lärmbekämpfung - VII. Lärmkongress der AICB in Dresden, 1973 (Autoren: Junghans, Bruckmayer, Schenker-Sprüngli, Reichelt, Klosterkötter, Dieroff, Apostolov, Odin, Kraak, Szechey, Fasold, Lang, Schirmer, Rentzsch, Zaborow, Kljacko, Connell, Stuhrmann, Grandjean, Hilscher)

5. Luftverunreinigung bestimmter Gebiete und technologische Verfahren zur Emissionsverminderung, 1974 (Autoren: Deysing, Tomczak, Hildebrandt, Waldmann, Flemming, Lehmann, Kahl, Däßler, Lux, Peklo, Enders, Pommer, Auersch, Hünigen, Sachse, Hänssgen, Merkel, Griesche, Krause, Friedrich, Kreher, Heinrich, Münch)

6. Fortschritte in der Entstaubungstechnik, 1974 (Autoren: Riedel, Mohry, Junghans, Rammler, Naundorf, Krug, Klose, Müller, Doberschütz, Merkel, Gülland, Hänssgen, Born, Richter)

7. Abwasser- und Abluftreinigung im Anlagenbau, 1974 (Autoren: Quarg, Hänel, Busch, Wingerter, Bauer, Stolpmann, Wolf, Beelitz, Lohs, Chmelik, Wenske, Lukas, Scholze)

8. Emissionsüberwachung bei Kraftfahrzeugen, 1975 (Autoren: Hünigen, Prietsch, Sachse, Jaskulla)

9. Bodennutzung und Umweltschutz Beiträge aus dem Braunkohlenbergbau, 1975 (Autoren: Walter, Wagner, Mehl, Lange, Tornack, Bilz, Krummsdorf, Vocke, Joachim, Kasten, Rothe, Däbritz, Seidemann, Kasperzyk, Schille)

10. Verminderung der Luftverunreinigung und medizinische Aspekte, 1975 (Autoren: Boccarius, Werner, Nindelt, Richter, Hockun, Kaufmann, Eremit, Mohry, Hellwig, Hiller, Horn, Knauer, Lüderitz, Schramm, Gibel, Fritz, Engst)

11. Ausbreitungsrechnung und Messverfahren zur Luftüberwachung, 1975 (Autoren: Mohry, Tomczak, Hütter, Kusch, Lehmann, Kahl, Hüttner, Gartemann, Hellwig, Bothe, Bredel, Bretschneider, Matz, Warmbt)

12. Behandlung und Verwertung kommunaler Abwasserschlämme, 1976 (Autoren: Krüger, Schulz, Böhm, Noack, Naumann, Rössner, Reichelt, Knauth, Müller, Bechstädt, Teichardt, Schwarz, Baumann, Lehnert, Horn, Glass, Wittwar)

13. Abwasserreinigungsverfahren der stoffwandelnden Industrie, 1976 (Autoren: Thiemann, Osbar, Wünscher, Bracher, Kinder, Lindner, Tampe, Dörfeld, Otto, Mühlberg, Paluch, Twardowska, Wahlers, Miebach, Liebelt, Bauer, Stoipmann, Wenige, Donndorf, Schmidt, Weigt, Nowacki, Krüger, Bartha, Vermes)

14. Technologische Lösungen für Lärmschutz sowie Abwasser-Abluftreinigung, 1976 (Autoren: Schirmer, Hartig, Klosterkötter, Kubik, Junghans, Schindler, Lauber, Grandjean, Stuhrmann, Horn, Heckel, Kardos, Huss, Lorenz, Arend, Wenige, Kinder, Mohry, Schuster, Quitter, Weiher, Hänssgen, Wenske, Berwald)

15. Luftreinhaltung in der Industrie, 1976 (Autoren: Junghans, Müller, Altnickel, Andrae, Dietrich, Meyer, Kempe, Lohrmann, Maurer, Will, Tauchmann, Malyska, Haubold, Richter, Gülland, Merkel, Hüttner, Schneider, Lehmann, Lorenz, Kiessling, Ackermann, Bothe, Herrmann, Börtitz, Däßler, Engmann, Ranft, Marquardt, Ihle, Reutler, Scharf)

16. Umweltschutz in der Herbizid- und Polyurethanchemie, 1977 (Autoren: Meyer, Bracher, Heepe, Naumann, Pfeil, Martin, Hagemeier, Walther, Saretz, Mühl, Rützel, Ramm, Kühne, Hassfeld, Riess)

17. Nutzung von industriellen Abprodukten, 1977 (Autoren: Rode, Seidel, Angermann, Kattanek, Donner, Möller, Ritschel, Gorke, Neidel, Hintze, Wittwar, Walther, Petersohn, Jany, Martens, Weidel, Will, Lorenz, Rother, Katzur, Weigert, Kutzschbauch, Schrott)

18. Wiedernutzbarmachung devastierter Böden, 1977 (Autoren: Werner, Einhorn, Bahr, Schubert, Katzur, Kluge, Lettmann, Abicht, Krummsdorf, Klein, Schwabe, Lehmann, Vocke, Lange, Steinert, Illner, Lorenz, Saupe, Schnurrbusch, Wünsche, Hentschel, Schneidenbach, Ilschner, Fey)

19. Technologische und technische Lösungen zu landeskulturellen Aufgaben, 1978 (Autoren: Haase, Mohs, Richter, Horn, Dörre, Theodor, Lohs, Rolle, Lötzsch, Schubert, Wotte, Riedel, Mohry, Liebig, Schwinkowski, Dietz, Hagen, Schulz, Wotzka, Anton, Bieling, Himmel, Junghans, Diesel, Hintze, Reinecke, Wandke)

20. Künstliche Belüftung von Oberflächengewässern, industriellen und kommunalen Abwässern, 1978 (Autoren: Wieting, Langhans, Liepe, Listewnik, Mädler, Schlaf, Koch, Kranawettreiser, Winkler, Zehrfeld, Schult, Noack, Werner)

21. Messtechnik und meteorologische Aspekte zur Luftüberwachung, 1979 (Autoren: Hellwig, Grosse, Popp, Ecknig, Polster, Thürmer, Schmidt, Berner, Hansel, Herrmann, Chmelik, Günther, John, Götze, Zier, Bohn, Hüttner, Schneider)

22. Bodenhygiene und Abproduktnutzung, 1979 (Autoren: Ritschel, Burger, Hiebsch, Grossmann, Krüger, Laux, Rabenhorst, Reinhardt, Krannich, Ulrich, Hirte, Albrecht, Pfleger, Schwarz, Breitschuh, Lemme, Beitz, Winkler, Schmidt, Möller, Semlow, Bernhard, König, Martinetz, Witthauer, Mau, Kutzschbauch, Scholz)

23. Emissionsverminderung und Lärmschutz im Verkehrswesen, 1981 (Autoren: Burkhardt, Kadner, Dechandt, Schneider, Streicher, Warmbt, Jaskulla, Sachse, Prietsch, Naumann, Chesina, Smimow, Müller, Buschbeck, Böhmer, Bachmann, Wisznawitzki, Adolph, Kampmann, Koppen, Kinzel, Michalczyk, Liepolt, Schuschke, Arlt, Sauer, Junghans, Lange, Fürst, Berndt, Bauer, Töpfer, Fasold, Henschel, Rehm, Lotze, Marx, Creutzburg)

24. Abproduktnutzung, 1980 (Autoren: Riedel, Roekstroh, Ali, Bartuschat, Nötzel, Streibel, Garbe, Donnert, Klemm, Albrecht, Geissler, Gorke, Barthel, Hintze, Neidel, Oehler, Liedmann, Wünsche, Katzur, Mehl, Bringmann, Rathmann, Ganz, Taubert, Scheler)

25. Beispiele zur abproduktfreien Technologie, 1982 (Autoren: Lötzsch, Worte, Strauss, Gruschka, Kahl, Grill, Grun, Püschmann, Löblich, Kreher, Friedrich, Popp, Zimmermann, Halle, Fischwasser, Fenk, Siegel, Günther, Schubert, Busch, Wolfrom, Kölling, Rieger, Schäfer, Lehmann, Sauder, Günther, Leithoff, Lubitzsch, Bendix, Hochmuth, Schübel, Stahn, Dietzsch, Ermischer, Schulze)

26. Industrieller Nachbarschaftslärm – Statistische Auswertung von Emissions- und Immissionsdaten, 1983 (Autoren: Palmer, Eckoldt, Prietsch)

27. Umweltschutz durch rationelle Energieanwendung, 1983 (Autoren: Jungnickel, Mohry, Schuster, Gartner, Kempe, Walter, Dietz, Rieger, Müller, Meyer, Gottschalk, Zaunick, Kirschen, Kalkreuth, Palmer, Kreher, Friedrich, Flegel, Dittmann, Kratzsch, Hofmann, Günther, Hielscher, Mohry, Göthel, Gross, Dehne, Espey, Schmidt, Kahl, Michel, Mörl, Brandl, Bohn)

28. Rationelle Wasserverwendung, 1984 (Autoren: Sawatzki, Glieme, Schuster, Schulz, Rücker, Grill, Eichler, Schulz-Sassenberg, Knöfel, Noack, Czerwenka, Heine, Roschlaub, Schmidt, Mehlig, Brüheim, Zülke, Löser, Kinder, Wünsch)

29. Stand zur Reinhaltung der Luft, 1984 (Autoren: Theodor, Werner, Müller, Wölke, Stief, Palmer, Homfeldt, Meusel, Lotze, Petroll, Nindelt, Lukas, Keppler, Herrmann, Grosse, Bothe, Brunner, Geisler, Popp, Herbarth, Zier, Krebs, Lux)

30. Umwandlung und Ausbreitung von Luftschadstoffen, 1985 (Autoren: Möller, Renner, Rolle, Hoyningen-Huene, Kolbig, Turowski, Hüttner, Schneider, Streicher, Marquardt, Ihle, Cerny)

31. Umweltschutz in der Land- und Forstwirtschaft, 1985 (Autoren: Rüthnick, Hansel, Möller, Eich, Greilich, Wedekind, Kalisch, Hentschel, Liebe, Behns, Heber, Gläser, Geyer, Burth, Goedicke, Krüger, Berger, Mohry, Tzschacksch, Schumann, Heinrich, Sauer, Friedrich, Müller, Brüning)

32. Abwasserbodenbehandlung und Klärschlammverwertung, 1986 (Autoren: Kramer, Meissner, Krüger, Schwarz, Donnerhack, Mehlhorn, Taeger, Hübner, Metz, Ahrendt, Lützke, Sandring, Felgner, Sermann, Vogler, Dölling, Krannich, Reichelt)

33. Umweltgestaltung in Produktionsbetrieben, 1986 (Autoren: Rockstroh, Fröhlich, Lausch, Stief, Hachenberger, Hörich, Krause, Silex, Pannier, Pangert, Hirsch, Kutschke, Ritscher, Kirschen, Schwinkowski, Wolf, Peip, Lotze, Kunka, Scheibe, Huhn, Kleber, Muster, Röder, Hering, Thiele, Major, Lindner, Michel, Köstler, Hochsommer, Walde, Voigt, Gabel, Domschke, Brückner, Zaunick, Hiller, Hellwig)

34. Grünanlagen für Industriebetriebe, 1988 (Autoren: Brüning und Ranft)

35. Stickstoffoxide in der Atmosphäre, 1988 (Autoren: Graf, Kaiser, Kind, Möller, Rolle, Schieferdecker, Schober, Schwinkowski)

36. Wertstoffgewinnung aus Abwässern, 1988 (Autoren: Richter, Schönherr, Frömling, Munick, Kinder, Schwan, Ackermann, Cramer, Weidensdörfer, Kittlick, Langhans, Weissgärber, Reimann, Wüschner, Wünsch, Fuchs, Varcl, Rützel, Socher, Wenige, Reinhold)

37. Geoökologische Stoffflüsse und Konsequenzen anthropogener Aktivitäten in der Landschaft, 1989 (Autoren: Möller, Mende, Lux, Schieferdecker, Stoklasa, Neumeister, Vanek, Heinisch, Mejstrik, Kral, Brabec, Petz, Binek, Zizkova, Puncochar, Stastny, Bejcek, Paukert, Sedlacek, Ullrich, Mauersberger, Straskraba, Schindler, Kroske)

38. Schallminderung durch rechnergestützte Konstruktion von Verkehrsmitteln, 1990 (Autoren: Brückner, Engler, Luong, Pott, Reimer, Rümmler, Thum, Töpfer, Wenzel, Winkler, Winter)

Anhang 3: Symposien „Naturwissenschaftliche Umweltprobleme"
(veranstaltet von der Karl-Marx-Universität Leipzig und der Kommission
Umweltschutz beim Präsidium der Kammer der Technik)

1. **Symposium:** Beginn jährlicher interdisziplinärer Weiterbildungsveranstaltungen (Vortragende: Hauptmann, Hänsel, Mahrwald, Mohry, Lauterbach, Lohs, Werner, Schubert, Schnese, Lötzsch, Siegel, Palmer, Dietze, Müller, Rösler, am 29. und 30. Januar 1980 in Leipzig)

2. **Symposium:** „Konsequenzen atmosphärischer Immissionen" (Lütke, Engst, Grahneis, Schubert, Werner, Horn, Säuberlich, Däßler, Schnurrbusch, Mehlhorn, Kliche, Dietze, Kretzschmann, Schnabel, Tauchnitz, Franke, am 14. und 15. Januar 1981 in Leipzig)

3. **Symposium:** „Umweltprobleme des Mesobereiches in Ballungsgebieten" (Hennig, Mahrwald, Horn, Hänsel, Wildfuhr, Völksch, Kühnert, Siegel, Ganguin, Möller, Weinitschke, Kolbig, Turowski, Voigt, Walter, Böhm, am 27. und 28. Januar 1982 in Leipzig)

4. **Symposium:** „Probleme der Kontamination von Spurenelementen in Organismen, Böden, Luft und Gewässern" (Mahrwald, Anke, Tauchnitz, Schumann, Schach, Cambrowski, Kühnert, Woggon, Beuge, Voland, Kretzschmann, Kahl, Junge, Bothe, Kiessel, Illgen, am 26. und 27. Januar 1983 in Leipzig)

5. **Symposium:** „Optimierung der Wechselbeziehungen zwischen Technologie/Ökologie" (Paucke, Hupfer, Mahrwald, Lange, Hübner, Schreinicke, Kotte, Tauchnitz, Mohry, Berger, Möller, Heinisch, Schindler, Petroll, Birr, Schulz, Kossatz, Schönherr, Lötzsch, Wotte, am 24. und 25. Januar 1984 in Leipzig)

6. **Symposium:** „Messen und Bewerten von Umweltsituationen" (Werner, Hänsel, Müller, Dittrich, Just, Bredel, Herbarth, Grosse, Klausnitzer, Kahl, Schenk, Lienig, Aurada, Zaunick, Prietzsch, Naumann, Herrmann am 22-und 23 Januar 1985 in Leipzig)

Foto 5: 4. Symposium, Januar 1983. Quelle: Archiv Mohry

7. **Symposium:** „Natürliche und anthropogene Einträge in Böden und Gewässer" (Heinisch, Uhlmann, Möller, Marquardt, Ihle, Rolle, Graf, Nagel, Sauerbrey, Machelett, Podlesak, Eissmann, Schöne, Jordan, Abraham, Dunger, Hübner, Schnurrbusch, Grün, Tauchnitz, Gerds, Jäger, am 22. und 23. Januar 1986 in Leipzig)

8. **Symposium:** „Naturräume in Bergbaugebieten" (Strzodka, Mücke, Lausch, Mohry, Krummsdorf, Leistner, Werner, Einhorn, Mahrla, Tauchnitz, Artmann, Wittig, Wünsche, Ranft, Haubold, Mühlberg, Schramm, Jordan, Bilkenroth, Dybeck, Schwan, am 20. und 21. Januar 1987 in Leipzig)

9. **Symposium:** „Belastung von Ökosystemen und Organismen durch abiotische Umweltfaktoren", (Unger, Möller, Hansel, Luckner, Uhlmann, Voland, Bellmann u.a., Schlee, Fiedler, Benndorf, Tesche, Liebold, Hofmann, Mahn, Rytz, Peklo, Stöcker, am 20. und 21. Januar 1988 in Leipzig)

10. **Symposium:** „Physik und Chemie atmosphärischer Immissionen" (Hänsel, Langhoff, Haseloff, Bobey, Sonnemann u.a.. Fichtelmann u.a., Prietsch, Kryzicky, Rolle, Gnauck, Spindler, Grosse u.a., Schneider, Marquardt, Ihle, Streicher, Schneider, Richter, Ratzlaff, Damrath, Angela Lehmann, am 17. und 18. Januar 1989 in Leipzig)

11. **Symposium:** „Medizinische Aspekte der Luftverunreinigung" (Dobberkau, Thriene, Koch, Thielebeule, Bredel, Dominok, Hajduk, Auermann, K. Horn, Hellwig, Wildführ, Manuwald, H. Horn, Witthauer, Krause, Winkler, Partisch, Riedel, Wienhold, Weissflog, Völksch, Kästner, Täglich, Schnabel, am 17. und 18. Januar 1990 in Leipzig)

12. **Symposium:** „Schadwirkungen von Luftverunreinigungen auf Biosysteme und Bebauung" (Wienhaus, Däßler, Steubing, Prinz, Liebold, Lux, Flemming, Grimm, Hoffmann, Kühne, Müller, Zallmanzig, Polster, Höpke, Schober, Kalissa, Herrmann, Sommer, Greßmann, am 18. und 19.April 1991 in Leipzig)

Anhang 4: Übersicht Internationale Umweltschutzaktivitäten

14. bis 17. Juni 1973 Budapest, MTESZ ungarische Ingenieurorganisation, Delegationen aus der Sowjetunion, Ungarn, CSSR, Bulgarien, Polen und DDR, Erstellung eines langfristigen Programms der Zusammenarbeit, Erfahrungsaustausch

21. bis 25. April 1974 Marianske Lazne, Konferenz zur Systemtechnik

10. bis 14. Juni 1974 Budapest, MTESZ, Weiterführung der multilateralen Zusammenarbeit

19. bis 22. November 1974 Prag, Ostrava, bilaterale Zusammenarbeit mit der CSSR

01. bis 06. Juni 1975 Budapest, MTESZ, multilaterale Zusammenarbeit

07. bis 14. September 1975 Gdansk, 8. Internationale Konferenz für industrielle Energiewirtschaft

16. bis 18. März 1976 Dresden, RGW-Symposium „Abproduktfreie Verfahren"

01. bis 05. Juni 1976 Budapest, MTESZ, multilaterale Zusammenarbeit

03. bis 08. September 1976 Sofia, Plovdiv, bilaterale Zusammenarbeit und Messe

02. bis 08. Mai 1977 Budapest, Miskolc, MTESZ, multilaterale Zusammenarbeit

03. bis 08. April 1978 Halle/Saale, multilaterale Zusammenarbeit

25. bis30. Juni 1978 Bratislava, Inter-Eko-Technika

17. bis 24. Juni 1979 Budapest, MTESZ, multilaterale Zusammenarbeit

21. bis 25. Oktober 1980 Moskau, UNEP

03. bis 07. März 1981 Sofia, Abproduktfreie Technologie

04. bis 17. Oktober 1982 Irkutsk, Sibirische Akademie der Wissenschaften

06. bis 11. Juni 1983 Warschau, Pulawy, multilaterale Zusammenarbeit

12. bis 15. Dezember 1983 Moskau, Abstimmung Forschungsthemen

10. bis 14. Mai 1986 Prag, bilaterale Zusammenarbeit

14. bis 19. September 1986 Budapest, MTESZ, multilaterale Zusammenarbeit.

114

Anhang 5: Wissenschaftliche Kolloquien „Abproduktfreie Technologie"

Wissenschaftliches Kolloquium „Abproduktfreie Technologie": 14. Oktober 1980 (Vortragende: Schubert, Lötzsch, Pohle, Zentralstelle für abproduktfreie Technologie in Lutherstadt Wittenberg, Enders, Gärtner, Ullsperger, Richter, Grill, Kreher)

Wissenschaftliches Kolloquium „Abproduktfreie Technologie": 13. Oktober 1982 (Lötzsch, Pohle, Wotte, Schubert, Seidel, Rudolf, Stief, Eifert, Florian, Brückel, Zimmermann, Weidlich, Zinke, Kossatz, Eichner, Roschlaub)

Wissenschaftliches Kolloquium „Abproduktfreie Technologie2: 06. Dezember 1984 in Dresden (Lötzsch, Noworyta, Koch, Schumann, Schröder, Weiß, Gorke, Fiedler, Streibel, Garbe, John, Strauß, Mescher, Haaken, Wotte, Härtung, Benkert, Mann, Trautwein, Kludas, Meyer)

Anhang 6: „Abproduktarme und abproduktfreie Technologie" Inhalt

1. Zu den gesellschaftlichen und volkswirtschaftlichen Bedingungen und Möglichkeiten (Manfred Schubert)
2. Methodische Grundlagen der abproduktarmen und abproduktfreien Technologie (Peter Lötzsch & Joris Wotte)
3. Zur Einführung der abproduktarmen und abproduktfreien Technologie in den Industriezweigen
   3.1. Chemische Industrie (Klaus Asperger)
   3.2. Abproduktarme Technologien in der Mineralsalzindustrie (Hans-Heinz Emons)
   3.3. Zur abproduktarmen und abproduktfreien Technologie in der Kohle- und Energiewirtschaft (Herbert Mohry)
   3.4. Metallurgische Industrie (Klaus Oppermann)
   3.5. Lebensmittel- und Nahrungsgüterindustrie (Hans-Jürg Raeuber)
4. Zur Einführung abproduktarmer und abproduktfreier Technologien (Manfred Schubert)

Anhang 7: Arbeitsberatungen und Vorstandssitzungen der AG (Z) Reinhaltung der Luft (RdL)

1. **02.04.1969**, Leipzig (Außenstelle der IZ Böhlen): 11 Teilnehmer, Gründung der Arbeitsgruppe Reinhaltung der Luft in der BTG, zur freiwilligen Gemeinschaftsarbeit in der chemischen und Kohleindustrie, Entwurf eines Arbeitsprogramms; Entstaubungstechnik, Immissionsmessgeräte, industrieeigene Messstellen, Vortragsveranstaltungen
2. **11.06.1969**, Böhlen (Hotel Bergmann): 15 Teilnehmer, thermisch-katalytische Abgasreinigung, Messkoffer 3a von Herrmann, Ionisationskammergerät, Vorbereitung des 1. LHK
3. **21.10.1969**, Schwarzheide-West (Wandelhof): 17 Teilnehmer, ökonomische Betrachtungen über Entfernung von Schwefel aus Rauchgasen und flüssigen Brennstoffen, Entstaubungsanlagen der Fa. Kreisel, Krauschwitz, Besichtigung der thermisch-katalytischen Abgasreinigung im Synthesewerk Schwarzheide
4. **18.03.1970**, Bitterfeld (Kulturpalast): 16 Teilnehmer, Immissionen im Raum Bitterfeld, Vortragsfolge des 2. LHK, Funktion des Luft- bzw. Emissionsbeauftragten, Drehbuch für einen Film über „Reinhaltung der Luft", Stand der Broschürenreihe „Technik und Umweltschutz", Kontakt mit dem FA „Hausschornsteine", Vorsitzender Helmut Frenzel am 27.05.1970

5. **11.11.1970**, Dresden: 22 Teilnehmer, Information über den Vortrag des Stellvertreters des Vorsitzenden des Ministerrates W. Titel am 10.09.1970 in Berlin, Bedarf und Bau von Emissions- und Immissionsmessgeräten, Vortragsfolge zum 3. LHK in Erfurt

6. **12.10 1971**, Cottbus: 25 Teilnehmer, Diskussion über die Bildung einer Kommission Umweltschutz in der KDT, Broschürenreihe „Technik und Umweltschutz", Vorbereitung des 4. LHK

7. **15.12.1971**, Leipzig: 26 Teilnehmer, Problemdiskussion über Industriemessnetze

8. **16.02.1972**, Cottbus: 22 Teilnehmer, Vorbereitung des 4. Lufthygienischen Kolloquiums

9. **28.06 1972**, Borna: 25 Teilnehmer, Immissionsprobleme im Raum Borna

10. **18.10.1972**, Muldenhütten: 26 Teilnehmer, Bericht Dr. Knaul über den Umweltschutz im Mansfeld-Kombinat und Ing. Meyer über das Bergbau- und Hüttenkombinat „Albert Funk" in Freiberg, Nach Übernahme der BTG in die KDT gelten die Berufungen für Mitglieder der AG (Z) RdL weiter. DEFA-Film „Luftreinhaltung", Befahrung der Hütte in Muldenhütten, Bericht Dr. Lux über Schädigungen der Land- und Forstwirtschaft durch metallurgische Betriebe

11. **30.05.1973**, Lauchhammer-Süd: 37 Teilnehmer, Bericht über die Probleme im VEB Braunkohlenkombinat Lauchhammer, hohe Staubbelastung aber geringe Schwefeldioxidbelastung, weitere Berufungen, Beginn der Lehrgänge für Umweltschutz, Befahrung der Braunkohlenhochtemperatur-Kokerei Lauchhammer

12. **02.10.1973**, Beratung des FA Entstaubungstechnik mit der chemischen Industrie im Kombinat „Otto Grotewohl" Böhlen: 29 Teilnehmer, Berichte von Quitter, Fritzsche, Doberschütz, Wiemann

13. **23.10 1973**, Warnemünde: 42 Teilnehmer, Beratung zum 5., 6. und 7. LHK, Weiterbildungslehrgänge in der KDT, 1973 fanden in den Bezirken Erfurt und Magdeburg Informationsveranstaltungen statt, Probleme der Umweltschutzkontrolle, Fragen der Standardisierung. Es erschienen 4 Hefte in der Broschürenreihe.

14. **06.03.1974**, Böhlen: 12 Teilnehmer, struktureller Aufbau und Kaderprobleme, neuer ehrenamtlicher Sekretär Peter Mielsch, Vorbereitung weiterer LHK, Erarbeitung einer Weiterbildungskonzeption, Arbeits- und Terminplan für 1974

15. **17.04.1974**, Hennigsdorf: 34 Teilnehmer, Vorträge über den Stand der Emissionen des Kombinates, Hauptemittenten sind die SM-Öfen, Stand der Messgerätetechnik, Messkoffer nach Herrmann dringender Bedarf, Spurenelementforschung an der Bergakademie Freiberg, Betriebsbefahrung

16. **29.05.1974**, Berlin: 10 Teilnehmer, Auswertung des 6. KDT-Kongresses, Wahl von Herbert Mohry ins Präsidium der KDT, Auszeichnungen von Mitgliedern mit der Ehrennadel in Bronze, Vorbereitung der Ausstellung zum 6. LHK

17. **26.07.1974**, Leipzig: 11 Teilnehmer, Aktivitäten der AG (Z) zum 25. Jahrestag der DDR, Vorbereitung zum 7. LHK, Gestaltung des Mitgliederlebens mit Ehegatten im November in Leipzig

18. **15.10 1974**, Cottbus: 9 Teilnehmer, Abstimmung zum 7. LHK in Suhl, Weiterbildung für Abgasbeauftragte, Bedarfseinschätzung für Phenol- und Formaldehyd-Messgeräte, 3. Informationstagung in Erfurt, Vorbereitung der Jahreskonferenz

19. **11.12.1974**, Leipzig, Jahreskonferenz der AG (Z) RdL: 45 Teilnehmer, Vortrag des Ministeriums für Umweltschutz und Wasserwirtschaft zu „Luftverunreinigung in der DDR", in der Diskussion wurden entsprechende Schlussfolgerungen gezogen, Erarbeitung von KDT-Empfehlungen, Durchführung von Emissionsmessungen an der Müllverbrennungsanlage in Berlin-Lichtenberg, Arbeitsplan 1975

20. **19.02.1975**, Berlin: 17 Teilnehmer, Abgasprobleme des Verkehrswesens, raucharme Brennstoffe für häusliche Feuerstätten, Berichterstattung der AG (B) Cottbus, Bildung einer AG „Arbeitsumwelt" unter der Leitung von Eberhard Stief

21. **23.04.**1975, Eisenhüttenstadt: 31 Teilnehmer, Betriebsbefahrung im EKO, lufthygienische Situation im Bezirk Frankfurt/Oder, Messnetz des Meteorologischen Dienstes der DDR, Bildung von weiteren Arbeitsgruppen, Vorbereitung des 7. LHK in Suhl

22. **20.05.**1975, Freiberg: 13 Teilnehmer, Berichterstattung des Industriezweiges „Kohle", Bericht der AG Emissionstechnik, Fachtagung „Lärmschutz" vom 12. bis 13.11.1075 in Cottbus; erste Fachtagung der AG (Z) Bodenschutz und Abproduktnutzung vom 14.bis 15.April 1976 in Leipzig, Leitungsmitglieder der AG (Z) unterstützen die AG (B) Reinhaltung der Luft in den Bezirken

23. **03.09.**1975, Leipzig: 15 Teilnehmer, Ablauf des 7. LHK in Suhl Diskussion zur Feingliederung des Buches „Reinhaltung der Luft"

24. **28.10.**1975, Suhl: 45 Teilnehmer, Einsatzmöglichkeiten der Ionisationsanalyse, Berufungen, Feingliederung zum Buch, Rundtischgespräch zum Buch, Einsatzmöglichkeit „Raucharmer Brennstoffe", Terminplan, Stand der Arbeiten in den Facharbeitsgruppen, Heft 11 der Broschürenreihe erschienen

25. **28.01.**1976, Leipzig: 17 Teilnehmer, Erfahrungsaustausch der AG (B), Berichte im Protokoll, Informationen zum 8. LHK in Halle/Saale

26. **07.04.**1976, Berlin: 22 Teilnehmer, Emissionsprobleme und Lösungsvorschläge im VEB Elektrokohle Lichtenberg, Betriebsbefahrung, Stand der Arbeiten in den Facharbeitsgruppen, Vorbereitung des 9. LHK, Fachtagung „Staubmessung für Arbeitshygiene und Umweltschutz" vom 2. bis 4.12.1976 in Dresden

27. **04.05.**1976, Schkopau: 37 Teilnehmer, Einführung in die Emissionsprobleme des Werkes, Besichtigung der HCl-Fabrik, Vortrag und Besichtigung der Feldversuchsstation für Immissionskunde mit Dr. Auersch

28. **17.06.**1976, Leipzig: 18 Teilnehmer, Gratulation zur Promotion von Karl Enders und Peter Peklo Entwurf des Orientierungsprogramms der AG (Z) RdL 1976 bis 1980, Buch „Reinhaltung der Luft", Vorbereitung der Wissenschaftskonferenz im I. Quartal 1977 in Warnemünde

29. **30. 08.**1976, Halle/Saale: 55 Teilnehmer, Ausführungen zu Emissionsgrenzwerten, Gasanalysator, Stand zur Weiterbildung von Abgasbeauftragten, Schlüssel zur Vergütung von Neuerervorschlägen, Symposium „Verhütung und Bekämpfung von Ölhavarien" vom 24. bis 26.11. in Rostock

30. **12.10.**1976, Leipzig: 18 Teilnehmer, struktureller Aufbau der AG (Z), BSB, FAG, IFG, AG (B), Heinz Krause scheidet aus gesundheitlichen Gründen aus, Vorbereitung des interdisziplinären Erfahrungsaustausches auf dem Gebiet der Forschung zur „Reinhaltung der Luft" vom 28.03. bis 02.04.1977 in Warnemünde, Bildung einer AG Geruchsemissionen Dr. Peklo und Dr. Hofmann

31. **02.12.**1976, Dresden: 45 Teilnehmer, Ausführungen über die Entwicklung auf dem Gebiet des Umweltschutzes, insbesondere der Reinhaltung der Luft durch Vertreter des Ministeriums für Gesundheitswesen im Hinblick auf die Zusammenarbeit mit den Gremien der KDT von Dr. med. Lüderitz, Expertenberatungen in Lauchhammer und in Espenhain

32. **19.01.**1977, Leipzig: 14 Teilnehmer, neuer ehrenamtlicher Sekretär Dipl.-Phys. Dieter Lippold, Berichte über die Arbeit der Fachgruppen, gravimetrische Bestimmung des Staubgehaltes ist noch Stand der Technik, Vorbereitung des 9. LHK vom 10. bis 12.11.1977 in Berlin

33. **18.05.**1977, Pumpspeicherwerk Hohenwarte, Sitz Hohenwarte: 15 Teilnehmer, Information über Auswirkungen des Pumpspeicherbetriebs an die Umwelt, Betriebsbefahrung, Statistische Analyse der raumzeitlichen Struktur des Feldes der Staubkonzentration

34. **08.06.**1977, Leipzig: 9 Teilnehmer, Präzisierung des Orientierungsprogramms 1976 bis 1980, Beratung von Kaderfragen, Auszeichnungsvorschläge, Abstimmung zum 10. LHK in Berlin, Vorbereitung weiterer LHK

35. **14.09.**1977, Kraftwerk Thierbach: 52 Teilnehmer, Information über Wärmekraftwerke, insb. Kraftwerk Thierbach, Betriebsbegehung, zum KDT-Fernkurs Umweltschutz sind die zentralen

Vorbereitungen erfolgt, vom 09. bis 13. 01 1978 findet in Klink/Müritz die Wissenschaftskonferenz „Reinhaltung der Luft" statt

36. **23.09.1977**, Kernkraftwerk Rheinsberg: 61 Teilnehmer, Einführungsvortrag, Besichtigung des KKW-Modells und -Tramers, Befahrung des Kernkraftwerkes, Information zur Broschürenreihe „Technik und Umweltschutz"

37. **30.11.1977**, Leipzig: 27 Teilnehmer, Aufgabenstellungen für die Arbeitsgruppen, Auswertung des 9. LHK, KDT-Lehrgang Umweltschutz, Konzipierung des 10. und 11. LHK, Maßnahmen über die Zusammenarbeit der KDT-Gremien mit anderen gesellschaftlichen Gremien

38. **09.03.1978**, Leipzig: 22 Teilnehmer, Verstärkter Einsatz der Mikroelektronik, Rechenschaftslegung der AG (B) und FAG, Auswertung der wissenschaftlichen Beratung in Klink, KDT-Lehrgang „Umweltschutz", Vorbereitung 10. LHK, Konzipierung des 11. LHK, am 25.05.1978 findet in Ilmenau die I. Fachtagung „Reinhaltung der Luft" als Gemeinschaftsveranstaltung der Bezirke Erfurt, Gera und Suhl statt

39. **19.04.1978**, Leipzig: 7 Teilnehmer, KDT-Fernkurs „Umweltschutz" läuft in fast allen Bezirken an, Zusammenarbeit der AG (Z) RdL mit den Fachverbänden und wissenschaftlich-technischen Gesellschaften, Vorbereitung der Exkursion ins Zementwerk Deuna

40. **14.06. bis 15.06** 1978, Mühlhausen: 21 Teilnehmer, Vorbereitung der Jahreskonferenz 1978 der AG (Z) RdL am 5.12.78, Bericht der FAG Land- und Forstwirtschaft, Konzipierung des 11. und 12. LHK, Informationen über Emissionsprobleme in der Kaliindustrie, Betriebsbefahrung

41. **20.09.1978**, Leipzig: 13 Teilnehmer, Jahreskonferenz der Kommission Umweltschutz, Programm des 11. LHK und der Wissenschaftlichen Tagung zum 10. Jahrestag des Bestehens der AG (Z) RdL, Grenzwertbescheide in der Baustoffindustrie, Erfüllungsstand zum Orientierungsprogramm

42. **05.12.1978**, Dresden: 130 Teilnehmer, Plenartagung der AG (Z) „Reinhaltung der Luft", Vortragende: Thoms, Theodor, Kolbig, Knauer, Lötzsch, Mohry

43. **13.12.1978**, Leipzig: 9 Teilnehmer, Auswertung des 7. KDT-Kongresses, Arbeitsplan 1979, Konzeption zum 11. LHK bestätigt. Einheitsmethodik zur Messung von Luftverunreinigungen

44. **28.02.1979**, Leipzig: 15 Teilnehmer, Diskussion über den atmosphärischen Schadstofftransport, I. Entwurf des Forums „Sozialistischer Wettbewerb und Masseninitiative"

45. **16.05.1979**, Leipzig: 30 Teilnehmer, Mikroelektronik und Reinhaltung der Luft, Vorbereitungen zum 11. LHK in Magdeburg, Manuskripte des Buches „Reinhaltung der Luft" liegen vor

46. **16.10.1979**, Magdeburg: 75 Teilnehmer, Wissenschaftliches Kolloquium anlässlich des 10-jährigen Bestehens der AG (Z) RdL, Vortragende: Mohry, Höntzsch, Lötzsch, Lauterbach, Schubert, Thielebeule, Großer, Hörn, Junghans, Riedel

47. **05.12.1979**, Leipzig: 23 Teilnehmer, internationale Zusammenarbeit mit Ingenieurorganisationen sozialistischer Länder, Probleme der Bioindikation, Berufungen

48. **12.03.1980**, Leipzig: 23 Teilnehmer, Auswertung der II. Wissenschaftlichen Konferenz vom Januar 1980, Problemkette Schwefeldioxid, Bericht von Joris Wotte zur abproduktfreien Technologie, Vorbereitung des 12. LHK

49. **23.04.1980**, Gera: 12 Teilnehmer, Arbeitsergebnisse 1979 und Arbeitsplan 1980, Vorbereitung des 12. LHK und der Beratung der Vertreter sozialistischer Länder zur Problematik „Reinhaltung der Luft" vom 11. bis 15.11.1980

50. **11.06.1980**, Leipzig: 15 Teilnehmer, Problematik „Reinhaltung der Luft" in der Glasindustrie, Arbeitsergebnisse der FAG, IFG und AG (B), Konzipierung des 13./14. LHK

51. **17.09.1980**, Espenhain: 21 Teilnehmer, Einführung in die Umweltschutzproblematik des VEB Braunkohlen-Kombinat Espenhain, Betriebsbefahrung, Hochhalde Trages

52. **12.11.**1980, Gera: 32 Teilnehmer, Diskussionsbeiträge der Ministerien für Umweltschutz und des Gesundheitswesens, Kurzberichte der Fachgruppen, Beiträge der Vertreter aus der CSSR, Polen und Ungarn Exkursion mit den ausländischen Gästen im Thüringer Land

53. **19.12.**1980, Berlin: 28 Teilnehmer, Probleme des Umweltschutzes in der metallurgischen Industrie, Fachvortrag „Der Wasser-pH-Wert als Zeiger für Kombinationswirkungen von gas- und staubförmigen Immissionen", Präzisierung des 13. LHK, Auswertung der Weiterbildung in den Bezirken

54. **11.03.**1981, Leipzig: 25 Teilnehmer, Auswertung der Beratung des Sekretärs für Wissenschaft und Technik, Rudi Höntzsch mit den Vorsitzenden der AG (Z), Langfristige Konzeption der AG (Z), Bericht der FAG und AG (B), Erarbeitung von Lehrbriefen für den KDT-Lehrgang „Umweltschutz", Wissenschaftliche Tagung der Sektion Forstwirtschaft der TU Dresden findet vom 14.-16. Oktober 1981 in Tharandt statt

55. **26.03.**1981, Gera: 20 Teilnehmer, Vortrag zum Gasturbinenkraftwerk, Befahrung der Anlage

56. **25.06.**1981, Markkleeberg: 23 Teilnehmer, Vorbereitung des 13. und 14. LHK, das Gemeinschaftswerk der AG (Z) RdL, das Buch ist im Mai 1981 erschienen, die Publikation „Staubbekämpfung in der Silikatindustrie" wird zum Druck vorbereitet, Besuch der agra

57. **06.11.**1981, Scheibenmühle, Sächsische Schweiz: Beratung der Vorsitzenden der AG (Z) mit dem Präsidenten der KDT Manfred Schubert und dem Sekretär für Wissenschaft und Technik Rudi Höntzsch

58. **26.11.**1981, Dresden: 36 Teilnehmer, Auswertung der Arbeitsberatung von Scheibenmühle, Auszeichnungen, Berufungen, Strukturelle Gliederung der AG (Z) RdL in 15 FAG, 12 IFG, 15 AG (B), Erarbeitung einer langfristigen Konzeption der AG (Z) RdL, Arbeitsplan 1982, Auswertung der lufthygienischen Situation in der DDR, Vortrag von Horst Dietz zum Stand der Sorptionsverfahren, Auswertung des RGW-Symposiums „Abproduktfreie Technologie" in Sofia, Emissionsgrenzwerte für Kraft- und Heizwerke, Expertise über mögliche Zusammenhänge zwischen Ammoniakemissionen aus der Landwirtschaft und den Schwefeldioxidemissionen, Dokumentation zum IfE-Verfahren zur Rauchgasentschwefelung

59. **10.03.**1982, Leipzig: 37 Teilnehmer, Stand und Strategie zur Rauchgasentschwefelung in der DDR, Berufungen und personelle Veränderungen, Auswertung der Konferenz in Kladqo, Postgradualstudium „Reinhaltung der Luft" an der Technischen Hochschule „Carl Schorlemmer" Leuna-Merseburg, verschiedene Informationen

60. **19.05.**1982, Neubrandenburg: 35 Teilnehmer, Umweltprobleme in der Land- und Forstwirtschaft, Beitrag zum Ammoniak-, Schwefeldioxid-Effekt, Langfristige Konzeption der AG (Z), Forschungskoordinierung „ Reinhaltung der Luft", Vorbereitung des 15. und 16. LHK, Bericht über die Arbeit der AG (B) Neubrandenburg, KDT-Standpunkt „Lufthygienische Situation im Bezirk Schwerin"

61. **01.bis 07.11.**1982, Luftkurort Lückendorf: 28 Teilnehmer, Wissenschaftliche Veranstaltung und Vorstandssitzung, langfristige Konzeption, KDT-Empfehlung „Aufgaben und Stellung des Umweltschutzbeauftragten", KDT-Standpunkte zur lufthygienischen Situation in einigen Bezirken der DDR, Weitere Gestaltung der Broschürenreihe, Beitrag zur Geschichte auf dem Gebiet des Umweltschutzes, Lehrbriefe zur Weiterbildung liegen vor

62. **09.03.**1983, Leipzig: 36 Teilnehmer, Vortrag zur Strategie der Karbochemie, Kosten-Nutzen-Analyse von Korrosionsschutzmaßnahmen, Tätigkeit der FAG, IFG, AG (B), Postgradualstudium an der TH Leuna-Merseburg

63. **15.06.**1983, Leipzig-Leutzsch: 31 Teilnehmer, Fachvortrag zur Gießereitechnik, Betriebsbefahrung VEB Elektrostahlgießerei, Vorbereitung der wissenschaftlichen Veranstaltung in Dümmer bei Schwerin, KDT-Richtlinie „Staubemissionsmessung" liegt vor

64. **11.10.1983**, Frankfurt/Oder: 37 Teilnehmer, Vortrag zur Wirbelschichttechnik, Vorbereitung des 16. LHK, Terminplan, Information über Veranstaltungen

65. **21.12.1983**, Leipzig: 36 Teilnehmer, Vortrag über die Energieträgerumstellung in der DDR, der Vorstand trennte sich von einigen inaktiven Mitgliedern, Bestätigung des Arbeitsplanes 1984

66. **10.04.1984**, Leipzig: 46 Teilnehmer, Umweltpolitik in der DDR, Vortrag „Die Luftverschmutzung als ein epidemiologischer Faktor für das Bronchialkarzinom, Untersuchungen zur Emission von Stickoxiden braunkohlegefeuerter Dampferzeuger", Konzipierung des 17. LHK, KDT-Empfehlung „Turnusmäßige Überprüfung und Einstellung von Vergaser-, Zünd- und Einspritzpumpenanlagen an Kfz zur Energieeinsparung und Schadstoffreduzierung" liegt gedruckt vor.

67. **13.06.1984**, Zschornewitz: 25 Teilnehmer, Entwicklung des Kraftwerkes Zschornewitz, Vorbereitung der wissenschaftlichen Konferenz in Schwerin, IFG Glasindustrie hat Studie über Emissionen erarbeitet, Erarbeitung der Standards über manuelle Immissions- und Emissionsmessmethoden ist abgeschlossen, Befahrung des Kraftwerkes und der Gasturbinenanlagen

68. **29.10.1984**, Dümmer bei Schwerin: 40 Teilnehmer, Territorialaktivitäten der Bezirke Rostock, Schwerin, Neubrandenburg sowie der Bezirke Erfurt, Gera, Suhl, Vorbereitung des 17. LHK, Arbeitsplan 1985, Tagungen mit der polnischen Ingenieurorganisation NOT

69. **06.03.1985**, Leipzig: 31 Teilnehmer, Information über Horizontalelektroabscheider kleiner Baugrößen, Information über „Maßnahmen zur Wertstoffgewinnung und zur Erhöhung der Energieausbeute durch Rauchgasentschwefelung", Programm des 17. LHK

70. **11. und 12.06.1985**, Weißwasser: 28 Teilnehmer, Vortrag zur Technologie der Glasherstellung und der Auswirkungen auf die Umwelt, Betriebsbefahrung VEB Spezialglaswerk „Einheit", Informationsveranstaltung im Kraftwerk Trattendorf, Konzipierung des 17. LHK,

71. **12.11.1985**, Gera: 41 Teilnehmer, Erläuterung der Aufgaben und Struktur zur neu geschaffenen „Staatlichen Umweltinspektion" (StUI), Diskussion zum unbefriedigenden Stand des Ausstattungsgrades von Messgeräten, Vorbereitung des 18. LHK, Arbeitsplan 1986, Vortrag über das Düngemittelwerk Rostock

72. **17.03.1986**, Magdeburg: 45 Teilnehmer, Stand und Entwicklung der Verbrennungstechnologie, Untersuchungen von trockenen Depositionen in der DDR, Zusammenstellung von Rechtsvorschriften zum Umweltrecht

73. **22.05.1986**, Radebeul: 33 Teilnehmer, Information des MUW zur Rauchgasentschwefelung in der DDR, Manfred Hoffmann informierte über die Havarie im Kernkraftwerk Tschernobyl, Vortrag über Prozesse in der Glasindustrie

74. **23.09.1986**, Erfurt: 38 Teilnehmer, Fachvortrag „Pseudokrupp und Luftverunreinigungen", Stadtführung, Auszeichnungen, wissenschaftliche Konferenz im November 1986 in Binz vorbereit., Einflüsse der Luftverunreinigung auf den Wald

75. **25. bis 26.11.1986**, Binz: 59 Teilnehmer, Journalistischer Wettbewerb, Auszeichnungen und Berufungen, „Ordnung für die Erarbeitung und Herausgabe von KDT-Richtlinien und KDT-Empfehlungen", Arbeitsplan 1987, Broschürenreihe „Technik und Umweltschutz" ist bis Publikation 33 erschienen, Werbung von jungen Fachleuten und Frauen für die Mitarbeit in der AG (Z) RdL, Vortrag über Schadstoffbelastung der Atemluft, Information über die Reaktorhavarie im KKW Tschernobyl Wissenschaftliche Konferenz vom 26.11. bis 29.11.1987

76. **18.03.1987**, Halle/Saale: 37 Teilnehmer, Information über Umweltschutz im Bezirk Halle, Kontrolle der Verpflichtungen der Arbeitsgruppen, Stand der Entstaubungstechnik

77. **16. bis 17.06.1987**, Suhl: 34 Teilnehmer, Information über die lufthygienische Entwicklung im Thüringer Wald, Ursachen der neuartigen Waldschäden, Stickoxidproblematik, Fernwärmeversorgung der Stadt Suhl, Befahrung des Heizwerkes Suhl-Struth

78. **01.09.1987**, Schwerin: 41 Teilnehmer, Ehrung des verstorbenen Präsidenten der KDT Manfred Schubert, Aufgaben des Umweltschutzes im Bezirk Schwerin, Nutzung von Geothermalwärme,

Berufung von Mitarbeitern des Zentrums für Umweltgestaltung Berlin in die AG (Z), Konzipierung des 20. LHK, Umgang der MIK-Werte

79. **09.12.1987**, Dresden: 32 Teilnehmer, Auswertung des 9. KDT-Kongresses und der Aktivtagung der Kommission Umweltschutz, Berichterstattung der FAG, IFG und AG (B), Filternde Abscheider für große Gasmengen, Anforderungen an die Entstaubungstechnik, Vorbereitung der LHK „Biotechnologie" und „Mikroelektronik"

80. **16.03.1988**, Leipzig: 37 Teilnehmer, Vorbereitung der Wissenschaftlichen Konferenz in Eisenach, Stand der Rauchgasentschwefelung und Ableitung von Aufgaben für die AG (Z)

81. **15.06.1988**, Weimar: 35 Teilnehmer, Bestätigung des Programms der Wissenschaftlichen Konferenz in Eisenach, Stand zur Weiterbildung, „Werkstoffe für Rauchgasentschwefelungsanlagen", Vortrag über akute Wirkungen von Luftverunreinigungen, Vortrag zum Porzellanwerk Veilsdorf

82. **20. bis 21.09.1988**, Cottbus: 34 Teilnehmer, Auswertung der 33. Beratung des Beirates „Umweltschutz" beim Ministerrat, Vorbereitung des 20.und 21. LHK, Einführungsvortrag zum Kraftwerk der Jugend „Wilhelm Pieck" Jänschwalde, Betriebsbefahrung

83. **22.11.1988**, Eisenach: 38 Teilnehmer, Auswertung der Beratung der Präsidentin der KDT, Dagmar Hülsenberg, Abrechnung der Aufgaben 1988 und Planung 1989, KDT-Empfehlung zur Vergütung von Neuererleistungen auf dem Gebiet der Luftreinhaltung

84. **03.04.1989**, Halle/Saale: 52 Teilnehmer, Ablauf des 20. LHK „Biotechnologie und Luftreinhaltung", Wettbewerbsprogramm und Schwerpunktaufgaben, Erarbeitete KDT-Empfehlungen, Vorbereitung der Vorstandssitzung im Juni 1989 in Torgau

85. **20. bis 21. Juni 1989**, Torgau: 43 Teilnehmer, Begrüßungsansprachen zum 20-jährigen Bestehen der AG (Z) RdL. Gesellschaftspolitische Diskussionsrunde zum Thema „Wie weckt und stärkt DDR- Gegenwartsliteratur Umweltbewusstsein?" mit dem Stellvertreter des Ministers für Kultur Klaus Höpcke, Vortrag von Dr. Mohry zum Beitrag der AG (Z) RdL zur Verbesserung des Umweltschutzes, Befahrung des VEB Flachglaskombinates Torgau, Befahrung des Kohleumschlagplatzes und des Hafens Torgau

86. **18.10.1989**, Leipzig: 36 Teilnehmer, Auszeichnung der AG (Z) RdL mit der Ernst-Abbe-Medaille der KDT als erste und einzige Zentrale Arbeitsgemeinschaft, Weiterbildungen in den Bezirken, Empfehlungen der KDT an das Ministerium für Umweltschutz und Wasserwirtschaft weitergeleitet, Fachvortrag zum Erdgaseinsatz in Blockheizwerken

87. **28.11.1989**, Weimar: 47 Teilnehmer, Neuordnung von Politik und Wirtschaft in der DDR, Auszeichnungen, Erfüllungsstand von Schwerpunktaufgaben und Weiterbildungsmaßnahmen, Diskussion zum Erneuerungsprozess der Gesellschaft

88. **26.02.1990**, Bitterfeld: 14 Teilnehmer, Vorbereitung zum außerordentlichen KDT-Kongress am 24.03.1990, Diskussion zur Zusammenarbeit mit der VDI-Kommission „Reinhaltung der Luft", Dr. Mohry war Mitte Februar 1990 beim VDI in Düsseldorf, VDI-Richtlinien zur „Reinhaltung der Luft" liegen beim Vorsitzenden vor

89. **04.04.1990**, Leipzig: 34 Teilnehmer, Bericht über den außerordentlichen KDT-Kongress vom 24.03.1990, Vorbereitung der Zusammenarbeit der AG (Z) Reinhaltung der Luft beim Präsidium der KDT mit der Kommission „Reinhaltung der Luft" beim VDI, Präsentation der Fa. Krantz, Anlagenbau Aachen über Blockheizkraftwerke auf Gas- und Ölbasis, Verwertung über Reststoffe aus Gasreinigungsverfahren, Vorbereitung des 22. LHK

90. **17. bis 19.04.1990**, Ruhla: 56 Teilnehmer, die Veranstaltung verlief nach vorgesehenem Programm in einer freundschaftlichen Atmosphäre, über die Veranstaltung gibt es einen umfangreichen Ergebnisbericht

91. **28.05.1990**, Leipzig: 33 Teilnehmer, Auswertung der 88. Arbeitsberatung in Ruhla, die derzeitige strukturelle Gliederung der AG (Z) RdL wird überarbeitet, ab 01.07.1990 werden die Umweltvorschriften der BRD auch für die DDR in Kraft gesetzt, Aufnahme von DDR-Spezialisten in be-

stehende VDI-Arbeitsgruppen, es wurde ein vollständiges VDI-Richtlinienwerk zur „Reinhaltung der Luft" übergeben, im November 1990 wird in Scheibenmühle eine Schulung zum Umweltrecht durchgeführt, mit der Juli-Ausgabe 1990 stellt die „Technische Gemeinschaft" TG der KDT ihr Erscheinen ein, an ihre Stelle wird „Ingenieurmagazin" mit einem Informationsblatt durch die KDT herausgegeben

92. **13. bis 16.11.1990**, Heeselicht über Stolpen: 39 Teilnehmer, Aufgaben zum Umweltschutz in den neuen Bundesländern, Struktur der in „Kommission Reinhaltung der Luft" umbenannten AG (Z) RdL, Auszeichnungen, Ökoförderpreis an die Kommission Reinhaltung der Luft in Thüringen (*Foto 7*)

93. **10.07.1991**, Leipzig: 30 Teilnehmer, Vielzahl von Informationen: Titelschutz „Ingenieur", Altersversorgung, KDT-Satzung, Congress in Erfurt im Oktober 1991 u.a.m.

94. **10.12.1991**, Leipzig: 16 Teilnehmer, Umweltschutz aus der Sicht der Energie der Industrie und Kommunen, zur Arbeit der Umwelttechnischen Gesellschaft (UTG), Vortrag über neue Methoden der Entstaubungstechnik, Informationen über Technikfolgenabschätzung.

Foto 7: Teilnehmer an der Tagung in Heeselicht (November 1990). Quelle: Archiv Mohry

Anhang 8: Lufthygienische Kolloquien (ausgewählte Referenten)

1. **Lufthygienisches Kolloquium**: Einige Grundfragen der Reinhaltung der Luft in der DDR (Böer, Löschau, Oehler) am 11. und 12. Dezember 1969 in Leipzig

2. **Lufthygienisches Kolloquium**: Reinhaltung der Luft unter medizinischen Aspekten (Horn, Hünigen, Warmbt) am 28. Mai und 29. Mai 1970 in Karl-Marx-Stadt

3. **Lufthygienisches Kolloquium**: Aufgaben des Gesundheitswesens (Großer, Paluch, Herrmann, Däßler, Bakacs) vom 4. bis 6. Mai 1971 in Erfurt

4. Lufthygienisches Kolloquium: Luftreinhaltung und Energiewirtschaft (Tomczak, Grunow, Waldmann, Manig, Quitter) vom 10. bis 12. Mai 1972 in Cottbus

5. Lufthygienisches Kolloquium: Übersichtsbeiträge von Thoms, Leibnitz, Schubert, Nindelt, Werner, Horn, A. Lehmann vom 24. bis 26. Oktober 1973 in Warnemünde

6. Lufthygienisches Kolloquium: Luftreinhaltung und Metallurgie (Graf, Schwabe, Junghans, Altnickel, Meyer) vom 19. bis 21. Juni 1974 in Frankfurt/Oder

7. Lufthygienisches Kolloquium: Weiterbildung auf dem Gebiet Reinhaltung der Luft (Riedel, Mohry, Schindler, Jugel) vom 29. bis 31. Oktober 1975 in Suhl

8. Lufthygienisches Kolloquium: Lösungswege zur Luftreinhaltung in Chemiebetrieben (Kozyk, Lohs, Eremit, Rieger) vom 31. August bis 2. September 1976 in Halle/Saale

9. Lufthygienisches Kolloquium: Energie und Umweltschutz (Rammler, Krause, Ufer, Hedrich, Fratzscher, Piske) vom 10. bis 12. Dezember 1977 in Berlin

10. Lufthygienisches Kolloquium: Umweltschutz in der Baumaterialienindustrie (von Ardenne, Oehlert, Tschirpke, Müller) am 6. und 7. Dezember 1978 in Dresden

11. Lufthygienisches Kolloquium: Luftreinhaltung und Verkehr (Wöstenfeld, Scholwin, Burkhardt, Prietsch, Jaskulla) am 17. und 18. Oktober 1979 in Magdeburg

12. Lufthygienisches Kolloquium: Stand und Tendenzen zur Reinhaltung der Luft (Lütke, Theodor, Stief, Nindelt, Lukas) am 13. und 14. November 1980 in Gera

13. Lufthygienisches Kolloquium: Umweltschutz durch rationelle Energieanwendung (Seifert, Mohry, Kluge, Wilsdorf, Michel) am 27. und 28. November 1981 in Dresden

14. Lufthygienisches Kolloquium: Umweltschutz in der Land- und Forstwirtschaft (Rüthnick, Däßler, Lauterbach, Eich) am 20. und 21. Mai 1982 in Neubrandenburg

15. Lufthygienisches Kolloquium: Reinhaltung der Luft und Umweltgestaltung in Produktionsbereichen (Lausch, Stief) am 12. und 13. Oktober 1983 in Frankfurt/Oder

16. Lufthygienisches Kolloquium: Erkenntnisse zur Reinhaltung der Luft (Wetzel, Hörich, Möller, Kunka, Kümmel) am 11. und 12. April 1984 in Leipzig

17. Lufthygienisches Kolloquium: Luftreinhaltung in der Silikatindustrie und Rauchgasentschwefelung (Hörich, Scheibe) am 13. und 14. November 1985 in Gera

18. Lufthygienisches Kolloquium: Verminderung von SO- und NO-Emissionen (Peters, Möller, Kind, Scheibe, Hellwig) am 18. und 19. März 1986 in Wolmirstedt

19. Lufthygienisches Kolloquium: Verminderung von SO-Emissionen und von geruchsintensiven Stoffen (Peklo, Heinz) am 2. und 3. September 1987 in Schwerin

20. Lufthygienisches Kolloquium: Biotechnologie und Luftreinhaltung (Pöhland, Beck, Engshuber, Voß, Lotze, Peklo) am 4. und 5. April 1989 in Halle/Saale

21. Lufthygienisches Kolloquium: Mikroelektronik und Luftreinhaltung (Hülsenberg, Hillig, Sieckmann, Prischmann) am 29. und 30. November 1989 in Weimar

22. Lufthygienisches Kolloquium: Verminderung der lufthygienischen Belastung durch Veränderung des Energieträgers am 29. und 30. Mai 1990 in Leipzig

Anhang 9: Facharbeitsgruppen (FAG)

Atmosphärenchemie: Detlef Möller (Berlin, Akademie der Wissenschaften, Heinrich- Hertz- Institut)

Aufwand-Ergebnis-Vergleich: Herbert Schindler (Berlin), Peter Pichl (Berlin, Akademie der Wissenschaften)

Deutsche Reichsbahn: Herbert Burkhardt (Berlin), Günter März (Berlin, Generaldirektion Deutsche Reichsbahn)

Emissionskontrolle: Gerhard F. Müller (Halle-Neustadt, Staatliche Umweltinspektion Halle/Saale)

Emissionsmesstechik: Harry Günther (Halle/Saale), Matthias Pilz (Staatl. Umweltinspektion Gera)

Entstaubung: Lothar Zimmermann (Leipzig, VEB Entstaubungsanlagenbau Leipzig)

Geruchsintensive Stoffe: Peter Peklo (Leipzig, VEB Chemisches Kombinat Bitterfeld)

Immissionsüberwachung: Günter Herrmann (Dresden, Meteorologisches Observatorium Wahnsdorf), Helmut Bredel (Leipzig, Bezirkshygieneinstitut Leipzig)

Kfz-Emissionen: Edmund Hünigen (Berlin), Wolfgang Prietsch (Berlin, Abgasprüfstelle der DDR Berlin-Adlershof)

Kommunalbereich: Hermann Kahl (Berlin, Bezirkshygieneinspektion Berlin), Siegfried Dehne (Leipzig, VEB Ingenieurbetrieb der Energieversorgung)

Korrosion: Josef Sommer (Dresden), Harald Reutler (Freiberg), Edgar Schober (Berlin, Bauakademie der DDR Berlin)

Land- und Forstwirtschaft: Herbert Lux (Freital, TU Dresden, Bereich Pflanzenchemie)

Meteorologie und Ausbreitung: Wolfgang Warmbt (Radebeul), Angela Lehmann (Potsdam), Eberhard Hüttner (Radebeul), Bernd Schneider (Coswig bei Dresden, Meteorologisches Observatorium Wahnsdorf)

MIK-Werte: Alfred Hellwig (Magdeburg, Bezirkshygieneinspektion Magdeburg)

Schwefeldioxid u. Abgasentschwefelung: Kurt Kny (Dresden, VEB Kraftwerksanlagenbau Dresden), Rudolf Scheibe (Leipzig, Institut für Energetik Leipzig)

Sorption und Oxidation: Horst Dietz (Merseburg), Richard Wenske (Dresden, VEB Chemieanlagenbau Dresden), Dietmar Heinz (Halle/Saale, Technische Hochschule Leuna-Merseburg)

Stickstoffoxide: Rudolf Kind (Merseburg, Technische Hochschule Leuna-Merseburg), Dietmar Heinze (Kombinat Braunkohlenkraftwerke)

TUL-Prozesse im Kohlehandel: Jochen Liebig (Leipzig), Ulf Krüger (Magdeburg, VEB Kohlehandel Magdeburg)

Verkehrswesen: Helmut Walter (Berlin, Ministerium für Verkehrswesen)

Anhang 10: Industriefachgruppen

Ausgewählte chemische Prozesse: Werner Wischnewski (Leipzig, Forschungsleitzentrum der chemischen Industrie)

Baumaterialien: Hans Freihammer (Dessau, VEB Zementanlagenbau Dessau), Wolfgang Müller (Weimar, Institut für Bau- und Grobkeramik Weimar)

Braunkohle: Heinz Krause (Senftenberg, VVB Braunkohle Senftenberg)

Elektronik: Hartmut Sieckmann (Weimar, VEB Robotron-Rationalisierung Weimar)

Galvanotechnik: Gotthard Kirschen (Markkleeberg, VEB Galvanotechnik Leipzig)

Gießereien: Rudolf Hering (Pirna, VEB Gießerei Copitz)

Glas: Udo Zaunick (Radebeul, VEB Glasinvest Radebeul)

Kali: Heike Liebmann (Sondershausen), Joachim Schramm (Sondershausen, VEB Kombinat Kali Erfurt)

Keramik: Hermann Hörich (Weinböhla, AWZ Meißen)

Kernenergie: Manfred Hoffmann (Dresden, AdW der DDR, Zentralinstitut für Kernforschung, Rossendorf)

Kohleveredlung: Günter Kreher (Hoyerswerda, VE Gaskombinat Schwarze Pumpe), Eva-Maria Palmer (Profen, VEB Braunkohlenveredlung Espenhain)

Kraftwerke: Dieter Kahl (Burg/Spreewald), Dietmar Heinze (Bärenklau, VE Kombinat Braunkohlen-kraftwerke Jänschwalde)

NE-Metalle: Manfred Meyer (Freiberg, VEB Bergbau- und Hüttenkombinat „Albert Funk" Freiberg), Wolfgang Knaul (Freiberg, Forschungsinstitut für NE-Metalle Freiberg)

Schwarzmetallurgie: Karl Homfeldt (Rudolstadt, VEB Maxhütte Unterwellenborn), Ferdinand Erdlen (Markkleeberg, VEB Ferrolegierungswerk Lippendorf)

Territoriale Wärmeversorgung: Martin Six (Erfurt, VEB Energiekombinat Erfurt)

Wismut: Günter Ducke (Karl-Marx-Stadt, Generaldirektion der SDAG Wismut)

Anhang 11: AG (B) Reinhaltung der Luft

AG (B) Berlin: Eberhard Stief (Berlin), Thomas Hucke (Berlin, Zentrum für Umweltgestaltung)

AG (B) Cottbus: Karl Kinne (Spremberg, VEB GSP, Kraftwerk Trattendorf)

AG (B) Dresden: Hans-Günther Däßler (Freital), Eberhard Ewert (Dresden, TU Dresden, Bereich Pflan-zenchemie)

AG (B) Erfurt: Kurt Schwinkowski (Erfurt, Bezirkshygieneinspektion Erfurt)

AG (B) Frankfurt/Oder: Dietrich Grams (Frankfurt/Oder), Marianne Borchert (Schulze) (Staatliche Umweltinspektion Frankfurt/Oder)

AG (B) Gera: Jörg Lotze (Gera, Staatliche Umweltinspektion Gera)

AG (B) Halle/Saale: Wolfgang Rieger (Merseburg, VEB Chemische Werke Buna)

AG (B) Karl-Marx-Stadt: Bernd Schütze (Zwickau, Bezirkshygieneinspektion Zwickau)

AG (B) Leipzig: Klaus Göthel (Borna, VEB Braukohlenwerk Borna)

AG (B) Magdeburg: Volker Gartemann (Staatliche Umweltinspektion Magdeburg)

AG (B) Neubrandenburg: Wolfgang Raudies (Neubrandenburg, VEB Pharma Neubrandenburg)

AG (B) Potsdam: Joachim Reinecke (Potsdam), Dr. Wolf (Potsdam, Deponie Schöneiche)

AG (B) Rostock: Wilhelm-Sibrand Scheel (Rostock, Universität Rostock), Jürgen Stolzenburg (Rostock, Bezirkshygieneinspektion), Helga Böhm (Gelbensande, VEB Düngemittelwerk Rostock)

AG (B) Schwerin: Heinz Langanke (Schwerin, VEB Energiekombinat Schwerin)

AG (B) Suhl: Siegfried Kalbe (Bad Salzungen), Hubert Schmidt (Suhl, Bezirkshygieneinspektion Suhl), Manfred Waldheim (Bad Salzungen, VEB Kaliwerk „Werra" Merkers)

Anhang 12: KDT-Richtlinien und -Empfehlungen

KDT-Empfehlung „Turnusmäßige Überprüfung und Einstellung von Vergaser-, Zünd- und Einspritz-pumpenanlagen an Kraftfahrzeugen zur Energieeinsparung und Schadstoffreduzierung" 1983, AG (Z) RdL, FAG Verkehr und TUL-Prozesse

KDT-Lehrgang Abgasbeauftragter, „Emissionsverminderung an Kraftfahrzeugen", AG (Z) RdL, FAG KFZ-Emissionen, 1989

KDT-Richtlinie 044/71 „Empfehlung für die Begriffsbestimmung der Staubbekämpfung", FA Staubbe-kämpfung im FV Bergbau

Information für die Durchführung von „Emissions- und Immissionsmessungen", Bezirksfachausschuss „Reinhaltung der Luft", Bezirk Cottbus

Richtlinien für das „Betreiben mechanischer und elektrischer Entstaubungsanlagen in Braunkohlenbrikettfabriken", Fachunterausschuss „Entstaubungstechnik" der KDT

Richtlinie für die „Durchführung von Feststoffkonzentrations- und Leistungsmessungen an Entstaubungsanlagen von Braunkohlenbrikettfabriken" 1980, KDT-Fachausschuss Braunkohlenbrikettierung, FUA „Mess- und Untersuchungswesen"

Richtlinie „Reinhaltung der Luft" des VEB Bergbau- und Hüttenkombinat „Albert Funk", Freiberg

„Information zum Umweltschutz", erstellt von der Koordinierungsgruppe Umweltschutz in der Betriebssektion der KDT im VEB Chemische Werke Buna 1975

„Reinhaltung der Luft in der Glasindustrie", Lehrmaterial, IFG „Glas" von Udo Zaunick, VEB Glasinvest Radebeul

KDT-Richtlinie 140/89 „Immissionsschäden in Gartenanlagen – Diagnose, Bewertung, Anpassungsmaßnahmen", AG (Z) Reinhaltung der Luft, FAG Land- und Forstwirtschaft

KDT-Richtlinie 154/90 „Diagnose und Bewertung von Immissionsschäden sowie über Anpassungsmaßnahmen in der Landwirtschaft", AG (Z) Reinhaltung der Luft, FAG Land- und Forstwirtschaft

„Umweltinform" Herausgeber Institut für Umweltschutz, „Zusammenstellung der geltenden Rechtsvorschriften zum Umweltrecht der DDR", Stand 31. Dezember 1989

Anhang 13: Aktivitäten weiterer KDT-Gremien sowie anderer Einrichtungen auf dem Gebiet Reinhaltung der Luft

(Aufgrund der vorhandenen Unterlagen kann auch in diesem Fall nur ein Teil der Aktivitäten unvollständig aufgeführt werden.)

Fachtagung „Staubmessungen für Arbeitshygiene und Umweltschutz", vom 02. bis 04. Dezember 1976 in Dresden, Fachverband Silikattechnik, AG (Z) Reinhaltung der Luft beim Präsidium der KDT, RGW-Koordinierungszentrum „ Schutz der Atmosphäre" Dresden

Fachtagung „Entstaubungstechnik", vom 02. bis 04. April 1975 in Dresden, FA Entstaubungstechnik, KDT-Aktiv des VEB Kombinat ILKA

5. Fachtagung Entstaubungstechnik mit internationaler Beteiligung des RGW vom 05. bis 06. Januar 1988 in Dresden, FA Entstaubungstechnik der KDT, KDT-Aktiv des VEB Kombinat ILKA und Bezirksvorstand Dresden

Verfahrenstechnisches Seminar 1983, Verfahrenstechnik der Reinhaltung der Luft am 17. November 1983 an der Technischen Hochschule „Carl Schorlemmer", Leuna-Merseburg, KDT-Hochschulsektion mit Technischer Hochschule

Verfahrenstechnisches Seminar 1987, Verfahrenstechnik der Reinhaltung der Luft am 15. Oktober 1987 an der Technischen Hochschule „Carl Schorlemmer" Leuna-Merseburg

Fachtagung des FA Hausschornsteine im FV Bauwesen der KDT am 28. bis 29. Oktober 1970 in Suhl

Fachtagung des FA Hausschornsteine im FV Bauwesen der KDT am 27. bis 28. September 1973 in Berlin-Grünau, Vorsitzender des FA Hausschornsteine Helmut Frenzel

Informationstagung „Einsatz des IfE-Verfahrens zur Rauchgasentschwefelung und zur Abwärmenutzung in Energieerzeugungsanlagen" am 03. Juli 1985 in Spremberg, Kraftwerk Trattendorf, BFA Reinhaltung der Luft, die Tagung trug „VD-Charakter", Nachweis war erforderlich

Fachtagung „Effektive land- und forstwirtschaftliche Produktion unter den Bedingungen industrieller Ballungsgebiete", am 05. November 1987 in Cottbus, BFA RdL mit BV Cottbus

l. Bezirksseminar „Reinhaltung der Luft" am 14. Oktober 1987 in Halle/Saale, veranstaltet vom Rat des Bezirkes Halle (VD-Charakter)

Fachtagung der Emissionsbeauftragten Reinhaltung der Luft, am 09.11.1988 in Halle, Staatliche Umweltinspektion, BV Halle und Kommission Umweltschutz der KDT

Bezirksinformationstagung „Verbesserung der Umweltbedingungen – ein echtes Problem des Gesundheits- und Arbeitsschutzes" am 11. November 1971, veranstaltet vom BV Leipzig

Fachtagung „Energiewirtschaft und Umweltschutz" am 09. Oktober 1979 im Energiekombinat Leipzig, BFS Energiewirtschaft und BFA Energieanwendung der KDT

Informationstagung „Werkstoffe für Anlagen zur Rauchgasentschwefelung" am 01. Dezember 1988 in Leipzig, FAG Schwefeldioxid und Abgasentschwefelung mit AG (Z) RdL und BV der KDT

Fachtagung „Bewirtschaftung immissionsgeschädigter Fichtengebiete", am 17. bis 18. September 1985 in Karl-Marx-Stadt, Wiss. Sektion „Forstwirtschaft" der KDT und BV der KDT Karl-Marx-Stadt

Kolloquium „Reinhaltung der Luft" am 25. September 1984 in Magdeburg, BV Magdeburg und AG (B) Reinhaltung der Luft

Informationstagung Energiewirtschaft und Umweltschutz am 22. April 1976 in Schwerin, BFS Energiewirtschaft der KDT und Betriebssektion des VEB Energiekombinat

Informationstagung „Reinhaltung der Luft im Thüringer Raum" am 25. Mai 1978 in Ilmenau, AG (B) Reinhaltung der Luft der BV Erfurt, BV Gera, BV Suhl der KDT

4. Informationstagung „Reinhaltung der Luft" im Thüringer Raum am 24. September 1986 in Erfurt, AG (Z) RdL mit AG (B) RdL Erfurt, Gera, Suhl der KDT

Fachtagung „Luftreinhaltung im Thüringer Raum" am 18. Mai 1990 in Suhl, AG (B) Reinhaltung der Luft Suhl mit BV Suhl der KDT

Wissenschaftliches Kolloquium am 11. Oktober 1979 in Böhlen, Betriebssektion der KDT im VEB „Otto Grotewohl" Böhlen

Tagung „Reinhaltung der Luft" am 28. Januar 1971 im Düngemittelkombinat VEB Stickstoffwerk Piesteritz

Die Gesellschaft Allgemeine und Kommunale Hygiene der DDR, Sektion Lufthygiene, hat 12 Jahrestagungen durchgeführt, deren Themen vorwiegend die Beziehung „Luftverunreinigung und Gesundheit" behandelten. Die 12. Jahrestagung der Sektion Lufthygiene fand vom 04. bis 05. Februar 1988 in Berlin statt.

Anhang 14: Abwassertechnische Kolloquien der AG Reinhaltung des Wassers

10. Abwassertechnisches Kolloquium 25. bis 26. April 1974 in Erfurt (Vortragende: Fiedler, Schubert, Bracher, Osbar, Wünscher, Dörfeid, Kinder u.a., Bordes, Donndorf, Wahlers, Otto, Bartha, Vermes, Krüger, Paluch, Mühlberg, Nowicki, Schmidt, Bauer, Asperger, Schuster)

12. Abwassertechnisches Kolloquium 11. bis 12. April 1979 in Gera (Vortragende: Miehlke, Altowski, Schulz, Ziener, Poptschowski, Jonas, Girginow, Schröter, Lange, Wünsch, Busse, Röder, Püschel, Geier, Eichler, Kinder, Jacob, Schützler, Stöcker, Schuster)

15. Abwassertechnisches Kolloquium 27. bis 28. März 1985 in Gera (Vortragende: Schuster, Asperger, Miehlke, Csanady, Berndt, Börner, Bier, Renning, Brandt, Trajkowa, Wenige, Reinhold, Rosin, Schäfer, Kinder, Reimann, Fuchs, Wünsch)

16. Abwassertechnisches Kolloquium 18. bis 19. Juni 1987 in Frankfurt/Oder (Vortragende: Miehlke, Schuster, Schmidt, Beutel, Glombitza, Liske, Nisch, Schramm, Barbie, Rentsch, Weiß, Wünsch, Richter, Jacksteit, Göthel, Asperger, Socher, Varcl, Woithe, Klecker, Grund, Maly)

17. Abwassertechnisches Kolloquium 27. bis 28. September 1989 in Schwerin (Vortragende: Clausnitzer, Asperger, Mohry, Bilkenroth, Keller, Löser, Schüßler, Schutko, Barbie, Draeger, Buttgereit, Grund, Lehmann, Rullik, Johannsen, Bartmann, Kümmel, Weiß, Hallensleben, Varcl, Katalin, Sedlacek, Koukolik, Schmidt, Uhle, Unger)

Anhang 15: Fachtagungen der AG (Z) Bodenschutz und Abproduktnutzung

1. **Fachtagung** „Bodenschutz und Abproduktnutzung", „Abproduktarme Prozessgestaltung und Abproduktnutzung im Dienste der Materialökonomie und des Umweltschutzes", 14. bis 15. April 1976 in Leipzig (Vortragende: Neidel, Seidel, Rode, Kattanek, Möller, Ritschel, Donner, Lemme, Weigert, Schirot, Kutzschbauch, Lorenz, Rother, Dorr, Gorke, Neidel, Hintze, Barthel, Klepel, Mohry, Wilsdorf, Deutschmann, Grimmert, Wittwar, Walter, Jany, Petersohn, Martens, Will, Weidel, Kockel, Drechsel, Katzur, Schuster)

2. **Fachtagung** „Bodenschutz und Abproduktnutzung", „Technologien zur verstärkten Nutzung von Abprodukten als Sekundärrohstoff in Industrie und Landwirtschaft", 04. bis 05. April 1978 in Halle/Saale (Vortragende: Neidel, Böhm, Kahl, Riedel, Kutzschbauch, Donner, Streibel, Donnert, Zwilling, Albrecht, Geißler, Franke, Menzel, Gorke, Hintze, Heidenreich, Schmidt, Schubert, Tittel, Krummsdorf, Werner, Mehl, Asmus, Vogler, Krupinski, Ostermann, Hirte, Ziegler)

3. **Fachtagung** „Bodenschutz und Abproduktnutzung", gemeinsam mit der Wilhelm-Pieck-Universität Rostock, 16. bis 17. April 1980 in Rostock-Warnemünde (Themengruppe 1: Gesellschaftlich-ökonomische Aspekte, Leitung: Neidel, Kutzschbauch; Themengruppe 2: Abproduktnutzung in der Industrie, Leitung: Gorke, Donner; Themengruppe 3: Bodenschutz und Abproduktnutzung in Landwirtschaft und Landeskultur, Leitung: Krummsdorf, Werner; Themengruppe 4: Deponie industrieller Abprodukte, Leitung: Remde, Böhm)

4. **Fachtagung** „Bodenschutz und Abproduktnutzung" 21. bis 22. April 1982 in Erfurt, Neidel, Hauck, Lötzsch (Arbeitsgruppe 1: Stoffwirtschaftliche Nutzung von Abprodukten, Leitung: Donner, Kutzschbauch; Arbeitsgruppe 2: Energiewirtschaftliche Nutzung von Abprodukten, Leitung: Gorke, Böhm; Arbeitsgruppe 3. Bodenschutz und Wiedernutzbarmachung devastierter Böden, Leitung: Krummsdorf, Saupe; Arbeitsgruppe 4: Deponie industrieller Abprodukte, Leitung: Remde, Möller)

Anhang 16: Fachtagungen der AG (Z) Schutz und Nutzung des Bodens

5. **Fachtagung** „Schutz und Nutzung des Bodens", 14. bis 15. Oktober 1986 in Magdeburg (Vortragende: Hildmann, Braun, Michel, Pretzschel, Grün, Katzur, Krumnow, Krummsdorf, Frielinghaus, Bauer, Schröder, Böhme, Saupe, Greilich, Jänicke, Pässler, Reinhold, Metz, Machelett, Möller, Matzel, Ahrends, Zierold, Michel, Einhorn, Lehmann, Friedrich, Sauer, Halke, Katzur, Hielscher)

6. **Fachtagung** „Schutz und Nutzung des Bodens", 20. bis 21. Dezember 1989 in Gera (Vortragende: Hildmann, Krumnow, Werner, Pretzschel, Legier, Böhme, Völkerling, Scheidig, Schnurrbusch, Werner, Grün, Podlesak, Matzel, Grünewald, Beitz, Nüßle, Heuschkel, Kahle, Fakhouri, Müller, Janzen, Frielinghaus, Saupe, Hentschel, Kunkel, Kretschmer, Noatsch, Asmus, Hollstein)

Anhang 17: Fachtagungen der AG (Z) abproduktarme/-freie Technologien

5. **Fachtagung** „Abproduktarme Technologie – Ressourcennutzung und Umweltschutz", 08. bis 09. April 1986 in Magdeburg (Sektion 1: Vermeidung und Verringerung des Abproduktanfalls, Leitung: Joris Wotte; Sektion 2.1: Wertstoffrückgewinnung und Umweltschutz, Leitung: Werner Neidel; Sek-

tion 2.2: Verfahren zur stofflichen Nutzung der Abprodukte, Leitung: Rolf Donner; Sektion 3: Probleme der schadlosen Beseitigung und selektiven Zwischenlagerung von Abprodukten, Leitung: V. Hartung)

6. **Fachtagung** „Abproduktarme Technologie – Ressourcennutzung und Umweltschutz", 14. bis 15. März 1989 in Eisenach (Hauptvorträge: Wolfgang Lausch und H.-H. Seyfarth; Themenkreis 1: Maßnahmen und Verfahren zur umfassenden Erfassung, Aufbereitung und Verwertung von industriellen sowie territorial verstreut anfallenden Sekundärrohstoffen und Abprodukten, Leitung: J. Pylka; Themenkreis 2: Abproduktbeseitigung auf Deponien, Leitung: V. Risse; Themenkreis 3: Leitung, Planung, Stimulierung, Organisation der Entwicklung und Anwendung der abproduktarmen/-freien Technologie, Leitung: Joris Wotte

7. **Fachtagung** Abfallwirtschaft „Der Übergang von der Abfallbeseitigung zur integrierten Abfallwirtschaft", 25. bis 26. März 1992 in Magdeburg (Vortragende: Lausch, Rauls, Schurrer, Schenkel, Vagedes, Immenkamp, Wotte, Reher, Aegerter, Strehtz, Tosch, Michel, Paul, Meißner, Bilkenroth, Tabasaran, Seyfarth, Sachse, Obermeier, Stephan, Ruckdeschel)

Anhang 18: Congresse Umwelt und Technik der UTG

1. **Congress Umwelt und Technik CUT 91**, vom 10. bis 12. Oktober 1991 in Erfurt, (Hauptvorträge: Bundesminister für Umwelt, Naturschutz und Reaktorsicherheit Klaus Töpfer, Thüringer Umweltminister Hartmut Sieckmann, Präsident der UTG Herbert Mohry)

2. **Congress Umwelt und Technik CUT 92**, vom 30. September bis 02. Oktober 1992 in Erfurt, (Hauptvorträge: Klaus Töpfer, Thüringer Umweltminister Hartmut Sieckmann, Präsident der Tschechoslowakischen Gesellschaft für Umwelt Vladimir Prchlik)

3. **Congress Umwelt und Technik CUT 93**, vom 13. bis 15. September 1993 in Erfurt, Hauptvortrag: Thüringer Umweltminister Hartmut Sieckmann

4. **Congress Umwelt und Technik CUT 94**, am 04. November 1994 in Erfurt

Anhang 19: Eingliederung der Fachleute in Politik, Wirtschaft und Behörden der BRD

Enders, Karl	Bereichsleiter für Umwelt und Arbeitsschutz, Chemie-Park Bitterfeld-Wolfen
Engler, Günter	Professor an der Technischen Universität Chemnitz
Eremit, Lothar	Infraleuna
Günther, Harry	Landesamt für Umweltschutz Sachsen-Anhalt
Heinz, Dietmar	Professor an der Fachhochschule Merseburg
Heinze, Dietmar	Vattenfall Europe Generation
Hellwig, Alfred	Ministerium für Umweltschutz Sachsen-Anhalt
Herrmann, Günter	Landesamt für Umwelt und Geologie Radebeul
Hildmann, Eckart	Abteilungsleiter für Rekultivierung bei der MIBRAG in Bitterfeld
Hörich, Hermann	Geschäftsführer des Ingenieurbüros Umwelttechnik GmbH
Kahl, Dieter	Abteilungsleiter Umwelt bei der VEAG
Kny, Kurt	Landesstrukturbeauftragter für den Bereich Umwelt und Landesentwicklung für die Bildung des Freistaates Sachsen, Leiter des Aufbaustabes des Landes-

	amtes, Berater des Staatsministers, Referatsleiter in der Sächsischen Staatskanzlei
Langanke, Heinz	Projektleiter bei EVG und Energetik Schwerin
Lausch, Wolfgang	Professor an der Internationalen Akademie der Wissenschaften und Künste Moskau/Berlin, Geschäftsführer „Dr. Lausch GmbH & Co. KG", Vizepräsident der DGAW
Lehmann, Angela	Meteorologischer Dienst, Offenbach
Lötzsch, Peter	Professor an der Fachhochschule für Technik und Wirtschaft Dresden
Lotze, Jörg	Staatliches Umweltamt Gera, Amtsleiter
Mielsch, Peter	Geschäftsführer der ESBU
Möller, Detlef	Professor an der BTU Cottbus
Mohry, Herbert	Westinghouse in Frankfurt a. Main, Präsident der UTG, Europaingenieur EUR/ING, Akademie der g. Wissenschaften zu Erfurt, Nationales Komitee der BRD in der Weltenergiekonferenz, Von Roll Umwelttechnik AG, Zürich
Müller, Gerhard F.	Abteilungsleiter im TÜV-Rheinland in Halle/Salle
Neidel, Werner	Geschäftsführer eines Ingenieurbüros In Dresden
Palmer, Eva-Maria	Staatliches Umweltfachamt Leipzig, Amtsleiter
Peklo, Peter	Abt.-Ltr. im Chemiepark Bitterfeld-Wolfen
Pilz, Matthias	Thüringer Landesanstalt für Umwelt u. Geologie
Raudies, Wolfgang	Dozent Weiterbildung Neubrandenburg
Rieger, Wolfgang	Staatliches Amt für Umweltschutz, Halle/Saale
Scheibe, Rudolf	Staatliches Umweltfachamt Leipzig
Schlegelmilch, Klaus	Umweltbundesamt Berlin
Schmidt, Hubert	Thüringer Landesamt für Umwelt
Schütze, Bernd	Staatliches Umweltfachamt Plauen
Schuster, Herbert	Spezialist für Abwasser in mehreren Unternehmen in Hessen
Schwinkowski, Kurt	Thüringer Ministerium für Umwelt
Sieckmann, Hartmut	Thüringer Umweltminister
Six, Martin	Ingenieur für Umweltschutz bei der TEAG
Stief, Eberhard	Staatssekretär im Ministerium für Umwelt des Landes Sachsen-Anhalt
Waldheim, Manfred	Thüringer Landesamt für Umwelt
Werner, Horst	Umweltbundesamt Berlin
Wotte, Joris	Professor für Verfahrenstechnik an der Technischen Universität Dresden
Zaunick, Udo	Staatliches Umweltfachamt Dresden

„Tagesleistung. Jede Stunde hört auf der Erde eine Pflanzen- bzw. Tierart auf zu existieren." Gestalter: Manfred Butzmann, Berlin (1985). Quelle: Parallel – Plakate von Klaus Staeck seit 1971 und Manfred Butzmann seit 1977, Galerie Sophien-Edition Berlin-Mitte, Berlin 1996, 49

Hermann Behrens

Umweltbewegung

Zur Umweltbewegung in der DDR werden hier gerechnet:
- Die Natur- und Heimatfreunde im Kulturbund (bis 1980), die, wie der Name es andeutet, sich vor allem dem Naturschutz und der Heimatpflege widmeten;
- die Gesellschaft für Natur und Umwelt im Kulturbund (seit 1980), deren Name auf ein auf die Umweltpolitik erweitertes Problem- und Aufgabenverständnis hinweist. In der GNU sind zu nennen die Interessengemeinschaften Stadtökologie oder Arbeitsgemeinschaften Umwelt (im Folgenden IG Stadtökologie), die sich vor allem vor dem Hintergrund von Umweltproblemen in städtisch-industriellen Gebieten gründeten und aus denen 1990 die Grüne Liga hervorging.
- die unabhängige, systemkritische oder oppositionelle Umweltbewegung – vorwiegend unter dem Dach der evangelischen Landeskirchen.

Natur- und Heimatfreunde/Gesellschaft für Natur und Umwelt im Kulturbund

Der praktische Natur- und Landschaftsschutz ruhte in der Deutschen Demokratischen Republik wie bis 1945 im Deutschen Reich hauptsächlich auf den Schultern von Ehrenamtlichen und Freiwilligen (WEGENER 1998/2001a). Vor 1945 existierten auch auf dem Gebiet der späteren Deutschen Demokratischen Republik viele bürgerliche Heimat- und Naturschutzvereine wie der Erzgebirgsverein, der Thüringer-Wald-Verein, der Harz-Club, der Rhön-Club, Altertums- und Verkehrsvereine, Aquarien- und Terrarienvereine, Vereine für Heimatkunde und Heimatschutz, für Buchfinken- und Waldvogelliebhaber, Lieder- und Trachtengruppen, darüber hinaus – bis 1933 – Gruppen der Lebensreformer und sozialistisch orientierte Naturfreunde. Mitgliederstark war vor 1933 der Touristen-Verein die Naturfreunde und in Berlin-Brandenburg der Arbeiter-Wanderbund „Naturfreunde" (AWB), genannt „Rotes N", der bis 1923 allein in Berlin 3.000 Mitglieder hatte.

Das bürgerliche und proletarische Vereinswesen war gemäß den Bestimmungen des Potsdamer Abkommens nicht wieder entstanden, obwohl es bis 1949 vielerorts Bemühungen gab, die Vereine wieder entstehen zu lassen oder deren Arbeit fortzuführen.

Ehrenamtliche und freiwillige Naturschützer fanden als „Natur- und Heimat-freunde" im Kulturbund[1] ein (neues) organisatorisches Dach. Die „offizielle" Ge-schichte der Natur- und Heimatfreunde im Kulturbund begann mit der „Verord-nung zur Überführung von Volkskunstgruppen und volksbildenden Vereinen in die bestehenden demokratischen Massenorganisationen" vom 12.1.1949. Bereits vorher waren allerdings Naturschützer und Wanderfreunde dem Kulturbund bei-getreten oder hatten ihn in vielen Orten mitbegründet. Auf der Grundlage der Ver-ordnung wurden die Mitglieder der früheren Vereine nicht nur in den Kulturbund (KB), sondern auch in die anderen Massenorganisationen Freie Deutsche Jugend (FDJ), Deutscher Sportausschuss, Freier Deutscher Gewerkschaftsbund (FDGB), Bund deutscher Volksbühnen, Demokratischer Frauenbund Deutschlands (DFD), Deutscher Verband für Wandern, Bergsteigen und Orientierungslauf (DWBO), Verband der Kleintierzüchter, Siedler und Kleingärtner (VKSK) oder Gesellschaft zum Studium der Kultur der Sowjetunion (später Gesellschaft für Deutsch-Sowjetische Freundschaft – DSF) eingegliedert.

Die zentrale Leitung der Natur- und Heimatfreunde im Kulturbund konstituierte sich im Dezember 1950 in Berlin. Allmählich entstanden Fachgebiete. Für jedes Fachgebiet wurde in den folgenden Jahren ein Fachausschuss zur Koordinierung der Facharbeitsgemeinschaften gebildet, dessen Vorsitz das verantwortliche Mit-glied der Zentralen Kommission oder der entsprechenden Kommissionen auf der Ebene der Bezirke führte. Für die größeren Fachgebiete wurden „Zentrale Fach-ausschüsse" (ZFA) gebildet, für die kleineren oder für spezielle gab es „Zentrale Arbeitskreise" (ZAK), Arbeitsgemeinschaften oder -gruppen oder Freundeskreise. Die ZFA setzten sich aus den Vorsitzenden der entsprechenden Fachausschüsse der Bezirkskommissionen (BFA) zusammen. Diese Vorsitzenden wurden vom Präsidialrat des Kulturbundes in ihre Funktionen berufen. Bis Ende 1951 war DDR-weit der organisatorische Aufbau weitgehend abgeschlossen.

Mit der Gebiets- und Verwaltungsreform 1952 und der damit verbundenen Auflösung der Länder wurden die Struktur und die Arbeit der Natur- und Heimat-freunde der administrativen Gliederung nach Bezirken angepasst und veränderte sich dann bis 1990 im Prinzip nicht mehr.

Gab es 1951 erst acht Fachausschüsse, so wuchs ihre Zahl bis 1965 auf 16 bis 19 an. Zeitweise gab es bis zu 60 Fachgebiete. Zuletzt, 1989, waren es schließlich 11 Fachausschüsse mit 14 Arbeitskreisen oder Arbeitsgruppen (vgl. *Abbildung 1*), wobei sich die Bezeichnungen und Zuordnungen einige Male veränderten.

---

[1] Der Kulturbund zur demokratischen Erneuerung Deutschlands wurde 1944 von Exilanten in London gegründet. Er hieß seit 1958 Deutscher Kulturbund und von 1974 bis 1990 Kulturbund der DDR. Seit 1990 ist der Kulturbund ein e.V.

Es gab u.a. folgende Fachausschüsse: Naturschutz und Landschaftspflege, Denkmalpflege, Botanik, Geologie, Wegemarkierung, (Naturkunde-) Museen, Heimatgeschichte und Ortschroniken, Ur- und Frühgeschichte, Dendrologie einschließlich Garten- und Zierpflanzen, Aquarien- und Terrarienkunde, Ornithologie und Vogelschutz, Entomologie, Astronomie, Volkskunde, Fotografie, Schmalfilm, Touristik und Wandern.

Struktur der Gesellschaft für Natur und Umwelt 1987

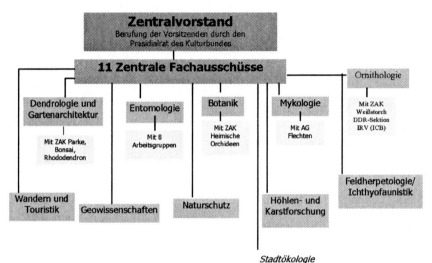

Abbildung 1: Struktur der Gesellschaft für Natur und Umwelt 1987

Die Natur- und Heimatfreunde übernahmen im Laufe der Zeit folgende Aufgaben:

- Inventarisierung, Zustandserfassung und Pflege von Schutzgebieten wie Naturschutzgebiete (NSG), Landschaftsschutzgebiete (LSG) und Naturdenkmale (ND) in den Kreisen;[2] Erarbeitung und Konkretisierung von Pflegevorschlägen in Auswertung der Ergebnisse der naturkundlichen Heimatforschung;

---

[2] In der Deutschen Demokratischen Republik gab es gemäß dem Gesetz zur Erhaltung und Pflege der heimatlichen Natur (Naturschutzgesetz) vom 4. August 1954 (Gbl. der DDR, S. 695) die Schutzgebietskategorien NSG – Naturschutzgebiete, LSG – Landschaftsschutzgebiete (ab 5 ha Größe) und ND

- Mitwirkung an der Auswahl von Schutzgebieten im Kreisgebiet und Begründung entsprechender Unterschutzstellungsvorschläge;
- Bestandsaufnahme und Pflegekonzeptionen für geschützte Parke;
- Zuarbeit zu Landschaftspflegeplänen;
- Mitwirkung bei der biogeografischen Kartierung ausgewählter Arten;
- Öffentlichkeitsarbeit (Vorträge, Exkursionsführungen, Ausstellungen, Naturlehrpfade, Wanderwege, naturkundliche Sammlungen, Vorbereitung und Durchführung von Naturschutzwochen[3], Wochen der sozialistischen Landeskultur, Landeskulturtagen und/oder Landschaftstagen[4], Einrichtung von Landeskultur-Kabinetten usw.);
- Arbeit in Fachgremien und Arbeitskreisen zum Schutz, zur Pflege und Erforschung spezieller Organismengruppen. *Tabelle 1* stellt die Fachausschüsse der Gesellschaft für Natur und Umwelt, die Zahl der Fachgruppen und die Zahl der Mitglieder dieser Fachgruppen dar. Die Gesellschaft für Natur und Umwelt im Kulturbund hatte 1987 etwa 60.000 Mitglieder.

Tabelle 1: Übersicht zur Zahl der Fachausschüsse, Fachgruppen und Mitglieder

Fachausschuss	Anzahl Fachgruppen	Mitglieder
ZFA Wandern	280	7.200
ZFA Naturschutz	800	14.500
ZFA Dendrologie und Gartenarchitektur	275	3.900
ZFA Geowissenschaften	155	3.200
ZFA Höhlen- und Karstforschung	45	550
ZFA Entomologie	90	1.100
ZFA Botanik	125	2.000
ZFA Mykologie	75	1.200
ZFA Ornithologie und Vogelschutz	300	5.000
ZFA Feldherpetologie	100	1.500
(ZFA Stadtökologie)	(380)	(7.000)

Zusammen: ca. 50.000 Mitglieder in Fachgruppen; hinzu kamen etwa 10.000 Mitglieder, die sich nicht auf eine Fachgruppe spezialisiert hatten. – Quelle: Aufstellungen der Bezirkskommissionen der Gesellschaft für Natur und Umwelt zur 1. Zentralen Delegiertenkonferenz der GNU. Dresden 1987, StUG Neubrandenburg, Bestand Bund für Natur und Umwelt e.V.

- Naturdenkmale. Die Kategorie FND – Flächennaturdenkmale wurde mit der 1. DVO zum Landeskulturgesetz vom 14.5.1970 in §11 eingeführt. Sie bezog sich auf Flächen bis 5 ha Größe. Der Begriff FND war allerdings bereits länger gebräuchlich für Naturdenkmäler bis 1 ha Größe.

[3] Naturschutzwochen dienten der Verbreitung der Ziele und der Umsetzung des Gesetzes zur Erhaltung und Pflege der heimatlichen Natur (Naturschutzgesetz) der DDR von 1954.

[4] Wochen der sozialistischen Landeskultur, Landeskulturtage und/oder Landschaftstage dienten der Verbreitung der Ziele und der Umsetzung des Gesetzes über die sozialistische Landeskultur (Landeskulturgesetz) von 1970. – Vgl. den Beitrag von Behrens im Band 1.

Die Mitglieder der Natur- und Heimatfreunde bzw. der Gesellschaft für Natur und Umwelt nahmen die genannten Aufgaben mit großem Engagement wahr. Vielen kam in ihrer Arbeit die zentralistische Struktur ihrer Organisation zugute. Sie gewährleistete u.a.:

- eine solide wissenschaftliche Facharbeit und Beratung durch einschlägige Forschungseinrichtungen wie das Institut für Landschaftsforschung und Naturschutz (ILN);
- eine einheitliche Vorgehensweise und Organisationsform nach Rahmen-Arbeitsplänen für Fachgruppen, Bezirksfachausschüsse, Zentrale Fachausschüsse und Zentrale Arbeitskreise (MÜLLER 1993, 80 und REICHHOFF & SCHÖNBRODT 1995, 11-17).

Vielerorts wurden von den Ehrenamtlichen und Freiwilligen klassische Aufgaben im Naturschutz und in der Landschaftspflege, die in der „alten" Bundesrepublik seit den 1970er Jahren zunehmend zu (bezahlten) staatlichen, kommunalen oder privatwirtschaftlich übernommenen Aufgaben wurden, bis zum Ende der Deutschen Demokratischen Republik weitgehend unentgeltlich oder gegen geringe Aufwandsentschädigungen oder Freistellungen erfüllt. Die Natur- und Heimatfreunde bzw. die Mitglieder der GNU hatten eine beratende Funktion (vgl. *Abbildung 2*). Sie arbeiteten von Anfang an eng mit den Mitarbeitern des Instituts für Landschaftsforschung und Naturschutz (ILN) Halle und seiner Außenstellen zusammen. Die ILN-Mitarbeiter waren vielfach zugleich in den Leitungsgremien der Natur- und Heimatfreunde bzw. der GNU tätig.

Seit den 1960er Jahren entwickelten die Natur- und Heimatfreunde allmählich eine stärkere Öffentlichkeitsarbeit. Seit Einstellung der Zeitschrift „Natur und Heimat" im Jahre 1962[5] fehlte zwar eine am Kiosk erhältliche, landesweit erscheinende "Massenzeitschrift", jedoch erschienen neben den Fachzeitschriften des ILN zahllose Broschüren, Mitteilungen und kleine Zeitschriften, die von den Fachgruppen der Natur- und Heimatfreunde auf der Ebene der Kommunen, Kreise oder Bezirke und vereinzelt auch landesweit herausgegeben wurden. Dazu gehörten unter vielen Anderen: „Natur und Landschaft im Bezirk Cottbus", „Ornithologischer Rundbrief Mecklenburgs", „Botanischer Rundbrief für den Bezirk Neubrandenburg", „Beiträge zur Gehölzkunde", „Boletus", „Der Falke", „Aquarien und Terrarien", „Entomologische Nachrichten und Berichte", „Jahrbücher für Naturschutz", „geschützte heimische Pflanzen", „Schweriner Blätter", „Brandenburger Entomologische Nachrichten", „Feldherpetologische Nachrichten", „Feldherpe-

---

[5] Die von Reimar Gilsenbach als verantwortlichem Redakteur geleitete Zeitschrift erschien seit 1952 monatlich. In der Zeitschrift findet sich eine Fülle kritischer Aufsätze und Leserzuschriften zu den Entwicklungen im Naturschutz und in der Heimatpflege. Die Zeitschrift wurde 1962 mit der Urania zusammengelegt.

tologie", „Actitis", „Zeitschrift für Landeskultur", „Archiv für Gartenbau", Die „Fundgrube", „Kalender Natur und Heimat", „Mitteilungen des Arbeitskreises Heimische Orchideen", „Wissenschaft und Fortschritt", „Mitteilungsblatt Höhlen- und Karstforschung", „Natur und Umwelt im Bezirk Rostock", „Unser kleines

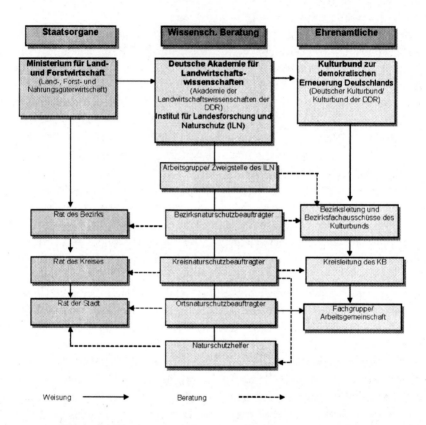

Abbildung 2: Organisation des Naturschutzes in der DDR (nach: WEINITSCHKE 1987, 250)

Wanderheft", Mitteilungen des Biologischen Arbeitskreises „Alwin Arndt" Luckau, „Biotop- und Florenschutz", „Beiträge zur Insektenfauna der DDR", „Bildmappe Orchideen", „Zeitschrift Ichthyofaunistik", „geschützte heimische Tiere", „Die Aussprache", „Pulsschlag" (KB Zwickau), „Denkmalpflege DDR", „Kleine Bibliothek Natur- und Heimatfreunde", „KB-Informationen", „Land- schaftsarchitektur" oder „Neue Brehm-Bibliothek" und viele andere mehr.

Diese Zeitschriften erreichten allerdings vornehmlich die Fachgruppen, nicht so sehr die nicht dem Naturschutz nahe stehenden „breiten Massen".[6]

Über die Arbeit der Natur- und Heimatfreunde bzw. die Gesellschaft für Natur und Umwelt (GNU) liegt mittlerweile eine vergleichsweise große Zahl von „Nachwende"- Veröffentlichungen vor (ROESLER et al. 1990; BEHRENS, BENKERT, HOPFMANN & MAECHLER 1993; Hopfmann 1993; KNABE 1993; AUSTER 1996; BEHRENS 2000, 2002, 2003; BEHRENS & HOFFMANN 2003; INSTITUT FÜR UMWELTGESCHICHTE UND REGIONALENTWICKLUNG e.V. 1993, 1997, 1998, 1999, 2001, 2004; 2005; INSTITUT FÜR UMWELTGESCHICHTE UND REGIONALENT-WICKLUNG e.V. & NATIONALPARK HOCHHARZ 2002; STIFTUNG NATURSCHUTZ-GESCHICHTE 2000, 2003; NÖLTING 2002), so dass an dieser Stelle auf eine umfassende Darstellung verzichtet wird. Besonders im Sammelband „Naturschutz in den neuen Bundesländern – ein Rückblick" (INSTITUT FÜR UMWELTGESCHICHTE UND REGIONALENTWICKLUNG e.V. 1998/2001) findet sich eine Vielzahl von Beiträgen zu verschiedenen Aspekten der ehrenamtlichen und freiwilligen Naturschutzarbeit in der DDR (Arbeit der Naturschutzbeauftragten und Naturschutzhelfer; beruflicher Naturschutz; Schutzgebiete und Naturschutzstrategien mit lokalen und regionalen Beispielen; Nationalparkprogramm der DDR) und insbesondere auch zur Arbeit von GNU-Fachgruppen wie der des Arbeitskreises Weißstorch, des Zentralen Fachausschusses (ZFA) Ornithologie und Vogelschutz, des ZFA Botanik, des ZFA Dendrologie und Gartenarchitektur, des Bezirksfachausschusses (BFA) Entomologie Magdeburg, des BFA Ichthyofaunistik Halle, des Biologischen Arbeitskreises Alwin Arndt Luckau u.v.a.m.

Die Gruppen innerhalb der GNU, die sich vorrangig mit klassischen Umweltschutzthemen (z.B. Luftreinhaltung, Gewässerreinhaltung, Müll/Abfallproblematik, Verkehr) beschäftigten, waren die sog. Arbeitsgemeinschaften Umwelt oder Interessengemeinschaften Stadtökologie, die sich unter dem Dach des Kulturbundes gründeten. Mit diesen Arbeitsgemeinschaften und Interessengruppen, für deren Zusammenfassung in der GNU entsprechend deren Organisation in Zentrale Fachausschüsse, Bezirksfachausschüsse und lokale Fachgruppen 1986 vergeblich versucht wurde, einen arbeitsfähigen „Zentralen Fachausschuss" zu bilden (BEHRENS et al. 1993, 56), trat „ein neues, ein politisches Element in die GNU" ein (GILSENBACH 1991, 108; vgl. auch KNABE 1993, 230-232), mit dem die eher naturschutzfachlich orientierten Gruppen und Gremien der GNU Kooperationsprobleme hatten. Im Gegensatz zu den Fachgruppen verstanden sich viele IG

---

[6] Das „Studienarchiv Umweltgeschichte" des Instituts für Umweltgeschichte und Regionalentwicklung e.V. an der Hochschule Neubrandenburg enthält mittlerweile über 25.000 Exemplare von ca. 700 natur- und umweltschutzrelevanten Zeitschriften, die in der DDR erschienen. Ein Verzeichnis findet sich im Internet unter www.iugr.net > Studienarchiv Umweltgeschichte > Recherche.

Stadtökologie als umwelt*politische* Gruppen, vergleichbar etwa den Bürgerinitiativen in den alten Bundesländern. Sie waren seit den ersten Bestrebungen zur Gründung solcher Gruppen Ende der 1970er, Anfang der 1980er Jahre ein organisatorischer Ausdruck eines Politisierungsprozesses in der GNU, dessen Kanalisierung oder Integration „von oben" nicht mehr gelang. Dieser Politisierungsprozess kam auch durch die Gründung der Umweltschutzgruppen außerhalb der staatlichen Massenorganisationen, z.B. unter dem Dach der Kirche, zum Ausdruck, mit denen verschiedene IG Stadtökologie in den letzten Jahren der DDR Verbindungen knüpften.

Die Forderungen und Anschauungen der IG Stadtökologie, die sich in der Regel auf eine ökologisch orientierte Veränderung der Arbeits- und Lebensweise in der DDR, aber auch speziell auf eine Reformierung der GNU richteten, konnten von den überwiegend streng fachlich im Sinne des konservierenden Naturschutzes ausgerichteten Arbeitskreisen oder Fachausschüssen nicht in ihre speziellen Anliegen und Arbeitsformen integriert werden (BEHRENS et al. 1993, Kap. 3).

Umweltgruppen „unter dem Dach der Kirche"

Erste autonome Umweltgruppen gründeten sich Ende der 1970er Jahre unter dem Dach der evangelischen Landeskirchen. Die Mehrzahl der kirchlichen Umweltgruppen entstand in der „Niedergangsperiode" der DDR etwa seit Mitte der 1980er Jahre (KÜHNEL & SALLMON 1990; KNABE 1993, 280-338; BEHRENS, BENKERT, HOPFMANN & MAECHLER 1993; GENSICHEN 2005 und im vorliegenden Band sowie BELEITES, im vorliegenden Band).

Zentren waren die Städte Wittenberg (Kirchliches Forschungsheim), Berlin (Umweltbibliothek der Zionsgemeinde), Leipzig (Jugendpfarramt) und Dresden (verschiedene Arbeitsgruppen) sowie Berlin. Seit 1982 vernetzten sich die Gruppen und seit 1983 fanden auf Initiative der Kirche jährlich Treffen von Vertretern kirchlicher Umweltgruppen statt. Statistische Erhebungen anlässlich dieser Treffen besagen, dass in etwa 54 Orten der DDR ca. 60 bis 65 solcher Gruppen bestanden haben. Die Mitgliederstärke kann mit mindestens 550 bis maximal 850 Personen für die Jahre 1985 bis 1989 angenommen werden. In den Jahren 1986 bis 1988 erfolgte vor dem Hintergrund der sich zuspitzenden Krise in der DDR eine Differenzierung und zum Teil eine Radikalisierung der Gruppen.

Im September 1986 wurde im Umfeld der Zionsgemeinde in Berlin auf Initiative von Mitgliedern eines vorher bestehenden Friedens- und Umweltkreises der Pfarr- und Glaubensgemeinde in Berlin-Lichtenberg eine Umweltbibliothek eingerichtet (HALBROCK 1992, 50; RÜDDENKLAU 1992, 68-69), von der im Januar 1988 ein Treffen kirchlicher Umweltgruppen einberufen und das „Netzwerk ARCHE" mit dem Ziel gebildet wurde, die Arbeit der Umweltgruppen zu koordinieren und zu verflechten (KÜHNEL & SALLMON 1990, 9-21). Die seit September 1987 herausgegebenen „Umweltblätter" unterschieden sich im Inhalt von den Wittenberger „Briefen" durch ihren überwiegend politischen Inhalt, der die Konfrontation mit der Staatsmacht entsprechend den damals geltenden gesetzlichen Bestimmungen, aber auch den bekannten Praktiken der Sicherheitsorgane sehr wahrscheinlich machte und sie möglicherweise einkalkulierte. Die „Umweltblätter" orientierten zunehmend auf eine radikale politische Wende als entscheidende Voraussetzung für eine ökologisch geprägte Gesellschaftsordnung. Insofern wurden hier andere Prioritäten als in dem Wittenberger Umfeld gesetzt.

„Die kirchliche Umweltbewegung opponierte de facto gegen den DDR-Sozialismus, negierte den Sozialismus aber in ihrer großen Mehrheit nicht, sondern wollte ihn ökologisch erneuern." (GENSICHEN 1991, 168; ähnlich auch GENSICHEN 2005, 299 f.) Dennoch unterlagen öffentlichkeitswirksame und umwelterzieherische Aktionen der Gruppen einer kleinlichen staatlichen Bevormundung, die oft mit schikanösen Maßnahmen, Drangsalierung, Bedrohung und vereinzelt auch Verhaftungen gekoppelt war.

Aus den oppositionellen Umweltgruppen gingen Parteien und Verbände wie die Grünen in der DDR, die Vereinigte Linke oder die Grüne Liga hervor (KÜHNEL & SALLMON 1990).

Umweltbewegung und Staatsmacht

Observiert und repressiv „bearbeitet" wurden in der DDR insbesondere die kirchlichen Umweltgruppen, aber auch Arbeitsgemeinschaften Umwelt oder Interessengemeinschaften Stadtökologie im Kulturbund. „Nachvollziehbar" aus Sicht der Staats- und Parteiführung war, dass an brisanten Orten wie dem Chemiedreieck Bitterfeld-Wolfen-Leipzig oder dem Wismut-Uranbergbaugebiet der umweltpolitisch motivierte Protest unter Kontrolle gehalten werden sollte. Dort waren Repressalien gegen kritische Umweltgruppen oder Einzelpersonen am häufigsten. In diesen Regionen wurde die Loyalität der „Werktätigen" z.T. durch höhere Löhne oder Prämien erkauft (NYSSEN 1992). Das Verhalten der Staatsmacht kann wie folgt charakterisiert werden:

Sofern es um *praktischen Naturschutz* ging, wurden die Freiräume der Gruppen im kirchlichen Bereich und im Kulturbund geduldet. Es kam vereinzelt sogar zu gemeinsamen Aktionen zwischen kirchlichen Umweltgruppen, staatlichen Organen und gesellschaftlichen Organisationen wie der GNU (z.B. zu Baumpflanzaktionen, Pflegemaßnahmen in Naturschutzgebieten, Entrümpelungsaktionen an Gewässern, gemeinsamen Arbeitseinsätzen wie etwa das Anlegen von Grünflächen u.a.m.). Diese öffentlichkeitswirksamen und umwelterzieherischen Aktionen unterlagen aber dennoch einer kleinlichen staatlichen Bevormundung, die nicht selten mit schikanösen Maßnahmen gekoppelt war. So war der Aktionsradius der kirchlichen Umweltgruppen und der IG Stadtökologie immer eng begrenzt.

Sofern sich Gruppen darüber hinaus mit urbanen oder industriellen Umweltproblemen beschäftigten und sobald sie nicht „die Form" wahrten, d.h. versuchten, autonom an den bestehenden Organisationen und vor allem den Leitungen vorbei Aktionen durchzuführen, gerieten sie immer in Gefahr, observiert, behindert und unterdrückt zu werden, und zwar ohne Rücksicht auf ihre Zugehörigkeit zu Kirche oder Kulturbund. Am Beispiel der IG Umweltschutz/Umweltgestaltung Erfurt zeigt sich, wie kleingeistig und z.T. neurotisch manche Kulturbund-Mitarbeiter und staatliche Organe auf solche Gruppen reagierten.

Die IG Umweltschutz/Umweltgestaltung Erfurt beschäftigte sich mit städtischen Umweltproblemen wie Müll, Verkehr, Bodenversiegelung etc. Sie führte in den sechs Jahren ihres Bestehens (1984-1990) u.a. folgende Projekte durch: eine Schornsteinanalyse, eine Flechtenkartierung, ein Projekt zur Bekämpfung des weit verbreiteten Brennens von Mülltonnen, eine Aktion zur Fassadenbegrünung von Wohnhäusern und einen Pflegevertrag für ein Feuchtbiotop in einem Wohngebiet; hinzu kamen Ausstellungen und Veranstaltungen, z.B. im Rahmen der Weltumwelttage 1985 und 1987 (HEINRICH 1995 und 2004; MICHELMANN 1995 und 2001).

In Erfurt kam es vom Gründungsdatum der Interessengemeinschaft an zu Konfrontationen mit der Kulturbundleitung und der Stadt. Der ehemalige Leiter der IG berichtet: „Begonnen hat es damit, daß wir Einladungen zu einem Vortrag über Fließgewässer in Erfurt in Form selbstgefertigter Plakate öffentlich ausgehängt hatten. Die SED-Stadtleitung hatte sich bei der Kulturbundleitung darüber beschwert. Eine Plakatierung dieser Art war genehmigungspflichtig. [...] Die von Mitgliedern der Gruppe gefertigte Ausstellung ‚Mensch – Ein Teil der Natur‘ durfte auf Entscheidung der Kulturbundleitung nach Intervention der SED-Stadtleitung und der Leitung des Stadtbezirks Süd der SED auf dem Steigerfest nicht gezeigt werden.

Der Kulturbund lud eigenmächtig von uns geladene Referenten aus und setzte die Arbeit der IG im Februar 1985 aus, weil der Aufforderung, Anwesenheitslisten zu führen und diese an die Kreisleitung des Kulturbundes weiterzuleiten, nicht nachgekommen wurde. Er verwehrte Zugang zu den Räumen und sagte unsere Veranstaltungen in der Presse ab. Einen chronischen Konflikt stellten dabei Mitteilungen über unsere Veranstaltungen in der Presse dar. Es erfolgten ‚schriftliche

Belehrungen'[…] darüber, was ein Mitglied in der IG tun darf und was nicht. Die Teilnahme an unseren Veranstaltungen sollte nur noch Kulturbundmitgliedern gestattet sein. Generell sollten zu unseren Veranstaltungen Eintrittsgelder erhoben werden. Es sollten zu jeder Veranstaltung Teilnehmerlisten geführt werden, die dem Kreissekretariat am nächsten Tag vorgelegt werden mußten […]." (HEINRICH 1995, 8) usw. usf.

Auch mit dem Rat der Stadt musste die Gruppe Arbeitsvorhaben abstimmen. Auch von hier wurde ständig Gängelung praktiziert: „So waren zum Beispiel 6 Schreiben, etwa 5 Telefonate und 2 persönliche Vorgespräche nötig, um den damaligen Leiter des Erfurter Verkehrsbüros […] zu einem Vortrag über die Verkehrsplanung der Stadt Erfurt bewegen zu können. Das dauerte etwa 2 Jahre." (HEINRICH 1995, 9)

Die IG Stadtökologie Erfurt „durchliefen" in den sechs Jahren ihres Bestehens ca. 100 Interessierte. Zu den aktiven Mitgliedern gehörten jedoch nur wenige. Für diese wurde vom MfS ein enormer Aufwand betrieben. Im Zeitraum 1984-1989 schrieben 12 Inoffizielle Mitarbeiter mehr oder weniger regelmäßig Berichte über die IG an das MfS. Ein inoffizieller Mitarbeiter berichtete von 1953-1989 auf Anforderung über die Arbeit der Natur- und Heimatfreunde bzw. der GNU (MICHELMANN 1995 und 2001).

Die systemkritische oder oppositionelle Umweltbewegung unter dem Dach der evangelischen Landeskirchen wurde in der BRD-Literatur seit Mitte der 1980er Jahre und dann vor allem in den ersten Jahren nach der „Wende" bereits umfangreich dargestellt. Zeitzeugenberichte zum Entstehungszusammenhang und zur Struktur der kirchlichen Umweltgruppen und über Repressalien der Staatsmacht gegen diese Umweltgruppen oder Einzelpersonen finden sich bei KÜHNEL & SALLMON 1990; BELEITES 1991; HERZBERG 1991; RÜDDENKLAU 1992; HALBROCK 1992; GENSICHEN 1994; JORDAN & KLOTH 1995. In den ersten Jahren war das Bedürfnis derjenigen, die wegen ihres Umweltengagements verfolgt worden waren, groß, eigene Betroffenheit zu artikulieren und erlebte Konflikte offenzulegen.

Die Neustrukturierung der Umweltbewegung

„Die kirchliche Umweltbewegung war ein Teil der DDR-Opposition. Sie opponierte einfach schon dadurch gegen den ‚real existierenden Sozialismus', daß sie ein Thema deutlich zur Sprache brachte, das diesem immer unbequemer wurde. Rekapitalisierungsabsichten – die den Umweltengagierten vom SED-Staat oft unterstellt wurden – hatten diese aber nicht. Ja, gerade diejenigen Strömungen, die schärfere und grundsätzlichere Kritik am DDR-System übten, wie etwa die Berliner Umweltbibliothek, gingen eher von linken Positionen aus." (GENSICHEN 1994, 80) Das Wörtchen „war" in diesem Zitat deutet das Schicksal der Umweltgruppen unter dem Dach der evangelischen Landeskirchen an: Sie sind Geschichte. Die einzelnen Umweltgruppen haben zwar in ihren damaligen Organisationsstrukturen aufgehört zu existieren, auch die Berliner Umweltbibliothek. Jedoch sind viele Aktive aktiv geblieben.

Die Gesellschaft für Natur und Umwelt im Kulturbund zerfiel in der Zeit der „Wende", zwischen Oktober 1989 und Mai 1990. Einige Gründe dafür, etwa verbandsinterne Auseinandersetzungen zwischen den IG Stadtökologie und den „klassischen" Naturschützern, wurden von BEHRENS, BENKERT, HOPFMANN und MAECHLER 1993 ausführlich dargelegt.

Was blieb von der GNU übrig und wo gingen ihre Mitglieder hin? Im März 1990 wurde auf einer Delegiertentagung in Potsdam, zu der noch einmal 60 Delegierte aus der ganzen DDR zusammenkamen, eine Umbenennung in „Bund für Natur und Umwelt beim Kulturbund" (BNU) beschlossen. Der Zerfall war dadurch nicht aufzuhalten, zumal viele der Delegierten bereits „mehrgleisig" fuhren. Sie hatten gleichzeitig Kontakte zu neuen Verbänden wie dem „Naturschutzbund der DDR" oder der „Grünen Liga" aufgenommen. Manche Fachgruppen der ehemaligen GNU wie die Höhlen- und Karstforscher wurden selbständig. Der BNU-Fachausschuss Wandern und Touristik schloss sich mehrheitlich mit dem (westdeutschen) Touristenverband „Die Naturfreunde" zusammen. Die Dendrologen gingen zur Dendrologischen Gesellschaft, die Geologen zur Geologischen Gesellschaft, vom BNU blieb nur ein kleiner Rest übrig: Es existierte mehrere Jahre lang ein eigenständiger, nicht mehr zum Kulturbund gehörender *Bund für Natur und Umwelt* e.V. in Berlin. Auch in Sachsen-Anhalt konstituierte sich ein bis heute existierender Landesverband des BNU. Beide verstehen oder verstanden sich ausdrücklich als Nachfolgeorganisationen der GNU im Kulturbund. Der Kulturbund in Thüringen richtete seine Satzung so aus, dass er – wie der BNU in Sachsen-Anhalt – seine naturschutzrechtliche Anerkennung (und damit Förderung nach dem geltenden Landesnaturschutzgesetz) erhalten konnte. Einige selbständige lokale Gruppen, die als einen Schwerpunkt die Naturschutzarbeit ansehen, gibt es bis heute im weiter bestehenden *Kulturbund* e.V.

Als weitere überregionale Verbände in den neuen Bundesländern entstanden neu: die Grüne Liga, der Naturschutzbund (NABU) und der Bund für Umwelt- und Naturschutz Deutschland (BUND). Örtlich und regional wurde eine Vielzahl von eigenständigen Vereinen aktiv, die sich nur zum Teil überregionalen Verbänden anschlossen.

Die *Grüne Liga* entstand unter maßgeblicher Beteiligung der Interessengemeinschaften Stadtökologie, die zuvor inner- oder außerhalb der GNU im Kulturbund wirkten. Der offizielle Gründungskongress der Grünen Liga fand – nachdem seit November 1989 konkrete Vorbereitungen liefen – am 3. und 4. Februar 1990 in den Buna-Werken statt. Die Grüne Liga versteht sich als Bürgerbewegung, als unabhängiges und parteiübergreifendes Netzwerk von Bürgerinitiativen, als Dachverband und Interessenvertretung für Gruppen, Bewegungen und Einzelpersonen, die sich für Natur- und Umweltschutz, aber auch für eine friedensfähige Gesellschaftsordnung engagieren wollen. Dabei bleibt die Eigenständigkeit und Identität der einzelnen Gruppen gewahrt.

Der *Naturschutzbund der DDR* gründete sich im März 1990 mit massiver finanzieller Unterstützung des DDR-Umweltministeriums. Als einziger Umweltverband erhielt er vom damaligen DDR-Umweltministerium eine Förderung in Höhe von 1 Million DM. Voraussetzung war eine Anerkennung nach dem damals geltenden § 29 Bundesnaturschutzgesetz (heute §§ 58-61), die er als einziger Verband nachweisen konnte. Der Naturschutzbund der DDR schloss sich 1991 mit dem *Deutschen Bund für Vogelschutz* (DBV) der „alten" Bundesrepublik zum (heutigen) *Naturschutzbund Deutschland* (NABU) zusammen. Der Naturschutzbund kann in seiner Entstehungszeit in den neuen Bundesländern personell und zum Teil inhaltlich durchaus als Abspaltung von der GNU bezeichnet werden. Mitglieder des alten Zentralvorstands der GNU und einiger zentraler Fachausschüsse fanden sich dort wieder. Jedoch fand kein allgemeiner Übergang statt. Der Naturschutzbund hat hauptsächlich naturschutzfachlich orientierte Mitglieder, vornehmlich aus ehemaligen GNU-Fachgesellschaften und -Arbeitskreisen.

Der *Bund für Umwelt und Naturschutz Deutschland* (BUND) ist seit Oktober 1990 in allen neuen Bundesländern vertreten. Viele seiner Mitglieder kamen anfangs ebenfalls aus der GNU. In Brandenburg mutierte der ehemalige BNU-Landesverband zum BUND-Landesverband. In Sachsen sprach der BNU-Landesvorstand eine Empfehlung für den Eintritt in den BUND aus. Örtlich wechselten einige Fachgruppen aus der GNU in den BUND.

Die Situation der Umweltbewegungen beider deutscher Staaten war 1989/1990 unterschiedlich: Die BRD-Umweltbewegung war im Zuge der Umsetzung des damaligen § 29 Bundesnaturschutzgesetz in die Rolle eines „ständigen Umweltverträglichkeitsprüfungsvereins" mit Zwang zu fachwissenschaftlicher Kompetenz und Professionalisierung gedrängt worden. Die wachsende Bezahlung ehrenamtlicher Tätigkeit durch Arbeitsbeschaffungsmaßnahmen und „Öko-Sponsoring" sowie die wachsende Verbandsbeteiligung wirkte außerordentlich integrativ und ließ ursprüngliche Ziele der Umweltbewegung, auf eine alternative Gesellschaftsordnung hinzuwirken (mindestens auf eine die Kapitaldominanz zähmende „ökosoziale Marktwirtschaft"), zurücktreten.

Während der Umweltbewegung in den alten Bundesländern der „revolutionäre", „gegen den Stachel löckende" Geist ausgetrieben wurde, beseelte dieser seit den frühen 1980er Jahren und möglicherweise bereits seit Mitte der 1970er Jahre (Energiekrise) die Umweltbewegung in der DDR vor dem Hintergrund des Niedergangs der DDR-Ökonomie. Der „Wende"-Herbst führte in der DDR zu zum Teil spontan wachsendem gesellschaftspolitischem Interesse und zu vielen gesellschaftlichen Umbauideen zuvor recht unpolitischer umweltbewegter Menschen. Davon zeugen Hunderte von Briefen, die Gruppen oder Einzelmitglieder der GNU an ihren Zentralvorstand in Berlin schrieben.[7] Die banal erscheinende Frage: „Wie wollen wir leben?" wurde 1989 vielfach mit großer Euphorie gestellt, konnte aufgrund des sich rasch vollziehenden Vereinigungsprozesses aber nicht mehr beantwortet werden. Die Aussicht auf den „Beitritt" zur BRD und der Versuch der schnellen verbandsstrukturellen Angleichung verhinderte eine breite Diskussion dieser Umbauideen und die Aufarbeitung der Fehler, aber auch der Stärken der nun Vergangenheit gewordenen Natur- und Umweltschutzarbeit.

Mit dem Beitritt der DDR zur BRD und der ökonomischen Krise in den neuen Bundesländern kam zur Stagnation der Alt-BRD-Umweltbewegung ein ökonomisch erzwungener Rückschritt in der staatlichen und betrieblichen Umweltpolitik (Abbau von Beteiligungsrechten, beschleunigte Genehmigungsverfahren usw.) und soziale Grenzen für alternative Umbauideen in den neuen Bundesländern hinzu. So bedeutete das „Gesetz zur Erleichterung von Investitionen und der Ausweisung und Bereitstellung von Wohnbauland" (Investitionserleichterungsgesetz) einen Rückfall in die Siedlungsentwicklungspraxis der 1950er und 1960er Jahre.

Der soziale Druck, der nach dem Beitritt für viele (ehemalige) Mitglieder der DDR-Umweltbewegung entstand, kam zum Beispiel auch darin zum Ausdruck, dass sich eine große Zahl derer, die in die überregionalen Verbände eintraten, als arbeitslos, Rentner oder Schüler bezeichneten.

Die rezessive wirtschaftliche Entwicklung und die sozialen Ängste und Nöte der Menschen ließen die „Umweltbewegung Ost" dadurch von einer Hauptdarstellerin zur Statistin des Vereinigungsprozesses werden und führten den Zustand einer „Öko-Ignoranz" herbei. Hinzu kam, dass sich für die Umweltbewegung Ost die Perspektive verschob. An die Stelle der Systemkritik und der Suche nach friedensfähigen (gegenüber Mensch und Natur) gesellschaftlichen Alternativen trat der Zwang, sich mühsam in die neuen sozialen und umweltrechtlichen Verhältnisse hineinzufinden. Es gab – insbesondere unter Mitgliedern der vormals oppositionellen Umweltgruppen – Identifikationsprobleme mit der BRD-Umweltpolitik, zum Beispiel den Vorwurf der „symbolischen Umwelt-

---

[7] Studienarchiv Umweltgeschichte des Instituts für Umweltgeschichte und Regionalentwicklung an der Hochschule Neubrandenburg, Bestand 00 – Behrens.

politik", das heißt des „So-tun-als-ob", und es gab ein starkes Misstrauen gegen zentralistische Tendenzen in den großen Umweltverbänden. „Dachverbände" waren angesichts der DDR-Vergangenheit nicht gerade attraktiv. Und auch in der BRD war ihre Funktion immer umstritten. Auch werden scheinbare Errungenschaften der BRD-Umweltbewegung wie etwa der (damalige) Paragraph 29 Bundesnaturschutzgesetz in Zweifel gezogen. So stellte ein Mitarbeiter der Gruppe „Ökolowe Leipzig" nach einem Aufwand-Nutzen-Vergleich die Frage, ob der Paragraph 29 angesichts der Vielzahl der Stellungnahmen bei verschwindend geringen Wirkungen nicht nur eine gesetzlich geförderte Papierproduktion und eine staatlich gesicherte Beschäftigungstherapie bedeutete?

Hinzu kam der (bis heute anhaltende) Kampf der Umweltverbände um die weniger werdenden staatlichen Fördermittel, deren Inanspruchnahme bei ostdeutschen und auch westdeutschen Umweltbewegten nicht unumstritten war. Von Anfang an war beispielsweise in der Grünen Liga umstritten, ob das Instrument „ABM" in Anspruch genommen werden sollte. Es wurde als Ausdruck einer Inwertsetzung ehrenamtlicher Tätigkeit und einer von vornherein gewählten finanziellen Abhängigkeit von staatlichen Institutionen kritisiert. Die Ironie des Schicksals wollte es, dass die Umweltbewegung in den neuen Bundesländern ohne dieses Instrument nicht mehr zu sehen und zu hören gewesen wäre, wobei hinzuzufügen ist, dass das seit einigen Jahren anhaltende Zurückfahren von Umweltschutz-ABM und anderen Förderprogrammen des 2. Arbeitsmarktes zu drastischen Einbrüchen in der Verbandsarbeit führt. Sogar die Statistenrolle der Umweltbewegung ist heute in den neuen Bundesländern gefährdet.

Literatur

Auster, R.: Landschaftstage – Kooperative Planungsverfahren in der Landschaftsentwicklung. Erfahrungen aus der DDR, Forum Wissenschaft Studien 38, BdWi Verlag Marburg 1996

Behrens, H. & Hoffmann, J.: Die „Gesellschaft für Denkmalpflege im Kulturbund der DDR", in: Institut für Umweltgeschichte e.V./Stiftung Naturschutzgeschichte (Hg.): Studienarchiv Umweltgeschichte, Nr. 8/2003, S. 31-44

Behrens, H. & Paucke, H. (Hg.): Umweltgeschichte: Wissenschaft und Praxis, Forum Wissenschaft Studien 27, BdWi-Verlag Marburg 1994

Behrens, H.: Landschaftstage in der „Seenplatte" – Vorgeschichte, Themen, Ergebnisse, in: Behrens, H. (Hg.): Landschaftsentwicklung und Landschaftsplanung in der Region „Mecklenburgische Seenplatte", Schriftenreihe der Fachhochschule Neubrandenburg, Neubrandenburg 2000, 193-274

Behrens, H. (Hg.): Landschaftsentwicklung und Landschaftsplanung in der Region „Mecklenburgische Seenplatte", Schriftenreihe der Fachhochschule Neubrandenburg, Neubrandenburg 2000

Behrens, H.: Naturschutz in der Deutschen Demokratischen Republik. In: Konold, W.; Böcker, R. & Hampicke, U. (Hg.): Handbuch Naturschutz und Landschaftspflege, 9. Erg.Lfg. 2/03, ecomedia-Landsberg 2003, 1-19

146

Behrens, H.: Naturschutz und Landeskultur in der Sowjetischen Besatzungszone und in der DDR – ein historischer Überblick. In: Bayerl, G. & Meyer, T. (Hg.): Die Veränderung der Kulturlandschaft. Nutzungen – Sichtweisen – Planungen, Münster, New York, München, Berlin 2003, 213-271

Behrens, H.: Vom Reservatsnaturschutz zur Landschafts-Agenda 21. In: Institut für Umweltgeschichte und Regionalentwicklung e.V. & Nationalpark Hochharz (Hg.), Behrens, H., Sacher, P. & Wegener, U. (Bearb.): Von der Naturdenkdenkmalpflege zum Prozessschutz in den Nationalparken, Berlin 2002, 49-74

Behrens, H.; Benkert, U.; Hopfmann, J. & Maechler, U.: Wurzeln der Umweltbewegung: Die Gesellschaft für Natur und Umwelt im Kulturbund der DDR, Forum Wissenschaft Studien 18, BdWi-Verlag Marburg 1993

Behrens, H.: Naturschutz in der DDR. In: Stiftung Naturschutzgeschichte (Hg.): Aspekte der Naturschutzgeschichte in Deutschland – Symposium zum 75. Geburtstag von Professor Wolfram Pflug, Königswinter 2000

Beleites, M.: Pechblende. Der Uranbergbau in der DDR und seine Folgen, hrsg. vom Kirchlichen Forschungsheim Wittenberg, Wittenberg 1988, herunterzuladen unter www.antenna.nl/ wise/uranium/uwispb.html

Beleites, M.: Untergrund. Ein Konflikt mit der Stasi in der Uranprovinz, Berlin 1991

Beschluss des Ministerrates 67/1.2./82 vom 16.11.1982: Anordnung zur Gewinnung oder Bearbeitung und zum Schutz von Informationen über den Zustand der natürlichen Umwelt in der DDR

Gensichen, H.-P.: Umweltverantwortung in einer betonierten Gesellschaft: Anmerkungen zur kirchlichen Umweltarbeit in der DDR 1970 bis 1990. In: Brüggemeier, F.-J. & Engels, I. (Hg.): Natur- und Umweltschutz nach 1945. Konzepte, Konflikte, Kompetenzen, Frankfurt, New York 2005, 287-306

Gensichen, H.-P.: Das Umweltengagement in den evangelischen Kirchen in der DDR. In: Behrens, H. & Paucke, H.: Umweltgeschichte: Wissenschaft und Praxis, Forum Wissenschaft Studien 27, Marburg 1994, 65-83

Gensichen, H.-P.: Kritisches Umweltengagement in den Kirchen. In: Israel, J. (Hg.): Zur Freiheit berufen. Die Kirche in der DDR als Schutzraum der Opposition, Berlin 1991, 146-184

Gilsenbach, R.: Der Minister blieb, die Grünen kommen. In: Herzberg, A. (Hg.): Staatsmorast. 21 Autoren zur Umwelt, Lübeck 1991

Halbrock, C.: Beginn einer eigenständigen Umweltbewegung in der DDR. In: Rüddenklau, W.: Störenfriede. ddr-opposition 1986-1989, Berlin 1992, 43-51

Heinrich, J.: Die Interessengemeinschaft „Umweltschutz/Umweltgestaltung" Erfurt. Ein Rückblick auf die Jahre 1984-1990 anläßlich eines Treffens am 28.1.1995, Erfurt 1995 (Manuskript)

Heinrich, H.: Einflussnahme von MfS, SED und staatlichen Einrichtungen auf eine (nicht-kirchliche) Umweltgruppe in Erfurt, 1984. Aktualisierte und erweaiterte Fassung vom 21.05.2004. Internet-Download am 07.11.2005, http://www.utopie1.de/H/Heinrich-Joachim/

Herzberg, A. (Hg.): Staatsmorast. 21 Autoren zur Umwelt, Lübeck 1991

Hopfmann, J.: Der Natur- und Umweltschutz vor und nach der Wende in der DDR im Landkreis Templin der Uckermark (Brandenburg). In: Institut für Umweltgeschichte und Regionalentwicklung e.V. (Hg.): Umweltbewegungs- und Umweltforschungsgeschichte, Forum Wissenschaft Studien 19, BdWi Verlag Marburg 1993, 92-101

Hopfmann, J.: Die Geschichte des Natur- und Umweltschutzes im Landkreis Templin der Uckermark, Institut für Umweltgeschichte und Regionalentwicklung e.V., Berlin 1993

Institut für Umweltgeschichte und Regionalentwicklung e.V., Projekt „Regionale Identität – Regionale Umwelt – Alltägliche Umweltkonflikte", Projektleitung: H. Behrens, Mitarbeit: I. Klein, G. Kuropka. Gefördert durch die Deutsche Bundesstiftung Umwelt, Projektabschluss: Berlin, Februar 1998

Institut für Umweltgeschichte und Regionalentwicklung e.V. (Hg.): Umweltbewegungs- und Umweltforschungsgeschichte, Forum Wissenschaft Studien 19, BdWi Verlag Marburg 1993

Institut für Umweltgeschichte und Regionalentwicklung e.V. (Hg.): Naturschutz in den neuen Bundesländern – ein Rückblick, 2 Halbbände, Forum Wissenschaft Studien 45/1 und 45/2, BdWi Verlag Marburg 1998

Institut für Umweltgeschichte und Regionalentwicklung e.V. (Hg.): Landschaft und Planung in den neuen Bundesländern – Rückblicke, Berlin 1999

Institut für Umweltgeschichte und Regionalentwicklung e.V. (Hg.): Naturschutz im vereinigten Deutschland. Rückblick und Vorschau, Gewinne und Defizite. Ideenforum des ehemaligen Institutes für Landschaftsforschung und Naturschutz Halle, Berlin 2000

Institut für Umweltgeschichte und Regionalentwicklung e.V.: Naturschutz in den neuen Bundesländern: ein Rückblick, 2., überarb. Aufl., Berlin 2001

Institut für Umweltgeschichte und Regionalentwicklung e.V. (Hg.); Behrens, H. & Grünwald, M. (Bearb.): Naturschutzgebiete im 21. Jahrhundert, Berlin 2002

Institut für Umweltgeschichte und Regionalentwicklung e.V. & Nationalpark Hochharz (Hg.), Behrens, H., Sacher, P. & Wegener, U. (Bearb.): Von der Naturdenkdenkmalpflege zum Prozessschutz in den Nationalparken, Berlin 2002

Institut für Umweltgeschichte und Regionalentwicklung e.V. (Hg.), Behrens, H. (Bearb.): Zukunft des Ehrenamtes im Natur- und Umweltschutz, Berlin 2004

Institut für Umweltgeschichte und Regionalentwicklung e.V. (Hg.), Behrens, H. (Bearb.): Naturschutzbeauftragte in Mecklenburg und Vorpommern. Von den Anfängen bis zur Gegenwart, Friedland 2006

Israel, J. (Hg.): Zur Freiheit berufen. Die Kirche in der DDR als Schutzraum der Opposition, Berlin 1991

Jordan, C. & Kloth, H.-M.: Arche Nova. Opposition in der DDR. Das „Grün-ökologische Netzwerk Arche" 1988-1990, Berlin 1995

Karlsch, R. & Zbynek, Z.: Urangeheimnisse. Das Erzgebirge im Brennpunkt der Weltpolitik 1933-1960, Berlin 2002

Knabe, H.: Umweltkonflikte im Sozialismus. Möglichkeiten und Grenzen gesellschaftlicher Problemartikulation in sozialistischen Systemen – eine vergleichende Analyse der Umweltdiskussion in der DDR und Ungarn, Bibliothek Wissenschaft und Politik 49, Köln 1993

Konold, W.; Böcker, R. & Hampicke, U. (Hg.): Handbuch Naturschutz und Landschaftspflege, 9. Ergänzungs-Lieferung 2/03, ecomedia-Landsberg 2003

Kühnel, W. & Sallmon, C. unter Mitarbeit von T. Gebhardt: Entstehungszusammenhänge und Institutionalisierung der Ökologiebewegung in der DDR, Berlin 1990 (Manuskript)

Landkreis Bitterfeld (Hg.): Umweltreport Bitterfeld 96; Akten aus dem Archiv des Landkreises Bitterfeld 1996

Michelmann, J.: Untersuchung zur Einflußnahme des MfS auf eine Umweltschutzgruppe in den 80er Jahren. Wissenschaftliche Hausarbeit, Manuskript, Jena 1995

Michelmann, J.: Verdacht: Untergrundtätigkeit. Eine Erfurter Umweltschutzgruppe und die Staatssicherheit, Rudolstadt 2001

Müller, J.: Beitrag zur Geschichte und Bibliographie der entomofaunistischen Forschung im Raum Magdeburg in den Jahren zwischen 1971 und 1993. In: Abhandlungen und Berichte für Naturkunde 16, Magdeburg 1993

Nölting, B.: Strategien und Handlungsspielräume lokaler Umweltgruppen in Brandenburg und Ostberlin 1980-2000, Beiträge zur kommunalen und regionalen Planung 2, Frankfurt a.M. 2002

Nyssen, S. (Hg.): Modernisierung nach dem Sozialismus: ökologische und ökonomische Probleme der Transformation, Marburg 1992

Nyssen, S.: Die sozialistische Arbeitsgesellschaft in der ökologischen Transformation: Arbeit und Umwelt in der ehemaligen DDR. In: Nyssen, S. (Hg.): Modernisierung nach dem Sozialismus: ökologische und ökonomische Probleme der Transformation, Marburg 1992

Paul, R.: Das Wismut-Erbe. Geschichte und Folgen des Uran-Bergbaus in Thüringen und Sachsen, Göttingen 1991

Redaktion Deutschland-Archiv (Hg.): Umweltprobleme und Umweltbewußtsein in der DDR, Köln 1985, 152

Reichhoff, L. & Schönbrodt, R.: Gedanken zum Buch „Wurzeln der Umweltbewegung". In: Naturschutz im Land Sachsen-Anhalt 32 (1995) 1

Rösler, M.: Naturschutz in der DDR, Bonn 1990

Rosol, M. & Knigge, M.: Die Umweltbewegung in der DDR (Hausarbeit TU Berlin), Berlin 1996

Rüddenklau, W.: Störenfriede. ddr-opposition 1986-1989, Berlin 1992

Stiftung Naturschutzgeschichte (Hg.): Naturschutz hat Geschichte, Grußworte und Festrede des Bundespräsidenten anlässlich der Eröffnung des Museums zur Geschichte des Naturschutzes am 12. März 2002, Beiträge der Fachtagung Naturschutz hat Geschichte vom 13. März 2002, Essen 2003

Stiftung Naturschutzgeschichte (Hg.): Wegmarken: Beiträge zur Geschichte des Naturschutzes; Festschrift für Wolfram Pflug, Essen 2000

Wegener, U. (1998/2001a): Ohne sie hätte sich nicht bewegt – zur Arbeit der ehrenamtlichen Naturschutzhelfer und -helferinnen. In: Institut für Umweltgeschichte und Regionalentwicklung (Hg.): Naturschutz in den neuen Bundesländern – Ein Rückblick, Marburg 1998, 2. Aufl. Berlin 2001, 89-108

Wegener, U. (1998/2001 b): Naturschutzstationen und Naturschutzwarte in der DDR zur Koordinierung der ehrenamtlichen Arbeit. In: Institut für Umweltgeschichte und Regionalentwicklung (Hg.): Naturschutz in den neuen Bundesländern – Ein Rückblick, Marburg 1998, 2. Aufl. Berlin 2001, 407-424

Hans-Peter Gensichen[1]

Die Beiträge des Wittenberger Forschungsheimes für die kritische Umweltbewegung in der DDR

1. Forschungsheim und Umweltbewegung

Ein bemerkenswert großer Teil der kritischen Umweltbewegung in der DDR hat sich unter dem Dach der Kirche (allermeist der evangelischen) gebildet. Aus der Kirche, aus ihren spirituellen Quellen, ihren organisatorischen Möglichkeiten, ihrer Sonderstellung im „sozialistischen" Staat – für die Ökologisierung der säkularen, in diesem Fall: der DDR-sozialistischen Gesellschaft. Und dabei auch wieder für die Kirche, die durch das neue Thema „Ökologie" ihren alten, an sich schwergewichtigen Horizont „Schöpfung" zurückgewinnen konnte, der ihr aufgrund ihrer Niederlagen im Galilei- und im Darwin-Konflikt verloren gegangen war. In einem mehr oder weniger spontanen und häufig chaotischen Prozess ist im ganzen Land eine kritische Umweltbewegung entstanden und gewachsen. Diese hat neben inhaltlichen Schwerpunkten lokale und institutionelle Anlaufpunkte hervorgebracht und gefunden. Einer von ihnen war das Kirchliche Forschungsheim (KFH) in der Lutherstadt Wittenberg. Von diesem – genauer: von den Wechselwirkungen zwischen KFH und Umweltbewegung – soll hier die Rede sein. Dieser Aufsatz stellt also nicht die Geschichte der kritischen Umweltbewegung in der DDR dar, sondern speziell den Zusammenhang des Wittenberger Instituts mit dieser Geschichte! Die kritische Umweltbewegung als Ganze ist anderswo dargestellt (GENSICHEN 1988a; 2005 und BELEITES 2006, in diesem Band). Der Zusammenhang der kritischen Umweltbewegung mit anderen sozialen Bewegungen in der späten DDR ist dargestellt bei CHOI 1999 und MÜHLEN 2000.

---

[1] Das Institut, das im Mittelpunkt des folgenden Aufsatzes steht, wurde in der dargestellten Zeit vom Autor dieses Aufsatzes geleitet. Er war einer von dessen zwei hauptberuflichen Wissenschaftlichen Mitarbeitern. Ein Teil der Aussagen wird daher nicht durch Verweise auf Primärquellen belegt; dieser Aufsatz selbst *ist* dann die Primärquelle für sie! Einblick in die Zeitschrift *Briefe* oder in andere, lediglich hektographierte Veröffentlichungen des Forschungsheimes, die hier erwähnt sind, kann die Evangelische Akademie Sachsen-Anhalt, 06886 Lutherstadt Wittenberg, Schlossplatz gewähren. (Das Forschungsheim wurde im Jahre 2005 mit der Akademie fusioniert.) Ein Teil der historisch relevanten Akten liegt im Matthias-Domaschk-Archiv in 10437 Berlin, Schliemannstr. 23. Der Autor dieses Aufsatzes ist zu erreichen unter gensichen_wittenberg@web.de

Andere Anlaufpunkte waren (wurden) der „Ökologische Arbeitskreis der Dresdner Kirchenbezirke" oder die „Umweltbibliothek" an der Zionskirche im Berliner Bezirk Prenzlauer Berg. Über deren Profil erfährt man mehr bei JACOBI & JELITTO 1998 und bei RÜDDENKLAU 1992. Aber die Nennung dieser beiden Gruppen und dieser zwei Publikationen ist überhaupt nicht erschöpfend. Die Gruppen in Schwerin, Halle, Leipzig, Cottbus, Altenburg, Suhl, Eisenach oder Karl-Marx-Stadt strahlten ebenfalls überregional aus.

Zwischen diesen Anlaufpunkten gab es Unterschiede, meist aber ein Nebeneinander mit gleichgelagertem Anliegen und sporadischen Kontakten. Einen der Unterschiede zwischen ihnen stellte ihre verschieden starke und unterschiedlich strukturierte Kirchlichkeit dar. Das Forschungsheim war (wenn ein solcher Komparativ möglich ist) das theoretischste und das theologischste. Es war auch das älteste und konstanteste von ihnen. Zwar musste auch das KFH, wie alle, das Thema Ökologie erst neu finden, aber es war als Institution schon länger existent, während alle anderen sich überhaupt erst neu bilden mussten. Und es gab in Wittenberg Hauptamtliche, darunter einen Theologen. Das verringerte die Reibungsverluste, die gewöhnlich, wenn Pioniere neue Themen entdecken, gegenüber Leitungen (hier: Kirchenleitungen) auftreten. Seine Institutionalisiertheit machte es auch dem SED-Staat und seinem Staatssicherheitsdienst schwerer bzw. ganz unmöglich, mit Methoden der Zersetzung oder Verhinderung gegen das Forschungsheim zu arbeiten. An vielen anderen Orten sah das ganz anders aus. Andererseits kam manchmal bei den informellen Gruppen gegenüber dem KFH auch der Vorwurf auf, zu nahe an der Amtskirche zu stehen. Denn die Protagonisten der Umweltbewegung hatten ja, neben allem Ökologischen, auch etwas Antiinstitutionelles, Emanzipatorisches und waren vorwiegend kirchenkritische Jugendliche und junge Erwachsene. Manche von ihnen waren nicht Mitglieder einer Kirche.

Das Wittenberger Forschungsheim ist 1927 gegründet worden; es war immer ein kleines Institut. Es sollte von Anfang an deutschlandweit wirken, was jedoch nur partiell verwirklicht werden konnte: In seinen ersten 26 Jahren hatte es nur einen, in den folgenden 44 Jahren zwei akademisch ausgebildete Mitarbeiter. Im Gründungsstatut von 1927 hatte es ganz allgemein geheißen: „Der Verein Forschungsheim für Weltanschauungskunde hat den Zweck, evangelische Weltanschauung durch Forschungs-, Vortrags- und Lehrtätigkeit zu pflegen." (GENSICHEN 2002). Konkret hieß das: Auseinandersetzung und Dialog zwischen der Evolutionstheorie und dem christlichen Schöpfungsglauben. 1978 hat das Forschungsheim sich dann ein Statut gegeben, in dem die Umwelt-Thematik erwähnt und sanktioniert wird, jedoch in gleichberechtigtem Nebeneinander mit den Fragen der Evolutionsforschung und der Wissenschaftsethik. 2002 hieß es dann: „Das Kirchliche Forschungsheim hat die Aufgabe, zukunftsfähige Ideen für den Umgang mit der Schöpfung aufzugreifen und in konkretem Handeln zu erproben. Es erschließt und popularisiert in Gesellschaft und Kirche eine der Schöpfung zugewandte Ethik, ökologisches Bewusstsein, Nachhaltigkeit als Lebensstil und Solidaritätsbereitschaft." [Briefe, 23 (2002) 64]. Diese Formulierungen können gut auch schon für das Jahrzehnt davor stehen.

Ein Institut wie das KFH hat immer auch lokale und regionale Kompetenzen, Bezüge und Sympathisanten. Diese sind nicht Gegenstand des vorliegenden Aufsatzes; gerade wenn man in einer Diktatur arbeitet, sind sie dennoch relevant. Mehr zur Geschichte des Instituts bei GENSICHEN 1999 und 2004.

2. Das Forschungsheim als intellektuelles Zentrum

Seine Akzentverlagerung von mehr weltanschaulich hin zu mehr ethisch akzentuierten Themen hat das Forschungsheim 1971 begonnen. Damals befasste sich am KFH ein Arbeitskreis von naturwissenschaftlich interessierten Pfarrern mit den ethischen Herausforderungen in der modernen Genetik. Er war die erste und für lange Zeit die einzige kirchliche Arbeitsgruppe in der DDR, die das tat. War es bislang meist um Konflikte zwischen naturwissenschaftlichen und theologischen Gedankengebäuden gegangen, so wurden jetzt mögliche Gefahren bei den Auswirkungen von Forschungsergebnissen thematisiert und kommentiert. Eine Broschüre *Genetik und Ethik* von Charlotte BOOST und Hans-Peter GENSICHEN von 1976 (2. Aufl. 1977) dokumentiert äußerlich sichtbar die neue Perspektive des Instituts. Zugleich beginnt mit dieser Broschüre die lange Reihe von Veröffentlichungen, die vervielfältigt, nicht gedruckt wurden, die aber gemäß einer Festlegung der DDR-Behörden den Aufdruck „Nur für innerkirchlichen Dienstgebrauch" trugen und – gerade mit diesem Aufdruck – eine größer werdende Rolle in der entstehenden SED-kritischen Öffentlichkeit spielten.

Im Sommer 1973 wurden die damaligen Mitarbeiter des Forschungsheimes, Hans Kleinschmidt und Charlotte Boost, von der evangelischen Kirchenleitung in Magdeburg aufgefordert, das Thema Umwelt mit zu bearbeiten. Durch das Genetik-Ethik-Thema waren sie auf eine Umprofilierung in ethische Richtung vorbereitet. Die Kirchenleitung ihrerseits reagierte mit ihrer Aufforderung auf einen Umweltbericht, den die Evangelische Akademie Sachsen-Anhalt ihr bereits im Sommer 1972 vorgelegt hatte. Nun sollte das Forschungsheim das Thema übernehmen.

An dieser Magdeburger Dienstbesprechung nahm ich, Hans-Peter Gensichen, bereits teil. Ich war 1972, nach dem Theologiestudium, an das Forschungsheim gekommen, um eine theologische Dissertation über den Gründer des Instituts, den

Pfarrer und Zoologen Otto Kleinschmidt und seine „Formenkreislehre" zu schreiben (GENSICHEN 1978; 1985a). Seit 1975 leitete ich dann das KFH. Zuerst arbeitete ich mit der Biologin (Genetikerin) Charlotte Boost zusammen, 1980 löste der junge Biologe (Ökologe) Gerd Pfeiffer Charlotte Boost ab und wurde neuer Wissenschaftlicher Mitarbeiter des Instituts.

Sehr bald etablierte sich eine erste DDR-weite Autorengruppe im KFH. Sie bestand aus jungen Natur- und Technikwissenschaftlern, aber auch Mediziner, Meteorologen und Mathematiker waren unter ihnen. Geplant gewesen war nur ein einmaliges Treffen von christlichen Hochschulabsolventen Ende 1977; aber es kam doch unter den Teilnehmern alsbald der Wunsch auf, mehr daraus zu machen. Die Gruppe hat sich dann von 1979 bis 1992, mit einigem personellen Wechsel, 45-mal an Wochenenden im Forschungsheim, manchmal auch an anderen Orten, getroffen. Es wurde diskutiert, Literatur (westliche sowie östlich-dissidentische) wurde vorgestellt, thematische und berufliche Horizonte für Nachwuchswissenschaftler erschlossen. Ein führendes Mitglied des Kreises, Ludwig HOFFMANN (Wernigerode) hat den Kreis dargestellt in: BRICKWEDDE, 1998. Man hielt sich nie lange beim bloßen Diskutieren auf, sondern begann schon bald, Broschüren zu erstellen. Denn eine un- und desinformierte Gesellschaft zu informieren, wurde als wichtiges Ziel erkannt. Schon 1980 erschien das Heft *Die Erde ist zu retten*, 1987 dann *Wohin mit den Hochtechnologien? Zum Einsatz von Mikroelektronik und Biotechnologie für eine ökologisch und sozial verantwortbare Entwicklung*. Dazwischen, 1984, war ein katechismusartig kurzer Text *Leben für eine bewohnbare Erde* entstanden. Mit ihm gelang ein für Christen wie für Nichtchristen gleichermaßen akzeptabler, zugleich auch schöner, mitunter lyrischer Text. Die (in diesem Fall: sprachliche) Grenzüberschreitung aus dem kirchlichen Bereich hinaus hatte ja für das KFH immer eine wichtige Logik: Verbindendes und Verbindungen suchen, wo zunächst nur Verbindungslosigkeit konstatiert wurde.

Die Erde ist zu retten schlug den Bogen von Informationen und Umweltzusammenhängen über theologische Reflexionen und kirchenleitende Aussagen bis zu Handlungsvorschlägen für den Einzelnen und die Gesellschaft. Die *Erde* erschien bis 1988 in fünf Auflagen und verhalf vielen DDR-Menschen zum Aufbruch in ein ökologisches Engagement. Ihr Autorenteam hieß dann nur noch der „Erdekreis".

Das *Hochtechnologie*-Heft thematisierte Biotechnologie und Mikroelektronik und deren ambivalenten Folgewirkungen. Es nahm insofern das Thema der Genetik-Broschüre von 1976 wieder auf. Es richtete sich freilich an einen kleineren Kreis als die *Erde*. Das zeugt auch von einer wachsenden Spezialisierung des Autorenteams, in dem von Anfang an auch Genetiker und Mikroelektroniker mitarbeiteten. In der Folge dieses Papiers kam es 1989 und 1990 zu drei Treffen mit marxistisch-leninistischen Technikwissenschaftlern und Philosophen aus Dresden und Magdeburg. Der Erde-Kreis formulierte dafür ein Diskussionspapier zur Technikbewertung. Der Dissens betraf in der Hauptsache den Zweck der Technikentwicklung: Während die Marxisten ihn in der Entfaltung von Freiheit sahen, bestand er für uns (a) in einem humanen Überleben der Menschheit und schloss (b) die Achtung des Selbstwertes der nichtmenschlichen Natur ein. Einig waren beide Gruppen sich darin, (a) dass Fragen der Technikverantwortung der demokratischen Entscheidung ausgesetzt sein müssten, (b) dass dabei die Kompetenz der Betroffenen gleichrangig mit der der Fachleute sei und (c) dass eine Vielfalt von Technik-Entwicklungswegen (statt technologischer Monokultur) unabdingbar sei (HEMMINGER & GENSICHEN 1990). Als wir zum Abschluss ein Konsenspapier erarbeiteten, wurde die Position der Marxisten immer schwächer. Lag das an der Wucht unserer Argumente oder an der der politischen Ereignisse?

In dieser Zeit versuchte der Erde-Kreis auch, die Technikfolgenabschätzung zur (neuen) Aufgabe der Parlamente zu machen. Die Formulierung neuer Verfassungen (der DDR, der Länder, der Bundesrepublik) schien dafür eine günstige Situation zu schaffen. Die Versuche führten aber zu nichts, weil für den aufgebrochenen Osten dann überwiegend Gedanken und Strukturen aus dem alten Westen der Republik übernommen wurden.

Ein anderer Arbeitskreis befasste sich mit Fragen der Wissenschaftsethik. Der Impuls zu seiner Gründung kam 1981 vom Bund der Evangelischen Kirchen in der DDR. 1983 erschien von dieser Gruppe die Broschüre *Wissenschaftsethik heute*. Die Arbeit des Kreises ist dargestellt bei Herzberg 1999 und Gensichen 1988c. Nach dem Erscheinen der Broschüre setzte der Kreis, nun ohne die Anbindung an den Kirchenbund und mit einigen neuen Mitgliedern, seine Arbeit fort und gab im Februar 1988 einen *Brief an Wissenschaftler* heraus, der in seiner Konzentriertheit fast ein „Hippokratischer Eid für Naturwissenschaftler" geworden ist. Er wurde an hunderte Wissenschaftler verschickt. Die eingehenden Antworten veranlassten den Autorenkreis, den Text zu überdenken und ihm Anmerkungen hinzuzufügen. Im November 1989 wurde die endgültige Version verabschiedet und veröffentlicht, u. a. in der Deutschen Zeitschrift für Philosophie [38 (1990) 11, 1119 f.]. Der Brief enthält sieben Selbstverpflichtungen, etwa: „Ich bekenne mich als Wissenschaftler zu meiner besonderen Verantwortung für den Fortbestand und die Zukunft des Lebens. – Mein Wissen und Können will ich zur Bewahrung und Bereicherung des Lebens einsetzen." – Fragen dieser Art hatten in der DDR einen hohen Grad von Oppositionalität; denn sie konnten bis zur Verweigerung der Mitarbeit an Projekten mit zerstörerischem und umweltfeindlichem Charakter führen. Als die DDR zu Ende kam, waren die Wissenschaftsethiker des KFH gerade dabei, einen „Fonds für Wissenschaftler in Not" zu gründen. Dieser

Fonds sollte es ermöglichen, Wissenschaftler finanziell zu unterstützen, die aus Gewissensgründen ihre Arbeit niederlegten oder entlassen wurden. Geld dafür aus dem Kirchlichen Forschungsheim – das wäre ein starkes Politikum gewesen.

Gensichens Funktion in diesen Arbeitskreisen war die des Einladers und Tagungsleiters, des theologischen Referenten und last not least des Redakteurs und Buchhändlers. Mit dem Ende der DDR lösten sich beide Gruppen auf; das hatte oft biographische Gründe; einige Mitglieder sahen aber im Strudel der Ereignisse wohl auch nicht, welche Aufgaben solche Kreise nun haben könnten.

Eine Gruppe junger Landwirte und Gärtner hat sich ebenfalls regelmäßig im Forschungsheim getroffen. Sie wurde von dem naturwissenschaftlichen Mitarbeiter im Forschungsheim Gerd Pfeiffer geleitet. Sie suchte nach Alternativen zu einer hochintensiven, chemiereichen und Energie fressenden Landwirtschaft mit ihren großen Anteilen an der Umweltzerstörung. Natürlich stieß man auf die Ideen des Anthroposophen Rudolf Steiner zur „biologisch-dynamischen" Wirtschaftsweise. Es kamen auch Kontakte zu den wenigen anthroposophischen Gärtnereien und Höfen in der DDR zustande; und einige dortige Mitarbeiter stießen zu dem Arbeitskreis. Es gab dabei auch Kontakte zu der anthroposophisch beeinflussten „Christengemeinschaft", aber deren Mitglieder haben ihre weltanschaulichen Berüh-

rungsängste zur Landeskirche nie wirklich überwunden. Auch der Landwirtekreis wurde alsbald zum Autorenteam. 1986 gab er die Broschüre *anders gärtnern – aber wie?* heraus. Diese wurde, mit insgesamt 5.500 Exemplaren, zur auflagenstärksten Broschüre eines KFH-Kreises. (1990 erschien sie auch als Buch im Berliner Verlag der Wissenschaften, wurde aber in den Wende-Wirren vom Buchhandel nicht beachtet.) Dieser Gruppe ging es – außer um Öffentlichkeitsarbeit und Theorie – mehr als dem Erde-Kreis um die eigene berufliche Praxis und Veränderungen in den Betrieben, in denen die Mitglieder (als junge Hochschulabsolventen) soeben zu arbeiten angefangen hatten. Ferner lag dem Kreis (und dem Forschungsheim) daran, die Ökologisierung eines Landwirtschaftsbetriebes konkret zu probieren. Das konnte, wie die Dinge in der DDR standen, nur ein kirchlicher Betrieb sein. (Die evangelische Kirche hatte auch zu DDR-Zeiten eine eigene Landwirtschaft, bestehend aus jenem Landbesitz, welcher der Kirche nach dem Reichsdeputationshauptschluss von 1803 noch geblieben und von den DDR-Sozialisten nicht angetastet worden war.) Erste Schritte dahin tat man mit der Gärtnerei des Diakonissenhauses in Borsdorf bei Leipzig. Eine Heckenpflanzung, die 1983 stattfand, steht symbolisch dafür. Auf den größeren kirchlichen Gütern biologische Wirtschaftsweisen einzuführen, scheiterte aber. Und das, obwohl doch 1982 das Ressort Landwirtschaft im Sekretariat des Bundes der Evangelischen Kirchen eine schöne Broschüre „Agrarwirtschaft und Umwelt" herausgegeben hatte, an der auch Gerd Pfeiffer mitgearbeitet hatte. Hinter deren Worten blieben die Reaktionen der kirchlichen Gutsverwalter weit zurück. – Wichtig war auch, auf der Regierungsebene Voraussetzungen für die Ökologisierung der Landwirtschaft einzufordern. Der Landwirtekreis des KFH schrieb daher eine ausführliche und kritische Eingabe zum Beschlussentwurf des XIII. Bauernkongresses der DDR, welcher im Mai 1987 stattfand. Diese Eingabe führte schon im Juni 1987 zu Gesprächen des Arbeitskreises mit Vertretern des Landwirtschaftsministeriums der DDR, bei denen die Staatsseite einige Zusagen machte. Mehr allerdings nicht; bei späteren telefonischen Nachfragen wurde man einfach nicht mehr mit den zuständigen „Kollegen" verbunden … – In der inhaltlichen Arbeit verlagerte sich der Akzent in den letzten Jahren vom Pflanzenbau („anders gärtnern") zur Tierhaltung.

1988 ging aus dem Landwirtekreis der ökologische Anbauverband „GÄA" hervor, der bis heute in Ostdeutschland neben den aus dem Westen kommenden Verbänden (wie „Bioland" oder „demeter") existiert. Die Gründung fand nicht im KFH statt; Forschungsheim und Arbeitskreis hatten sich vorher getrennt, weil Gerd Pfeiffer zuletzt nicht mehr im Institut arbeitete.

Seit 1986 trafen sich Architekten und Bauingenieure zu Jahrestagungen „Ökologisches Bauen" im Forschungsheim. Deren Leitungskreis war selbständig; das KFH war mehr oder weniger nur Gastgeber. Zu nennenswerten Außenwirkungen dieser Tagungen kam es nicht. Mit dem führenden Kopf dieser Treffen, dem Berliner Architekten Wolfgang Pfeiffer vom zentralen Baubüro der Diakonie in der DDR, hat das KFH allerdings später, 1993 bis 1996, in eigener Sache sehr produktiv zusammengearbeitet: Pfeiffer war der Architekt der (sehr gelungenen) ökologischen Sanierung und Rekonstruktion des Institutsgebäudes.

Ein anderer Arbeitskreis bestand aus jenen Förstern, die den kircheneigenen Wald bewirtschafteten. Sie trafen sich seit 1985 im Forschungsheim, um Ökologisierungen in ihrer Arbeit zu beraten. Im offiziellen kirchlichen Forstamt in Magdeburg war man verärgert über diese Kreis-Bildung; man sah, wahrscheinlich zu Recht, eine Konkurrenz zu seinen offiziellen Dienstbesprechungen. Wie bei den Landwirtschaftsbetrieben der Kirche blieb auch hier die offizielle Kirche den Impulsen aus dem Forschungsheim gegenüber reserviert. Andererseits gab ein Waldschadensbericht jenes Forstamtes von 1986 eine gute Ergänzung zur Arbeit des Kreises – und des Forschungsheimes überhaupt. Der Bericht zeigte, wie man mit einfachen Methoden grundlegende und verallgemeinerbare Erkenntnisse gewinnen konnte. Da die kirchlichen Wälder kleinflächig und sehr verstreut sind, waren die Messungen repräsentativ für den gesamten Wald, auch den Staats-Wald. So stand der kirchliche Bericht stellvertretend für einen („natürlich" fehlenden) Gesamt-Waldschadensbericht.

Aus Gerd Pfeiffers Arbeit mit den Förstern entstand ein längerer Text über Waldschäden. Dieser wurde dann im „Erde"-Kreis von Ludwig Hoffmann ergänzt durch eine präzise Beschreibung der Entschwefelung von Rauchgasen. Daraus wurde schließlich die Broschüre *Wie man in den Wald rußt ...* (1986), also ein weiteres KFH-Heft.

Der Försterkreis löste sich mit dem DDR-Ende nicht auf. 1995 gründete der neue (seit April 1989) KFH-Mitarbeiter Michael Schicketanz aus dieser Arbeitsgruppe heraus eine deutschlandweite „AG Kirchenwald".

Die Arbeitskreise, die sich in den 1980er Jahren im Forschungsheim bildeten und trafen, machten das KFH zu einem potenten intellektuellen Zentrum der kritischen Umweltbewegung in der DDR. Sie machten diese Bewegung sachkundig und argumentativ stark. Das wirkte weit über die Kirchengrenzen hinaus. Die Impulse aus ihren Heften führten zu viel Bewegung – sei es „im Kopf" oder „mit den Händen", sowohl bei vielen Einzelnen als auch in größeren Zusammenhängen. Ein Mitarbeiter des DDR-Umweltministeriums hat (wie mir zugetragen wurde) einmal in einem dem Ministerium unterstellten wissenschaftlichen Institut vor dem „spätbürgerlichen Diversionsinstitut" mit seinen 60 Mitarbeitern gewarnt. Damit meinte er das Forschungsheim! (Die Zahl 60 war korrekt: exakt die Zahl der Arbeitskreis-Mitglieder. Der Staatssicherheitsdienst hatte gut gerechnet.[2] Kein Kunststück; denn mehr als zehn Prozent der Kreis-Mitglieder waren IM des MfS.) Die 60

---

[2] Ein Text des MfS von 1989 ist die Quelle für diese Zahl: Kirchliches Forschungsheim Wittenberg (KFHW). In: Anlagen zum Schreiben des Ministers für Staatssicherheit vom 23.5.1989 an die Leiter der Diensteinheiten (VVS MfS 0008-39/89). Fundort: Matthias-Domaschk-Archiv Berlin.

weilten zwar immer nur an wenigen Wochenenden pro Jahr im KFH, aber sie potenzierten die Kraft der zwei wissenschaftlichen Mitarbeiter tatsächlich enorm. Mit ihnen verfügte die kritische Umweltbewegung über Berater, Autoren, Referenten auf ganz vielen Gebieten. Im Institut wurden Themenlisten für Vortragsangebote erstellt und Beratungsfelder abgesteckt. Anfragen und Bitten (auch wenn es um Referenten ging) aus den Kirchengemeinden oder von den Abonnenten der Zeitschrift *Briefe* (siehe unten) konnten eigentlich immer auf hohem Niveau beantwortet werden.

Im November 1989 gab es erstmals eine gemeinsame Tagung mehrerer Arbeitskreise: des Erde-Kreises, der Wissenschaftsethik-Gruppe und eines gerade eben neu gegründeten Kreises „Theologen für den Dialog mit den Naturwissenschaften". Diese drei befassten sich mit den Texten, die aus dem Dialog des Erde-Kreises mit den Marxisten in Dresden (s.o.) hervorgegangen waren. Am Rande dieses Treffens stellte Christof Tannert vom Wissenschaftsethik-Kreis erstmals die Idee vor, ein „Unabhängiges Institut für Umweltfragen" zu gründen – was ja dann wenig später, im März 1990, auch geschah.

3. Das KFH als Quasi-Verlag

Dem Forschungsheim sind von Engagierten mehrmals kurze Aufrufe und längere Texte zugeschickt worden, um dort, wie von einer Druckerei und einem Verlag, hektographiert und veröffentlicht zu werden. Kleinere waren der Aktionsaufruf „Klettermaxe" (eine Anleitung, wie man graue Wände begrünen konnte) oder „Papillon darf nicht sterben" (ein Plädoyer für Unkrautecken in Gärten für Schmetterlinge) oder der „Fastenbrief": ein Aufruf, die alte kirchliche Sitte des Fastens neu unter ökologischen Vorzeichen wieder zu entdecken. Diese Kurztexte erschienen dann in der Forschungsheim-Zeitschrift *Briefe* (s. u.).

Darüber hinaus wurden mehrere Broschüren, ja Bücher, die nicht in unseren Arbeitskreisen entstanden waren, vom Forschungsheim veröffentlicht. Das Redigieren, Drucken und Verschicken übernahmen teilweise wir, teilweise auch die Autoren. Die wichtigste Publikation dieser Art war *Pechblende. Der Uranbergbau in der DDR und seine Folgen* (1988) von Michael BELEITES, eine aufrüttelnde (und den SED-Staat aufs äußerste reizende) Studie über die ökologischen und gesundheitlichen Folgen des Uranbergbaus im Süden der DDR und ein Meisterwerk der Recherche in einem hundertprozentig tabuisierten Bereich.

Ebenfalls mit dem Thema „Energie" befasste sich Joachim KRAUSE in seinem Buch *... nicht das letzte Wort. Kernenergie in der Diskussion* (1987). Krause war kirchlicher Umweltbeauftragter in Sachsen (Dresden), also ein natürlicher Kollege der Forschungsheim-Mitarbeiter. Sein kenntnisreiches Buch hat einen Titel, der direkt auf Erich Honecker zurückgeht. Dieser hatte zu einem dänischen Journalisten gesagt, Kernenergie könne nicht das letzte Wort sein. Damit war er eindeutig von der offiziellen Partei- und Regierungslinie abgewichen. Und er hatte, gegen den Rat seiner Genossen, den Abdruck des betreffenden Interviews im „Neuen Deutschland" angeordnet. Krause griff das geschickt auf. Sein Buch ist sicher die einzige kirchliche Publikation mit dem Zitat eines kommunistischen Führers als Titel; und es ist belegt, dass diese Broschüre Honecker persönlich vorgelegt worden ist. Daraufhin fertigte die Arbeitsgruppe Kirchenfragen beim ZK der SED am 30.4.1987 für das Büro Honecker einen Vermerk über das Forschungsheim an, in dem ein Sachgespräch vorgeschlagen wird. Dieses kam auch wenig später zustande: zwischen Krause und einem hochrangigen Mitarbeiter des Amtes für Atomsicherheit und Strahlenschutz.[3]

Schon vorher, 1985, hatte Krause im Forschungsheim eine handliche Broschüre *Fang an* veröffentlicht – eine geheftete Karteikartensammlung mit Ökologie-Tipps von „Recycling" über „Wassersparen" bis „Spritsparend Autofahren".

Solche Hefte waren sehr begehrt; und so druckte das Forschungsheim schon 1988 ein ähnliches Heft *Umweltschutz im Haushalt* von Christian Matthes nach,

[3] Stiftung Archive der Parteien und Massenorganisationen der DDR beim Bundesarchiv, Berliner Stelle (Bestand Arbeitsgruppe Kirchenfragen beim ZK der SED), Sign. DY 30/IV B2 /14/23 (SAPMO)

das vorher schon vom Leipziger Stadtjugendpfarramt herausgebracht und vertrieben worden war.

Ein anderer Autor hieß Jan HAVERKAMP und lebte in den Niederlanden. Er schrieb für die DDR-Umweltbewegung das *Handbuch Planmäßige Umweltarbeit* (1988). Mit dieser Publikation sollte mehr Systematik in die Arbeit der Umweltgruppen gebracht werden. Bei einem DDR-weiten Seminar im Frühjahr 1989 (in Freiburg) ging es schwerpunktmäßig um dieses Buch und dieses Thema. Aber für *systematisches* Verbreiten von Umweltwissen und Bildungs*strategien* hatte man im Frühjahr 1989 den Kopf nicht mehr frei.

Ich selbst habe Umweltlyrik aus der DDR gesammelt und 1983 in einem Heft *die grünen finger gottes* sowie später in einem weiteren Heft *Unwelt Umwelt* herausgeben. Lyrik konnte in DDR-Zeiten ziemlich subversiv sein; denn manche *poetische* kritische Formulierung „rutschte" beim Zensor durch, da Lyrisches nur schlecht mit der bürokratischen Elle auf seine ideologische Richtigkeit untersucht werden kann. – Mit Karikaturen ging es dem Zensor ähnlich: schwer greifbar. Daher wurden auch sie von uns gesammelt. Einige sind diesem Aufsatz als Illustrationen beigegeben.

Zu dem oben erwähnten Fastenbrief gab das Forschungsheim 1983 ein vegetarisches Rezeptheft *anders essen macht spaß* heraus. Aufgrund des Fastenbriefes waren uns von Sympathisanten so viele vegetarische Rezepte zugeschickt worden, dass zwei Mitglieder des Landwirtekreises daraus ein Heft machen konnten. Zwei weitere Rezepthefte unter dem gleichen fröhlichen Titel folgten 1986 und 1990, beide außerhalb des KFH entstanden, aber vom KFH vertrieben. Diese Hefte hatten noch höhere Auflagen als die Broschüre *anders gärtnern*. Das erste Heft wurde mehrmals von anderen Gruppen nachgedruckt.

Am selbständigsten und kontinuierlichsten arbeiteten die „Macher" des *Ökokalenders*, der seit 1984 vom Forschungsheim herausgegeben wurde. Immer waren das Berliner, mehrmals wechselten die Mitglieder, aber der Ökokalender wird ununterbrochen bis heute (2006) von einer „Kalendergruppe" produziert. Ohne die Initiative von Jörg Wappler hätte der Kalender freilich die „Wende-Wirren" nicht überstanden. Inzwischen ist die „Grüne Liga" Berlin der Herausgeber. Mit kurzen Sprüchen, gewitzten Karikaturen und mehreren längeren Textbeiträgen – und immer im Jeans-Taschenformat – wurde der Ökokalender für DDR-Jugendliche zum Kultbuch. Bei der technischen Herstellung halfen zu DDR-Zeiten kirchliche Institutionen. Die Zusammenarbeit mit der Berliner Kalendergruppe war immer besonders freundschaftlich.

Die Forschungsheim-Mitarbeiter konnten auf diese editorischen Erfolge und deren Wirkungen stolz sein. Aber eigentlich überstiegen all die Veröffentlichungen ihre Kräfte weit. Sollte das *Forschungs(!)heim* wirklich ein „Verschickungsheim" für Literatur werden, und sollte es wirklich dazu kommen, dass wir es nicht mehr schafften, jene Literatur zu lesen, die wir anderen empfahlen?

4. Eine uninformierte Gesellschaft wachrütteln

Vortragstätigkeit in Kirchengemeinden, in Pfarrer- und Mitarbeiterkonferenzen war eine traditionelle Arbeitsweise der KFH-Mitarbeiter. Wir waren zu vielen Seminaren, Bibelwochen, Podiumsdiskussionen und Umweltgottesdiensten unterwegs. Regelmäßige Dozententätigkeit in der Ausbildungsstätte für Gemeindepädagogen in Potsdam und sporadische Vorträge an kirchlichen Hochschulen, bei evangelischen Studentengemeinden und in Evangelischen Akademien, einige Male auch auf Kirchentagen und auf Tagungen der Kirchenparlamente und Kirchenleitungen kamen hinzu. Aber die mündliche Vermittlung reichte nicht mehr. Immer wieder wurden auch Artikel für die sieben Kirchenzeitungen in der DDR und für die Theologische Literaturzeitung, ein wissenschaftliches Rezensionsorgan, geschrieben. Aber deren Adressatenkreise waren allesamt eng begrenzt.

Seit Anfang 1980 erschien daher die Forschungsheim-Zeitschrift *Briefe*. Ihr (barocker) Untertitel war … *zur Orientierung im Konflikt Mensch-Erde*. „Briefe" hießen sie, weil der für das KFH zuständige Vertreter des Rates des Bezirks Halle mir erklärt hatte, Zeitschriften dürften wir keinesfalls herausgeben. Ich antwortete, Briefe an unsere Interessenten könnten wir doch aber schreiben? Das bejahte er – und damit war der Titel der – (natürlich doch!) Zeitschrift gefunden. Dieses Periodikum sollte die fehlende Umweltzeitschrift in der DDR ersetzen und auch solche Meldungen bringen, die, selbst wenn es eine DDR-Umweltzeitschrift gegeben hätte, dort vom Zensor verboten worden wären. Die *Briefe* sollten auch die Lektüre vieler kirchlicher Mitarbeiter bereichern. Je länger, je mehr wurde freilich der Anteil von Abonnenten, die nicht kirchliche Mitarbeiter waren, ja von Nichtchristen größer. Das Spezifikum der *Briefe* war die bunte „Mischung" aus Sachinformation und theologischer Reflexion, Information und Lyrik, Karikaturen und Rezensionen, Wissenschaft und Kunst. Immer wieder wurde auf didaktisches Material hingewiesen. Durch diese Mischung hob das Blatt sich von unseren anderen Publikationen ab. Die *Briefe* erschienen zu DDR-Zeiten zweimal jährlich (danach viermal) – hektografiert wie auch alle anderen KFH-Publikationen – und wurden vom KFH selbst verschickt. Die Auflagenhöhe betrug zunächst 400 und erreichte 1989 knapp 4.000 Exemplare. Schon 1982 hatten wir einen „Filter" eingebaut, um uns vor zu hohen Zahlen zu retten: Nur der würde das nächste Heft bekommen, der sich erneut bei uns anmeldete. Aber das bewirkte nur ein Anschwellen der Auflage! Die Wirkung der Briefe darf als erheblich eingestuft werden: unter DDR-Bedingungen konnte man mit einer Leserzahl rechnen, die mehrfach höher als die der Abonnenten war! Jedes Jahr aufs Neue wies der Vertreter des Staates, wenn er das KFH besuchte, mich darauf hin, dass die *Briefe* auch an Menschen verschickt würden, die nicht Mitarbeiter der Kirche seien. Das widerspreche der Aufschrift „Nur für innerkirchlichen Dienstgebrauch". Und jedesmal erklärte ich ihm, dass in einer lutherischen Kirche alle Mit*glieder* auch Mit*arbeiter* seien – getreu Luthers Satz, alle Gläubigen seien Priester. Und daher könne, ja müsse ich ihnen allen die *Briefe* schicken. Jahr für Jahr erwiderte der Staatsbeauftragte, das sehe er anders – und ich konterte, ja, er sei ja auch kein Lutheraner. Damit war das Thema für ein Jahr, im Dissens, aber friedlich, vom Tisch. Freundlicherweise hat der Mann mich niemals gefragt, ob Luther denn auch Nichtchristen zu Priestern erklärt habe ... – Später gab es in der DDR noch andere hektographierte Umweltblätter. Man darf insgesamt mit mindestens 15 Samisdat-Umweltzeitschriften rechnen (MÜHLEN 2000, 122 ff.). Mit DDR-weiter Verbreitung, aber doch geringerer Auflage als die *Briefe*, erschienen ab 1986 die *Umweltblätter* der Berliner Umweltbibliothek und seit 1988 die *Arche Nova* des Grün-Ökologischen Netzwerkes Arche. Nach dem DDR-Ende verschwanden beide; die Auflage der *Briefe* sank allmählich auf (2004) 1.400 Stück. Es gibt sie aber noch heute (2006).

Nach dem Ende der DDR machte ich eine Umfrage, die ergab, dass die meisten *Briefe*-Empfänger (68 Prozent) keiner kirchlichen Umweltgruppe angehörten, obwohl sie doch alle offensichtlich umweltinteressiert waren. Die Gleichsetzung „Kirchliche Umweltbewegung in der DDR = Kirchliche Umweltgruppen" trifft also nicht zu. Es gab eine breitere Bewegung. Die war weniger öffentlich – und immer noch schmal, aber eben umfänglicher als die der engagierten Gruppen. Ein Anzahl von *Briefe*-Lesern gehörte der von der SED abhängigen „Gesellschaft für Natur und Umwelt" beim DDR-Kulturbund an. Zwischen 1986 und 1988 lud das Forschungsheim zu Briefe-Leser-Wochenenden nach Hirschluch bei Berlin ein, damit die (oft vereinzelten) Abonnenten Verbindungen untereinander herstellen konnten.

Das Aufmerksam-Machen auf den Umweltgedanken in Kirche und Gesellschaft durch das KFH hat mit einer Wanderausstellung begonnen, die seit 1979 unterwegs war. Die Idee dazu kam von dem jungen Genetiker Reinhard Piechocki, der später auch Mitbegründer des Unabhängigen Instituts für Umweltfragen werden sollte. Auf 18 großen Tafeln wurden Fakten der Bedrohung der Erde, der weltanschauliche Hintergrund der ökologischen Krise und ausgewählte praktische Ansätze zu deren Behebung gezeigt. Die Ausstellung reiste jahrelang durch die DDR und wurde in touristisch stark frequentierten Kirchen gezeigt, so im Magdeburger Dom, in der Leipziger Nikolaikirche oder der Naumburger Wenzelskirche. Ein

Gästebuch zu dieser Ausstellung zeigt die starken Reaktionen der Betrachter. Ausstellungseröffnungen sind mehrfach zum Anlass für die Gründung von Umweltgruppen geworden, so in Cottbus und in Dresden.

Die Theologiestudenten Kasparick und Becker in Halle (Saale) produzierten, ohne uns zu informieren, ein weiteres Exemplar der Ausstellung, das sie im Ton verschärften und in der Marktkirche Halle aufstellten. Das führte dann zu Auseinandersetzungen zwischen der Leitung des Kirchenkreises und den örtlichen SED-Oberen – und diese wieder zu einigen kleinen Text-Entschärfungen. Auch dieses Exemplar wanderte dann jahrelang durch die DDR und verstärkte die Wirkung des Originals.

Auch im Wittenberger Forschungsheim selbst gab es eine (Dauer)Ausstellung. Der Forschungsheim-Gründer Otto Kleinschmidt hatte eine wertvolle zoologische (vor allem ornithologische), aber auch eine paläanthropologische Sammlung hinterlassen, mit dem die Exposition bereichert wurde. Viele kirchliche Gemeindegruppen, oft Konfirmanden, die in die Lutherstadt kamen, haben auch diese Ausstellung besucht. Bis 1975 war sie ganz der Herkunft des Menschen und der Evolutionstheorie gewidmet gewesen. Das änderte sich nun: Einer der beiden Räume blieb der Paläanthropologie vorbehalten, der andere aber wurde der Ökologie gewidmet. Eindrucksvolle Präparate von bedrohten Arten wie dem Wanderfalken, dem Auerhahn oder der Großtrappe wurden gezeigt; und auf einem großen Spieltisch fanden die Besucher eine veränderbare Landschaft, auf der sie Bäume pflanzen, Bäche renaturieren und Monokulturen abschaffen konnten. Das bisherige Wandbild mit einer vorgeschichtlichen Höhlenzeich-

nung wurde abgelöst durch einen Teich mit Uferzone. Daran konnten ökologische Zusammenhänge gut dargestellt werden. Zahllose Besucher, vor allem Jugendliche, haben am Spieltisch geübt, eine veränderte, begradigte, entleerte Landschaft erneut zu verändern: zu renaturieren, mit Leben zu füllen.

Durch die Schwerpunktsetzung „Ökologie" war das traditionelle Forschungsheim-Thema „Evolution" nicht unwichtig geworden. Im Süden der sächsischen Landeskirche waren Anfang der 1980er Jahre kreationistische Gedanken aus den USA im Umlauf, die angaben, naturwissenschaftliche Anti-Evolutions-argumente vorbringen zu können. Durch Vervielfältigungen mit Wachsmatrizen wurde dieses Gedankengut besonders unter christlichen Jugendlichen verbreitet. Gerd Pfeiffer und Hans-Peter Gensichen haben damals, 1983, zusammen mit der früheren KFH-Mitarbeiterin Charlotte Boost, die Broschüre *Ist der Kreationismus haltbar?* geschrieben. – Wie für uns beide Thematiken zusammengehörten, zeigt die KFH-Broschüre *Einmischungen in die Schöpfung* von 1988. Sie geht zurück auf fünf öffentliche „Sonntagsvorlesungen", die die KFH-Mitarbeiter sowie Mitglieder des Erde-Kreises 1987 im Evangelischen Predigerseminar Wittenberg gehalten hatten. Unsere Vorlesungsthemen waren: Wissenschaftsethik; Urmenschenforschung; Galilei-Konflikt; Umweltsituation; Schöpfungstheologie. – Eine DDR-Kuriosität war, dass das Forschungsheim – durch kirchliche Westkontakte – 1975 in den Besitz von Kopien (Abgüssen) wichtiger neuester afrikanischer Hominidenfunde kam. Kein einziges staatliches DDR-Institut konnte sich diese (wegen Devisenmangels) leisten. In den Jahren danach schickten Hochschuldozenten ihre Doktoranden zu uns, damit sie sich diese Schaustücke ansehen konnten – eine wirklich außerordentliche Situation, wenn man an die gängige (nicht nur bei Marxisten gepflegte) Alternative „wissenschaftliche Urmenschenforschung versus pseudowissenschaftliche Schöpfungsmythen" denkt. 1988 fand gar eine internationale Tagung der Akademie der Wissenschaften der DDR zur Urmenschenforschung in Wittenberg statt, während derer die Besichtigungen im Forschungsheim fortgesetzt wurden. Ich selbst hielt vor dem Plenum der Konferenz einen Vortrag über die 1927er Namengebung für fossile Menschenformen durch den Forschungsheim-Gründer Otto Kleinschmidt, deren (bis heute) innovativen Charakter ich aufzeigen konnte. Den Wittenberger Bürgermeister, der bei der Eröffnung meinen Namen im Programm entdeckte, irritierte das Ganze sehr – und anschließend das MfS; denn die Tagung, die zwar nicht in unserem Institut stattfand, war doch nur nach Wittenberg gelegt worden, um uns aufzuwerten und bei uns zu lernen – für den SED-Staat ein ideologisches Unding!

1980 rief das KFH erstmals zu einem Umweltwochenende auf, das DDR-weit in der Nähe des 5. Juni begangen werden sollte. Der 5. Juni war der von der UNO festgesetzte „Tag der Umwelt", er war in allen DDR-Kalendern vermerkt, durfte ansonsten aber so gut wie keine Rolle spielen. Das von uns neu ausgerufene Wochenende trug den Namen „Mobil ohne Auto". Denn am Beispiel Auto konnten am klarsten einige Verbindungen herausgestellt werden: Zwischen Technologie – und Einzelnem – und Bequemlichkeit – und Umweltbelastung – und strukturellen Zwängen. Zugleich ließen sich hier Straßenaktionen durchführen, die noch familiär aussahen, also kaum verboten werden konnten, und die dennoch Demonstrationscharakter hatten. Beliebt waren Andachtsfahrten (von einer Kirche zur nächsten, dann zur dritten usw.) mit dem Fahrrad. – „Mobil ohne Auto" ist die verbreitetste und am stärksten wirkende Umwelt-Aktivität in der DDR geworden. Mehrere ständige Umweltgruppen (s.u.) sind aus temporären Mobil-ohne-Auto-Vorbereitungsgruppen hervorgegangen. Es blieb dann auch nicht beim „ohne Auto". 1989 fand nördlich von Leipzig ein Treffen gegen den dort geplanten AKW-Bau statt – unter dem Titel „Mobil ohne Auto".

Freilich: als 1990 das ökologische Netzwerk „Grüne Liga" in der DDR gegründet wurde, hatte keiner der Mitarbeiter von deren Berliner Geschäftsstelle von „Mobil ohne Auto" je etwas gehört; alle glaubten dort, diese Aktion komme nun aus dem Westen in den Osten. Aber es war umgekehrt! Die Aktion „Mobil ohne Auto" war eben (a) so groß und so frech wie möglich und musste auch (b) so klein und so nett wie nötig bleiben, um nicht unterdrückt zu werden und um doch (c) möglichst viele Menschen deutlich zu erreichen. „Mobil ohne Auto" hat bis 2005 stattgefunden, nach dem Ende der DDR allerdings nur noch in loser Verbindung zu den Kirchen.

Mit seinem „Mobil ohne Auto"-Aufruf setzte das Forschungsheim seinen Weg fort: von (ursprünglich) weltanschaulichen zu (dann) ethischen Themen – und nun auch zu konkreten öffentlichen Aktion und zu gesellschaftlicher Bewegung.

5. Eine soziale Bewegung organisieren

Akteure des „Schweriner Winterseminars" hatten uns 1982 darum gebeten, ein Vertretertreffen kirchlicher Umweltgruppen in der DDR zu organisieren. 1983 fand das dann im Forschungsheim statt. Die Schweriner steuerten die meisten Adressen von Einzuladenden bei. Mit zwei Unterbrechungen setzten sich diese jährlichen Treffen bis 1991 fort. Seit 1988 fanden zwei Treffen pro Jahr statt. Anfangs kamen knapp 20, 1989 aber an die 60 Teilnehmer – Delegierte aus der ganzen DDR. Das waren keine thematischen, sondern organisatorisch-strategische Treffen. Sie stärkten die einzelnen Gruppen vor allem, indem sie zu übergreifenden Absprachen und Kooperationen führten. Sie vervielfältigten die Ideen und auch den Mut, diese umzusetzen. Anfang 1985 wurde bei einem Vertretertreffen eine

Liste erarbeitet, wie die Gruppen sich die Kooperation mit staatlichen Stellen vorstellten (GENSICHEN 1991, 176 ff.). Diese Liste habe ich im Mai 1985 bei einem offiziellen Treffen Kirche – Staat dem Vertreter des Staatssekretariats für Kirchenfragen übergeben. Das Staatssekretariat hatte sich gerade für solche Kooperationsmöglichkeiten eingesetzt und sie zur einzig „vernünftigen Linie"[4] für den Umgang mit den Umweltgruppen erklärt. Die Liste schien zu seiner Strategie zu passen. Diese war neu gegenüber früheren konfrontativen Strategien, vor allem jenen des MfS. Freilich blieben die zugestandenen neuen Mitwirkungsmöglichkeiten weit hinter den in der „Wunschliste" genannten zurück. Daher war bei den kirchlichen Gruppen das Interesse dann doch geteilt: Wollte der SED-Staat etwa, so wurde gefragt, indem er die Gruppen einband und mitwirken ließ, diese paralysieren und deren kritische Potenzen in Krötenzähl-Aktionen (ver)enden lassen?

Bei dem Leipziger Treffen im Sommer 1988 trat Carlo Jordan auf und versuchte die Gruppenvertreter dafür zu werben, dem (von ihm gegründeten) „Grün-Ökologischen Netzwerk Arche" beizutreten. Sein Argument war, die Umweltbewegung müsse sich stärker und verbindlicher organisieren, als das „in Wittenberg" geschehe. In gewisser Hinsicht hatte er recht; denn in den wichtigen Jahren 1986 und 1987 waren, aufgrund von Krankheiten bei Forschungsheim-Mitarbeitern, die Vertretertreffen abgesagt worden. Da war ein Loch entstanden. Die „Arche" allerdings war ein Produkt der Spaltung (Abspaltung von der Berliner „Umweltbibliothek"); und das war kein gutes Vernetzungs-Omen! Zudem waren alle Anwesenden, auch ohne Jordans Auftritt, zur Vernetzung entschlossen – und eben darum nach Leipzig gekommen. Daher reagierte die Mehrzahl von ihnen reserviert – und antwortete dreifach: Erstens wurde ein zweites eigenes Vertretertreffen pro Jahr beschlossen. Zweitens gab das Forschungsheim eine Karteibroschüre der kirchlichen Umweltgruppen in der DDR heraus – mit Angabe der regelmäßigen Treff-Zeiten, der Ansprechpartner und Telefonnummern sowie der Arbeitsschwerpunkte. Das sollte die Kontakte erleichtern. Und drittens wurde beschlossen, das *Grünheft DDR* zu schreiben und im KFH zu publizieren: eine Vernetzung durch Inhalte. Die „Arche" aber, von der Leipziger Abfuhr unbeirrt, baute ihre Parallelstruktur weiter auf. (Eine Selbstdarstellung der „Arche" bei JORDAN & KLOHTS 1995.) Viele Gruppenmitglieder haben den Leipziger Zwist und die anschließende Zweiteiligkeit allerdings gar nicht bemerkt; und so hat sie der kritischen Umweltbewegung auch kaum geschadet, ja, wahrscheinlich sogar genützt, indem die neue „Arche"-Struktur Personen erreichte, die bislang, oft allein aus fehlender Information, vom Forschungsheim nicht zu Vertretertreffen eingeladen worden waren.

---

[4] Brief des Staatssekretärs Klaus Gysi vom 28.1.1985 an den Rat des Bezirkes Schwerin mit einer Anlage „Festlegungen zur verstärkten Einbeziehung interessierter Bürger in den Umweltschutz" vom 20.1.1985.

Allerdings litt die „Arche" stets unter Schwund, weil der Anteil von „Ausreisern" (in den Westen) dort extrem hoch war.

Zum nächsten Vertretertreffen im Herbst 1988 wurden zwei hohe Kirchenfunktionäre eingeladen: der Berlin-Brandenburgische Konsistorialpräsident Manfred Stolpe und der Leiter des Sekretariats des Bundes der Evangelischen Kirchen in der DDR, Martin Ziegler. Taktisch ausgewogen, ermutigten sie zum einen die Gruppen zur Weiterarbeit, zum andern warnten sie sie vor provokativem öffentlichen Auftreten. Originell war das nicht.

Die organisatorisch-strategische (mithin politische) Arbeit der Vertretertreffen war natürlich von der thematischen nicht wirklich zu trennen. Zwei Beispiele: (1) Der Ökologische Arbeitskreis der Dresdner Kirchenbezirke hatte 1988 die Aktion „Eine Mark für Espenhain" initiiert, eine Geld- und Unterschriftensammlung gegen die enormen Umweltschäden durch das Braunkohleveredelungswerk in Espenhain. Daraus wurde die größte Unterschriftenaktion in der Geschichte der DDR: 80.000 Unterschriften und 80.000 Mark bis Ende 1989 (GENSICHEN 1991, 177 f.) – wobei die Unterschriften das wichtigere waren. Die Vertretertreffen, die seitdem stattfanden, dienten dann immer auch der Ausgabe von Unterschriftenlisten und deren Rücklauf, den man ja schlecht der Post = der Stasikontrolle anvertrauen konnte. (2) Das *Grünheft DDR*, eine ökologische Situationsbeschreibung aus den kirchlichen Umweltgruppen, erschien 1990. Es war sachorientiert – aber auch hoch politisch. Politisch wurde es durch seine Themen und Thesen, aber auch schon durch sein bloßes Erscheinen. Denn es untergrub das Monopol des SED-Staates auf Informationsweitergabe, das dieser in ein Monopol zur Informationsverhinderung umgewandelt hatte. Höhepunkt dieser Informationsverhinderung war der Geheimbeschluss des Ministerrats der DDR „zur Anordnung zur Gewinnung oder Bewertung und zum Schutz von Informationen über den Zustand der natürlichen Umwelt der DDR" vom 16.11.1982. (Meines Wissens ist der Wortlaut dieses Beschlusses unbekannt – so geheim war er!)

Ähnlich geheim arbeitete das MfS; aber immer gelang ihm das nicht. So hatte während meines Sommerurlaubs 1982 eine Abhöranlage im Forschungsheim-Gebäude installiert werden sollen. Ich kam jedoch vorzeitig nach Wittenberg zurück, ertappte die Installateure in flagranti und verhinderte das. Da das Ministerium für Staatssicherheit aber an der Überwachung von Gruppen-Vernetzungen hochgradig interessiert war, ließ es sich etwas anderes einfallen: Gegenüber dem Forschungsheim-Gebäude richtete es eine konspirative Wohnung ein, aus der oft genug mit großen Richtmikrofonen auf das KFH „gezielt" wurde. Äußerst unangenehm auch für die Familie Gensichen, die im Institutsgebäude wohnte.

Die ersten Vertretertreffen fanden noch wie Tagungen statt: Teilnehmer wurden von der Institution Forschungsheim eingeladen, und die leitete das Treffen. 1988 änderte sich das. Man tagte nicht mehr im Forschungsheim, und die Treffen wurden von einem Team aus den Gruppen vorbereitet: dem Fortsetzungsausschuss, der jährlich neu gewählt wurde. Als Leiter des KFH war ich, ohne gewählt zu werden, immer dabei. Vieles an organisatorischem „Kram" ließ sich besser aus einer Institution (wie eben dem Forschungsheim) heraus erledigen. Um die Vernetzung der Gruppen auch über die Treffen hinaus zu gewährleisten, hatte das Forschungsheim von 1983 bis 1986 die Zeitschriften *Anstöße* und seit 1988 *Die Pusteblume* herausgegeben. Aber beide hoben sich nie wirklich von den *Briefen* ab und blieben unprofilierte Versuche.

Das Vertretertreffen im Herbst 1990 fand in Karl-Marx-Stadt (Chemnitz) als gesamtdeutsche Veranstaltung statt und wählte auch einen gesamtdeutschen Fortsetzungsausschuss. Aber dieser traf sich dann nie in seiner Gänze. Das (wieder als gesamtdeutsche Veranstaltung konzipierte) Vertretertreffen 1992 fiel mangels Anmeldungen aus; es gab in Westdeutschland die Spezies „kirchliche Umweltgruppe" nicht – jedenfalls nicht so definitiv wie in der DDR. Später wurden ähnliche Treffen nicht mehr organisiert.

1989 wurde zwölfmal mehr Geld als 1983 an das Forschungsheim gespendet, etwa 100.000 Mark der DDR. Das war mehr als das Volumen des Jahreshaushaltes des KFH. Empfänger der Druckschriften schickten mitunter das Vielfache des angegebenen Preises – und Kirchengemeinden überwiesen ganze Kollekten von Umweltveranstaltungen nach Wittenberg. Seit 1984 kam dieses Geld in den „Öko-Fonds" des KFH. Dieser Fonds unterstützte kirchliche Bau- und Reparaturprojekte in der DDR, in denen Umweltanliegen realisiert werden sollten. Gerd Pfeiffer war an der Auswahl und Betreuung der Projekte beteiligt, die von der „Grünen Scheune" in Frankfurt/Oder (passive Solarenergie-Nutzung) über den Landschaftsgarten und die Wurzelraumkläranlage im Jugendheim Hirschluch (bei Storkow/Mark) bis zum Windgenerator der Bibelschule Neustadt am Rennsteig und zum Öko-Cafe in Nordhausen reichten.

Eine andere zusätzliche Geldquelle war der Verkauf der zoologischen Sammlungen des Forschungsheim-Gründers an das Museum für Tierkunde in Dresden (1974) und an die Brehm-Gedenkstätte in Renthendorf (1989). Mit dem Geld wurde ein „Otto-Kleinschmidt-Stipendium" eingerichtet, das jährlich an einen Nachwuchswissenschaftler vergeben wurde. 1988/89 waren dies die Biologin Annette Beleites und ihr Cousin Michael Beleites und 1989/90 die Gemeindepädagogin Christina Wolff. Annette Beleites untersuchte die Eignung eines sächsischen Pfarrgutes für ökologische Bewirtschaftung, Michael Beleites überarbeitete seine Broschüre *Pechblende* und Christina Wolff untersuchte Möglichkeiten ökologischer Bildung in der Zusammenarbeit mit zehn- bis zwölfjährigen Kindern in Ostberlin.

Bei Michael Beleites wurde die Stipendienvergabe mit einer Anstellung im Kirchlichen Forschungsheim verbunden. Er war arbeitslos und wurde wegen der *Pechblende* psychisch und physisch durch das MfS bedroht (BELEITES 1991, 144 ff.). Diese Situation konnte man entspannen, indem man ihn (zwischen Herbst 1988 und Frühsommer 1989) zum kirchlichen Mitarbeiter machte. Der überarbeitete *Pechblende*-Text wurde dann 1992 unter dem Titel *Altlast Wismut* von einem westdeutschen Verlag herausgebracht.

Die Arbeit des KFH politisierte und konkretisierte sich im Laufe der Jahre und orientierte sich immer mehr an Aktionen und Umweltgruppen. Maßstab dieser Politisierung war nicht einseitig die Tagespolitik, sondern immer auch die Logik der eigenen Projekte. Unsere MfS-Beobachter interpretierten das so, dass andere Akteure – wie die „Umweltbibliothek" in Berlin – „feindlicher" und also gefährlicher würden und das KFH nun „realistischer" oder „vernünftiger" sei als vorher. Manche späteren Autoren haben das vom MfS übernommen. Näheres dazu bei MÜHLEN 2001 und 2002. Den SED-Sozialisten waren freilich die Kategorien, in denen wir dachten und agierten, zutiefst fremd. Wir wollten ja von Anfang an, und so auch 1989, die DDR-Gesellschaft ökologisieren helfen, den DDR-Staat also neu (und anders) unterfüttern, nicht ihn untergraben oder aushebeln. Wir waren immer „vernünftig" gewesen; aber zu dieser Vernunft hatte uns nicht das MfS „verholfen" – und sie konnte auch der erstarrten SED-Regierung nie angenehm

sein. Projekte wie der erwähnte Hippokratische Eid für Wissenschaftler, der geplante Fonds für Wissenschaftler in Not oder das Grünheft DDR sind ja alles andere als unpolitisch. Freilich auf *unserem* Niveau.

Immer haben die evangelischen Landeskirchen die Arbeit des Forschungsheimes unterstützt. Schon 1973 hatte ja die Kirchenleitung in Magdeburg einen ersten starken Impuls zur thematischen Ökologisierung des Forschungsheimes gegeben – dieser Impuls kam nicht „von unten", nicht aus dem Forschungsheim selbst, nicht von Umweltgruppen! Die Umweltgruppen sind auf den Zug aufgesprungen, den die Kirchenleitungen schon ins Rollen gebracht hatten, nicht (wie oft unterstellt wird) umgekehrt! Später wurde das Forschungsheim auf andere Weise „von oben" gestärkt: 1978 wurde die potente sächsische Landeskirche eine der Trägerkirchen – bis dahin waren das nur die altpreußischen Landeskirchen gewesen: Berlin-Brandenburg, Kirchenprovinz Sachsen (Magdeburg), Vorpommern, Schlesische Oberlausitz. Zudem wurden zu dieser Zeit enge Kontakte (a) zum Ausschuss Kirche und Gesellschaft und (b) zur Theologischen Studienabteilung, beide beim Bund der Evangelischen Kirchen in der DDR, aufgebaut, die das Thema Ökologie ebenfalls bearbeiteten. Unsere Westliteratur – aber auch die Druckfarbe und die Matrizen – bekamen wir von dort. Auf der (in Greifswald tagenden) Synode 1984 des DDR-Kirchenbundes war „Umwelt" das Hauptthema; Gensichen hielt das Hauptreferat (GENSICHEN 1985b) und die Synode verabschiedete einen Beschluss mit dem Kernsatz, Umweltverantwortung wahrzunehmen sei „ständige Aufgabe der ganzen Kirche" (abgedruckt bei GENSICHEN 1991, 173 ff.). Ein großer Satz, der uns sehr stärkte. Vielleicht ist er auch zustande gekommen, weil mehr Öffentlichkeit – auch aus den Umweltgruppen – als Synodale im Tagungssaal anwesend war – etwas, das die Synodalen zuvor nie erlebt hatten. Das Ministerium für Staatssicherheit reagierte darauf 1985 auf seine Weise: Es machte das Forschungsheim zum „Operativen Teilvorgang Forschung" innerhalb des „Zentralen Operativen Vorgangs Konflikt"[5]. Damit war das Ministerium direkt, nicht mehr die MfS-Bezirksverwaltung in Halle, für uns zuständig. Parallel dazu wurde das Forschungsheim nun nicht mehr (jährlich einmal) vom Rat des Bezirkes Halle (Referat Kirchenfragen), sondern vom Berliner Staatssekretariat für Kirchenfragen besucht. Die „Aufwertung" in den MfS-Kategorien war letztlich nützlich für die Arbeit des Forschungsheimes; die „Genossen in Berlin" dachten moderater und ein wenig differenzierter als die in Halle. Das galt besonders für das Staatssekretariat für Kirchenfragen. Man war dort, gerade nach dem 1978er Gespräch des

---

[5] Das ist dokumentiert in: „Arbeitshinweise über die Entwicklung, Pläne, Absichten und Aktivitäten gegnerischer und feindlich-negativer Kräfte zur Schaffung einer sogenannten Ökologie- und Umweltschutzbewegung in der DDR und deren operative Bekämpfung" des Ministeriums für Staatssicherheit (Vertrauliche Verschlusssache VVS-0008, MfS-Nr. 72/85).

Staatsratsvorsitzenden Honecker mit der Leitung des evangelischen Kirchenbundes, an vernünftigen, konstruktiven Beziehungen zu den Kirchen – und nicht mehr an Eskalationen – interessiert und nahm eine wohlwollende Einschätzung des KFH vor[6].

Kirchlicherseits kam es zu einer weiteren Aufwertung und Einbindung der kritischen Umweltbewegung durch die „Ökumenischen Versammlungen für Frieden, Gerechtigkeit und die Bewahrung der Schöpfung", welche 1987, 1988 und 1989 in Dresden und Magdeburg stattfanden und deren Berater Gensichen war. Deren Ziel war es, eine neue Ökumenische Gemeinsamkeit – jenseits der konfessionellen Streitfragen aus dem 16. Jahrhundert – zu erarbeiten: „neu" durch neue sozialethische Themen, auf deren Bewertung man sich (a) zwischen den unterschiedlichen Kirchen und (b) zwischen Kirchenleitungen und Basisgruppen verständigte. Ich war von diesem Projekt begeistert und habe daraufhin von einer neuen Phase der kirchlichen Umweltarbeit gesprochen (GENSICHEN 1988b, 176-179). Ich sah den Ernst, den Schwung und die breite Wirkung der Ökumenischen Versammlungen und dachte, dass tatsächlich das Wirken der Kirchen in die Gesellschaft hinein (stellvertretend für die handlungsunfähige SED-Regierung) nun endgültig auch die Kirchen selbst „ökologisieren", genauer gesagt: zur Neuerkenntnis ihrer alten Schöpfungstheologie und -ethik bringen würde. Ich sah damit das Forschungsheim nahe am eigentlichen Ziel der Arbeit.

6. West-Verbindungen

Von westlicher Literatur und westlicher Vervielfältigungsfarbe war schon die Rede. Auch ein Vervielfältigungsgerät für Wachsmatrizen erhielt das KFH aus dem Westen. Die Westkontakte des Forschungsheimes fanden aber vorrangig auf anderer Ebene statt.

Am interessantesten war die Zusammenarbeit mit dem niederländischen Aufklärungswissenschaftler Jan HAVERKAMP. Dieser schrieb nicht nur das *Handbuch Planmäßige Umweltarbeit*, sondern bereiste immer wieder die DDR, besuchte kirchliche und andere Umweltengagierte – auch solche, mit denen wir gar keinen Kontakt hatten. Dadurch kannte er schließlich die „Szene" besser als wir im Forschungsheim. Viele Gespräche mit ihm haben uns unsere eigene Situation besser zu verstehen gelehrt.

---

[6] Vermerk „Zur Entwicklung und zum weiteren Vorgehen ...", 26.5.1987; SAPMO-B-Arch: Ministerrat der DDR / Amt für Kirchenfragen (DO-4/801) – zitiert bei Patrik von zur Mühlen: Die zentrale Sicht der Stasi auf die kirchliche Umweltbewegung in der DDR. In: Kirche – Umwelt – Stasi, hrsg. v. Kirchlichen Forschungsheim Wittenberg (Briefe zur Orientierung ..., Jg. 22, 2001, H. 58).

Mit westdeutschen kirchlichen Umweltengagierten kamen Ostdeutsche bei der jährlichen „Berliner Bibelwoche" zusammen. (Diese Bibelwochen waren Ost-West-Begegnungen in Ost-Berlin für unterschiedliche Berufs- oder Interessengruppen; einmal im Jahr eben auch für „Umweltinteressierte". Die West-Teilnehmer kamen täglich über die Berliner Grenze angereist.) Von östlicher Seite leitete Gerd Pfeiffer (später, bis 2006, Michael Schicketanz) diese Wochen. Hier wurden auch die ersten Kontakte mit den offiziellen Umweltbeauftragten der westlichen Landeskirchen, etwa Kurt Oeser und Heinrich Vokkert, geknüpft.

Im Mai 1988 kam es zum ersten Treffen (ebenfalls in Ostberlin) zwischen diesen Umweltbeauftragten und ihren östlichen Pendants – ein staunendes Kennenlernen. Die Strukturen waren allerdings ganz unterschiedlich; anders als im Westen gehörten zu den DDR-Teilnehmern auch führende Gruppenmitglieder, die nicht kirchliche Mitarbeiter waren, sowie engagierte Pfarrer ohne offizielle Umwelt-Beauftragung.

Ziemlich früh hatte ich, über einen Heidelberger Cousin, den dortigen Theologieprofessor Jürgen HÜBNER kennen gelernt, der mehrfach umweltethische wie auch evolutionstheoretische Bücher bzw. Aufsätze publiziert hat – z. B. 1982 *Die Welt als Gottes Schöpfung ehren*. Mit Hübner traf ich mich oft in Berlin; sein Themenspektrum war genau das des KFH: Evolution, Genetik und Ethik, Umwelttheologie. Von ihm und von einem anderen Heidelberger Theologen, Gerhard LIEDKE, konnte man theologisch lernen. Liedkes Buch *Im Bauch des Fisches. Ökologische Theologie* (1979) inspirierte mich sehr. Über Liedke konnte ich einen Aufsatz in der Zeitschrift „Evangelische Theologie" unterbringen: *Die Sintfluterzählung als Leittext in der Umweltkrise* (GENSICHEN 1985c).

Dieser Text ist für mich sehr wichtig. Ich sehe die Sintfluterzählung nicht als historische Erzählung (von „damals"), sondern als „grundgeschichtliche" Ansage: Katastrophale Sintflut droht und geschieht jetzt; und auch wenn sie noch geschieht, gilt die Aussage von der Rettung des Noah ebenfalls *jetzt*: Es gibt eine Chance, auch wenn die Sintflut gerade kommt. Die schlimmste Katastrophe ist kein Argument gegen Chancen und gegen Hoffnung für danach.

1985, 1986 und 1988 fuhr ich je einmal zu wissenschaftlichen Tagungen nach Frankreich und in die Bundesrepublik. Viel gelernt habe ich dabei nicht; das Emotionale des Fahren-Dürfens und das Erleben der fremden West-Welt überlagerte das eigentliche Inhaltliche. Auch Gerd Pfeiffer konnte eine solche Dienstreise machen.

Einen Kontakt mit den westdeutschen Grünen gab es im Oktober 1983 in Wittenberg. Eine kleine Delegation mit dem Parteigründer und Bundessprecher Wilhelm Knabe hatte Tage zuvor DDR-Umweltminister Reichelt besucht und ihn dabei um eine Besuchserlaubnis für das KFH gebeten. Der konnte nicht Nein sagen;

denn die DDR-Regierung liebäugelte gerade ein wenig mit den Grünen. So waren die grünen Politiker für einige Stunden in Wittenberg. Es war ein erstes „Beschnuppern" in großer Neugier und Sympathie; weitere Kontakte sind daraus freilich nicht erwachsen. Auch hier herrschte das Emotionale vor – in Wittenberg zusätzlich noch durch absurde Erlebnisse mit den MfS-Begleitern, die mir später, als ich das MfS-Protokoll darüber las, noch komischer vorkamen als 1983.

Die Westkontakte des Forschungsheimes, die erfreulicherweise zustande kamen, waren nicht konstitutiv für dessen Arbeit. Sie hatten zwar immer die Aura des Besonderen, waren aber, wenn ich an ihre konkreten Inhalte denke, mehr ein Ausdruck von Normalität oder des Wunsches danach. Welche geschichtlichen Zusammenhänge dabei mitspielten – 1980 die Solidarnosc-Gründung in Polen, die Parteigründung der Grünen in der BRD *und* die ersten Veröffentlichungen aus Wittenberg, und 1983 der Einzug der Grünen in den Deutschen Bundestag *und* in Wittenberg das erste Vertretertreffen der Umweltgruppen – das erlebte und gestaltete ich damals zwar, aufgegangen ist mir der Zusammenhang aber erst später.

Ebenfalls erst später wurde klar, dass die Kontakte mit den westdeutschen Umweltbeauftragten die spätere gesamtdeutsche Zusammenarbeit mit ihnen vorbereitet haben.

7. Überraschende Aktivitäten am Ende der DDR

Wir hatten uns im Forschungsheim für die Jahre 1989 und 1990 auf einiges vorbereitet – nicht aber auf das Ende der DDR. Wir wollten (1.) mit den und in den Umweltgruppen mehr Planmäßigkeit einüben, unsere Autorenteams hätten (2.) in gemeinsamen größeren Projekten unserer Autorenteams neue Kompetenz gewinnen, wir hätten (3.) den Dialog mit marxistischen Ethikern fortsetzen wollen und können. Im April 1989 war gerade (4.) der Hygiene-Ingenieur Michael Schicketanz an Stelle von Gerd Pfeiffer ins Forschungsheim gekommen, ein kreativer Mann aus der kritischen Umweltbewegung – und wir wollten neben ihm (5.) noch eine dritte Fachkraft am Forschungsheim anstellen. Das sollte auch neue Themen ins Institut bringen. Das Grünheft DDR, das (erst) im März 1990 vom Drucker kam, hätte (6.) einen neuen und starken Druck auf die DDR-Regierung ausüben sollen, ihre Umweltdaten-Geheimhaltungsstrategie aufzugeben. Wir wollten (7.) die Resolutionen der Ökumenischen Versammlungen in den Kirchengemeinden verbreiten und dort eine flächendeckende Akzeptanz der kirchlichen Umweltarbeit herbeiführen (wir sprachen von „ökologischem Dimensionsgewinn"). Zum Beispiel wollte ich (8.) mich verstärkt darum bemühen, aus der „Friedensdekade" eine „Dekade für Frieden, Gerechtigkeit und die Bewahrung der Schöpfung" zu machen – „Umwelt" also nicht mehr als Anhängsel zu „Frieden". Das KFH hätte (9.) ein ökologisches Bauprojekt finanzieren können, das von Teilnehmern der Tagungen „Ökologisches Bauen" hätte geleitet werden können. Ein weiterer Arbeitskreis im Forschungsheim, „Theologen für den Dialog mit den Lebenswissenschaften", der sich gerade eben konstituiert hatte, hätte (10.) in viele Debatten eingreifen können und sollen. – Aber es kam ganz anders.

Eine sehr sinnige und schöne Aktivität mitten im DDR-Ende war ein Offener Brief und dessen Folgen: Ich schrieb ihn zusammen mit dem Marburger Ökologieprofessor Hermann Remmert im September 1989 an BRD-Bundeskanzler Kohl und DDR-Ministerpräsident Stoph. Wir schlugen vor, nicht mehr benötigte Truppenübungsplätze der Bundeswehr und der Nationalen Volksarmee zu Naturschutzgebieten umzuwandeln. Dabei sollte der Gedanke der „natürlichen Sukzession" Pate stehen: keine – auch keine pflegenden – Eingriffe in das Gelände. Das Bundeskanzleramt in Bonn ließ uns durch einen Bundestagsabgeordneten schroff ablehnend antworten; der DDR-Ministerrat aber – nun schon unter Hans Modrow – widmete den NVA-Übungsplatz Hohen-

leipisch zum Naturschutzgebiet um. Tatsächlich ist Hohenleipisch später ein Teil des Naturparks „Niederlausitzer Heidelandschaft" geworden. Später ist unser Anstoß in Bemühungen des Landes Brandenburg um Konversion weiter verfolgt worden – so auf dem ehemaligen sowjetischen Truppenübungsplatz Lieberose (BEUTLER 2001).

Zusammen mit dem Westberliner Heinrich von Lersner, der damals Präsident des Umweltbundesamtes war, erarbeiteten Michael Schicketanz und ich im Frühjahr 1990 einen Text gegen den einsetzenden Transport von westdeutschem und Westberliner Müll in die DDR. Er sollte als gemeinsame Erklärung von Evangelischer Kirche in Deutschland und Bund evangelischer Kirchen in der DDR an die beiden deutschen Regierungen gehen. Dieses Projekt ging aber im Strudel der Ereignisse unter.

Als es um neue politische Gründungen ging, habe ich den Mitgliedern kirchlicher Umweltgruppen geraten, in die neu gegründete „Grüne Liga" einzuwandern, ein Netzwerk von ostdeutschen Umweltgruppen. Ich habe mich gegen die Gründung einer „Grünen Partei" in der DDR ausgesprochen. Mein Argument war, dass die anderen neuen Parteien einen sehr starken Ökologie-Anteil in ihren Programmen aufwiesen und damit – anders als seinerzeit in der BRD – eine „Öko-Partei" unnötig sei.

Schon vorher initiierte ich einen „Zentralen Grünen Tisch der DDR" beim DDR-Umweltministerium. Dieser tagte freilich nur zweimal, am 24. Januar und am 21. Februar 1990. Nach den Volkskammerwahlen im März 1990 löste der CDU-Umweltminister Steinberg ihn unter dem Einfluss westdeutscher Berater auf. Der Grüne Tisch war der Versuch, in den DDR-Strukturen, die noch übrig waren, Glasnost und Demokratie zu etablieren. Zu sachlichen Ergebnissen konnte das Gremium jedoch nicht kommen. Symptomatisch für diese Zeit war auch, dass dieser Zentrale *Grüne* Tisch und die AG „Ökologischer Umbau" beim Zentralen *Runden* Tisch völlig nebeneinander her arbeiteten, obwohl das Forschungsheim gute Kontakte zu mehreren Mitgliedern des Runden Tisches (Michael Beleites, Ernst Dörfler) hatte. Immerhin waren bei einem Treffen des DDR-Umweltministers mit dem BRD-Umweltminister am 28. Februar 1990 in Bonn Ernst Dörfler und ich als Vertreter der beiden „Tische" dabei. Den Strudel der „Wende"zeit illustriert gut die Tatsache, dass in Berlin auch noch ein „Zentraler *deutsch-deutscher* Grüner Tisch" tagte (am 7. März und am 14. Mai 1990), der aber danach nicht mehr zusammen kam.

Ich wirkte dann ab Herbst 1990 als Kurator der (in Bonn) neu gegründeten Bundesstiftung Umwelt sowie als Mitglied des Nationalen Komitees für Umwelt und Entwicklung beim Bundesumweltminister in Bonn. In diesen Gremien konnte ich den ost-unerfahrenen Westdeutschen wohl einige Aha-Erlebnisse verschaffen, und ich selbst lernte viel über die Entscheidungsmechanismen der Bonner Republik. Für die Arbeit des Forschungsheims aber und die Zukunft der ostdeutschen kritischen Umweltbewegung brachte meine Mitgliedschaft – außer verschiedenen Geldtransfers der Umweltstiftung – wenig.

Zusammen mit anderen hob ich 1990 die neue DDR-Zeitschrift *umWelt* aus der Taufe, die allerdings wegen Auflösung des Verlages 1991 ihr Erscheinen wieder einstellte. Zudem war die westdeutsche Zeitschrift *natur* schon vor der *umWelt* in östlichen Kiosken und ließ dem neuen Blatt keine Chance.

Ich half auch, die ostdeutsche kirchliche Umweltaktion „Mobil ohne Auto" zu einer gesamtdeutschen Bewegung zu machen. Seit 1990 und bis 2005 wurde sie in Ost und West gemeinschaftlich begangen. Schwer taten sich dabei die westdeutschen kirchlichen Umweltbeauftragten, also meine neuen Kollegen. Sie konnten nur partiell nachvollziehen, dass die Kirchen sich an einem solchen Unternehmen (das in der DDR doch gerade von den Kirchen ausgegangen war) beteiligen sollten.

Schon weit vor 1990 hatten westdeutsche und westeuropäische Journalisten und DDR-Forscher sich für das Forschungsheim interessiert. So der „Spiegel" (Nr. 47 von 1981), Peter Wensierski, Sabine Rosenbladt und Hubertus Knabe. Nach dem DDR-Ende wurde das Wittenberger Institut mehrfach zum Objekt wissenschaftlicher Studien – meist Doktor- oder Magisterarbeiten, z. B. CHOI 1999, JONES 1991, MALLINCKRODT 1987. Schwierig bis unmöglich ist allerdings bis heute die Aufarbeitung der Aktivitäten des Staatssicherheitsdienstes der DDR; denn der gesamte „Operative Vorgang Konflikt", in dem das Forschungsheim als „Operativer Teilvorgang Forschung" geführt wurde, ist vernichtet oder weggeschafft worden – wohl von Angehörigen des MfS selbst. Jedenfalls fand man in der Zentrale des MfS nur noch leere Aktendeckel. Warum gerade bei diesem Vorgang? Eine Tagung im Forschungsheim 1999 widmete sich allgemeiner den Stasi-„Bemühungen" um die kirchliche Umweltarbeit.[7]

* * *

Das Wittenberger Forschungsheim hat im kirchlichen Raum und aus diesem heraus ökologische Impulse in die DDR-Gesellschaft gesendet. Das diente dem Schutz der natürlichen Umwelt und der Ökologisierung der säkularen und säkularisierten Gesellschaft. Zugleich würden dadurch (hofften wir) Christen und Kirchen sich selbst verändern, nämlich zu einem stärker schöpfungsorientierten Selbstverständnis, einem ökologischen Dimensionsgewinn kommen. Sie hatten ja seit dem Galilei- und den Darwin-Konflikt die kosmologische und Natur-Dimension fast verloren. Dieses doppelte „von innen – nach außen – und von da wieder nach innen", diese theologische und kirchliche Reformation, wurde im KFH immer mitgedacht und mitgewollt. Wenn die engagierten Gruppen und die

---

[7] Kirche – Umwelt – Stasi. Wittenberg (Forschungsheim) 2001. – Ob Merrill E. Jones ihre Interviews mit mir vom September 1990 später veröffentlicht hat, weiß ich nicht.

Kirchenleitungen das in der DDR-Zeit und nach dem DDR-Ende aufgenommen hätten, wäre die Arbeit des KFH an ihr Ziel gekommen. Nicht aber, wenn diese Arbeit bloß einlinig als (a) Kritik an der DDR sowie (b) vorübergehende Stellvertretung für den erstarrten Staat gewertet wurde. Die Kirchenleitungen hätten also vor und nach 1990 den stolzen Synoden-Satz von 1984, wonach Umweltverantwortung wahrzunehmen „ständige Aufgabe der ganzen Kirche" sei, voll gelten lassen müssen. – Zweitens war man im KFH stets davon ausgegangen, dass es bei Kritik an DDR-Zuständen um Kritik an Fehlentwicklungen in der europäisch-nordamerikanischen Industriegesellschaft gehe – denen wir in der DDR halt in sozialistischer Einfärbung begegneten. Diese globale Sicht musste nach dem DDR-Ende wiederum erneuert werden. Wenn man aber glaubte, das Motiv des KFH sei „DDR-Opposition" (und nicht Kritik an der nordwestlichen industriegesellschaftlichen Moderne überhaupt) gewesen, und wenn man mit dem Beitritt der DDR zur BRD die wichtigsten Umweltprobleme für gelöst oder demnächst lösbar hielt, hatte man die gesamte Forschungsheim-Arbeit nicht verstanden. Dann konnte man dessen Funktion nun für erledigt halten.

Beim Blick auf die (nicht verwirklichten) Pläne, die genannten zehn Programmpunkte, kann man sich fragen, was geschehen wäre, wenn die DDR – unter den Ministerpräsidenten Modrow und/oder de Maiziere – eine längere Zeit für eigenständige Erneuerungen und sanfte Öffnungen gehabt hätte. Hätten sich dann die Arbeitskreise und die Vertretertreffen *nicht* aufgelöst? Hätten die Kirchen sich so erneuert, wie die Ökumenischen Versammlungen es vorgeschlagen hatten? Hätten unsere Vorhaben eine Chance der Realisierung gehabt?

Literatur

Beleites, M.: Untergrund. Ein Konflikt mit der Stasi in der Uran-Provinz, Berlin 1991

Beutler, H.: Landschaft in neuer Bestimmung. Russische Truppenübungsplätze, Neuenhagen 2001

Deutschland Archiv (Hg.): Umweltprobleme und Umweltbewusstsein in der DDR, Köln 1985

Hoffmann, L.: Umweltschutz als Motiv der Bürgerbewegung? In: Brickwedde, F. (Hg.): Umweltschutz in Ostdeutschland und Osteuropa – Bilanz und Perspektiven, Osnabrück 1998, 161-170

Choi, S.-W.: Von der Dissidenz zur Opposition. Die politisch alternativen Gruppen in der DDR von 1978 bis 1989, Köln 1999

Gensichen, H.-P.: Natur und Naturwissenschaft im Werk von Otto Kleinschmidt, Promotionsschrift, Martin-Luther-Universität Halle-Wittenberg, Theologische Fakultät, Halle (Saale) 1978, 2 Bde. (maschinenschr.);

Gensichen, H.-P. (1985a): Theologie und Naturwissenschaft bei Otto Kleinschmidt. In: Theologische Versuche 15 (1985), 65-76

Gensichen, H.-P. (1985b): Sorge für die Schöpfung. In: Zeichen der Zeit 39 (1985) 3, 54-58

Gensichen, H.-P. (1985c): Die Sintfluterzählung als Leittext in der Umweltkrise. In: Evangelische Theologie 45 (1985) 3, 211-224

Gensichen, H.-P. (1988a): Sorge für die Umwelt in den 80er Jahren. In: Rüdiger Lux (Hg.): „... und Friede auf Erden", Festschrift für Christoph Hinz zum 60. Geburtstag. Institut Kirche und Judentum, Berlin 1988, 145-166

Gensichen, H.-P. (1988b): Eine neue Phase des Umweltengagements in den Kirchen? In: Die Zeichen der Zeit 42 (1988) 7, 176-179

Gensichen, H.-P. (1988c): Wissenschaftsethik in der DDR. In: Zeitschrift für Evangelische Ethik 32 (1988) 4, 306-308

Gensichen, H.-P.: Kritisches Umweltengagement in den Kirchen. In: Israel, J. (Hg.): Zur Freiheit berufen. Die Kirche in der DDR als Schutzraum der Opposition. Berlin 1991, 146-184

Gensichen, H.-P.: Das Kirchliche Forschungsheim Wittenberg in den 80er Jahren. In: Wittenberger Heimatkalender 2000, Lutherstadt Wittenberg 1999, 46-52

Gensichen, H.-P.: Flagge zeigen! Gründe für die Gründung des Forschungsheimes. In: Briefe zur Orientierung im Konflikt Mensch-Erde 23 (2002) 64, Themenseiten 1-5

Gensichen, H.-P.: Von der Kirche zur Gesellschaft. Die Bewegung des Wittenberger Forschungsheimes zwischen 1945 und 2000. In: Hüttmann, J. & Pasternack, P. (Hg.): Wissensspuren. Bildung und Wissenschaft in Wittenberg nach 1945, Lutherstadt Wittenberg 2004, 168-189

Gensichen, H.-P.: Umweltverantwortung in einer betonierten Gesellschaft. Anmerkungen zur kirchlichen Umweltarbeit in der DDR 1970 bis 1990. In: Brüggemeier, F.-J. & Engels, J. I. (Hg.): Natur- und Umweltschutz nach 1945. Konzepte, Konflikte, Kompetenzen. Frankfurt (Main), New York 2005, 287-304

Hemminger, Hj. & Gensichen, H.-P.: Jenseits der Fronten. Technikbewertung in der DDR. In: Evangelische Kommentare 23 (1990) 10, 593f.

Herzberg, G.: Zur Entstehung der Wissenschaftsethik in der DDR. Der Beitrag der Kirchen und die Teilnahme der Stasi. In: Kirchliche Zeitgeschichte 9 (1999) 1, 119-154

Jacobi, M. & Jelitto, U. (Hg.): Das Grüne Kreuz. Die Geschichte des Ökologischen Arbeitskreises der Dresdner Kirchenbezirke, Dresden 1998 (vervielf.)

Jones, M. E.: Greens under god and the gun. Harvard College 1991 (Unveröff. BA-Arbeit).

Jordan, C. & Klohts, M. (Hg.): Arche Nova. Opposition in der DDR. Das „Grün-Ökologische Netzwerk Arche" 1988-1990, Berlin 1995

Knabe, H.: Neue soziale Bewegungen im Sozialismus. Zur Genesis alternativer Bewegungen in der DDR. In: Kölner Zeitschrift für Soziologie und Sozialpsychologie 40 (1988) 3, 551-569

Knabe, H.: Umweltkonflikte im Sozialismus. Eine vergleichende Analyse der Umweltdiskussionen in der DDR und in Ungarn, Köln 1993

Mallinckrodt, A.: The Environmental Dialogue in the GDR. University Press of America, Lanham 1987

Mühlen, P. von zur: Aufbruch und Umbruch in der DDR. Bürgerbewegungen, kritische Öffentlichkeit und Niedergang der SED-Herrschaft, Bonn 2000

Mühlen, P. von zur: Die zentrale Sicht der Stasi auf die kirchliche Umweltbewegung in der DDR. In: Kirche-Umwelt-Stasi, Wittenberg 2001 (Kirchliches Forschungsheim), 39-49

Mühlen, P. von zur: Das Kirchliche Forschungsheim aus der Sicht der Stasi. In: Briefe 23 (2002) 64, Themenseiten 12 -16

Rosenblatt, S.: Der Osten ist grün? Ökoreportagen aus der DDR, Sowjetunion, Tschechoslowakei, Polen, Ungarn. Hamburg 1986

Rüddenklau, W. (Hg.): Störenfried, DDR-Opposition 1986-1989. Mit Texten aus den „Umweltblättern", Berlin 1992

Wensierski, P. & Büscher, W. (Hg.): Beton ist Beton. Zivilisationskritik aus der DDR, Hattingen 1981

Wensierski, P.: Von oben nach unten wächst gar nichts. Umweltzerstörung und Protest in der DDR, Frankfurt/Main 1986

„Luft". Gestalter: Werner Waalkes (1970/1984). Umweltplakat. Quelle: Deutsches Historisches Museum (Hg., 1999): Plakate der SBZ/DDR, Sammlung des Deutschen Historischen Museums (DHM), München, DHM-Inventar-Nr. 90/5106

Michael Beleites

Die unabhängige Umweltbewegung in der DDR

Zusammen mit der Friedens- und der Menschenrechtsbewegung kann die unabhängige Umweltbewegung als eine der drei wichtigen Säulen der politisch oppositionellen Strömung in der DDR der 1980er Jahre angesehen werden. Ihre Wurzeln liegen in christlich-ethischen Gesprächskreisen, die ihre Impulse der westlichen grünen Bewegung, der dortigen Debatte über die „Grenzen des Wachstums" (Bericht des Club of Rome, MEADOWS 1972), sowie verschiedenen internationalen kirchlichen Konferenzen verdanken.

Handlungsoptionen für die damalige Situation in der DDR bot der globale ethische Ansatz indes kaum. Schließlich war es gerade die offizielle Tabuisierung der Umweltproblematik im SED-Staat, die Möglichkeiten aufzeigte, wie vielleicht doch etwas zu bewegen war: Die kirchliche Umweltbewegung mit ihren begrenzten eigenständigen Vervielfältigungsmöglichkeiten war eine Instanz, die etwas zur Herausbildung eines Umweltbewusstseins tun konnte – und getan hat. Während sich die ökologischen Krisen augenfällig zu Katastrophen ausweiteten, begünstigte das offizielle Schweigen die Skepsis der Menschen im Hinblick auf die staatliche Umweltpolitik der DDR. Mit der unabhängigen Verbreitung von Umweltinformationen bildete sich vielerorts eine kritische Öffentlichkeit heraus, die sich immer mehr zu einem Potential der politischen Opposition entwickelte.

Abbildung 1: Am Anfang ging es nicht um die DDR, sondern um die Erde: Der Bericht des Club of Rome zur Lage der Menschheit „Die Grenzen des Wachstums" von 1972 wurde als Buch oftmals in die DDR geschmuggelt und gab entscheidende Denkanstöße.

Tabu-Thema Umwelt

Schon wenige Jahre nach der Etablierung des Umweltschutzes auf der politischen Bühne wurde er in der DDR zur Verschlusssache gemacht. Seit 1970 wurde von der Staatlichen Zentral-verwaltung für Statistik der DDR jährlich ein „Statisti-scher Jahresbericht für Umweltschutz und Was-serwirtschaft" erstellt. Auf dem Wege über Pressekon-ferenzen des neu gegrün-deten Ministeriums für Umweltschutz und Was-serwirtschaft erhielten bis Ende 1973 die DDR-Presse und -Öffentlichkeit noch eine Menge Daten zum Umwelt-Thema. An-

Abbildung 2: Verschlusssache Luft: Daten zur DDR-Umwelt-situation, hier Espenhain bei Leipzig, wurden geheim gehalten. Foto: Christian Hönemann

fang 1974 kam es in Freiberg (Sachsen) zu einer öffentlichen Debatte über die Schwermetallbelastung der Luft, die durch die dortige Produktion von Blei und Bleifabrikaten verursacht wurde. Günter Mittag, Sekretär des Zentralkomitees der SED für Wirtschaft und Mitglied des Politbüros, verlangte daraufhin, die statisti-schen Umweltberichte nicht mehr dem Ministerrat vorzulegen. So kam es dazu, dass am 19. März 1974 ein Ministerratsbeschluss verabschiedet wurde, mit dem sich der Ministerrat selbst vom Informationsfluss zur Umweltproblematik abge-schnitten hatte (PAUCKE 1994, 41). Dennoch dürften die Umweltberichte bis 1979 den meisten Mitgliedern des Ministerrates als „Vertrauliche Verschlußsache" (VVS) zugänglich gewesen sein (SCHIEFERDECKER 1991, 87).

Nachdem das MfS dem ZK der SED und dem Ministerrat eine Einschätzung zu Umweltproblemen vorgelegt hatte, hat Günter Mittag den Minister für Umwelt-schutz und Wasserwirtschaft, Hans Reichelt (DBD), beauftragt, eine spezielle Da-tenschutzverordnung auszuarbeiten. Am 16. November 1982 beschloss der Minis-terrat die vom Minister für Umweltschutz und Wasserwirtschaft vorgelegte „An-ordnung zur Gewinnung oder Bearbeitung und zum Schutz von Informationen ü-ber den Zustand der natürlichen Umwelt in der DDR". Die Begründung wurde vom MfS geliefert: Durch einseitige Interpretationen von Umweltdaten versuche man den real existierenden Sozialismus in der DDR zu diskriminieren, Probleme der Umweltbelastung für ökonomische Forderungen an die DDR auszunutzen und innerhalb der DDR Unruhe und Misstrauen gegen den Staat zu erzeugen und zu schüren (PAUCKE 1994, 42).

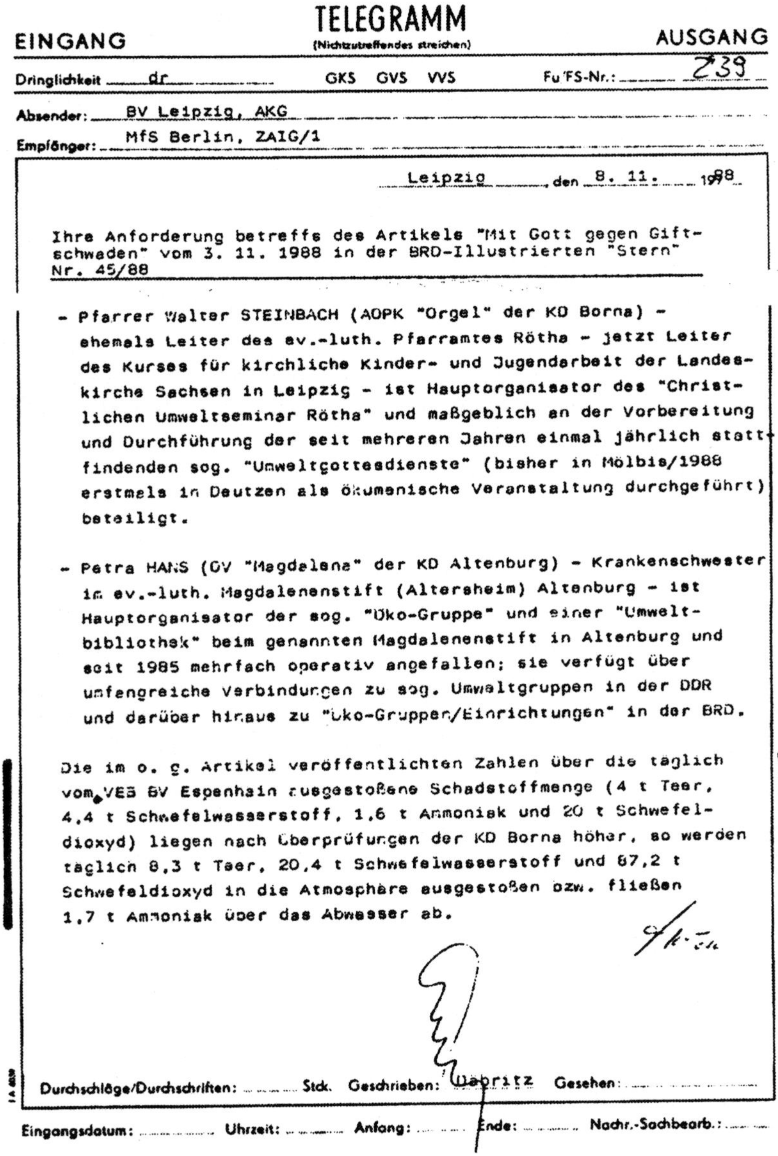

TELEGRAMM
(Nichtzutreffendes streichen)

EINGANG AUSGANG

Dringlichkeit ___ dr ___ GKS GVS VVS Fu'FS-Nr.: ___ 239

Absender: BV Leipzig, AKG

Empfänger: MfS Berlin, ZAIG/1

Leipzig , den 8. 11. 1988

Ihre Anforderung betreffs des Artikels "Mit Gott gegen Gift-schwaden" vom 3. 11. 1988 in der BRD-Illustrierten "Stern" Nr. 45/88

- Pfarrer Walter STEINBACH (AOPK "Orgel" der KD Borna) – ehemals Leiter des ev.-luth. Pfarramtes Rötha – jetzt Leiter des Kurses für kirchliche Kinder- und Jugendarbeit der Landes-kirche Sachsen in Leipzig – ist Hauptorganisator des "Christ-lichen Umweltseminar Rötha" und maßgeblich an der Vorbereitung und Durchführung der seit mehreren Jahren einmal jährlich statt-findenden sog. "Umweltgottesdienste" (bisher in Mölbis/1988 erstmals in Deutzen als ökumenische Veranstaltung durchgeführt) beteiligt.

- Petra HANS (GV "Magdalena" der KD Altenburg) – Krankenschwester im ev.-luth. Magdalenenstift (Altersheim) Altenburg – ist Hauptorganisator der sog. "Öko-Gruppe" und einer "Umwelt-bibliothek" beim genannten Magdalenenstift in Altenburg und seit 1985 mehrfach operativ angefallen; sie verfügt über umfangreiche Verbindungen zu sog. Umweltgruppen in der DDR und darüber hinaus zu "Öko-Gruppen/Einrichtungen" in der BRD.

Die im o. g. Artikel veröffentlichten Zahlen über die täglich vom VEB BV Espenhain ausgestoßene Schadstoffmenge (4 t Teer, 4,4 t Schwefelwasserstoff, 1,6 t Ammoniak und 20 t Schwefel-dioxyd) liegen nach Überprüfungen der KD Borna höher, so werden täglich 8,3 t Teer, 20,4 t Schwefelwasserstoff und 87,2 t Schwefeldioxyd in die Atmosphäre ausgestoßen bzw. fließen 1,7 t Ammoniak über das Abwasser ab.

Durchschläge/Durchschriften: ___ Stck. Geschrieben: Uebritz Gesehen: ___

Eingangsdatum: ___ Uhrzeit: ___ Anfang: ___ Ende: ___ Nachr.-Sachbearb.: ___

Abbildung 3: Die Stasi wusste besser Bescheid als die Öko-Gruppen: Auszug aus einem MfS-Telegramm vom 8. November 1988. Vgl. den unteren Absatz des Textes. Foto: Bürgerkomitee Leipzig

Die jährlichen Umweltberichte wurden nun als „Geheime Verschlußsache" eingestuft und Günter Mittag behielt sich die Entscheidung über ihre Verteilung vor. Nach 1982 soll sie neben Mittag nur noch Willi Stoph und Erich Mielke erhalten haben (SCHIEFERDECKER 1991, 87). In den letzten Jahren wurden dann die Umweltinformationen aus dem Mess- und Kontrollsystem nicht mehr nur vernachlässigt und unterschätzt, sondern „meist ignoriert bzw. direkt verfälscht" (ebenda).

Die DDR-Umweltpolitik hat also nicht nur die Bevölkerung von den Umweltdaten abgeschirmt, sondern im zunehmenden Maße auch die politischen Entscheidungsträger selbst. Im Verständnis der Mächtigen wurde das Umweltthema von den wirklichen Umweltproblemen abgekoppelt und nur noch als politische Provokation betrachtet – und behandelt.

Von der staatlichen Seite waren nun zwei Verhaltensweisen möglich: Zum einen wurden selbst gravierendste Umweltprobleme schlicht negiert; zum anderen – insbesondere innerhalb des MfS – wurde das Vorhandensein schwerster Umweltmissstände als gegeben vorausgesetzt, nur ihre öffentliche Benennung musste mit allen Mitteln verhindert werden, um das politische (vor allem außenpolitische) Ansehen der DDR-Führung nicht zu gefährden.

Mit der genannten Geheimhaltungs-Anordnung allein konnte die Umweltsituation nicht verschwiegen werden. Diese betraf nur die staatlichen Institutionen, die Umweltdaten gewonnen oder bearbeitet haben. Es war jedermann erlaubt, über öffentliche Bibliotheken (z.B. die Deutsche Bücherei in Leipzig) auch die westliche Fachliteratur zu den jeweiligen Umweltproblemen einzusehen. Auf der Basis solchen Fachwissens konnte man bei gezielten Gesprächen mit Anwohnern und Beschäftigten umweltbelastender Betriebe zwar nicht zu exakten Messwerten, aber doch zu einer einigermaßen präzisen Situationsanalyse kommen. Diese Informationen zu verbreiten, war jedoch nahezu unmöglich. Hier setzte die zweite Ebene der Tabuisierung an, die Zensur.

Alle Druckerzeugnisse in der DDR bedurften einer staatlichen Druckgenehmigung. Das heißt nicht nur die Presse, sondern auch alle wissenschaftlichen Veröffentlichungen unterlagen der staatlichen Zensur. Seitdem die Benennung von Umweltdaten als staatsgefährdend eingestuft war, fiel sie unter die Zensur. Beiträge, die die Umweltsituation behandelten oder auch nur berührten, durften in aller Regel nicht veröffentlicht werden. Offensichtliche Umweltprobleme des eigenen Landes kamen – zumindest seit Anfang der 1980er Jahre – in der DDR-Öffentlichkeit nicht mehr vor. In keiner Zeitung, keiner Zeitschrift, keiner Buchveröffentlichung, nicht im Rundfunk oder Fernsehen, weder in Ausstellungen noch im Kino.

Aber auch Datenschutz und Zensur allein hätten ein „Durchsickern" von Umweltinformationen in die Öffentlichkeit nicht verhindern können. In einem Staat mit umfangreichen Versorgungsengpässen war es durchaus normal, dass sich wichtige Informationen auch ohne ihre offizielle Veröffentlichung über „Mund-zu-Mund-Propaganda" sehr rasch ausbreiteten. Über die brisanten Umweltprobleme wusste man aber nur sehr ungenau Bescheid und Umweltthemen kamen in den Alltagsgesprächen auf der Straße kaum vor. Darüber sprach man nur ungern und nur „hinter vorgehaltener Hand". Den Machthabern in der DDR und ihren Helfern war es – wenn nicht direkt, dann indirekt – gelungen, ein gesellschaftliches Klima zu erzeugen, in dem man, schon ohne direkte Reglementierungen selbst erlebt zu haben, Angst haben musste über die Umweltsituation zu sprechen. Die Schaffung eines solchen allgegenwärtigen Angstgefühls vor der bloßen Benennung von Umweltproblemen war die dritte Ebene der Tabuisierung. Doch damit nicht genug: Untrennbar hiervon war die gezielte Verfolgung der Kritiker.

Es gab immer – wenn auch nur wenige – Menschen, die sich von dem vorherrschenden gesellschaftlichen Klima („darüber spricht man nicht") nicht einschüchtern ließen und der allgemeinen Ängstlichkeit widerstanden. Das waren zum einen politisch Oppositionelle und zum anderen primär „unpolitische" Menschen, deren Gefühl für Natur und Heimat stärker entwickelt war, als ihre Angst vor möglichen Repressionen. Dieser relativ kleine Personenkreis war das eigentliche Risikopotential für die SED-Geheimhaltungspolitik im Umweltbereich. Die systematische Überwachung und „Paralysierung" bzw. „Zersetzung" von offenen Kritikern der DDR-Umweltpolitik durch das Ministerium für Staatssicherheit und seine Helfer muss hier hervorgehoben werden (s. unter „Zersetzungsmaßnahmen"), um deutlich zu machen, unter welchen Bedingungen die unabhängige Umweltbewegung in der DDR agierte.

Eine nicht zu unterschätzende Schwierigkeit der kritischen Umweltbewegung in der geschlossenen Gesellschaft der DDR war die Befangenheit und auch Verstrickung der Allgemeinheit. Die größten Umweltgefährdungen gingen in der Regel von den größten Betrieben aus – egal ob in der Landwirtschaft, im Bergbau oder in der chemischen Industrie. Die größten Betriebe waren wiederum die wichtigsten Arbeitgeber in den Regionen, in denen sie die Umwelt zerstörten und verseuchten. Je näher man an einer umweltbelastenden Anlage wohnte, je deutlicher das Ausmaß der Umweltkatastrophe zu erkennen (und zu erleiden) war, desto größer war der Anteil der Bevölkerung, die in der verursachenden Anlage selbst arbeitete. Für einen guten Verdienst und einen kurzen Arbeitsweg hat man es in Kauf genommen, selbst zum verursachenden Betrieb zu gehören und selbst umweltbelastende und gesundheitsgefährdende Arbeiten auszuführen. Ich weiß von Leuten, die als LPG-Mitglied die von ihnen früher angelegten Wege und Gehölzpflanzungen beseitigt haben, von solchen, die als Beschäftigte in einer Chemieanlage daran mitarbeiteten, ihren einstigen Badesee mit giftigen Abwässern und Abfallschlämmen zuzuspülen und von solchen, die als Baggerführer im Braunkohletagebau ihr eigenes Dorf abgebaggert haben. In solch einer Situation fand sich keine Interessengemeinschaft, die gegen die Verursacher der Umweltschäden antrat.

Die allgemeine Verstrickung zwischen Betroffenen und Verursachern in den ökologischen Katastrophengebieten war eine wesentliche, bisher durchweg unterschätzte oder ganz ignorierte Ursache für das verschwindend geringe Protestpotential im Umfeld der größten Umweltskandale. Um Leuna, Buna, Bitterfeld, Lauchhammer, Hoyerswerda, Deuben und das Wismut-Gebiet gab es überhaupt keine aus diesen Gegenden selbst kommenden Proteste. Mir ist – außer in den Großstädten – kein Initiator eines regionalen kritischen Umweltengagements oder einer kritischen Umweltgruppe bekannt, der selbst nicht zugereist, also „gebietsfremd" war.

Eine kirchliche Bewegung

Der Impuls für die Auseinandersetzung kirchlicher Gruppen mit ökologischen Themen kam aus der Kirche selbst: In den 1970er Jahren stand die Umweltproblematik als ein globales Thema auf der Tagesordnung ökumenischer Weltkonferenzen, so 1974 in Bukarest, 1975 in Nairobi und 1979 in Boston. Auch wenn nur ganz wenige ostdeutsche Theologen dorthin ausreisen durften, wurden diese Konferenzen in der DDR in breiten Kreisen vorbereitet und ausgewertet. Es gab theologische Vordenker, die durch ihre Arbeit in verschieden Gremien der evangelischen Kirchen die geistige Grundlage der späteren Umweltbewegung geschaffen haben. Zu ihnen gehörten der Erfurter Propst Heino Falcke (im Ausschuss Kirche und Gesellschaft beim Bund der Evangelischen Kirchen in der DDR), Götz Planer-Friedrich (in der Theologischen Studienabteilung beim Bund der Evangelischen Kirchen), Hans-Peter Gensichen (im Kirchlichen Forschungsheim Wittenberg) und auch der Magdeburger Pfarrer

Abbildung 4: Kommunikationszentrum der kirchlichen Umweltbewegung: Das Kirchliche Forschungsheim Wittenberg. Foto: Michael Beleites

Gerhard Loettel. Besonders bei Veranstaltungen der kirchlichen Jugendarbeit waren sie gern gesehene Referenten und Gesprächspartner.

Aus kirchlichen Jugendkreisen, die sich mit Hilfe der genannten „Experten" mit dem ökologischen Thema auseinandergesetzt hatten, entwickelten sich die ersten unabhängigen Umweltgruppen in der DDR (vgl. Baumpflanzaktionen). Dies waren ausnahmslos kirchliche, meist evangelische Gruppen. Auch als sich aus diesen Gruppen eine eigenständige Bewegung mit einer nur lockeren Anbindung an die Kirche formiert hatte, waren ihre Akteure überwiegend christlich geprägte Menschen. Insofern ist die These von der Umweltbewegung „unter dem Dach der Kirche" nicht ganz treffend.

Abbildung 5: Den ökologischen Themenschwerpunkt aufgebaut: Der Leiter des Forschungsheimes, Dr. Hans-Peter Gensichen (rechts) und sein Mitarbeiter Dr. Gerd Pfeiffer. Foto: Michael Beleites

Es ist nicht eine vorhandene (nichtkirchliche) Bewegung unter das Dach der Kirche geflüchtet, sondern in der Kirche war nahezu der einzige Raum, wo eine vom SED-Staat unbeeinflusste Ökologiebewegung entstehen konnte und auch entstanden ist. Solange die DDR bestand, gab es außerhalb der Kirchen keinen Platz, wo Umweltfragen unzensiert artikuliert werden konnten. Diese Umweltbewegung

Abbildung 6: Ökologie predigen: Hans-Peter Gensichen spricht beim ev. Landesjugendtag 1983 auf dem Petersberg bei Halle. Foto: Michael Beleites

war nur unabhängig, weil sie unter dem schützenden Dach der Kirche, aus einer vom Staat unabhängigen Struktur heraus, agieren konnte. Umgekehrt: Die Akteure der Bewegung konnten aus der Kirche nicht heraustreten, ohne dabei ihr Engagement aufzugeben. In der kirchlichen Umweltbewegung haben sich natürlich auch Nichtchristen engagiert, z.T. auch eine prägende Rolle gespielt. Aber die Kirche war immer mehr als nur ein „Dach". Hiervon hat die Bewegung einerseits profitiert, sowohl inhaltlich als auch organisatorisch. Andererseits hat die unabhängige Umweltbewegung deswegen erhebliche Nachteile in Kauf nehmen müssen. Sie hat wegen ihrer nur kirchlichen Anbindung die Mehrzahl der Menschen in der DDR nicht erreicht – und sie war für diese nicht erreichbar. Die meisten Ostdeutschen haben erst nach 1989 überhaupt von den kirchlichen Umweltgruppen erfahren, viele haben es bis heute nicht.

In der Anfangsphase zu Beginn der 1980er Jahre bestanden durchaus auch Beziehungen und z.T. Überschneidungen zu den traditionellen Naturschützern, die zumeist in den naturkundlichen Fachgruppen des Kulturbundes organisiert waren.[1] Die Thematisierung der globalen wie regionalen Umweltprobleme ging jedoch allein von den kirchlichen Umweltgruppen aus. In dem Moment, als die öffentliche Benennung von Umweltproblemen als „staatsfeindlich" eingestuft wurde, war faktisch eine Trennung in systemkonforme Naturschützer und systemkritische Umweltschützer vorgegeben.

An der Tabuisierung der (in der DDR immer offener zu Tage tretenden) Umweltprobleme scheiterte letztlich auch die Absicht der SED, das grüne Potential in die offiziellen Strukturen einzubinden: Die 1980 als Kompensationsversuch gegründete „Gesellschaft für Natur und Umwelt" (GNU) beim Kulturbund sollte – als eine Art grüne Blockpartei – das sozialistische Sammelbecken für Naturfreunde werden. In der Realität war diese Gesellschaft kaum mehr als ein neuer Dachverband für die bereits bestehenden naturkundlichen „Fachgruppen", wie Ornithologen und Botaniker. Die wenigen im Kulturbund tatsächlich neu gegründeten Umweltgruppen, wie die um Peter Bliss in Halle oder die um Matthias Platzeck in Potsdam, waren oft erfolgreich im Bereich der sogenannten „Stadtökologie", durften aber die gravierenden Umweltprobleme nicht thematisieren oder gar öffentlich machen.[2] Darüber hinaus gab es Ende der 1980er Jahre an einigen Erweiterten Oberschulen Umweltgruppen, die aber – da unter staatlicher Kontrolle stehend – über Müll sammeln und Bäume pflanzen nicht hinauskamen, und daher kein kriti-

---

[1] Bezeichnend ist, dass die erste kirchliche Baumpflanzaktion im Jahr 1979, von der der entscheidende Impuls für die Entstehung der kirchlichen Umweltbewegung ausging, durch einen Vortrag des Schweriner Bezirksnaturschutzbeauftragten eingeleitet wurde.

[2] In den Jahren 1986 und 1987 habe ich in Gera als Vorsitzender einer „Interessengemeinschaft Umweltschutz" der GNU und Mitglied des Kreisvorstandes der GNU des Kulturbundes selbst erfahren, wo dort die Grenze des Machbaren war.

sches Potential darstellten. Die unabhängige Umweltbewegung in der DDR war nahezu allein die kirchlich angebundene Umweltbewegung.

Vier Phasen

Im Nachhinein kann man die unabhängige Umweltbewegung in der DDR chronologisch und inhaltlich in vier Phasen einteilen: Die *erste Phase* war die der global-ethischen Debatten. Die Bewegung konstituierte sich seit 1979 mit der Gruppenbildung aus theologischen Gesprächskreisen sowie „Baumpflanzaktionen" von Jungen Gemeinden und anderen kirchlichen Jugendkreisen. Hierher gehören auch der vom kirchlichen Forschungsheim in Wittenberg initiierte Aktionstag „Mobil ohne Auto", die DDR-weiten „Radsternfahrt-Treffen" von 1982 bis 1984 in Potsdam, die ersten Schweriner Ökologie-Seminare und die Präsentation des „Grünen Kreuzes" als Symbol der Bewegung beim Dresdner Kirchentag 1983.

Darauf folgte etwa ab 1984 die *zweite Phase*; die ökologisch motivierten Proteste mit regionalem Bezug. Protestaktionen fanden im Umfeld von Kohle, Chemie, Waldsterben, Autobahnbau, Müll, Uran, KKW und LPG statt. Durch die massiven Reaktionen der Stasi wurden die zunächst überwiegend ökologisch orientierten Gruppen politisiert.

Das zog ab 1986/87 die *dritte Phase* nach sich; die Phase des politisch motivierten Aufbruchs. Umweltfragen waren nun das Medium, mit dem das rücksichtslose totalitäre System vorgeführt werden konnte. Die Arbeit der Ost-Berliner Umweltbibliothek, die Gründung des parteiähnlichen Netzwerkes „Arche", die illegale Fernseharbeit für die ARD, der „Pleiße-Gedenkumzug" im Juni 1988 und 1989 in Leipzig, die Demonstrationen des Frühsommers 1989 in Dresden-Gittersee, Halle, Deutzen und Rositz sind Beispiele dafür. Mit der prägenden Beteiligung an der Ökumenischen Versammlung und an der Formierung der Demokratiebewegung mündete die Umweltbewegung in den revolutionären Herbst des Jahres 1989.

Ebenso zur Geschichte der Umweltbewegung zu rechnen ist aber auch die *vierte Phase*, 1989/90, nämlich die Phase der Abnabelung von der Kirche. Mit dem Eintritt der meisten Akteure der Bewegung in demokratische Initiativen und Parteien, mit der Mitarbeit am Runden Tisch und in Bürgerkomitees und schließlich mit der Teilhabe an Politik und Verwaltung zogen die Engagierten in politische und gesellschaftlich-öffentliche Bereiche ein, die ihnen vorher verwehrt waren. Die Zeit der kirchlichen Gruppen war vorbei. Auch – oder weil – die Kirche immer mehr war, als nur ein „Dach", verlief dieser Abnabelungsprozess weitgehend konfliktfrei.

Die Politisierung der alternativen Szene

Kurz nach der Entstehung der kirchlichen Friedensbewegung Ende der 1970er Jahre konstituierten sich die ersten Umweltgruppen. Die westliche Debatte über „die Grenzen des Wachstums", die auch von den Kirchen in der DDR aufgegriffen wurde, spielte damals eine wichtige Rolle. Das Kirchliche Forschungsheim in Wittenberg, das sich traditionell dem Dialog von Glaube und Naturwissenschaft verpflichtet fühlte, begründete nun seinen ökologischen Arbeitsschwerpunkt. Einen ganz wesentlichen Anteil an der Entstehung einer eigenständigen Umweltbewegung hatte die Idee von „Baumpflanzaktionen".

Die Idee der „Baumpflanzaktionen" entstand im Herbst 1979 in einem Schweriner Freundeskreis christlicher Schüler. Im Rahmen der Evangelischen Jugendarbeit organisierte der Oberschüler Jörn Mothes zusammen mit den Gärtnerlehrlingen Olaf Naasner und Nikolaus Voss für den 16. bis 18. November 1979 ein kirchliches Jugendwochenende zum Thema Umweltschutz mit theoretischem und praktischem Aspekt. Am Freitagabend hielt der Schweriner Bezirksnaturschutzbeauftragte einen Vortrag, am Samstag pflanzten die etwa 50 Jugendlichen entlang einer neuen Straßenbahnlinie ca. 5.000 Bäume und Sträucher, am Sonntag endete die Aktion mit einem Gottesdienst und der symbolischen Pflanzung eines Baumes. Als die Gruppe die Aktion im März 1980 in Schwerin wiederholte, kamen bereits doppelt so viele Teilnehmer. Im Herbst 1980 fanden größere Baumpflanzaktionen auch

Abbildung 7: Auftakt einer neuen Bewegung: Katharina Voß und Nikolaus Voss bei der ersten Baumpflanzaktion in Schwerin 1979. Foto: Archiv Nikolaus Voss

in Rostock, Leipzig und anderen Orten statt. Dabei kam es immer wieder zu Begegnungen mit westdeutschen Umweltschützern, die auch die inhaltliche Orientierung der Gruppen in der DDR stark beeinflussten. Die Aktionsformen der westlichen Ökologiebewegung konnten und wollten die ostdeutschen Aktivisten jedoch nicht übernehmen. Mit den Baumpflanzaktionen war eine spezifisch östliche Aktionsform gefunden, die hier Kristallisationspunkt für eine neue Bewegung werden konnte. 1981 und 1982 griffen in allen Regionen der DDR zumeist kirchliche Jugendgruppen die Idee auf und es kam zu einer regelrechten „Baumpflanzbewegung". Aus Baumpflanzaktionen gingen Umweltgruppen hervor und diese bildeten Anfang der 1980er Jahre die unabhängige Umweltbewegung in der DDR. Die von den Schweriner Initiatoren 1979 angestrebte Kooperation mit den staatlichen Stellen funktionierte anfangs in Schwerin und auch in anderen Orten unerwartet gut. Von den städtischen „VEB Grünanlagen" bekamen die jungen Christen Pflanzgut und Technik gestellt und die Teilnahme staatlicher Referenten und Gesprächspartner weckte bei vielen die Hoffnung, die DDR-Umweltpolitik ließe sich „von innen reformieren". Erst als die Staatsorgane feststellten, dass die Aktionsform nicht zu der erhofften Neutralisierung politischer Interessen führte, beendeten sie die Zusammenarbeit und kriminalisierten die Teilnehmer. Baumpflanzaktionen waren Zeichensetzungen im öffentlichen Raum, die über den kirchlichen Rahmen hinauswiesen und sowohl alternativen Lebensstil als auch gesellschaftspolitische Veränderungen symbolisierten.

Von der Schweriner Gruppe um Jörn Mothes und Nikolaus Voss wurden ab Anfang 1981 die jährlichen Ökologieseminare („Schweriner Winterseminare") ins Leben gerufen, die impulsgebend für die thematische Ausrich-

Abbildung 8: Nicht nur in der Anfangszeit: Baumpflanzaktion des Schweriner Ökokreises im März 1987 im Neubaugebiet Großer Dreesch. Foto: Achim Bötefür

tung der entstehenden Umweltbewegung in der gesamten DDR waren und bis 1983 das wichtigste Podium für deren organisatorische Vernetzung bildeten. Seit 1983 gab es jährlich DDR-weite „Vertretertreffen" kirchlicher Umweltgruppen beim Kirchlichen Forschungsheim in Wittenberg. Auch die Initiative für ein jährliches zentrales Treffen aller Umweltgruppen kam vom Schweriner Winterseminar:

Abbildung 9 (oben): Beim ersten Vertretertreffen kirchlicher Umweltgruppen in Wittenberg 1983: Nikolaus Voss (Leipzig), Joachim Krause (Schönberg), Jürgen Bauerschmidt und Carmen Fonfara (Ost-Berlin). Foto: Michael Beleites
Abbildung 10 (unten): Zentrales Treffen am zentralen Ort: Information, Begegnung und Musik bei den Radsternfahrt-Treffen 1982 bis 1984 in Potsdam-Hermannswerder. Foto: Johannes Beleites

Abbildung 11: Beim evangelischen Kirchentag 1983 in Dresden: Das grüne Kreuz wird zum Symbol der kirchlichen Umweltbewegung in der DDR. Foto: Hans Strehlow

In den Jahren 1982 bis 1984 trafen sich jeweils an einem Wochenende Anfang Juli 500 bis 700 Umweltgruppenmitglieder und Interessierte zu einem DDR-weiten Treffen auf dem Gelände der Hoffbauer-Stiftung in Potsdam-Hermannswerder. Da die Teilnehmer mit Fahrrad kommen sollten und die meisten auch mit Fahrrad kamen, stand die Bezeichnung „Radsternfahrt" für das Treffen. Auf der Halbinsel Hermannswerder gab es zwei große Wiesen, auf der einen haben die Teilnehmer gezeltet, auf der anderen fanden Vorträge, Arbeitsgruppen und ein Gottesdienst statt. Thematisch reichte das Spektrum der Referenten von Reimar Gilsenbach zu Naturschutz über Reinhard Schade zu ökologischem Landbau bis zu Gerhard Loettel zu den Gefahren der Atomenergie.

Auch wenn wir von Anfang an von einer eigenständigen Umweltbewegung sprechen können, gab es keine klare Abgrenzung zur Friedensbewegung hin. Die meisten Initiatoren von Umweltgruppen engagierten sich zugleich in der Friedensbewegung. Die Vernetzung der Gruppen untereinander war so gut – und ihre Zahl so gering –, dass sich die meisten der Aktiven persönlich kannten.

Ihre entscheidende Politisierung erfuhr die alternative Szene in der DDR allerdings über ihre Kontakte zu Angehörigen der westdeutschen Friedensbewegung. Von hier kamen Anfang der 1980er Jahre Impulse, die – vor dem Hintergrund der ständig spürbaren Verfolgung durch die Stasi – zunehmend zur Herausbildung eines politischen Selbstverständnisses der kirchlichen Basisgruppen führten. Aus dem Westen kam aber auch die Ernüchterung einer auf die Raketenfrage fixierten

Abbildung 12: „Unsere Zukunft hat schon begonnen": Unter diesem Motto fanden seit 1983 die jährlichen Umweltgottesdienste des „Christlichen Umweltseminars Rötha" statt. Rötha und Mölbis lagen unmittelbar in der Abgasfahne von Espenhain – der größten Braunkohleschwelerei der Welt. Der Sächsische Landesbischof Hempel predigte beim Umweltgottesdienst am 17. Juni 1984 in Mölbis. Foto: Archiv Christliches Umweltseminar Rötha

Friedensbewegung nach den Stationierungsbeschlüssen von 1983. Viele engagierten sich nun stärker in der Umweltbewegung. Da in der DDR das Umweltthema insgesamt tabuisiert war, ging es zunächst darum, etwas zur Herausbildung einer kritischen Öffentlichkeit zu tun. Während Anfang der 1980er Jahre unter der Federführung des Kirchlichen Forschungsheimes in Wittenberg vorwiegend umweltethische Aufsätze und allgemeinere Texte zur Umweltsituation erstellt und vervielfältigt worden waren, wurden ab Mitte der 1980er Jahre vor allem an den Brennpunkten der Umweltzerstörung Gruppen aktiv, die die konkreten Gefahren publik machten. Das betraf in erster Linie Standorte des Braunkohleabbaus, der Chemieindustrie, der zentralisierten Landwirtschaft, der Kernenergie und des Uranbergbaus.

Proteste vor Ort

In den Braunkohleabbaugebieten der DDR wurden sowohl durch den großflächigen Abbau als auch durch die Verarbeitung der Braunkohle gravierende Umweltprobleme verursacht. 35 Braunkohle-Großtagebaue baggerten jährlich 30 bis 40 Quadratkilometer weg. Zahlreiche Ortschaften und wertvolle Kulturlandschaften, insbesondere auch im sorbischen Siedlungsgebiet, wurden den Tagebauen geopfert. Die Bewohner ganzer Landstriche lebten über Jahrzehnte im Ungewissen, ob ihr eigener Ort auch noch „überbaggert" wird, ob es sich lohnte im eigenen Heimatort zu investieren oder nicht. Weiterhin führte der Braunkohleabbau in Großtagebauen zu großflächigen Grundwasserabsenkungen in der Umgebung. Hinzu kam, dass die Verarbeitung der Braunkohle in abbruchreifen Industrieanlagen erfolgte, die zumeist aus der Zeit der vorigen Jahrhundertwende stammten und seither kaum modernisiert worden waren. In Espenhain, südlich von Leipzig standen 2 Brikettfabriken, 30 Schwelöfen und 2 Kraftwerke. In Deuben bei Zeitz befanden sich 3 Brikettfabriken, 1 Schwelerei und 1 Kraftwerk. Anlagen zur Entstaubung und Entschwefelung der Abgase existierten hier nicht. Ascheschlämme aus den Kraftwerken und giftige Abwässer aus den Schwelereien wurden zumeist in die Tagebaurestlöcher der Umgebung gepumpt. Unter dem Motto „Unsere Zukunft hat schon begonnen" fanden seit 1983 die jährlichen Umweltgottesdienste des „Christlichen Umweltseminars Rötha" statt. Rötha

Abbildung 13: Auch ohne Schriftbänder und Sprechchöre wurden eindeutige Zeichen gesetzt: Die Demonstranten Christian Halbrock, Oliver Groppler und Jes Albert Möller (v.l.n.r.) am 19. Mai 1984 bei der als „Umweltgottesdienst mit mehreren Stationen" deklarierten Protest-Demo von Bitterfeld nach Wolfen. Foto: Michael Beleites

und Mölbis lagen unmittelbar in der Abgasfahne von Espenhain – der größten Braunkohleschwelerei der Welt. Bei Podiumsdiskussionen, wie z.B. 1988 in Deutzen, argumentierten Vertreter des Werkes Espenhain und vom Rat des Kreises, man würde ja gern Filter einbauen, es fehle nur leider das Geld dazu. Um die betroffenen Anwohner zu unterstützen und die staatliche Argumentation bloßzustellen, organisierte 1988 der Ökologische Arbeitskreis der Dresdner Kirchenbezirke eine bemerkenswerte Unterstützungsaktion. Da Unterschriftensammlungen verboten waren, quittierte Spenden aber erlaubt, rief man die Aktion „Eine Mark für Espenhain" ins Leben. Das Christliche Umweltseminar Rötha griff die Idee auf. Bis

1990 wurden gemeinsam 80.000 Mark gesammelt – das waren 80.000 Unterschriften für eine sofortige Umweltsanierung in Espenhain. Der Gedanke der „Öko-Solidarität" hatte hier bereits eine Tradition: Die Aktion „Saubere Luft für Ferienkinder", die beim Dresdner Kirchentag 1983 nach Gesprächen mit Teilnehmern aus Mölbis initiiert wurde, fand seit Jahren großen Anklang. Eine Untergruppe des Dresdner Ökologischen Arbeitskreises vermittelte für Kinder aus ökologischen Krisengebieten Ferienaufenthalte an Orten mit relativ sauberer Luft. Ende der 1980er Jahre gab es auch in Hoyerswerda und in Forst kirchliche Umweltgruppen, die sich besonders mit den Auswirkungen des Braunkohlebergbaus auf die historische Siedlungsstruktur und nahegelegene Naturschutzgebiete auseinandersetzten. Die von ihnen herausgegebenen Info-Schriften hießen „Grubenkante" und „Aufbruch".

In den Zentren der Chemieindustrie, wie in Leuna, Buna, Bitterfeld, Wolfen, Tröglitz, Piesteritz, „Schwarze Pumpe" oder Schwedt gab es vergleichsweise wenig Widerstand. Zum Weltumwelttag 1983 versuchte der Hallenser Jugendpfarrer Lothar Rochau einen Fahrradkorso mit Jugendlichen nach Buna. Sie wurden bereits am Ortsausgang von Halle von der Polizei gestoppt und festgenommen. Im Jahr darauf gelang eine Protestdemonstration gegen die Umweltverseuchung der Chemieanlagen in Bitterfeld und Wolfen. Am 19. Mai 1984 fand ein „Umweltgottesdienst mit mehreren Stationen" in den Kirchen von Bitterfeld, Greppin und Wolfen statt, der die ca. 150 Teilnehmer über fünf Kilometer hinweg an den Werksmauern der stinkendsten Chemieanlagen der DDR entlang führte. Verheerend war auch die Situation um das Teerverarbeitungswerk Rositz bei Altenburg. 350.000 Tonnen Rückstände vergifteten die Luft und das Grundwasser mit krebserregenden Substanzen. Unter Beschäftigten und Anwohnern des Teerverarbeitungswerkes häuften sich verdächtige Todesfälle. So entstand in der Altenburger Umweltgruppe um Petra Hans die Idee einer Kranzniederlegung für die Opfer von Rositz. Am 5. Juni 1989 erschien die Altenburger Umweltgruppe zu einer Kranzniederlegung am Werkstor von Rositz. Die „Volkspolizei" stellt die Personalien der Demonstranten fest – und schickte sie zum Friedhof.

Die Abgase des mitteldeutschen Industriegebietes in der DDR waren (neben den Abgasen des nordböhmischen Industriegebietes in der Tschechoslowakei) verantwortlich für das flächendeckende Waldsterben am Erzgebirgskamm. Wer auf das Waldsterben öffentlich aufmerksam machen wollte, wurde in der DDR sofort kriminalisiert. So fand sich eine Gruppe Potsdamer Umweltaktivisten, die zu Weihnachten 1983 abgestorbene Fichten aus dem Erzgebirge in Potsdamer Kirchen aufstellen wollte, im Stasi-Untersuchungsgefängnis wieder. Als Generalsuperintendent Bransch ankündigte, die Inhaftierung der Initiatoren der Weihnachtsbaum-Idee Jes Albert Möller, Christian Grauer und Frank Ortmann am Heiligabend in allen Potsdamer Kirchen bekannt geben zu lassen, wurden die drei aus der Haft entlassen. Sie mussten aber – wegen „Rowdytum" – jeder 750,- Mark Strafe zahlen. Im September 1985 wurde gegen den Dresdner Künstler Eberhard Göschel ein Ermittlungsverfahren eingeleitet, weil er zusammen mit Freunden eine Gruppe abgestorbener Bäume bei Fürstenau im Erzgebirge türkisfarben angestrichen hatte.

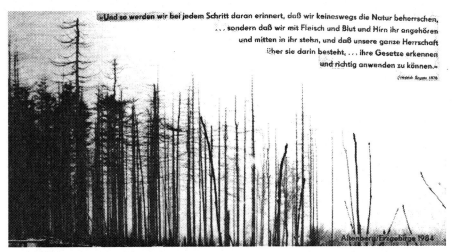

Abbildung 14: Den Staat in die „Ideologiefalle" locken: Ein Protestplakat gegen die Ursachen des Waldsterbens von Katharina Kosak. Foto: Matthias-Domaschk-Archiv Berlin

Auch im Bereich des Natur- und Landschaftsschutzes gab es zahlreiche Initiativen von Angehörigen kirchlicher Umweltgruppen. Da diese in der Regel nicht konfliktträchtig waren, wurden private Initiativen, wie z.B. die Anbringung von Nisthilfen für Falken und Eulen in Kirchtürmen oder Bepflanzungen von städtischen Freiflächen mit Stauden und Kletterpflanzen, wenig bekannt. Spektakulär waren allerdings die Proteste gegen den geplanten Autobahnbau östlich des Schweriner Sees im Jahr 1983. Dieser Autobahnabschnitt ist dann – aus welchen Gründen auch immer – tatsächlich nicht gebaut worden. Dass die unabhängige Umweltbewegung nicht ganz uninteressiert an der Natur war, zeigte sich z.B. darin, dass sich ein Freundeskreis um Jörn Mothes alljährlich im Herbst zur Beobachtung des Kranichzuges in der vorpommerschen Boddenlandschaft traf oder als am Rande des DDR-weiten Basisgruppentreffens „Frieden Konkret" im März 1985 in Schwerin Hannes Knapp zu einer naturkundlichen Wanderung am Schweriner See einlud. Von Hannes Knapp und Ulrich Meßner aus Waren kam im Herbst 1989 auch die Idee und das Konzept für das Nationalparkprogramm der DDR.

Die Strukturveränderungen in der Landwirtschaft durch Bodenreform und Kollektivierung entfalteten erst im Zusammenspiel mit der seit Anfang der 1970er Jahre intensiv betriebenen flächendeckenden Industrialisierung der Landwirtschaft ihre fatale Wirkung: Es kam zu einer Entfremdung der Landbevölkerung vom Grund und Boden und einer „Ausräumung" der bäuerlichen Kulturlandschaft. Mit der rasanten Konzentration und Industrialisierung der Landwirtschaft wuchs das ökologische Gefahrenpotential. Anbaukonzentration, Spezialisierung und überdimensionale Schlaggrößen sorgten für Fruchtfolgeprobleme, die sich ihrerseits nachteilig auf die Pflanzengesundheit auswirkten. In der Massentierhaltung fiel so viel Gülle an, die, auch weil keine ausreichenden Speicherbehälter vorhanden waren, in der Regel ganzjährig und konti-

Abbildung 15: Autobahn zerschneidet Landschaft: Eine Protestpostkarte aus Schwerin 1983.
Foto: Archiv Michael Beleites

nuierlich auf die Felder ausgebracht wurde. Durch die systematische Missachtung der pflanzenbaulich gebotenen Termine konnte ein Großteil der Nährstoffe gar nicht von den Pflanzen aufgenommen werden, sondern versickerte ins Grundwasser bzw. lief oberflächlich ab und verursachte die Eutrophierung tausender Gewässer. Von Anfang der 1960er bis Anfang der 1980er Jahre hat sich der Nitrat-Gehalt im Trinkwasser verfünffacht (WENSIERSKI 1986, 117). Im Ost-West-Vergleich stellte sich in den 1980er Jahren folgendes Bild dar:

Abbildung 16: Opposition auf Eis: Naturkundliche Wanderung über den Schweriner See am Rande des Basisgruppentreffens „Frieden Konkret" 1985 in Schwerin. Hannes Knapp, Jörn Mothes, Annette Beleites, Marcel Rotter, Walter Mothes, Beate Nekwasil und Christine Rietzke (v.r.n.l.). Foto: Michael Beleites

Die durchschnittliche Betriebsgröße betrug in der Bundesrepublik 17,8 Hektar und in der DDR 4.636 Hektar (MERBACH 1991, 74). Die durchschnittliche Schlaggröße lag in der DDR bei 60 Hektar, in der Bundesrepublik um 2 Hektar (WENSIERSKI 1986, 111 f.). Durch die strukturelle Verschiedenheit der Landwirtschaft in den beiden

Abbildung 17: Folgen der Großflächenwirtschaft und Bodenverdichtung: Gigantische Erosionsrinnen in einem Feld bei Waren. Foto: Ulrich Meßner

Abbildung 18: Gerd Pfeiffer und Michael Krug in Borsdorf: Bei Pflegearbeiten an den vom Landwirtekreis des Kirchlichen Forschungsheimes gepflanzten Hecken. Foto: Bernd Müller

deutschen Staaten sind die aufgewendeten Agrochemikalien (synthetische Dünge- und Pflanzenschutzmittel) in der DDR durchweg weniger effizient eingesetzt worden als in der Bundesrepublik. Einem höheren Chemikalienaufwand stand jeweils ein geringerer Ertrag gegenüber (MERBACH 1991, 74).

Gemessen an der Schwere der ökologischen Folgen der LPG-Wirtschaft spielte das Thema Landwirtschaft in den kritischen Umweltgruppen in der DDR eine erstaunlich geringe Rolle. Das hatte einerseits damit zu tun, dass es sich bei den Umweltaktivisten meist um Städter handelte, denen die ländlichen Probleme fremd blieben. Andererseits wirkte diese Art der Umweltgefährdung deswegen relativ unauffällig, weil sie nahezu flächendeckend stattfand.

Abbildung 19 (oben): Gülleteich neben der ostthüringischen Schweinemastanlage Quaschwitz: Undichte Abdeckfolien werden von entstehenden Gasen nach oben gedrückt.
Foto: Herbert Niederhausen.
Abbildung 20 (unten): Revolution auf dem Land: Herbstdemonstration 1989 zur Schweinemastanlage Quaschwitz. Foto: Rainer Engelhardt

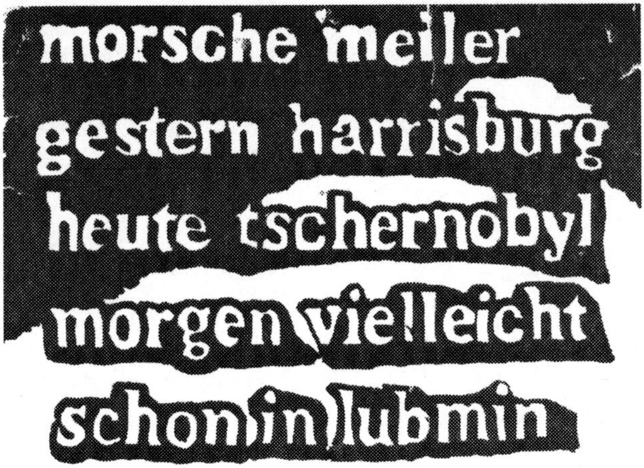

morsche meiler
gestern harrisburg
heute tschernobyl
morgen vielleicht
schon in lubmin

Abbildung 21: Fotographisch vervielfältigt: Protest-Postkarte aus Ost-Berlin.
Foto: Matthias-Domaschk – Archiv Berlin

Joachim Krause

... nicht das letzte Wort

Kernenergie in der Diskussion

Kirchliches Forschungsheim Wittenberg 1987

Abbildung 22: Honecker-Zitat auf dem Titel: Die kritische Kernenergie-Studie von Joachim Krause.

Seit 1980 bestand beim Kirchlichen Forschungsheim in Wittenberg der überregionale Arbeitskreis „Alternativen in der Landwirtschaft" (später: „Landwirtschaft und Umwelt"). Der Landwirtekreis unterstützte den Ausschuss „Kirche und Gesellschaft" beim Bund der Evangelischen Kirchen in der DDR bei der Ausarbeitung des Papiers „Agrarwirtschaft und Umwelt", verfasste die Broschüre „Anders Gärtnern" (die auflagenstärkste Publikation des Forschungsheims), organisierte Heckenpflanzungen, versuchte den Dialog mit staatlichen Stellen und bemühte sich um den Aufbau eines kircheneigenen Modellprojektes für ökologischen Landbau, welches von der Stasi verhindert wurde. Moderiert wurde der Kreis vom Forschungsheim-Mitarbeiter Gerd Pfeiffer.

Nach dessen Weggang vom Forschungsheim formierte sich der Landwirte-Kreis 1988 neu als überregionale Arbeitsgemeinschaft für Ökologischen Landbau „Gäa" beim ökologischen Arbeitskreis der Dresdner Kirchenbezirke. Aus dieser Arbeitsgemeinschaft entstand 1990 der ostdeutsche Anbauverband für Ökologischen Landbau „Gäa". Bereits 1984 hatten Gerhard Busse in Rodenskrug bei Neustrelitz und Michael Schwarzwälder in Goppeln bei Dresden auf kleinen Flächen begonnen, alternative Hofprojekte aufzubauen. Zu massiven Protesten kam es im Umfeld der Schweinemastanlage in Quaschwitz bei Schleitz. Dort waren in den 1980er Jahren 175.000 Schweine in einer „Anlage" untergebracht, die 3,1 Mio Liter Gülle pro Tag „produzierten", welche in 130 ha Gülleteiche geleitet wurden und durch die Ammoniak-Ausdunstungen 2.000 ha toten Wald in der Umgebung verursachten. Die Umweltgruppe Dittersdorf/Knau um Pfarrer Reinhard Weidner organisierte dort überregionale Protestveranstaltungen und gab die Widerstandsschrift „Leidplanke" heraus.

Die Reaktorkatastrophe von Tschernobyl am 26. April 1986 traf die Bewegung nicht unvorbereitet: Sowohl in Friedens- als auch in Umweltkreisen hatte man sich bereits mit der Frage radioaktiver Umweltkontaminationen auseinandergesetzt. Sebastian Pflugbeil von der Gruppe „Ärzte für den Frieden" wendete sich am 9. Mai 1986 mit einer vierseitigen Schrift „Wissen – Betroffenheit – Handeln" an die Konferenz der Kirchenleitungen. Dieses Papier wird zur Grundlage weiterer Initiativen. Vera Wollenberger und Sylvia Müller sammeln 141 Unterschriften unter den Appell „Tschernobyl wirkt überall", den sie Regierung und Volkskammer übergeben. Bald darauf kommt es an fast allen existierenden und geplanten Atom-Standorten der DDR zu einer standortbezogenen Gegenbewegung, insbesondere in Greifswald und Stendal. „Nicht das letzte Wort" heißt eine substantielle kritische Kernenergie-Studie, die Joachim Krause nach der Tschernobyl-Katastrophe erarbeitet und 1987 beim Kirchlichen Forschungsheim veröffentlicht hat. Während der Wendezeit gibt Sebastian Pflugbeil als Minister der zweiten Modrow-Regierung den Anstoß zur Stilllegung des Kernkraftwerkes Lubmin.

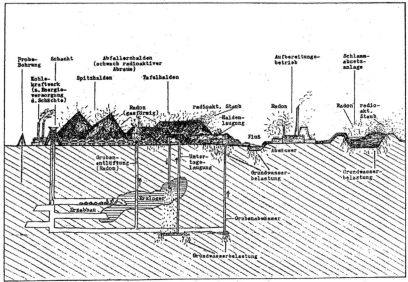

Der technische Ablauf und die Quellen der radioaktiven Umweltbelastung beim Uranbergbau

Abbildung 23 (oben): 168 Quadratkilometer Tabuzone: Unter größter Geheimhaltung förderte die Wismut 220.000 Tonnen Uran für das sowjetische Atomprojekt und hinterließ in Sachsen und Thüringen 500 Millionen Tonnen radioaktive Abfälle auf 3.000 Halden und 20 Schlammdeponien. Foto: Michael Beleites

Abbildung 24 (unten): Tabu gebrochen: Darstellung der Zusammenhänge bei der radioaktiven Umweltbelastung durch die Wismut in der Studie „Pechblende" von 1988.

In Stendal erreichten 1990 Großdemonstrationen einen Baustopp und schließlich die Stilllegung des KKW-Projektes. Bereits in den Jahren davor hatte Erika Drees aus Stendal den Widerstand gegen den KKW-Bau organisiert. Auch in Rossendorf bei Dresden trugen 1990 Demonstrationen zur Abschaltung des Forschungsreaktors im Zentralinstitut für Kernforschung bei. Das geplante Kernkraftwerk bei Dahlen im Bezirk Leipzig wurde mit Hilfe von Demonstranten aus der Umweltbewegung 1990 noch vor Baubeginn verhindert.

Die Reaktorkatastrophe von Tschernobyl gab auch den Anstoß zur Herstellung einer kritischen Öffentlichkeit zu den gesundheitlichen und ökologischen Folgen des Uranbergbaus. Das Uranbergbau-Unternehmen „Sowjetisch-Deutsche Aktiengesellschaft Wismut" war ein riesiger und geheimnisumwitterter Staat im Staate – das letzte große Tabu in der DDR. Bis 1990 förderte die Wismut auf 168 Quadratkilometern 220.000 Tonnen Uran für das sowjetische Atomprojekt und hinterließ in Sachsen und Thüringen 500 Millionen Tonnen radioaktive Abfälle auf 3.000 Halden und 20 Schlammdeponien. Jahr für Jahr starben und sterben mehrere Hundert frühere Wismut-Bergleute an strahlenbedingtem Bronchialkarzinom. Von Gera aus konnte ich nach mehreren Jahren heimlicher Recherchen 1988 die Untergrundschrift „Pechblende" erstellen und damit erstmals die Umwelt- und Gesundheitsgefahren im Wismut-Gebiet publik machen – und die Beendigung des Uranbergbaus in der DDR fordern. Infolge dieser Publikation entwickelte sich bei den westlichen Medien ein großes Interesse an dem Thema – und es entstanden auch mehrere kirchliche Umweltgruppen im Wismut-Gebiet, die für eine Offenlegung von Umweltinformationen und eine Eindämmung der radioaktiven Gefahren eintraten.

Die unabhängige Umweltbewegung als Zielgruppe des MfS

Auf den ersten Blick waren die Umweltgruppen, die oft in der Art von Bürgerinitiativen nur lokale oder regionale Einzelprobleme thematisierten, weniger politisch als die Friedens- oder Menschenrechtsgruppen. Und aus genau diesem Grund gelang es den Umweltinitiativen, weitaus breitere Kreise in oppositionelle Zusammenhänge einzubeziehen als den vordergründig politischen Gruppen. Da die Stasi aber auch in den eher unpolitischen Umweltkreisen einen „politischen Untergrund" zu erkennen glaubte, der im Begriff sei den Staat zu beseitigen, sahen sich sehr bald auch die sogenannten „reinen" Umweltschützer, die den Konflikt mit dem Staat eigentlich vermeiden wollten, einer politischen Verfolgung ausgesetzt. Auf diesem Wege wurden schließlich mehr und mehr Menschen in den Konflikt mit dem Staat hineingezogen – und dadurch politisiert.

Wer sich mit der Umweltsituation in der DDR kritisch auseinandersetzte, galt beim Ministerium für Staatssicherheit als „feindlich-negativ". Jedes unabhängige Umweltengagement wurde als „politische Untergrundtätigkeit" gesehen. Und diese wurde „bekämpft" – und das war die vorrangige Aufgabe der Staatssicherheit. Die politische Stärke und Absicht der Umweltbewegung – wie der für die oppositionelle Bewegung Mitte der 1980er Jahre charakteristischen kirchlichen Basisgruppen insgesamt – wurde von der Staatssicherheit bei weitem überschätzt. Die wenigen systemkritischen Gruppen, die meist in der Art von Bürgerinitiativen nur Einzelprobleme thematisierten, waren aus der Sicht des Ministeriums für Staatssicherheit vom Westen gesteuert und im Begriff, den sozialistischen Staat zu beseitigen. Aus der MfS-internen Dienstanweisung 2/85 vom 20. Februar 1985 „zur vorbeugenden Verhinderung, Aufdeckung und Bekämpfung politischer Untergrundtätigkeit" seien folgende Aussagen zitiert:

„Einen bedeutenden Platz im Kampf des Gegners gegen den real existierenden Sozialismus nimmt die Inspirierung und Organisierung politischer Untergrundtätigkeit ein. Sie zielt vor allem durch Versuche der Aufweichung, Zersetzung und Destabilisierung der gesellschaftlichen Verhältnisse auf die Beseitigung der sozialistischen Staats- und Gesellschaftsordnung ab (…)

Zur wirksamen vorbeugenden Bekämpfung politischer Untergrundtätigkeit sind dabei vorrangig

- die Herausbildung feindlich-negativer Gruppierungen rechtzeitig zu erkennen und zu verhindern, das Konstituieren bzw. ihre Festigung sowie ihr Wirksamwerden durch aktive politisch-operative Bearbeitung zu unterbinden,
- bestehende feindlich-negative Gruppierungen zu verunsichern, aufzulösen bzw. zu zersetzen, wobei auch nach der Auflösung dieser Gruppierungen deren ehemals aktiven Angehörigen weiter unter operativer Kontrolle zu halten sind,
- Führungskräfte bzw. Exponenten politischer Untergrundtätigkeit nachhaltig zu neutralisieren bzw. ihr Einfluß wirksam zurückzudrängen,
- Vorbeugende Verhinderung, Aufdeckung und Bekämpfung der Versuche des politischen Mißbrauchs der Kirchen und Religionsgemeinschaften, u.a. zur Sammlung oppositioneller Kräfte, der Erarbeitung und Verbreitung antisozialistischer, gegen Beschlüsse von Partei und Regierung gerichteter Schriften unter dem Deckmantel kirchlicher Glaubensbekenntnisse, der Bestrebungen zur Erreichung eines Mitsprache- bzw. Entscheidungsrechts auf Teilgebieten der Gesellschaftspolitik."[3]

Explizit heißt es in dieser Dienstanweisung, man habe sich „zu konzentrieren auf (…) die zielgerichtete operative Bearbeitung und das konsequente Klären ers-

---

[3] MfS-Dienstanweisung 2/85 vom 20. Februar 1985 „zur vorbeugenden Verhinderung, Aufdeckung und Bekämpfung politischer Untergrundtätigkeit", S. 11-12.

ter Hinweise auf die beabsichtigte Bildung von sogenannten Friedenskreisen, Ökologiegruppen und anderen sogenannten alternativen Gruppierungen".[4]

Über die Gewinnung von Inoffiziellen Mitarbeitern (IM) des MfS heißt es: „Vorrangig sind IM aus solchen Personenkreisen einzusetzen bzw. zu gewinnen, wie (...)

• Personen, die sich beruflich mit Fragen des Natur- und Umweltschutzes beschäftigen,

• Personen mit ausgeprägten Interessen und Neigungen für den Natur- und Umweltschutz oder für sogenannte alternative Lebensformen."[5]

Außerdem wurden die offiziellen Umweltgremien mit Inoffiziellen Mitarbeitern und „Gesellschaftlichen Mitarbeitern für Sicherheit" (GMS) – das waren Stasi-Helfer, mit einer „auch in der Öffentlichkeit bekannten staatsbewußten Einstellung und Haltung"[6], meist SED-Mitglieder – besetzt. Man konzentrierte sich hier auf „den Einsatz bzw. die Schaffung zuverlässiger IM und GMS in Schlüsselpositionen, wie (...) in den Abteilungen Umweltschutz (...) sowie in leitenden Gremien des Kulturbundes (...) vor allem für die Realisierung vorbeugender Maßnahmen zur Ausräumung begünstigender Bedingungen, Umstände sowie zur Durchführung von Maßnahmen der Disziplinierung feindlich-negativer Kräfte."[7] Wer in der DDR eine kritische Öffentlichkeit zu den Umweltgefahren herbeiführen wollte, hatte schon im Vorfeld seiner Bemühungen so gut wie keine Chance, von der Staatssicherheit unerkannt – und unbehelligt – zu bleiben.

Angehörige von kritischen Umweltgruppen, die regelmäßig an den Zusammenkünften der Gruppen teilnahmen, aber nicht als deren Initiatoren in Erscheinung traten, wurden meist mit einer Operativen Personenkontrolle (OPK) „unter Kontrolle gehalten". Die Initiatoren solcher Gruppen oder von entsprechenden Einzelaktivitäten hat man in der Regel mit einem Operativen Vorgang (OV) „bearbeitet". Mitunter wurden auch mehrere Personen gleichzeitig mit einem Operativen Vorgang verfolgt. Zur Einleitung von Untersuchungsvorgängen, d.h. Ermittlungsverfahren mit einer Inhaftierung der Betroffenen, gegen Angehörige der Umweltbewegung kam es nur in wenigen Fällen.

---

[4] Ebenda, S. 17-18.
[5] Ebenda, S. 13-14.
[6] MfS-Richtlinie 1/79 über Inoffizielle Mitarbeiter.
[7] MfS-Dienstanweisung 2/85 vom 20. Februar 1985 „zur vorbeugenden Verhinderung, Aufdeckung und Bekämpfung politischer Untergrundtätigkeit", S. 18.

„Zersetzungsmaßnahmen"

Politische Verfolgung durch die Staatssicherheit, das bedeutete in den 1980er Jahren in immer weniger Fällen Gefängnisstrafe. Seit Mitte der 1970er Jahre konzentrierte man sich bei der Stasi mehr und mehr auf unsichtbare und lautlose Methoden, die sogenannten „Zersetzungsmaßnahmen". Bis heute ist vielen noch nicht klar, was „Zersetzung" eigentlich bedeutete. Die Stasi spielte Schicksal: Für die ausgeklügelte Demontage und Verstümmelung von Biographien wurden „Maßnahmepläne" erstellt. Sobald hinter dem Rücken eines Verfolgten ein „Operativer Vorgang" eröffnet worden war, galt die Mielke-Richtlinie Nr. 1/76 über Operative Vorgänge. Dort fand sich folgende Handlungsanweisung:

„Bewährte anzuwendende Formen der Zersetzung sind:
- systematische Diskreditierung des öffentlichen Rufes, des Ansehens und des Prestiges auf der Grundlage miteinander verbundener wahrer, überprüfbarer und diskreditierender sowie unwahrer, glaubhafter, nicht widerlegbarer und damit ebenfalls diskreditierender Angaben;
- systematische Organisierung beruflicher und gesellschaftlicher Mißerfolge zur Untergrabung des Selbstvertrauens einzelner Personen (...);
- Erzeugen von Mißtrauen und gegenseitigen Verdächtigungen innerhalb von Gruppen, Gruppierungen und Organisationen (...)"[8]

Hier ging es nicht nur um eine psychologische Kriegsführung gegen die oppositionellen Gruppen, sondern um die Zerstörung von Lebensläufen, um das Kaputtmachen jeglicher Perspektive. Für die Betroffenen war es, als würden ihnen immer wieder mit unsichtbarer Hand die Beine weggezogen. Die „systematische Organisierung beruflicher Mißerfolge" bedeutete in den meisten Fällen, dass jegliche berufliche Weiterentwicklung verhindert und oft sogar der berufliche Abstieg organisiert wurde. Für die Mitmenschen der Verfolgen war all dies nicht erkennbar. Für Außenstehende entstand der Eindruck, der Betreffende sei untauglich oder er sei gerade vom Pech verfolgt. Zu der beruflichen Ausgrenzung, wie z.B. auch der Studienverhinderung, kamen dann noch Reisesperren, diskreditierende Gerüchte, inszenierte Konflikte, Zerstörung persönlicher Beziehungen oder inszenierte, z.T. pseudonyme Drohbriefe dazu. Wer mit einem Operativen Vorgang verfolgt wurde, der wurde nicht nur aus den meisten Lebensbereichen ausgegrenzt, er lebte auch unter den Bedingungen von mehr oder weniger permanentem Psychoterror.

---

[8] MfS-Richtlinie 1/76 „Zur Entwicklung und Bearbeitung Operativer Vorgänge (OV)", S. 47f.

Für die Politisierung der alternativen Bewegungen in der DDR der 1980er Jahre hatten die Zersetzungsmaßnahmen der Staatssicherheit allerdings eine nicht zu unterschätzende Bedeutung: Es gab in den oppositionellen Kreisen immer mehr Menschen, die – außer einer drohenden Inhaftierung – nichts mehr zu verlieren hatten. Alles, wofür sich politisches Wohlverhalten lohnte, hatten sie bereits verloren. Allein das Risiko von Inhaftierungen musste noch bedacht werden. Die Handhabung der politischen Paragraphen des DDR-Strafgesetzbuches war juristisch nicht kalkulierbar, weil sie politisch von der SED-Führung immer wieder neu bestimmt wurde. Dass das politische Strafrecht nicht als Entscheidungsgrundlage, sondern nur als Rechtfertigung für die Einleitung politisch begründeter Ermittlungsverfahren diente, dürfte den Vorgangsführenden MfS-Mitarbeitern völlig klar gewesen sein. Dies ist z.B. aus der folgenden Formulierung zu entnehmen, die ziemlich eindeutig die eventuelle politische Absicht einer Inhaftierung als das Primäre und den Straftatbestand als das Sekundäre herausstellt:

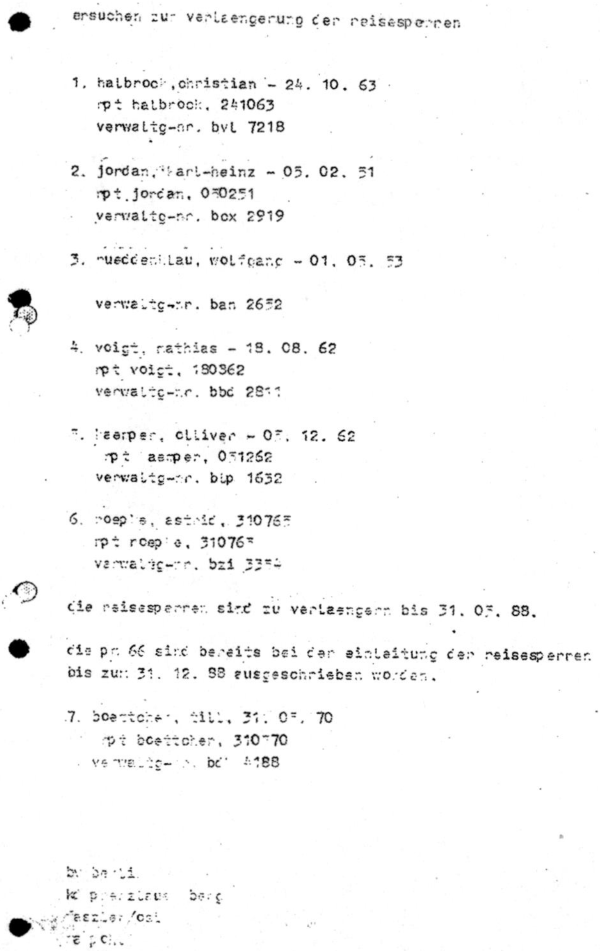
ersuchen zur verlaengerung der reisesperren

1. halbrock, christian - 24. 10. 63
rpt halbrock, 241063
verwaltg-nr. bvl 7218

2. jordan, karl-heinz - 05. 02. 51
rpt jordan, 050251
verwaltg-nr. box 2919

3. rueddenklau, wolfgang - 01. 05. 53

verwaltg-nr. ban 2652

4. voigt, mathias - 18. 08. 62
rpt voigt, 180862
verwaltg-nr. bbd 2811

5. kaemper, olliver - 05. 12. 62
rpt kaemper, 051262
verwaltg-nr. bip 1652

6. roepke, astrid, 310765
rpt roepke, 310765
verwaltg-nr. bzi 3354

die reisesperren sind zu verlaengern bis 31. 05. 88.

die pm 66 sind bereits bei der einleitung der reisesperren bis zum 31. 12. 88 ausgeschrieben worden.

7. boettcher, till, 31. 05. 70
rpt boettcher, 310570
verwaltg-nr. bd[illegible] 4188

bv berlin
kd prenzlauer berg
[illegible]

Abbildung 25: „Die Reisesperren sind zu verlängern“: Initiatoren von internationalen Kontakten der Umweltbewegung dürfen die DDR in keiner Richtung mehr verlassen. Quelle: Matthias-Domaschk – Archiv Berlin

„Aus gegenwärtiger Sicht bestehen die günstigsten Voraussetzungen den Verdächtigen zur – strafrechtlichen – Verantwortung zu ziehen auf dem Gebiet seiner Handlungen/Angriffe gegen den Industriezweig der SDAG Wismut."[9]
Als politisch Verfolgter konnte man aufgrund verschiedener Indizien davon ausgehen, dass in den 1980er Jahren die Einleitung von politisch begründeten Ermittlungsverfahren

- gegen Menschen, die erkennbar *nicht* in den Westen übersiedeln wollten, von den Regierenden zunehmend gescheut wurde;
- mit dem Bekanntheitsgrad der betreffenden Person und mit dem Bekanntheitsgrad der betreffenden „Tat" unwahrscheinlicher wurde und
- mit der Einleitung von politisch begründeten Ermittlungsverfahren vor allem dann gerechnet werden musste, wenn man in einer Vorbereitungsphase der Öffentlichmachung von Umweltschäden „gestellt" wurde, in der die eigenen Recherchen als Spionage ausgelegt werden konnten und ein ökologischer Bezug noch nicht nachzuweisen war.

Es war also wichtig, sich mit Äußerungen zurückzuhalten, dass man notfalls in den Westen gehen würde – auch wenn sicher jeder von denen, die über Jahre mit Zersetzungsmaßnahmen „bearbeitet" wurden, ab und an in diese Richtung gedacht hat. Noch wichtiger war aber, dass man die wirklich brisanten Aktionen und Publikationen in der Vorbereitungsphase völlig geheim hielt und im Moment ihrer Öffentlichmachung sehr schnell und sehr weit bekannt machte. Eine Vorab-Information an Vertreter der westlichen Presse war zwar riskant, aber schließlich der beste Schutz davor, unbemerkt in irgendeinem Staatssicherheits-Gefängnis zu verschwinden. Außerdem war es oft hilfreich, mit Vertretern von Kirchenleitungen in einem regelmäßigen Gesprächskontakt zu stehen und sie auch vorab von möglichen Gefahrensituationen zu informieren.

Trotz der von SED und Stasi nahezu perfekt organisierten Abschirmung der Umweltschäden in der DDR gelang es mitunter, die staatlichen Repressionsmaßnahmen zu unterlaufen. Die wirksamste Methode bestand immer in einer Gegenkonspiration. Wer die Verfolgung zumindest teilweise unterlaufen wollte, musste sich zunächst darum bemühen, die Informationsgewinnung der Staatssicherheit einzuschränken. Wenn man wirklich brisante Dinge plante, die im Vorfeld von der Staatssicherheit unerkannt bleiben mussten, war zunächst die Anzahl der Beteiligten soweit zu reduzieren wie es irgend möglich war. Gerade in den Umweltgruppen, die ja eigentlich für jeden offen sein wollten, war es schwierig, die Stasi mit ihren Informanten „draußen" zu halten. Man musste selbst „konspirieren", wenn man überhaupt etwas erreichen wollte. Kritische Publikationen oder Aktionen, die

[9] Aus dem Zwischenbericht zum TOV „Entomologe" der Kreisdienststelle Gera das MfS vom 24. November 1987, zit. in Beleites 1991, 75.

völlig offen vorbereitet wurden, kamen in aller Regel nicht zustande, weil sie vorher von der Staatssicherheit direkt oder indirekt verhindert wurden.

Die Kommunikation zwischen denen, die sich gegenseitig vertrauten, musste nach Möglichkeit unter Ausschluss des Post- und Telefonweges geschehen. Als politisch Verfolgter musste man damit rechnen, und hat damit gerechnet, dass das Telefon abgehört und die Post kontrolliert wurde. Weniger schützen konnte man sich vor Abhörmaßnahmen in Räumen („Wanzen"). Doch auch damit wurde gerechnet. Ganz heikle Dinge wurden bei laufendem Radio oder auf freiem Feld be-

sprochen. Wer eine kritische Aktion oder Publikation plante, die gemeinsam mit Menschen vorbereitet werden musste, die in anderen Orten wohnten, musste sehr viel unterwegs sein.

Der immer größer werdende Kreis der Menschen, die von der Stasi als „OV-Personen" definiert und „Zersetzungsmaßnahmen" ausge-

Abbildung 26: Giftige Chemiesümpfe bei Altenburg: Der größte Rositzer Teerteich befindet sich in der ehemaligen Grube „Neue Sorge". Foto: Archiv Petra Hans

setzt wurden, organisierte in der zweiten Hälfte der 1980er Jahre in zunehmendem Maße öffentlichkeitswirksame Protestaktionen, die noch wenige Jahre vorher als ein sicherer Weg ins Gefängnis angesehen worden wären.

Frühe Demonstrationen, Samisdat und eigene Beiträge im West Fernsehen

Ab 1988 scheuten sich viele nicht mehr vor dem Verbot eigenständiger Demonstrationen, man war nur darum bemüht, der Angelegenheit einen unverfänglichen Namen zu geben. An den Chemiestandorten Espenhain und Rositz lud man zu „Wallfahrt" und „Kranzniederlegung" ein, um Protestdemonstrationen zu probieren. Eine frühe Demonstration des Jahres 1989 in Leipzig fand am 4. Juni statt und hieß „Pleißepilgerweg".

Abbildung 27 (oben): Weltumwelttag 1989: Die Altenburger Umweltgruppe kommt zu einer Kranzniederlegung für die Opfer von Rositz an das Werkstor. Die „Volkspolizei" stellt die Personalien der Demonstranten fest – und schickt sie zum Friedhof. Foto: Archiv Petra Hans
Abbildung 28 (unten): Die Polizei ist sofort am Ort: Unter dem Motto „Wir wollen nicht mehr im Trüben fischen!" hat die Ökologische Arbeitsgruppe Halle am 5. Juni 1989 zu einem „Schauangeln" an der Saale eingeladen. Foto: Wieland Berg

Leipziger Umweltgruppen hatten sich mit Menschenrechtsgruppen zusammengeschlossen, um auf den katastrophalen Zustand des Flusses aufmerksam zu machen, der kanalisiert durch die Stadt fließt, und um das oppositionelle Potential auf die Straße zu orientieren. In Halle lud der Ökologische Arbeitskreis zu einem „Schauangeln" an die Saale ein. Die Teilnehmer hielten ein paar Angeln in den Fluss und entrollten dann ein Transparent mit der Aufschrift: „Wir wollen nicht mehr im Trüben fischen".

Eine große Bedeutung hatten die im Selbstdruck, meist mit dem Wachsmatrizenverfahren, hergestellten Untergrundschriften. Ab Mitte der 1980er Jahre fungierten manche der (in der hundertprozentig copyshop-freien DDR) mühsam hergestellten Schriften als Informationsblätter der oppositionellen Szene, wie z.B. die „Umweltblätter" der Ost-Berliner Umweltbibliothek oder das „Blattwerk" des Hallenser Ökologischen Ar-

Abbildung 29 (oben): Der Selbstdruck (Samisdat) der Untergrundschriften geschah in aufwändiger Handarbeit: Nach dem Wachsmatrizen Tippen und dem Drucken an Maschinen mit Handkurbel aus den 1920er Jahren ist das Legen der Hefte erforderlich, bevor sie geklammert werden können. Hier Wolfgang Rüddenklau beim Legen der Umweltblätter in der Umweltbibliothek bei der Ost-Berliner Zionskirche. Auf jedem Stuhl liegt eine Seite in einigen hundert Exemplaren – die Auflagenhöhe bestimmt die Zahl der zurückzulegenden Runden, die Seitenzahl deren Länge. Foto: Matthias-Domaschk-Archiv Berlin / Ann-Christine Jansson
Abbildung 30 (unten): Eigene Beiträge im West-Fernsehen: Am 27. September 1988 erschien der Arche-Film „Bitteres aus Bitterfeld" in der ARD.

beitskreises. Andere Samisdatschriften behandelten bislang tabuisierte Krisenfelder, wie „Die Leidplanke" aus dem ostthüringischen Dittersdorf, die die Folgen der genannten Schweinemastanlage zum Thema hatte. Hierzu gehören auch die Periodika „Aufbruch" und „Grubenkante" aus Forst und Hoyerswerda, die sich mit den Braunkohlegroßtagebauen auseinandersetzten. Zu nennen sind hier auch im Samisdat hergestellte Themenhefte, wie die Broschüren „Umweltschutz im Haushalt" von Christian Matthes, „Anders Gärtnern" des Wittenberger Landwirtekreises, die Kernenergiestudie „Nicht das letzte Wort" von Joachim Krause oder auch die von mir erstellte Dokumentation „Pechblende" über die ökologischen und gesundheitlichen Folgen des Uranbergbaus.

In ihrer öffentlichen Wirkung unterstützt bzw. bei weitem übertroffen wurden die Untergrundschriften von den selbst gedrehten Fernsehbeiträgen. Auch auf dem Gebiet der eigenen Fernseharbeit war die Umweltbewegung impulsgebend. Ab Anfang 1987 hatte die Ost-Berliner Umweltbibliothek von der Redaktion „Kontraste" des SFB eine Videokamera geliehen. Unter größter Geheimhaltung sind nun von ortskundigen Mitarbeitern verschiedener Umweltgruppen Videoaufnahmen direkt an den ökologischen Brennpunkten gedreht worden, an Orten, die für westliche Journalisten und Kamerateams nicht zugänglich waren. Im Magazin „Kontraste" der ARD, die ja auch in den meisten Gebieten der DDR empfangen werden konnte, wurden auch Beiträge aus der ostdeutschen Ökologiebewegung gesendet. Auf diesem Wege konnten 1987 Beiträge über die Braunkohlelandschaften (von Wolfgang Rüddenklau, Carlo Jordan und Rüdiger Rosenthal) und die Uranbergbauproblematik (von Jörg Franke und mir), 1988 der Arche-Film „Bitteres aus Bitterfeld" (von Matthias Voigt, Klaus Zimmermann, Margit Miosga, Rainer Hällfritsch und Ulrich Neumann) und 1989 Beiträge über das Waldsterben und auch über den Städteverfall in der DDR (von Siegbert Schefke) ausgestrahlt werden. Auch die ersten Aufnahmen von den großen Leipziger Montagsdemonstrationen Anfang Oktober 1989, die über die Bildschirme der Welt gingen, stammten von den Angehörigen der ostdeutschen Umweltbewegung Siegbert Schefke und Aram Radomski. Das Filmen mit einer westlichen Videokamera in abgesperrten Industrieanlagen war ein sehr hohes Risiko. Laut Strafgesetzbuch der DDR, § 219 „Ungesetzliche Verbindungsaufnahme", sollte „mit Freiheitsstrafe bis zu fünf Jahren" bestraft werden, „wer als Bürger der Deutschen Demokratischen Republik Nachrichten, die geeignet sind, den Interessen der Deutschen Demokratischen Republik zu schaden, im Ausland verbreitet oder verbreiten läßt oder zu diesem Zweck Aufzeichnungen herstellt oder herstellen läßt"; der § 99 über „Landesverräterische Nachrichtenübermittlung" sah sogar Gefängnisstrafen von bis zu zwölf Jahren vor.

Der Überfall und die Demokratiebewegung

Die Stasi wusste von den Verbindungen der Ost-Berliner Umweltbibliothek zur West-Berliner Kontraste-Redaktion, hatte aber nur „inoffizielle Beweise" – und die konnte sie ohne ihre Spitzel zu enttarnen nicht verwenden. Außerdem wusste die Stasi auch über ihre Spitzel, dass in der Umweltbibliothek nicht nur die formal legalen, weil offiziell als „innerkirchliches" Blatt deklarierten, „Umweltblätter" hergestellt, sondern auch die illegale Untergrundschrift „Grenzfall", der sich als kirchen-unabhängig verstehenden Initiative für Frieden und Menschenrechte ge-

Abbildung 31: Wenige Minuten nach dem Stasi-Überfall auf die Ost-Berliner Umweltbibliothek in der Nacht vom 24. zum 25. November 1987: Bodo Wolff, Till Böttcher, Bert Schlegel, Wolfgang Rüddenklau und Tim Eisenloher auf dem MfS-Foto. Foto: Matthias-Domaschk-Archiv Berlin

druckt wurde. Offizielle Beweise für dem Druck des „Grenzfall" und die „Kontraste"-Verbindung waren nur mit einer überfallartigen Hausdurchsuchung zu bekommen. Ende 1987 war es dann soweit, dass der Saat zuschlagen – und gleich zwei Fliegen mit einer Klappe schlagen wollte:

„Hände hoch, Maschine aus!" – Mit diesen Befehlen stürmte eine zehnköpfige Einsatzgruppe der Stasi mit einem Staatsanwalt in der Nacht zum 25. November 1987 die Umweltbibliothek in der Ost-Berliner Zionsgemeinde. Von den sieben zugeführten und vernommenen Mitarbeitern der Umweltbibliothek wurden Bert Schlegel und Wolfgang Rüddenklau am Folgetag verhaftet und bis zum 28. November in Stasi-Untersuchungshaft festgehalten. Die „Aktion Falle" der Stasi war dennoch ein Schlag ins Wasser. Die UB-Mitarbeiter wurden nicht beim Druck des „Grenzfall" „auf frischer Tat ertappt". Zur Zeit des Überfalls wurden gerade die formal legalen „Umweltblätter" gedruckt. Und die Videokamera oder -bänder der „Kontraste"-Redaktion bzw. Aufzeichnungen dazu wurden ebenfalls nicht gefunden.

Abbildung 32: Solidarität war der Beginn der Revolution: Die Stasi-Aktion gegen die Umweltbibliothek führte mehrere hundert Oppositionelle aus der ganzen DDR zu Solidaritätsveranstaltungen in die Zionskirche – und löste eine Kette oppositioneller Aktivitäten aus, die bis zum Herbst 1989 anhielt. Foto: Matthias-Domaschk-Archiv Berlin

Der Stasi-Überfall hatte vor allem einen Effekt: Sofort wurden Mahnwachen und Solidaritätsveranstaltungen in der Zions- und Eliaskirche gehalten, an denen sich trotz zahlreicher „Berlin-Verbote" bis zu 2.000 Menschen aus der ganzen DDR beteiligten – und die eine große Resonanz in den westlichen Medien fanden. Inhaltliche Differenzen und persönliche Rivalitäten (die es in der oppositionellen Szene der DDR nicht weniger gab, als in den politischen Parteien der Bundesrepublik) traten in den Hintergrund. An den Mahnwachen beteiligten sich von Anfang an Oppositionelle verschiedenster Richtungen. Und diese Solidarität war der Beginn der friedlichen Revolution: Die Stasi-Aktion gegen die Umweltbibliothek löste eine Kette oppositioneller Aktivitäten aus, die bis zum Herbst 1989 nicht mehr abriss. Für viele war eine solche Wirkung des nächtlichen Stasi-Überfalls absehbar. Schon damals wurde viel darüber spekuliert. In einem abgehörten Telefongespräch zwischen Jörg Franke aus Zeitz und mir am 30. November 1987 hatte die Stasi u.a. Folgendes protokolliert:

„F.: Ich weiß auch nicht. Wahrscheinlich etwas überreagiert die Genossen. Die wollten vielleicht auch einmal austesten, wie sich die Amtskirche dazu stellt!

B.: Das war doch etwas riskant!

F.: Ja! In so einem Land ist das doch kein Problem. Da kann man doch sowas machen.

B.: Auf der anderen Seite weiß man auch nicht, ob das nicht doch bewußt gemacht worden ist, weil ja die Leute gegriffen wurden, die die engsten Kontakte zu den Windmachern haben. Und es klar war, daß das Wind macht und sonst nichts.

F.: Ich glaube die hatten nicht damit gerechnet, daß die ganze Sache so schnell durch die Medien geht.

B.: Es ist wichtig, daß sie gemerkt haben, daß es eben so ist. Sie hätten es sich denken müssen.

F.: Das setzt voraus, daß man denken kann!" (zitiert in BELEITES 1991, 189)

Von nun an waren die Umwelt-, Friedens- und Menschenrechtsgruppen vereint in der entstehenden Demokratiebewegung. Auch wenn es den Begriff der Demokratiebewegung unter den damals Beteiligten noch ebenso wenig gab wie den des Bürgerrechtlers – und niemand den Beginn einer Entwicklung, die binnen zwei Jahren zum Ende der DDR führen sollte, sah, hatte sich die Atmosphäre deutlich geändert. Die Stimmung war plötzlich eine andere. Jeder wusste: sobald es wieder zu politisch begründeten Inhaftierungen kommt, wird eine Protest- und Solidaritätswelle über das Land ziehen – die über das Westfernsehen auch in der DDR bekannt wird. Und genau so kam es. Als im Februar 1988

Abbildung 33: Weithin sichtbar, aber nur für kurze Zeit: Das am Zions-Kirchturm angebrachte Transparent wurde – im Auftrag der Stasi – von der Feuerwehr heruntergeholt und beschlagnahmt. Foto: Matthias-Domaschk-Archiv Berlin

Mitglieder der Initiative für Frieden und Menschenrechte festgenommen wurden, weil sie zur offiziellen Liebknecht/Luxemburg-Demonstration mit unerwünschten Luxemburg-Zitaten erschienen waren, wurden die Proteste bei weitem umfangreicher. Zu Solidaritätsveranstaltungen kam es jetzt auch außerhalb Berlins. In den verschiedensten Städten wurden Kontakttelefone und Bürgerbüros eingerichtet – die sich, wie z.B. in Leipzig, zu Keimzellen der friedlichen Revolution entwickelten.

Die Vernetzung im Ost-West-Zusammenhang

Was waren die Bedingungen für die Herausbildung eines politischen Selbstverständnisses? Eine wichtige Grundlage für den politischen Reifeprozess der oppositionellen Gruppen in der DDR war ohne Zweifel deren Vernetzung im Ost-West-Zusammenhang. Die Begegnungen mit Angehörigen der westdeutschen Friedens- und Umweltbewegung bedeuteten seit Anfang der 1980er Jahre für viele eine Art politischer Bildung im Freundeskreis. Auf dem Wege regelmäßiger privater Kontakte kamen nicht nur in der DDR unzugängliche Hintergrundinformationen zu ökologischen oder friedenspolitischen Themen in die oppositionellen Kreise der DDR. Bei vielen, die sich zunächst nur mit Umwelt- oder Friedensfragen im engeren Sinne beschäftigen wollten, wurde frühzeitig ein Interesse für die weiteren politischen Zusammenhänge ge-

Abbildung 34: Politische Bildung im Freundeskreis: Ost-West-Begegnungen hatten entscheidenden Anteil an der Entwicklung eines politischen Selbstverständnisses der Umweltbewegung. Hier im Sommer 1989 auf einem Gut in den Masuren. Foto: Michael Beleites

weckt, nicht zuletzt auch für die Menschenrechtsfrage. Wir Ostdeutschen lernten dabei verschiedene politische und philosophische Grundströmungen kennen, und wir lernten auch einiges über demokratische Grundregeln, wie die Moderation freier Diskussionen und das Verfahren offener und geheimer Abstimmungen, die man in der DDR sonst nur in einigen kirchlichen Gremien kennen lernen konnte. Wir erfuhren im Herbst 1983 nicht nur detailliert und aus erster Hand vom Training zum gewaltfreien Widerstand, wir lernten auch etwas über die Bedeutung von Geschäftsordnungen – beides bekam für uns im Herbst 1989 eine zentrale Bedeutung.

Als dann die Stasi ab 1984 gegen unsere westdeutschen Freunde Einreisesperren verhängt hatte und sie nicht mehr in die DDR einreisen durften, haben wir die regelmäßigen Ost-West-Begegnungen nach Prag, Ungarn und Polen verlagert und dort oft über eine Woche lang gemeinsam Urlaub gemacht und zu bestimmten Themen seminaristisch gearbeitet. Dann hatte die Stasi von uns ostdeutschen Teilnehmern immer mehr „in Reisesperre eingelegt", wie die Staatssicherheit das nannte. So durfte ab 1987 auch ich die DDR in keine Richtung mehr verlassen, auch nicht in die Tschechoslowakei, wohin man normalerweise auch ohne Visum durfte. Jetzt, als die Stasi den Punkt „örtliches und zeitliches Unterbinden der gegenseitigen Beziehungen" der Zersetzungsrichtlinie erfüllt hatte, kam in uns Resignation und auch eine unbändige Wut auf. Wir hatten bei unseren Ost-West-Treffen einen Blick über den Eisernen Vorhang tun können, der unseren Horizont erheblich erweitert hatte. Diesen einmal kennen gelernten Blick nun wieder verstellt zu bekommen, das war schwer auszuhalten. Ganz zu schweigen von den Schikanen bei den Zurückweisungen an der Grenze. Man bekam ja keinen Bescheid, von wann bis wann die Reisesperre bestand, man

Abbildung 35: Fast eine Partei: Die erste Vollversammlung des grün-ökologischen Netzwerkes „Arche" am 20. Februar 1989 in Halle. Foto: Matthias-Domaschk-Archiv Berlin

musste es immer wieder ausprobieren. Die Stasi zitierte dann sogar aus einem von ihm geöffneten Brief, den ich Ende 1988 an Reinhard Falter nach München geschrieben hatte:

„... Wir wollen irgendwann einmal unseren Vorstellungen entsprechend leben und arbeiten. Wenn unsere Biographien hier z.B. der Bildung und der Reisen amputiert werden und wir dennoch hierbleiben, dann nur weil wir das Gefühl haben, daß wir nicht unser gesamtes Leben vor uns herschieben, daß auch das gegenwärtige Leben sinnvoll und lebenswert ist. Und genau an dieser Grenze bewegen wir uns jetzt. Es geht um die Frage, was wir aus unseren besten Jahren machen bzw. machen lassen ..." (zitiert in BELEITES 1991, 64)

Während Anfang der 1980er Jahre die entscheidenden politischen Einflüsse aus dem Westen kamen, kamen Ende der 1980er Jahre die wichtigsten Impulse aus dem Osten. Die Grünen Bewegungen in anderen osteuropäischen Ländern, besonders in Ungarn und im Baltikum, agierten jetzt auf der politischen Ebene und diskutierten bereits offen über eine Überwindung des Sozialismus. An dem seit 1985 von Budapest aus arbeitenden osteuropäischen Netzwerk „Greenway" konnten sich wegen der Reisesperren nur wenige der Protagonisten der DDR-Umweltbewegung beteiligen – und auch die nur zeitweilig. Diejenigen, die immer nach Ungarn reisen durften und dort als Vertreter der ostdeutschen ökologischen Bewegungen auftraten, waren Leute, die später als Stasi-Agenten enttarnt wurden. Dennoch diente das Projekt Greenway als Modell für die Gründung des „Grünökologischen Netzwerkes Arche" Anfang 1988 in der DDR.

Obwohl Vorbehalte gegen eine neue „Berliner Zentrale" bestanden und nur ein Teil der bestehenden Umweltgruppen bei der „Arche" mitarbeiteten, war das neue Netzwerk bald in allen Regionen der DDR vertreten. Die Arche hatte Regionalgruppen und organisierte DDR-weite Vollversammlungen – sie war fast eine Partei. Vor allem erweiterte sie den Wirkungskreis der Umweltbewegung in verschiedener Hinsicht: Sie entschloss sich zu der in der DDR-Opposition umstrittenen Einbeziehung von Ausreisewilligen. Einige von ihnen organisierten nach ihrer Übersiedlung nach West-Berlin als „Arche-West" die notwendigen Kontakte zu den Medien oder besorgten die Fertigstellung der in der DDR gedrehten Filme. Und die Arche beschränkte sich nicht auf Umweltthemen im engeren Sinn. Das Grüne Netzwerk thematisierte jetzt auch den Städteverfall, Menschenrechtsfragen, den Polizeistaat und schließlich auch das Wahlsystem und die Wahlfälschungen in der DDR.

Ankunft in der neuen Parteienlandschaft

Auch in den ostdeutschen Kirchen kam Ende der 1980er Jahre einiges in Bewegung. Die Ökumenische Versammlung für Gerechtigkeit, Frieden und Bewahrung der Schöpfung führte mit ihren Vollversammlungen 1988 und 1989 in Dresden und Magdeburg die an politischen Fragen interessierten Christen zusammen. Im Sinne der ursprünglichen Intention Carl Friedrich von Weizsäckers, ein weltweites Konzil der Kirchen vorzubereiten, das eindeutige Handlungsorientierungen für eine globale Umkehr der Industriegesellschaften formuliert, hat die Ökumenische Versammlung in der DDR kaum etwas erreicht. Aber sie hatte an anderer Stelle ungeahnten Erfolg: Mit ihren zwölf Arbeitstexten, die sich im Wesentlichen auf die Situation in der DDR bezogen, formulierte sie die wohl bedeutendste Grundlage für die Inhalte der friedlichen Revolution von 1989 und 1990.

Abbildung 36 (oben): Konziliarer Prozess: Die langjährige Arbeit der Umweltbewegung fließt ein in die Ökumenische Versammlung für Frieden, Gerechtigkeit und Bewahrung der Schöpfung. Die Vollversammlungen der ÖV in Dresden und Magdeburg 1988 und 1989 führen die an Überlebensfragen engagierten Christen zusammen und schaffen mit zwölf Arbeitstexten eine wichtige Grundlage für die Inhalte der friedlichen Revolution 1989/90. Foto: Archiv Maria Jacobi

Abbildung 37 (unten): Nur ein Teil der grünen Bewegung geht in die grüne Partei: Carlo Jordan und Rüdiger Rosenthal bei der Gründungsversammlung der Grünen Partei der DDR Ende 1989.

In den Programmen fast aller neuen Parteien und demokratischen Initiativen fanden sich die Überlegungen der Ökumenischen Versammlung wieder – in Sachsen haben sie sogar Eingang in die Verfassung gefunden.

Im Sommer 1989 entstand die Initiative zur Gründung einer Sozialdemokratischen Partei in der DDR, wenige Wochen später der Gründungsaufruf des Neuen Forums, dann die Initiative des Demokratischen Aufbruch. Alle diese demokratischen Initiativen waren aus der Demokratiebewegung entstanden, in allen wirkten von Anfang an Angehörige der Umweltbewegung mit. Als dann im November 1989 – von den Begründern der „Arche" initiiert – eine Grüne Partei der DDR gegründet wurde, war das nicht eine Umstrukturierung der bestehenden ökologischen Bewegung. Als sich 1990 in Ostdeutschland das Parteienspektrum der Bundesrepublik etablierte, stellte sich heraus, dass die politische Vielfalt der ostdeutschen Ökologiebewegung – die zur DDR-Zeit mangels politischer Entfaltungsmöglichkeiten keine sichtbare Rolle gespielt hatte – weit über das (parteipolitische gesehen) grüne Spektrum hinausreichte. Außer zu Bündnis 90/Grüne gingen etliche zur SPD oder zur CDU – andere blieben bewusst außerhalb der politischen Parteien.

Ernüchternd war für viele aus der ostdeutschen Friedens- und Umweltbewegung

Abbildung 38: Initiatoren der Umweltbewegung als Wegbereiter des politischen Umbruchs: Klaus Gaber im Herbst 1989 auf dem Dresdner Theaterplatz – Anspielung auf den DDR-Umweltminister Hans Reichelt. Foto: Steffen Giersch

nach dem Mauerfall im Westen sehen zu müssen, dass diejenigen Westdeutschen, die jahrelang die ostdeutsche Opposition wirkungsvoll unterstützt hatten, in ihren eigenen Reihen in der westdeutschen Friedensbewegung oder bei den Grünen nur eine Minderheitenposition vertraten. Dort zeigte eine Mehrheit wenig Interesse an einer Demokratisierung der osteuropäischen Staaten und die deutsche Frage betrachtete man ohnehin als Tabu. Die meisten der in der Wendezeit aktiven Oppositionellen in der DDR wollten damals keinen Anschluss der DDR an die Bundesrepublik. Sie wollten aber eine Vereinigung der beiden deutschen Staaten – und sie sahen die Chance, auf dem Wege der Wiedervereinigung alte grüne Ziele für ganz Deutschland zu erreichen. Egal, was man heute von diesen Vorstellungen hält, es muss auch daran erinnert werden, dass im Dezember 1989 die West-Grünen all diese Überlegungen mit dem Satz totmachten „Wiedervereinigung ist für uns kein Thema".

Die friedliche Revolution

Noch einmal zurück zu der Zeit vor der Etablierung des westlichen Parteiensystems. Der Volksaufstand der Massen wäre im Herbst 1989 sicher auch ohne die oppositionellen Bewegungen gekommen. Aber die verschiedenen in der Demokratiebewegung wirkenden Gruppen spielten dennoch eine entscheidende Rolle. Sie gaben der Revolution die notwendigen Strukturen und setzten diese dann auch erfolgreich ein. Weil in den Minderheitsbewegungen der 1980er Jahre jeder jeden kannte, konnte man jetzt ohne Zeitverzug die dringend nötige Vernetzung zwischen den verschiedenen Städten und Regionen herstellen und auch die Einbindung der Kirchen erreichen. Und die langjährigen Oppositionellen traten jetzt öfter als Moderatoren, denn als Akteure eines zeitweise kaum berechenbaren Machtkampfs auf. Aus eigener Erfahrung, bei der Organisierung von Demonstrationen und vor allem bei der Stasi-Auflösung, weiß ich: Ohne die enormen Anstrengungen der Bürgerrechtler wäre die 1989er Revolution nicht seit Mitte Oktober 1989 gewaltfrei verlaufen. Die Demonstranten waren oft in großer Wut, sie hatten sich nicht – wie die kirchlichen Basisgruppen – seit Jahren mit Möglichkeiten gewaltfreien Widerstands beschäftigt. Manchmal waren stark alkoholisierte Leute oder offenkundige Psychopathen unter den Demonstranten – so z.B. auch als in Gera die Waffenkammern der Stasi offen standen, weil Waffen und Munition gerade unter Aufsicht des Bürgerkomitees von Stasi und Polizei abtransportiert wurden, und im selben Moment Putschgerüchte aus Gera durch die Nachrichten kamen.

Wir haben dort als Bürgerkomitee den geringeren Teil unserer Kräfte in die Auflösung der Stasi und die Zerschlagung der SED-Diktatur investiert. Den weitaus größeren Teil unserer Energien haben wir dahinein investiert, dass dieser Prozess gewaltfrei abläuft. Zum Glück hatten dann auch auf der Seite der Stasi Leute die Oberhand, die eine gewaltsame Eskalation vermeiden wollten. Es ist nicht auszudenken, wie anders die zurückliegenden Jahre verlaufen wären, wenn 1989 und 1990 nicht der Ruf „Keine Gewalt" gesiegt hätte, sondern geschossen worden wäre. Dass, solange die Stasi noch unter Waffen war, niemand zur Anwendung seiner Waffe provoziert worden ist, dürfte im Wesentlichen denjenigen Oppositionellen zu verdanken sein, die trotz der politischen Verfolgung, unter den zermürbenden Bedingungen jahrelanger „Zersetzungsmaßnahmen" bis zuletzt in der DDR geblieben und dort für Demokratie eingetreten sind. Und dazu zählten fast alle von denen, die seit Anfang der 1980er Jahre in der Umweltbewegung aktiv waren.

Fazit und Ausblick

Wenn wir die Rolle der ökologischen Bewegung beim politischen Umbruch beschreiben, dürfen wir nicht vergessen, dass es sich bei ihren größten Erfolgen, aus dem Selbstverständnis der Anfang der 1980er Jahre entstandenen Umweltinitiativen heraus, eher um unbeabsichtigte Wirkungen handelte. Ihre ursprüngliche Zielstellung nach einer spürbaren Verbesserung der Umweltsituation in der DDR haben die ökologischen Gruppen bis 1989 nicht im Geringsten erreicht. Dem Ziel der Herausbildung eines Umweltbewusstseins und der Herstellung einer kritischen Öffentlichkeit ist die Bewegung nur in Teilbereichen näher gekommen. Dennoch hat die Umweltbewegung dadurch, dass sie entscheidenden Anteil am Zustandekommen und am Gelingen der friedlichen Revolution hatte, indirekt viele ihrer ursprünglichen Ziele erreicht und zwar in einem Umfang, wie es sich noch wenige Jahre vor dem Umbruch niemand erträumt hatte: Die katastrophalen Umweltbedrohungen sind heute überwiegend eingedämmt, die ökologischen Krisengebiete Ostdeutschlands werden bzw. wurden bereits in den zurückliegenden zehn Jahren mit einem Aufwand saniert, den die DDR nie hätte aufbringen können. Kulturgeschichtlich reiche Gebiete, die in der DDR-Zeit großflächig vergiftet worden und verrottet sind, wurden mit der Technik und dem Geld des Westens in Areale zurückverwandelt, in denen Menschen im guten Sinne und mit Zukunftsperspektive Heimat haben können.

Dennoch soll hier auch daran erinnert werden, dass die ökologische Bewegung nicht allein an ihren lokalen und regionalen Zielen gemessen werden kann. Im globalen Zusammenhang scheint die eigentlich simple Erkenntnis von den „Grenzen des Wachstums" aus den 1970er Jahren eher in den Hintergrund getreten zu sein. Wenn wir uns vor Augen führen, dass unser heutiger Wohlstand zum Teil auf

Abbildung 39: Zeichen gesetzt, die in die Zukunft weisen: Die bei der ersten Baumpflanzaktion in Schwerin 1979 gepflanzten Bäume und Sträucher im Jahr 1998. Foto: Michael Beleites

Kosten anderer geht und die neuen Bitterfelds und Erzgebirges heute z. B. in China sind, werden wir an die damaligen Verhältnisse erinnert – nur dass wir heute auf der anderen Seite stehen.

Abgesehen vom Uranbergbau, waren die meisten extremen Umweltschäden in der DDR durch den chronischen „Devisenhunger" der SED-Führung verursacht oder zumindest verschärft worden. Grundstoffe für die Chemische Industrie waren ebenso wie Holz und Schweinefleisch wichtige Exportgüter – besonders auch in die Bundesrepublik. Die im Westen üblichen Preise für diese Güter konnten nicht zuletzt deswegen unterboten werden, weil in der DDR der Umweltschutz sträflich vernachlässigt wurde. Die Beträge damaliger Kosteneinsparungen auf westdeutscher Seite mussten in den zurückliegenden Jahren und müssen heute noch durch den beträchtlichen Sanierungsaufwand der Umweltschäden in Ostdeutschland wieder aufgewendet werden. Wer, wie wir ostdeutschen Umweltschützer, diesen Perspektivwechsel erlebt hat, sollte sich z.B. dafür einsetzen, dass eine Einfuhr von Gütern nur dann erlaubt wird, wenn für ihre Gewinnung bzw. Herstellung im Ausland die Umwelt nicht über das dazu im Inland erlaubte Maß hinaus geschädigt wurde.

Trotz bedeutender Erfolge auf nationaler und internationaler Ebene, sind wir von einer ökologischen Nachhaltigkeit noch weit entfernt. Die Hoffnung und der

Wille, daran etwas entscheidendes zu ändern, waren durchaus schon einmal stärker ausgeprägt als heute. Wenn uns die Geschichte der unabhängigen Umweltbewegung in der DDR etwas lehrt, dann das, dass es sich lohnt etwas zu unternehmen, auch wenn die Erfolgsaussichten zunächst gering erscheinen.

Literatur

Bechmann, A. (Hg.): Umweltpolitik in der DDR. Dokumente des Umbruchs. Werkstattberichte des Instituts für Landschaftsökonomie der Technischen Universität Berlin, Heft Nr. 32. Berlin, 1991

Beleites, M.: Untergrund. Ein Konflikt mit der Stasi in der Uran-Provinz, Berlin 1991

Beleites, M.: Pflanzzeit. Die kirchliche Umweltbewegung in der DDR – Impulse und Wirkungen. Katalog zur Ausstellung, Wittenberg 1998/1999

Beleites, M.: Konspirative Abschirmung der Umweltschäden durch die SED-Führung und das Ministerium für Staatssicherheit und die Versuche zur Herstellung einer kritischen Öffentlichkeit. Materialien der Enquete-Kommission „Überwindung der Folgen der SED-Diktatur im Prozess der deutschen Einheit", Band III/2, Baden-Baden 1999, 1585-1622

Beleites, M.: Kirchliches Forschungsheim Wittenberg. In: Veen, Hans-Joachim (Hg.): Lexikon Opposition und Widerstand in der SED-Diktatur. Berlin, München 2000, 212-213

Beleites, M.: Die ökologische Bewegung in der DDR und ihre Rolle im Umbruch. Pabst, A.; Schultheiß, C. & Bohley, P. (Hg.): Wir sind das Volk? Ostdeutsche Bürgerrechtsbewegungen und die Wende, Tübingen 2001, 49-63

Beleites, M.: „Eine Riesen-Schweinerei". Die sozialistische Landwirtschaft aus Sicht der kirchlichen Umweltbewegung in der DDR. Horch und Guck, Heft 41 (1/2003), 28-34

Berg, W./Ökologische Arbeitsgruppe Halle e.V.: Wasser auf die Mühlen. Die Saaleaktionen 1989 zwischen Wahlfälschung und Montagsdemos in Halle – und wie die Stasi nur noch hinterherlief, Halle 2000

Graf, D.: Zum Widerspruch zwischen Wirtschafts- und Umweltpolitik in der DDR. In: Bechmann, A. (Hg.): Umweltpolitik in der DDR. Dokumente des Umbruchs. Werkstattberichte des Instituts für Landschaftsökonomie der Technischen Universität Berlin, Heft Nr. 32, Berlin 1991

Jacobi, M. & Jelitto, U.: Das Grüne Kreuz. Ökologischer Arbeitskreis der Dresdner Kirchenbezirke 1980 bis 1993, Dresden 1998

Jordan, C. u. Kloth, H. M.: Arche Nova. Opposition in der DDR. Das „Grün-ökologische Netzwerk Arche" 1988-90. Mit Texten der ARCHE NOVA, Berlin 1995

Kirchliches Forschungsheim Wittenberg (Hg.): Grünheft. 22 Beiträge zur ökologischen Situation aus kirchlichen Umweltgruppen der DDR, Wittenberg 1990

Klemm, V.: Korruption und Amtsmißbrauch in der DDR, Stuttgart 1991

Knabe, H.: Was war die „DDR-Opposition"? Zur Typologisierung des politischen Widerspruchs in Ostdeutschland. Deutschland Archiv, Zeitschrift für das vereinigte Deutschland 29 (1996) 2, 184-198

Kuhn, C.: „Inoffiziell wurde bekannt ..." Maßnahmen des Ministeriums für Staatssicherheit gegen die Ökologische Arbeitsgruppe beim Kirchenkreis Halle. Gutachten zum Operativen Vorgang „Heide". Landesbeauftragte für die Unterlagen des Staatssicherheitsdienstes der ehemaligen DDR Sachsen-Anhalt. Sachbeiträge (3), Magdeburg 1996

Meadows, D.: Die Grenzen des Wachstums. Bericht des Club of Rome zur Lage der Menschheit, Stuttgart 1972

Merbach, W.: Landwirtschaft und Umwelt in der DDR – Ausgewählte Aspekte. In: Bechmann, A. (Hg.): Umweltpolitik in der DDR. Dokumente des Umbruchs. Werkstattberichte des Instituts für Landschaftsökonomie der Technischen Universität Berlin, Heft Nr. 32, Berlin 1991, 73-85

Neubert, E.: Geschichte der Opposition in der DDR 1949-1989, Bonn 1997

Paucke, H.: Chancen für Umweltpolitik und Umweltforschung. Zur Situation in der ehemaligen DDR. Forschungsstelle für Umweltpolitik der Freien Universität Berlin. Forum Wissenschaft Studien 30, Marburg 1994

Plötze, H.-J.: Das Chemiedreieck im Bezirk Halle aus der Sicht des MfS. Sachbeiträge (4) der Landesbeauftragten für die Unterlagen des Staatssicherheitsdienstes der ehemaligen DDR in Sachsen-Anhalt, 2. Aufl., Magdeburg 1998

Przybylski, P.: Tatort Politbüro, Berlin 1992

Rüddenklau, W.: Störenfried. DDR-Opposition 1986-1989. Mit Texten aus den Umweltblättern, Berlin 1992

Schieferdecker, H.: Information zu den Ursachen der bisherigen Nicht-Umweltpolitik der DDR. Information Nr. 10/8 des Zentralen Runden Tischs der DDR, vom 29. Januar 1990 (10. Tagung). In: Bechmann, A. (Hg.): Umweltpolitik in der DDR. Dokumente des Umbruchs. Werkstattberichte des Instituts für Landschaftsökonomie der Technischen Universität Berlin, Heft Nr. 32, Berlin 1991

Choi, S. W.: Von der Dissidenz zur Opposition. Die politisch alternativen Gruppen in der DDR von 1978 bis 1989, Köln 1999

Weidner, R.: Eine Riesen-Schweinerei. Das SZMK Neustadt/Orla und seine Auswirkungen auf Natur und Mensch. In: Grünheft. 22 Beiträge zur ökologischen Situation aus kirchlichen Umweltgruppen der DDR. Herausgegeben vom Kirchlichen Forschungsheim Wittenberg, 1990

Wensierski, P.: Von oben nach unten wächst gar nichts. Umweltzerstörung und Protest in der DDR, Frankfurt am Main 1986

Wuppertal Institut für Klima, Umwelt und Energie: Zukunftsfähiges Deutschland. Ein Beitrag zu einer global nachhaltigen Entwicklung. Hg. von MISEREOR und BUND. Basel, Boston, Berlin 1996

Zentrum für Umweltgestaltung Berlin (Hg.): Zusammenstellung der geltenden Rechtsvorschriften zum Umweltrecht der DDR. Stand 31. März 1983, Berlin 1983

Peter Meißner

Die Stellung der Staatlichen Hygieneinspektion im Umweltschutz

1. Einleitung

Definitionsgemäß versteht man unter Hygiene „vorbeugende Maßnahmen für die Gesunderhaltung einzelner Menschen und von Gruppen, um körperliche Erkrankungen und geistige, seelische und soziale Störungen fernzuhalten und darüber hinaus Menschen und Gesellschaften so widerstandsfähig wie möglich gegen die Entstehung körperlicher, geistiger und seelischer Erkrankungen zu machen" (PSCHYREMBEL 1994), sie umfasst deshalb auch Maßnahmen, die den Menschen vor den von seiner Umwelt ausgehenden Gesundheitsgefahren schützen sollen und die eine Ausschaltung entsprechender Gefahrenquellen zum Ziel haben. Hygiene ist damit zu einem wesentlichen Teil auch Umweltschutz und wurde in der DDR durchaus in diesem Sinne verstanden und behandelt.

Dem gesellschaftspolitischen Selbstverständnis der DDR-Staats- und -Parteiführung und der zentralistischen Struktur der DDR-Staatsorgane gemäß war die Gewährleistung hygienischer Bedingungen im öffentlichen Bereich eine Aufgabe des sozialistischen Staates, der sich dazu einer speziellen Einrichtung, der Hygieneinspektion, bediente. Die Hygieneinspektion war das Organ der staatlichen Gesundheitsverwaltung der DDR zur einheitlichen Überwachung des Hygienewesens und damit für die Anleitung, Beratung, Unterstützung und Kontrolle bei der Durchsetzung der Rechtsvorschriften, Grundsätze und Normative auf dem Gebiet der Hygiene in allen gesellschaftlichen Bereichen verantwortlich.

Um die Grundlagen der Arbeit der Hygieneinspektion auf dem Gebiet des Umweltschutzes, ihre Möglichkeiten und auch die Grenzen, die ihr dabei gesetzt waren, verständlich zu machen, wird im Folgenden kurz auf die Rechtsstellung, die Entstehung, die Aufgaben, den Aufbau und die Arbeitsweise der Hygieneorgane der DDR eingegangen.

2. Rechtsstellung und Befugnisse

Entsprechend dem Aufbau der staatlichen Organe der DDR war die Hygieneinspektion mit der Bezeichnung „Staatliche Hygieneinspektion" gegliedert in die Staatliche Hygieneinspektion des Ministeriums für Gesundheitswesen, die Bezirks-Hygieneinspektion und die Kreis-Hygieneinspektion. Während die Staatliche Hygieneinspektion des Ministeriums für Gesundheitswesen ein Teil des Ministeriums und damit des Staatsapparates war, waren die Hygieneinspektionen auf Bezirks- und Kreisebene zwar den zuständigen Räten unterstellt, jedoch nicht unmittelbar in den Staatsapparat integriert. Auf allen Ebenen fungierte die Staatliche Hygieneinspektion ausdrücklich als medizinische Einrichtung mit speziellen Kontrollbefugnissen und dem Recht, im unmittelbaren Auftrag des Staates Auflagen zu erteilen und Forderungen an die verantwortlichen Leiter von Betrieben und Einrichtungen, an die Vorstände von Genossenschaften sowie an die Bürger zu richten und deren Erfüllung mit den ihr speziell eingeräumten Mitteln durchzusetzen. Da sie gleichzeitig das Recht hatte, im jeweiligen Zuständigkeitsbereich fachgutachterlich tätig zu werden und befugt war, im Rahmen ihrer Zuständigkeit eigenverantwortlich Rechtsvorschriften, Grundsätze und Normative auf dem Gebiet der Hygiene authentisch auszulegen sowie in konkreten Situationen den Begriff „Hygienewidrigkeit" zu interpretieren, verfügte die Staatliche Hygieneinspektion – zumindest auf dem Papier – über ein bemerkenswert umfangreiches Instrumentarium zur Durchsetzung ihrer Forderungen.

In der Praxis freilich konnten diese Möglichkeiten oft nur in begrenztem Umfange ausgeschöpft werden, da auf Bezirks- und Kreisebene die den Hygieneinspektionen übergeordneten Räte unter dem Druck sogenannter ökonomischer Zwänge, die vor allem von Leitern volkseigener Kombinate und Betriebe und von den Vorständen von Genossenschaften ins Feld geführt wurden, Entscheidungen der Hygieneinspektionen häufig substantiell abschwächten oder sogar aufhoben.

Auch die vom Gesetzgeber postulierte Verantwortlichkeit der Staatlichen Hygieneinspektion „in allen gesellschaftlichen Bereichen" stieß an Grenzen. Entsprechend der Sonderstellung der „bewaffneten Organe" im Staatsaufbau der DDR gab es nämlich neben der Hygieneinspektion im Zuständigkeitsbereich des Ministeriums für Gesundheitswesen, der Staatlichen Hygieneinspektion also, die weitgehend unabhängig voneinander arbeitenden Hygieneinspektionen des Ministeriums für Nationale Verteidigung, des Ministeriums des Inneren und des Ministeriums für Staatssicherheit. Eigene Hygieneinspektionen besaßen auch das Ministerium für Verkehrswesen (Verkehrshygieneinspektion) und die Sowjetisch-Deutsche Aktiengesellschaft (SDAG) Wismut. Die für die Stellung dieser Bereiche in der DDR bezeichnenden, oft skurril anmutenden, in Geheimniskrämerei ausartenden Geheimhaltungsvorschriften führten nicht selten zu Behinderungen der Arbeit der Staatlichen Hygieneinspektion unter anderem bei der Bekämpfung übertragbarer Krankheiten, bei der Trinkwasserüberwachung, bei der Kontrolle der Abwasserbeseitigung und bei der Erfassung und Überwachung von Emissionen luftverunreinigender Stoffe.

Weitere von der Staatlichen Hygieneinspektion unabhängige Hygieneinspektionen mit eigenen Aufgabenbereichen waren die ebenfalls dem Gesundheitsministerium unterstehende Arbeitshygieneinspektion und die Veterinärhygieneinspektion im Zuständigkeitsbereich des Landwirtschaftsministeriums.

3. Entstehung und Entwicklung

Mit der Bekämpfung der sich – bedingt durch den Ausfall großer Teile der sanitärhygienischen Systeme in zerstörten Städten und durch die von Flüchtlings- und Vertriebenenströmen ausgelösten demographischen Veränderungen – am Ende des Zweiten Weltkrieges epidemisch ausbreitenden übertragbaren Krankheiten – vor allem infektiöse Magen-Darm-Krankheiten und Lungentuberkulose – waren die im Gebiet der sowjetischen Besatzungszone noch bestehenden Einrichtungen des öffentlichen Gesundheitsdienstes völlig überfordert, die Gesundheitsämter und Medizinaluntersuchungsämter weder strukturell und organisatorisch noch technisch in der Lage, gezielte epidemiologische Ermittlungen durchzuführen, geschweige denn wirksame antiepidemische Maßnahmen einzuleiten. Die sowjetische Militäradministration (SMAD) befahl deshalb schon gegen Ende 1945 die Einrichtung so genannter Zentraler Sanitätsstationen nach sowjetischem Vorbild. Aufgabe dieser Sanitätsstationen war in erster Linie die „Seuchenbekämpfung", das heißt die Erfassung Erkrankter, Sicherung der klinischen Diagnose durch bakteriologische und serologische Untersuchungen, Überwachung der Isolierung Erkrankter in speziellen Seuchenstationen, Ermittlung möglicherweise infizierter Kontaktpersonen sowie Anordnung und Überwachung von Maßnahmen zur Entwesung kontaminierten Materials.

Bald stellte sich heraus, dass diese Aufgabenstellung zu eng gefasst war und dass eine wirksame Seuchenbekämpfung auch die Gewährleistung einer hygienisch einwandfreien Wasserversorgung und Abwasserbeseitigung sowie die Sicherung einer gesundheitlich unbedenklichen Versorgung mit Lebensmitteln umfassen muss.

1947 ging man deshalb dazu über, die Sanitätsstationen zu „Zentralstellen für Hygiene" mit hygienisch-epidemiologischen, bakteriologisch-serologischen und lebensmittelchemisch-chemischen Abteilungen auszubauen. Die operative Arbeit dieser Zentralstellen oblag auf Kreisebene so genannten Seuchentrupps – später umbenannt in „Hygieneaufsicht" –, die im Auftrag und unter Anleitung der hygienisch-epidemiologischen Abteilungen Umgebungsuntersuchungen und Desinfektionen durchführten sowie zur bakteriologischen und chemischen Untersuchung bestimmte Wasser- und Lebensmittelproben sicherstellten. Durch die Verordnung vom 3. Dezember 1952 über die Hygieneinspektion wurde das Hygienewesen in der nunmehr seit drei Jahren bestehenden DDR neu geregelt.

Mit der Bildung der Hauptabteilung Hygiene beim Ministerium für Gesundheitswesen, der Referate „Allgemeine Hygiene und Seuchenbekämpfung" bei den Abteilungen Gesundheitswesen der Räte der Bezirke und den ihnen zugeordneten, aus den Zentralstellen für Hygiene hervorgegangenen Bezirkshygieneinstituten sowie mit der Unterstellung der Gesundheitsaufsicht als Hygieneinspektionen der Kreise unter die Kreisärzte entstand die Hygieneinspektion als zentral und relativ straff organisiertes Kontroll- und Überwachungsorgan.

Trotz aller ihr übertragenen Befugnisse blieb die Wirksamkeit der Hygieneinspektion zunächst jedoch gering, ihre Forderungen und Anordnungen stießen sowohl im Staatsapparat und in den Verwaltungen als auch in der Wirtschaft oft auf Unverständnis und nicht selten auf Widerstand. Dazu kam, dass – besonders in den Kreishygieneinspektionen – ein erheblicher Mangel an ausgebildetem Fachpersonal bestand. Die Ende der 1950er und Anfang der 1960er Jahre massenhaft auftretenden und wiederholt epidemischen Charakter annehmenden infektiösen Magen-Darm-Krankheiten, deren Ursache und Entstehung eindeutig auf zum Teil schwerste hygienische Mängel und Fehler zurückgeführt werden konnten, veranlassten schließlich den Ministerrat 1962, in Form von zwei Beschlüssen einerseits die Verantwortlichkeit für die Gewährleistung hygienischer Bedingungen in allen wirtschaftlichen und gesellschaftlichen Bereichen sowie in den Verwaltungen eindeutig zu definieren und andererseits die Stellung der Hygieneinspektion zu festigen. Ein entscheidender Schritt in dieser Richtung war die Erhöhung des fachlichen Niveaus der Bezirks- und Kreishygieneinspektionen. Dazu gehörten unter anderem die Erhöhung der Zahl wissenschaftlicher Mitarbeiter in den Bezirkshygieneinspektionen und der Einsatz von Ärzten in den Kreishygieneinspektionen. Begleitet waren diese Maßnahmen von einer Intensivierung der Aus- und Fortbildung aller Mitarbeiter der Hygieneorgane.

In den Jahren 1962 bis 1970 wurden die Aufgaben und Befugnisse der Hygieneinspektion durch eine Reihe von Gesetzen (Lebensmittelgesetz, Wassergesetz, Seuchengesetz, Landeskulturgesetz) präzisiert und zum Teil erheblich erweitert. Damit erwies sich die Verordnung über die Hygieneinspektion aus dem Jahre 1951 in zunehmendem Maße als unzulänglich, sie wurde durch die Verordnung vom 11. Dezember 1975 über die Staatliche Hygieneinspektion ersetzt. Diese Verordnung war dann die endgültige Formulierung des Hygienerechts der DDR.

4. Aufgaben

Die Verordnung vom 11. Dezember 1975 über die Staatliche Hygieneinspektion fasste die Aufgaben der Hygieneinspektion in drei große Komplexe zusammen, nämlich

erstens: Verhütung und Bekämpfung übertragbarer Krankheiten einschließlich des Impfwesens, des Desinfektionswesens, der Sterilisation und der Bekämpfung von Gesundheitsschädlingen;

zweitens: Kommunalhygiene einschließlich der Wohnumwelt mit den Teilgebieten Gesellschaftsbau, Gestaltung von Städten und Gemeinden, Erholungswesen, Ferien- und Urlaubsgestaltung für Kinder und Jugendliche, Einsatz von Bekleidungsmaterialien, Reinhaltung des Bodens, der Luft und des Wassers, Schutz vor Lärm im kommunalen Bereich, Beseitigung und Verwertung der Abprodukte aus Produktion und Konsumtion, Bestattungswesen;

drittens: Lebensmittel- und Ernährungshygiene einschließlich des Verkehrs mit Lebensmitteln und Bedarfsgegenständen, Gestaltung einer gesundheitsfördernden Ernährung, gesellschaftliche Speisenwirtschaft, Schutz des Menschen vor Fremdstoffen und Giften.

Durch eine ganze Reihe von Gesetzen, Verordnungen, Durchführungsbestimmungen und Anordnungen wurden diese Aufgaben spezifiziert und die Kompetenzen der Hygieneinspektion im Detail bezeichnet. Die wichtigsten dieser Rechtsvorschriften waren die bereits erwähnten Gesetze vom 30. November 1962 über den Verkehr mit Lebensmitteln und Bedarfsgegenständen, vom 17. April 1963 über den Schutz, die Nutzung und die Instandhaltung von Gewässern und den Schutz vor Hochwassergefahren, vom 20. Dezember 1965 über die Bekämpfung übertragbarer Krankheiten beim Menschen und vom 14. Mai 1970 über die planmäßige Gestaltung der sozialistischen Landeskultur in der DDR. Daneben regelten verschiedene Anordnungen die Arbeit der Hygieneinspektion auf dem Gebiet der Überwachung von Wasser und Abwasser, bei der Überwachung der Trinkwasserversorgung, bei der Bekämpfung von Gesundheitsschädlingen und bei der Gewährleistung von Ordnung, Sauberkeit und Hygiene in den Städten und Gemeinden. Die Zuständigkeiten der Hygieneinspektion auf dem Gebiet des Umweltschutzes waren in Durchführungsverordnungen zum Landeskulturgesetz festgelegt: 3. DVO vom 14. Mai 1970 (Überwachung der Siedlungsabfallbeseitigung),

4. DVO vom 14. Mai 1970 (Schutz vor Lärm) und 5. DVO vom 17. Januar 1973 (Emissionen luftverunreinigender Stoffe).

Die Verantwortung für die Einhaltung der Rechtsvorschriften, Grundsätze und Normative auf dem Gebiet der Hygiene lag bei den Leitern der Kombinate, Betriebe und Einrichtungen, den Vorständen von Genossenschaften sowie bei Betrieben und Bürgern als Rechtsträger, Eigentümer oder Nutzer von Sachen, Grundstücken oder Räumlichkeiten. Die Hygieneinspektion war deshalb in erster Linie Kontrollorgan. Sie war berechtigt und zum Teil verpflichtet, in den genannten Betrieben, Einrichtungen und Bereichen im Rahmen der ihr übertragenen Befugnisse Kontrollen durchzuführen, Wasser-, Luft-, Boden-, Lebensmittel- und andere Materialproben zur mikrobiologischen, chemischen, physikalischen, toxikologischen und gegebenenfalls sensorischen Untersuchung zu entnehmen, bei Verdacht auf gesundheitsschädigende Beschaffenheit Material sicherzustellen, die Beseitigung von Gesundheitsgefahrenquellen zu verlangen oder anzuordnen, Auflagen zur Beseitigung hygienewidriger Zustände zu erteilen und bei Verstößen gegen Rechtsvorschriften die in diesen vorgesehenen Ordnungsstrafbestimmungen zur Anwendung zu bringen. Besonderen Wert legte der Gesetzgeber auf Aktivitäten der Hygieneinspektion, die vorbeugend wirken sollten, nämlich auf die Beratung von örtlichen Volksvertretungen und Räten, Bürgern, Betriebsleitern, Vorständen von Genossenschaften und Leitern von Einrichtungen sowie auf die Unterstützung dieser Institutionen bei der Wahrnehmung ihrer Verantwortlichkeit in hygienischen Fragen.

Der Staatlichen Hygieneinspektion des Ministeriums für Gesundheitswesen oblag darüber hinaus die Erarbeitung von Rechtsvorschriften, Grundsätzen und Normativen auf dem Gebiet der Hygiene, die Mitwirkung bei der Erarbeitung Fragen der Hygiene berührender Rechtsvorschriften und Standards in anderen Volkswirtschaftsbereichen, die Bestimmung von Grenz- und Richtwerten für gesundheitsrelevante Stoffe und Immissionen sowie die Festlegung von Normativen und Maßnahmen für den Umgang mit toxischen Stoffen und Schadstoffen im kommunalen Bereich.

5. Aufbau

Oberste Instanz der Staatlichen Hygieneinspektion war – wie bereits erwähnt – die Hauptabteilung Hygiene und Staatliche Hygieneinspektion des Ministeriums für Gesundheitswesen. Sie handelte im Auftrag des Ministers für Gesundheitswesen, der gegenüber dem Ministerrat für die Hygiene im gesamten Territorium der DDR verantwortlich war. Ihr Leiter trug die etwas merkwürdig anmutende Stellenbezeichnung „Haupthygieniker" und war gegenüber den nachgeordneten Hygieneinspektionen in fachlicher Hinsicht weisungsberechtigt.

Auf Bezirksebene trug die Staatliche Hygieneinspektion die Bezeichnung „Bezirks-Hygieneinspektion und -institut". Ihr Leiter war der „Bezirkshygieniker", der in fachlich-hygienischer Hinsicht dem Haupthygieniker unterstand und der den nachgeordneten Einrichtungen gegenüber in fachlichen Fragen weisungsberechtigt war. Politisch und verwaltungstechnisch war er dem Bezirkarzt unterstellt, der wiederum dem Vorsitzenden des Rates des Bezirkes unterstand. Die Bezirkshygieneinspektionen waren in Funktionseinheit staatliches Kontrollorgan und wissenschaftliches Institut. Sie nahmen die oben beschriebenen Aufgaben auf Bezirksebene wahr und leiteten die ihnen nachgeordneten Kreishygieneinspektionen fachlich und methodisch an; sie organisierten die notwendigen Aus- und Weiterbildungsmaßnahmen der Mitarbeiter der Bezirks- und Kreishygieneinspektionen. Die Institute der Bezirkshygieneinspektion verfügten in der Regel über Abteilungen für Epidemiologie, Kommunalhygiene sowie Lebensmittel- und Ernährungshygiene und über Laboratorien für bakteriologische, serologische und virologische Untersuchungen, für chemische und physikalische Untersuchungen sowie für lebensmittelchemische Untersuchungen. Einige dieser Laboratorien hatten bezirksübergreifende Spezialaufgaben auf bestimmten Gebieten, so zum Beispiel bei der hygienischen Beurteilung von Bekleidungsmaterialien, von Spielzeug, von aus Kunststoffen hergestellten Bedarfsgegenständen, von Lärm im kommunalen Bereich und andere. Sie führten die Bezeichnung „Referenzlaboratorien", ihre Gutachten und Stellungnahmen galten als Arbeits- und Entscheidungsgrundlage für alle Organe der Staatlichen Hygieneinspektion.

In den Stadt- und Landkreisen bestanden die vom Kreishygienearzt geleiteten Kreis-Hygieneinspektionen. Sie unterstanden dem jeweiligen Rat der Stadt beziehungsweise des Kreises und wurden von dem zuständigen Fachorgan der Räte, also der Abteilung Gesundheits- und Sozialwesen, angeleitet und im Auftrage des Rates kontrolliert. Als Mitglied des Rates des Kreises beziehungsweise der Stadt war damit der Kreisarzt unmittelbarer Vorgesetzter des Kreishygienearztes und konnte dessen Entscheidungen wenn auch nicht in fachlicher, so doch in kommunalpolitischer Hinsicht nicht nur kontrollieren, sondern entsprechend den Festlegungen des Rates in erheblichem Maße beeinflussen.

6. Arbeitsweise

Wesentlicher Bestandteil der Arbeit der Hygieneinspektionen war die Kontrolltätigkeit in den Betrieben und Einrichtungen des Lebensmittelverkehrs und der gesellschaftlichen Speisenwirtschaft, in Trinkwassergewinnungs- und Abwasserbeseitigungsanlagen, in Schulen und Einrichtungen zur Betreuung von Kindern und Jugendlichen, in Einrichtungen des Gesundheitswesens und in Anlagen zur Beseitigung von Siedlungsabfällen – um nur die wichtigsten zu nennen.

Die Zahl der Kontrollen war vorgeschrieben, ebenso die Zahl und Art der zu entnehmenden, zur Untersuchung in den Bezirkshygieneinstituten bestimmten Proben aus Wassergewinnungsanlagen sowie aus Lebensmittelproduktionsbetrieben und aus dem Handel mit Lebensmitteln und Bedarfsgegenständen. Neben diesen Routinekontrollen, die von speziell ausgebildeten Kontrollbeauftragten der Kreishygieneinspektionen, den Hygieneinspektoren, ausgeführt wurden, erfolgten, wenn die hygienische Situation in kontrollpflichtigen Betrieben und Bereichen es erforderte oder wenn bei den Routinekontrollen hygienewidrige Zustände festgestellt worden waren, zusätzliche und tiefer gehende Überprüfungen, zu denen meist wissenschaftliche Mitarbeiter der Bezirkshygieneinstitute hinzugezogen wurden. In den meisten Kreisen war es außerdem üblich, Betriebe, die Lebensmittel tierischer Herkunft herstellten oder behandelten, gemeinsam mit der örtlich zuständigen Veterinärhygieneinspektion zu kontrollieren. Alle kontrollpflichtigen Betriebe und Einrichtungen führten ein Hygienekontrollbuch, in dem die Kontrollbeauftragten das Kontrollergebnis dokumentierten und Forderungen zur Abstellung von Mängeln eintrugen. Bei schwerwiegenden Mängeln und Fehlern konnte die Hygieneinspektion Auflagen erteilen, die die Abstellung der Mängel forderten oder entsprechende Anordnungen treffen.

Da die Erfüllung der Auflagen und Anordnungen meistens finanzielle und materielle Aufwändungen erforderte, die in den Volkswirtschaftsplänen der betroffenen Betriebe und Einrichtungen nicht vorgesehen waren, kam es nicht selten zu Konflikten, in die häufig die übergeordneten Wirtschaftsorgane und sogar der Parteiapparat der SED eingriffen. Die Hygieneinspektion war damit, wollte sie ihre Forderungen erfolgreich durchsetzen, gezwungen, diese sowohl substantiell und fachlich einwandfrei abzusichern als auch juristisch unangreifbar zu formulieren. Darüber hinaus musste sie in der Lage sein, Kompromisse einzugehen, die nicht so weit gehen durften, dass sie zur Duldung hygienewidriger Zustände führten. Um einer allgemeinen Desavouierung ihrer Maßnahmen durch Lokalpolitik und Wirtschaft zu entgehen, mussten die Hygieneinspektionen ihre Stellung im Apparat der Räte der Bezirke und Kreise durch Sach- und Fachkompetenz festigen. Das gelang unter anderem auch dadurch, dass Mitarbeiter der Hygieneinspektion als „sachkundige Bürger" in die Ständigen Kommissionen (StK) der Bezirks- und Kreistage (zum Beispiel StK für Verkehr, Energie, Umweltschutz und Wasserwirtschaft; StK für Handel und Versorgung; StK für Gesundheits- und Sozialwesen; StK für Erholungswesen) berufen oder in bestimmte Ausschüsse der

Räte der Bezirke und Kreise (Standortkommission der Kreisplankommission, Versorgungskommission, Ferienausschuss, Tierseuchenkommission) kooptiert wurden. Hier war es möglich, die jeweils anstehenden hygienischen (und medizinischen) Probleme ausführlich zu behandeln und die sich daraus ergebenden Forderungen der Hygieneinspektion zu begründen. Von nicht geringer Bedeutung war ferner die Zusammenarbeit mit der Staatlichen Bauaufsicht und der Gewässeraufsicht.

Bei der Durchsetzung von Maßnahmen auf dem Gebiet des Umweltschutzes spielte die Zusammenarbeit der genannten Institutionen im Rahmen der bei manchen Kreisplankommissionen gebildeten Standortkommissionen eine bedeutende Rolle. In den Standortkommissionen wurden alle Investitions- und Bauvorhaben mit den Vorhabensträgern und Planern ausführlich diskutiert, so dass hier von vornherein Probleme des Landschafts- und Naturschutzes, der Wasserversorgung und Abwasserbeseitigung, der Emission von luftverunreinigenden Stoffen, des Lärmschutzes und dergleichen ausführlich erörtert werden konnten – in den meisten Fällen mit dem Ergebnis, dass bei der weiteren Vorbereitung der Vorhaben hygienische Forderungen weitgehend Berücksichtigung fanden.

Eine in ihrer Wirkung nicht zu unterschätzende Möglichkeit, hygienische Missstände zu beseitigen oder wenigstens entsprechend den örtlichen Bedingungen zu mindern, war die Bearbeitung so genannter Eingaben der Bürger. Partei und Staatsapparat hatten mit ihren Vorgaben zur Eingabenbearbeitung eine Art Ventil für den Unmut vieler DDR- Bürger über die dirigistische Politik und über die allerorten herrschende Misswirtschaft geschaffen. Alle Verwaltungsstellen und Fachorgane waren gehalten, Eingaben möglichst schnell und möglichst so zu bearbeiten, dass der Beschwerdeführer zumindest teilweise befriedigt wurde. Bei den Hygieneinspektionen liefen vor allem Beschwerden über unzulängliche Wohnungsverhältnisse, Mängel in der Trinkwasserversorgung und andere hygienisch bedenkliche Zustände und Vorkommnisse auf. In der Mehrzahl der nicht gerade Wohnverhältnisse betreffenden Eingaben konnte Abhilfe geschaffen werden. Freilich war die Eingabenbearbeitung auch ein Gebiet, das sich der besonderen Aufmerksamkeit des Ministeriums für Staatssicherheit erfreute, denn das witterte hinter den Beschwerdeführern – wahrscheinlich grundsätzlich – staatsfeindliche Umtriebe. Oftmals verhinderte nur der Umstand, dass die Hygieneinspektionen ausdrücklich als medizinische Einrichtungen definiert waren und ihre Mitarbeiter sich deshalb auf die ärztliche Schweigepflicht berufen konnten, eine Instrumentalisierung durch das MfS.

Die Hygieneinspektionen waren gegenüber den fachlich übergeordneten Organen und gegenüber den örtlichen Räten rechenschaftspflichtig. Die Rechenschaftslegung erfolgte meist in Form von Jahresberichten, die neben den obligatorischen Angaben zur Planerfüllung in der Regel eine epidemiologische Analyse der Situation der übertragbaren Krankheiten, eine detaillierte Darstellung und Bewertung der kommunalhygienischen Bedingungen im Territorium (Wasserversorgung, Abwasserbeseitigung, Abfallbeseitigung, Luftverunreinigung, Lärm), eine Einschätzung der hygienischen Situation in den Lebensmittelbetrieben und gegebenenfalls die Auswertung hygienerelevanter Vorkommnisse enthalten mussten. Von der Qualität der Berichte an die örtlichen Räte hing die Akzeptanz der Hygieneinspektionen durch diese Gremien in erheblichem Maße ab.

Die Abschottung der DDR gegenüber der Bundesrepublik Deutschland und der westlichen Welt überhaupt behinderte fraglos auch die Arbeit der Hygieneinspektion, da sie den Zugang zu dort gewonnenen neuen wissenschaftlichen Erkenntnissen und die Kenntnis über dort gemachte Erfahrungen bei der Lösung hygienischer Probleme sehr erschwerte. In den Kreishygieneinspektionen konnte das Vorhandensein einer westdeutschen Fachzeitschrift oder auch nur eines DIN-Blattes unangenehme Folgen haben. Eine Institution, die die Möglichkeit bot, der aus solcherart Isolation erwachsenden Rückständigkeit auf wissenschaftlichem, praktischem und technischem Gebiet zumindest ansatzweise entgegenzuwirken, war die Zusammenarbeit von mit Problemen der Hygiene befassten wissenschaftlichen Mitarbeitern an Universitäten, Medizinischen Akademien und Hochschulen und in den Bezirkshygieneinstituten, von an Fragen der Hygiene interessierten Medizinern, Technikern und nicht zuletzt von Hygieneärzten im Rahmen der von der Staatlichen Hygieneinspektion unabhängigen Gesellschaft Allgemeine und Kommunale Hygiene der DDR. Die Gesellschaft war in fachspezifische Sektionen gegliedert. Als besonderer Vorteil erwies sich das Zusammenwirken von Theoretikern und Praktikern unter anderem bei der Erarbeitung von Verfahrensvorschriften, bei der Formulierung von Normativen und Standards sowie – als Zuarbeit für den Gesetzgeber – bei der fachwissenschaftlichen Vorbereitung von Rechtsvorschriften.

7. Hygieneinspektion und Umweltschutz

Schon die 1945 von der sowjetischen Militärverwaltung eingesetzten „Seuchentrupps" waren mit Problemen der Umwelthygiene konfrontiert, indem sie bei ihren Ermittlungen epidemiologischer Zusammenhänge und der Suche nach Infektionsquellen fast täglich gravierende hygienische Mängel bei der Trinkwassergewinnung, bei der Abwasserbeseitigung und bei der Behandlung zumeist mit Krankheitserregern kontaminierter Abfälle feststellen und entsprechende Schutzmaßnahmen anordnen und durchsetzen mussten. Bis in die 1960er Jahre hinein blieben denn auch Trinkwasserschutz, Abwasserbehandlung und Abfallbeseitigung die Hauptgegenstände der Hygienearbeit auf dem Gebiet des Umweltschutzes. Dann freilich erforderten – bedingt durch die industrielle Entwicklung, die Intensivierung der Landwirtschaft und den zunehmenden Kraftfahrzeugverkehr – bald neue Problemfelder die Aufmerksamkeit und den Einsatz der Hygieneinspektion: Luftverunreinigungen, kommunaler Lärm, Schadstoffeintrag in den Boden und in die Gewässer, Rückstände von Pestiziden und ihren Abbauprodukten in Lebensmitteln.

7.1 Trinkwasserversorgung

Priorität hatte naturgemäß der Schutz der Trinkwassergewinnung und die Gewährleistung einer einwandfreien Trinkwasserqualität. Besonders die das Wasser aus Oberflächengewässern (Talsperren, Seen, Flüsse) entnehmenden Wasserversorgungsanlagen waren hygienisch labil, weil zum einen die jeweiligen, oft sehr ausgedehnten Einzugsgebiete nur schwer überschaubar und die ausgewiesenen Schutzgebiete häufig zu gering bemessen waren und weil zum anderen die Wasserwerke nicht immer über die erforderliche Aufbereitungstechnik verfügten. Die Hygieneinspektion bemühte sich deshalb, meist in enger Zusammenarbeit mit der Staatlichen Gewässeraufsicht, die Schutzzonen für solche Wassergewinnungsanlagen entsprechend den hydrologischen Bedingungen auszuweiten, Verunreinigungsquellen weitestgehend zu erfassen und auszuschließen und – wenn sich solche Möglichkeiten boten – auf die Nutzung von Grundwasser zu orientieren. Aber auch die Gewinnung von Trinkwasser aus dem Grundwasser konnte nur mit erheblichem Aufwand hygienisch abgesichert werden. So bedurften insbesondere die Grundwasservorkommen in den pleistozänen Grundmoränen nördlich der Mittelgebirge des Schutzes, da diese Gebiete meist intensiv landwirtschaftlich genutzt und mit dem Ziel, die Bodenfruchtbarkeit und die Erträge zu steigern, in der Regel mit maximalen Dosen von Mineraldüngern und Agrochemikalien überfrachtet wurden. Die allgemein angenommene Filterwirkung des Bodens war infolge dieser Belastung oft erschöpft oder wurde aufgrund der Überbeanspruchung der Grundwasserleiter durch ständig gesteigerte Entnahme von Wasser und der dadurch bedingten Erhöhung der Fließgeschwindigkeit gar nicht wirksam.

Hinzu kam, dass durch nicht selten falsch geplante und ausgeführte Meliorationsmaßnahmen den Grundwasserleitern die Ernährungsgrundlage entzogen wurde. Die Hygieneinspektion führte deshalb in den Schutzzonenkommissionen der Kreise einen ständigen Kampf um die Festlegung ausreichend bemessener, das heißt den hydrogeologischen Bedingungen entsprechender Wasserschutzgebiete und die Einhaltung der jeweils festgelegten Schutzbestimmungen. Dieser Kampf war zuweilen aufreibend, weil auch hier wiederholt wirtschaftliche Interessen den hygienischen Forderungen entgegenstanden, führte aber doch dazu, dass die Versorgung mit hygienisch einwandfreiem oder zumindest gesundheitlich unbedenklichem Trinkwasser weitestgehend gesichert werden konnte. Dies wurde schließlich auch durch das in den Jahren 1991 und 1992 mit großem Aufwand im Rahmen des Programms „Soforthilfe Wasser" der Bundesregierung durchgeführte Untersuchungsprogramm bestätigt.

7.2 Abwasserbeseitigung, Schutz der Gewässer

Deutlich weniger erfolgreich waren die Bemühungen der Hygieneinspektion um eine den hygienischen Anforderungen entsprechende Abwasserbeseitigung. Die meisten der noch aus der Vorkriegszeit stammenden Abwasserbehandlungsanlagen waren entweder durch Kriegseinwirkungen beschädigt oder infolge Überalterung verschlissen und nicht mehr voll funktionsfähig. Sowohl bei der Rekonstruktion alter als auch bei der Errichtung neuer Anlagen bediente man sich anfangs überkommener Technologien, die in der Regel nur eine mechanische Reinigung der Abwässer zufriedenstellend gewährleisteten. Natürlich strebte man auch die biologische Abwasserbehandlung an. Effektive Anlagen kamen aber nur in größeren Siedlungs- beziehungsweise Ballungsgebieten zum Einsatz, in Kleinstädten und im ländlichen Bereich experimentierte man mit verschiedenen Technologien und Anlagentypen, die oft technisch sehr aufwändig waren und manchmal schon nach dem Probebetrieb ausfielen oder eines hohen Wartungsaufwandes bedurften. Die Folge war eine bis in die 1980er Jahre hinein zu registrierende übermäßige Belastung der als Vorfluter dienenden Gewässer. In ländlichen Gebieten wurde diese ohnehin ungünstige Ausgangslage zusätzlich verschärft durch den Anfall häuslicher Abwässer und ihrer Rückstände in Auffanggruben und Kleinkläranlagen sowie durch die erheblichen Mengen landwirtschaftlicher Abwässer (Jauche, Gülle, Silosickersaft, Dämpfkondensat) aus den in großer Zahl entstehenden Massentierhaltungen.

Vor allem der in den 1970er Jahren stark steigende Anfall von Gülle in den Großbetrieben der Tierproduktion stellte die Gewässeraufsicht, das Veterinärwesen und die Hygieneinspektion vor schier unlösbare Probleme. Die Landwirtschaft war einerseits bestrebt, die Gülle als Nährstofflieferant für den Boden auszunutzen, hatte andererseits aber kein Konzept, diese Absicht organisatorisch und technisch vernünftig umzusetzen. Zwar gab es Pläne, in Gebieten mit großem Gülleanfall bis zu 15 Quadratkilometer große, zusammenhängende Verwertungsflächen zu schaffen, auf die die Gülle mittels weitstrahlender oder rollender Beregnungsanlagen ausgebracht werden sollte, aber die Verwirklichung solcher Pläne hätte weitgehende Veränderungen des Wegenetzes, der hydrologischen Gegebenheiten, der Naturausstattung der Landschaft und nicht zuletzt der Siedlungsstrukturen zur Folge gehabt, die nicht nur außerordentlich kostenaufwändig gewesen, sondern auch auf den Widerstand der Bevölkerung in den betroffenen Gebieten gestoßen wären. So blieb es denn meistens beim herkömmlichen Versprühen der Gülle auf Ackerflächen und, wo diese nicht in ausreichender Größe zur Verfügung standen, zum Verkippen auf Müllplätze, in Wälder, in alte Kiesgruben, in Feldsölle und natürlich in Gewässer aller Art.

Bei der Beseitigung von Abwässern aus Industrie- und Gewerbebetrieben mit zum Teil sehr hohen Gehalten an toxischen Verbindungen, Tensiden, Salzen und Mineralölrückständen gab es entsprechende Probleme; hygienisch relevant war darüber hinaus die Abwasserbehandlung in Krankenhäusern und Schlachthöfen wegen der Möglichkeit der Verbreitung übertragbarer Krankheiten bei Menschen und Tieren und von Parasitenstadien.

Insgesamt war die Abwassersituation sehr unübersichtlich und fast nicht kontrollierbar. Viele Gewässer waren geradezu devastiert und fungierten lediglich als Abwasserkanäle oder Abwassersammelbecken mit unabsehbaren Auswirkungen auf die Umgebung. Selbst an den Stränden der Ostseeküste kam es zu starken Verunreinigungen durch Abwassereinleitungen, die an bestimmten Abschnitten ein Verbot des Badebetriebes notwendig machten. Solche und ähnliche von der Hygieneinspektion geforderten Schutzmaßnahmen stießen fast regelmäßig auf den Widerstand der örtlichen Räte und Parteigremien. Man fürchtete, dass die Bevölkerung Verbote und Einschränkungen als Zeichen des Versagens der Planwirtschaft und der Umweltpolitik bewerten und kritisieren könnte. Das Aufstellen von Verbots- und Warnschildern wurde nur in Ausnahmefällen gestattet, die Ergebnisse von Badewasseruntersuchungen mussten vertraulich behandelt und durften nicht veröffentlicht werden. Die Unsinnigkeit solcher Verschleierungstaktiken lag auf der Hand, da die hygienewidrigen Zustände fast ausnahmslos offenkundig waren.

Eine weitere lächerliche, aber in hygienischer Hinsicht oft folgenschwere Gewohnheit war es, die zahlreichen Staatsfeiertage der DDR mit der Fertigstellung oder Inbetriebnahme von Bauwerken und dergleichen zu ehren und aus diesem Anlass „verdiente Werktätige" mit allerlei Titeln und Medaillen auszuzeichnen. Dabei kam es vor allem darauf an, dass die Fertigstellung oder Inbetriebnahme vor dem ursprünglich geplanten Termin erfolgte, was zur Folge hatte, dass man, um Zielprämien, Titel und Medaillen zu erhalten, die Fertigstellung nur vortäuschte und nur eine Teilinbetriebnahme möglich war; unvollständig oder gar völlig unausgeführt blieben in solchen Fällen fast immer die Anlagen zur Abwasserbeseitigung und -behandlung.

7.3 Beseitigung von Siedlungsabfällen

Bis weit in die 1970er Jahre hinein war die Beseitigung von Siedlungsabfällen, Industrieabfällen und Abfällen aus Gewerbe- und landwirtschaftlichen Betrieben weitgehend ungeregelt. Offiziell gab es zwar Müllplätze, auf die alle in Kommunen und Betrieben anfallenden Abfälle verbracht wurden, aber diese Müllplätze befanden sich meist in unmittelbarer Nähe von Siedlungen und waren oft hydrogeologisch nicht ausreichend sicher. Gewässerbelastungen durch Sickerwasser und Ausspülungen aus solchen „Kippen" genannten Anlagen waren häufig. Da weder offene Brände noch Schwelbrände auf diesen Kippen gelöscht wurden oder nicht gelöscht werden konnten, kam es vielfach zu schweren, oft große Gebiete betreffende Luftverunreinigungen. Die Entsorgungssysteme – also Erfassung und Abfuhr der Siedlungsabfälle – waren primitiv und nur in den größeren Städten und Siedlungen einigermaßen zufriedenstellend organisiert. Geradezu charakteristisch war die „wilde Müllbeseitigung", also das Verkippen von Abfällen aller Art irgendwo in der Landschaft, bevorzugt in offen gelassenen Kiesgruben, in Feldsöllen und an anderen von der Geländeform her geeignet erscheinenden Orten. Erst nach dem Inkrafttreten des Landeskulturgesetzes unternahm man energischere Schritte, um dieser fast anarchischen Verhältnisse Herr zu werden. Ziel war die „geordnete Deponie" aller Siedlungsabfälle. Standorte für künftige Deponien wurden unter Beachtung geologischer, hydrogeologischer, hygienischer und verkehrstechnischer Erfordernisse sorgfältig ausgewählt und – so gut es aufgrund der technischen Möglichkeiten im Territorium eben ging – entsprechend vorbereitet.

Gleichzeitig versuchte man, die Siedlungs- und Industrie- beziehungsweise Gewerbeabfälle getrennt zu deponieren und durch die separate Erfassung recyclebarer Müllanteile, Sekundärrohstoffe genannt, eine Verminderung des Müllvolumens zu erreichen. So gelang es, zumindest in den Ballungsgebieten und im Umfeld größerer Städte die Siedlungsabfallbeseitigung organisatorisch in den Griff zu bekommen und die von ihr ausgehenden Umweltgefahren zu mindern; im ländlichen Raum waren die Erfolge bescheidener. Der hohe Anteil von Asche aus den zentralen und häuslichen Wärmeerzeugungsanlagen, die fast ausschließlich Braunkohlebriketts und Rohbraunkohle als Energieträger verwendeten, erforderte hohe Transportkapazitäten. Die für die ordnungsgemäße Behandlung einer geordneten Deponie erforderlichen Geräte fehlten zuweilen oder mussten aufwändig von einem Deponieplatz zum anderen umgesetzt werden. Die Sanierung von bisher genutzten Müllhalden war mit den zur Verfügung stehenden Mitteln nur in Einzelfällen möglich, ebenso die in vielen Fällen dringend angezeigte Liquidierung der unzähligen „wilden" Müllkippen. Erstaunlich war die Indolenz, mit der die Bevölkerung die zuweilen landschaftszerstörerischen, Gesundheitsgefahren bergenden und – zum Beispiel durch Rauchentwicklung – erheblich störenden Müllansammlungen in der Umgebung der Siedlungen hinnahm und nicht selten zu ihrem Anwachsen beitrug. Hinweise der Hygieneinspektion wurden kaum beachtet, Auflagen vielfach ignoriert. Die Abfallbeseitigung betreffende Eingaben waren – im Gegensatz zu Eingaben zu anderen Missständen – relativ selten. Erst in der zweiten Hälfte der 1980er Jahre begann, wohl auch unter dem Eindruck der den Kirchen nahe stehenden Umweltbewegungen, ein Umdenken.

7.4 Umgang mit Schadstoffen

Die seit den frühen 1950er Jahren von Partei und Regierung propagierte und in fast allen Bereichen mit Nachdruck betriebene „Chemisierung der Volkswirtschaft" barg ein erhebliches Gefahrenpotential, da sie einerseits – besonders in der Landwirtschaft – zum unkritischen und teilweise unkontrollierbaren Masseneinsatz von Chemikalien führte und andererseits zu einem Zeitpunkt anlief, zu dem die Chemieindustrie noch nicht über ausreichend wirksame Anlagen zur Reinigung von Abgasen und Abwässern von toxischen Stoffen verfügte. Die Hygieneinspektionen waren deshalb häufig mit der Aufklärung von Schadstoffeinwirkungen in der Umgebung entsprechender Betriebe und von Einleitungen schadstoffhaltiger Abwässer in Gewässer befasst. Nicht selten kam es dabei zu massiven Behinderungen durch staatliche Funktionäre, die ein Bekanntwerden der eigentlichen Ursachen der Vorfälle vermeiden wollten oder sich mit dem Hinweis auf angeblich volkswirtschaftliche Notwendigkeiten schützend vor die Verursacher stellten. Untersuchungsergebnisse wurden eingezogen, Entscheidungen aufgehoben, beantragte Strafmaßnahmen gegen Verantwortliche nicht zugelassen. Auch das Inkrafttreten des Landeskulturgesetzes änderte diese Praxis nicht grundlegend, führte aber immerhin dazu, dass spektakuläre oder besonders schwerwiegende Fälle in der Presse bekannt gegeben wurden. Weiterhin tabu blieben die Auswirkungen des Uranbergbaus der SDAG Wismut, zu deren Aufklärung den örtlich zuständigen Hygieneinspektionen ohnehin keine technischen Mittel zur Verfügung standen.

Wie schon erwähnt, stellte die Anwendung von Pflanzenschutz- und Schädlingsbekämpfungsmitteln und von Mitteln zur Steuerung biologischer Prozesse in der Landwirtschaft ein besonderes Problem dar. Sie oblag seit den 1970er Jahren den so genannten Agrochemischen Zentren und sollte von den Pflanzenschutzstellen der Kreise koordiniert werden. Die relativ strengen Anwendungsvorschriften wurden anfangs jedoch kaum beachtet. Viele der als „Agrochemiker" bestellten Landarbeiter waren schlecht ausgebildet und sich ihrer Verantwortung nicht bewusst. Immer wieder wurden Mängel beim Transport und bei der Lagerung der

Chemikalien, sorgloser Umgang bei der Herstellung der auszubringenden Lösungen, Überdosierungen, vermeidbares Abdriften in angrenzde Kulturen, Gärten und Wohngebiete sowie vorschriftswidriges Beseitigen von Resten, überlagerten Beständen und Verpackungen registriert. Die Möglichkeiten der Hygieneinspektion, derartigen Vorkommnissen vorzubeugen oder sie zu ahnden, waren gering, aufgrund der Rechtslage konnte eigentlich nur dann eingeschritten werden, wenn Schutzbestimmungen für Wasserschutzgebiete verletzt wurden.

In den 1980er Jahren intensivierte die Hygieneinspektion die Untersuchung landwirtschaftlicher Produkte auf Rückstände von Pflanzenschutz- und Schädlingsbekämpfungsmitteln. Angesichts der zahlreichen Nachweise von Grenzwertüberschreitungen sahen sich die Landwirtschaftsabteilungen der Räte der Bezirke und Kreise und auch die Landwirtschaftsbetriebe selbst gezwungen, Nachdruck auf die Einhaltung entsprechender Rechtsvorschriften zu legen, zumal das Bekanntwerden einiger spektakulärer Vorfälle beim Umgang mit Saatgetreide, das mit organischen Quecksilberverbindungen behandelt worden war, die Öffentlichkeit alarmiert hatte. Die Hygieneinspektion wurde in die fachliche Unterweisung der „Agrochemiker" einbezogen und nun auch in der Lage, ihre Forderungen besser durchzusetzen.

Wenig Erfolg freilich war Versuchen beschieden, den Einsatz anabol wirkender Antibiotika zur Verbesserung des Masterfolgs bei Rindern, Schweinen und Fischen in Mastanlagen einzuschränken. Die Landwirtschaft und leider zum Teil auch das Veterinärwesen waren aus ökonomischen Gründen nicht gewillt, in dieser Frage einzulenken, obwohl längst bekannt war, welche katastrophalen Auswirkungen der nichtselektive Antibiotikaeinsatz bei der Resistenzentwichlung pathogener Mikroorganismen hat.

Asbesthaltiges Baumaterial wurde in der DDR großzügig eingesetzt. Zwar überwachte die Arbeitshygieneinspektion den Umgang mit Asbest in den Baubetrieben, praktisch unkontrollierbar war jedoch die Verwendung asbesthaltiger Baumaterialien in kleinen Betrieben, durch Baubrigaden in genossenschaftlichen Einrichtungen und im privaten Bereich. Die in großer Menge hergestellten Asbestzementplatten konnten leicht be- und verarbeitet werden und fanden deshalb massenhaft Einsatz beim Bau und bei der Reparatur von Dächern, beim Bau von Eigenheimen, Garagen, Gartenlauben, Schuppen und Zäunen, sogar als Beeteinfassungen in Kleingärten waren sie beliebt; mit Schnittabfällen und Bruchstücken befestigte man Wirtschaftswege. Der beim Schneiden, Sägen und Bohren anfallende Staub blieb unbeachtet und kontaminierte beim Verwehen oft große Flächen. Interventionen der Hygieneinspektion blieben meist folgenlos, bestenfalls konnte die Versiegelung von Dach- und Wandflächen gegen Abrieb durchgesetzt werden. Bezeichnend für die Versorgungslage bei Baustoffen war die vielfach geäußerte Meinung, die Hygieneinspektion sei von der Partei beauftragt, vor Asbest-gefahren zu warnen, weil das billige und praktische Baumaterial knapp würde.

7.5 Kommunaler Lärmschutz

In der Arbeit der Hygieneinspektion spielten Probleme des Lärmschutzes vor al-lem bei der Beurteilung der Planung von Standorten für Wohngebiete und Indu-striebetriebe, bei der Planung neuer und beim Ausbau bestehender Verkehrswege sowie bei der Planung von Wirtschaftsflugplätzen, Schießanlagen und anderen lärmintensiven Einrichtungen eine Rolle. Entsprechende Gutachten und Stellung-nahmen wurden in der Regel in den Bezirkshygieneinstituten erarbeitet. Sich aus ihnen ergebende Lärmschutzmaßnahmen, zum Beispiel Errichtung von Lärm-schutzwänden und -wällen, Einsatz von Schallschutzfenstern, besondere Anforde-rungen an den Straßenbelag, Forderungen bezüglich der Verkehrsführung in Wohngebieten und dergleichen, stießen freilich häufig auf Widerstand seitens der Planungsträger, da sie praktisch immer zunächst nicht vorgesehene Aufwändun-gen erforderten.

Relativ hoch war die Zahl der Eingaben und Beschwerden über Lärmbelästi-gungen durch Gewerbebetriebe, Diskotheken, Gaststätten und krähende Hähne, während der Verkehrslärm – wenn man von in den Schienen quietschenden Stra-ßenbahnen einmal absieht – anscheinend weitgehend toleriert wurde. Die Einga-benbearbeitung war recht aufwändig, da sie bis auf wenige Ausnahmen Schall-druckpegelmessungen zu verschiedenen Tageszeiten und unter verschiedenen Be-dingungen notwendig machte. Da die Kreishygieneinspektionen nur in den sel-tensten Fällen über die erforderliche Messtechnik verfügten, mussten die Bezirks-hygieneinstitute auch hier wirksam werden. Die Rechtsvorschriften ließen aller-dings nur eine physikalische Bewertung des Lärms zu, so dass viele der Be-schwerdeführer mit den Entscheidungen der Hygieneinspektion unzufrieden sein mussten.

7.6 Luftverunreinigungen

Der wichtigste Energieträger für die Energiegewinnung in der DDR war die hei-mische Braunkohle mit ihrem je nach Abbaugebiet unterschiedlichen Energiege-halt und unterschiedlichen Gehalt an Begleitstoffen. Die zahllosen, auf Braun-kohleverbrennung basierenden Wärmeerzeugungsanlagen (Kraftwerke, Heizwer-ke, Heizhäuser, Zentralheizungen, Ofenheizungen) emittierten gewaltige Mengen an Stäuben, Schwefeldioxid, Kohlendioxid und anderen, zum Teil toxischen Ver-bindungen. Da hinreichend wirksame Vorrichtungen zur Abgasreinigung aus ökonomischen Gründen ohnehin nur in größeren Wärmeerzeugungsanlagen oder in Spezialfällen eingesetzt werden konnten, versuchte man die Belastung von Siedlungsgebieten mit Luftverunreinigungen wenigstens dadurch zu mindern, dass man die Ableitung der Rauchgase aus Anlagen mit einer Gesamtwärmeleistung von mehr als 2,3 GJ in Abhängigkeit vom Geländerelief und von der umgebenden Bebauung nur so hoch über Terrain zuließ, dass eine möglichst schnelle und großflächige Verteilung gewährleistet war. Die Berechnung der Mindestschornsteinhöhen, die dies ermöglichen sollten, oblag zunächst allein der Hygieneinspektion, wurde dann aber in den 1980er Jahren zumindest für größere Wärmeerzeugungsanlagen von der Staatlichen Umweltinspektion übernommen, die auch den von der Hygieneinspektion begonnenen Emittentenkataster fortführte.

Weitere hygienisch relevante Emissionsquellen waren Betriebe der Zementindustrie sowie metallurgische und chemische Industrieanlagen, Umschlagplätze für staubende Güter, Brände auf Deponien für Siedlungsabfälle, Schwelbrände in Kohlelagern und der zunehmende Kraftfahrzeugverkehr. Es gelang der Hygieneinspektion in einer ganzen Reihe von Fällen, in Industriebetrieben die Senkung der Emission luftverunreinigender Stoffe durchzusetzen. Machtlos stand sie jedoch den im Straßenverkehr anfallenden Abgasen und den vielerorts stark belästigenden Geruchsstoffemissionen aus landwirtschaftlichen Großbetrieben der Tierproduktion gegenüber.

Trotz verschiedener Anläufe war es der Hygieneinspektion nicht möglich, ein das gesamte Territorium der DDR erfassendes Netz von Immissionsmessstellen aufzubauen, da der technische Aufwand zu hoch war und finanziell nicht getragen werden konnte. Immerhin gab es in einigen besonders exponierten Gebieten regelmäßige Messungen der Schwefeldioxid-Immission und des Staubniederschlags, die als Grundlage für Entscheidungen bei der Planung von Investitionsvorhaben genutzt werden konnten.

7.7 Verbraucherschutz

Die hygienische Überwachung des Verkehrs mit Lebensmitteln und Bedarfsgegenständen war durch das Lebensmittelgesetz einheitlich und effizient geregelt. Sie wurde gemeinsam von der Veterinärhygieneinspektion und der Staatlichen Hygieneinspektion getragen und reichte von der Kontrolle der Ausgangsprodukte über die Kontrolle der Produktion und Verarbeitung bis zur Kontrolle der in den Handel gelangten Waren. Produktionsfehler, Grenzwertüberschreitungen bei Fremd- und Zusatzstoffen, falsche Zusammensetzungen und sonstige hygienewidrige Beschaffenheit konnten aufgrund der hohen Kontrolldichte und der großen Zahl lebensmittelchemisch und -hygienisch sowie mikrobiologisch untersuchter

Proben in der Regel schnell erkannt werden; das Ausschalten entsprechender Fehlerquellen und das Aus-dem-Verkehr-Ziehen beanstandeter Lebensmittel und Bedarfsgegenstände war fast immer problemlos möglich.

8. Zusammenfassung

Die Staatliche Hygieneinspektion der DDR hatte auf dem Gebiet des Umweltschutzes eine ganze Reihe von in Rechtsvorschriften, Grundsätzen und Normativen formulierten Aufgaben und zum Teil weitgehende Befugnisse. Sie war bemüht, diese Aufgaben entsprechend ihren personellen und technischen Möglichkeiten zu erfüllen und ihre Befugnisse wahrzunehmen. Das war unter den in der DDR gegebenen politischen und ökonomischen Voraussetzungen nur sehr bedingt möglich, weil die gesetzlich niedergelegten Ansprüche an den Gesundheits- und Umweltschutz – vielfach wohl auch aus propagandistischen Gründen – oft sehr hoch und damit praktisch unerfüllbar waren. Die Mitarbeiter der Staatlichen Hygieneinspektion der DDR besaßen in der Regel eine gute bis sehr gute fachliche Qualifikation und waren hoch motiviert. Trotz meistens bescheidener technischer Ausstattung und trotz vielfacher Behinderung durch Staats- und Parteifunktionäre gelang es ihnen, zumindest punktuell hygienisch und medizinisch relevante Umweltschädigungen zu verhindern oder wenigstens zu begrenzen.

Literatur

Pschyrembel klinisches Wörterbuch, 257., unter Ltg. von H. Hildebrandt neu bearb. Aufl., Berlin [u.a.] 1994

„Das Wasser – Element des Lebens". Gestalter: D. Schade, & J. Stock. 1. Preis Plakatbiennale Warschau 1974. Quelle: Diederich, R. & Grübling, R.: Wir haben die Erde nur geborgt. Plakate gegen Umweltzerstörung, Weinheim, Basel 1986, 36

Manfred Simon und Horst Rogge

Beitrag des Bezirksfachausschusses Wasser in der Gesellschaft für Natur und Umwelt im Bezirk Magdeburg zum Natur- und Umweltschutz

1. Arbeitsweise

In den 1980er Jahren bestanden beim Bezirksvorstand Magdeburg der Gesellschaft für Natur und Umwelt (GNU) im Kulturbund der DDR folgende Bezirksfachausschüsse (BFA):

- BFA Botanik,
- BFA Dendrologie und Gartenarchitektur,
- BFA Entomologie,
- BFA Feldherpetologie,
- BFA Ornithologie,
- BFA Geowissenschaften,
- BFA Wandern und Touristik und
- BFA Wasser.

Der BFA Wasser wurde am 13.07.1984 gebildet. Während sich die meisten Bezirksausschüsse in ihrer Arbeit mit speziellen Fachgebieten befassten, war der BFA Wasser in seiner Tätigkeit auf Querschnittsaufgaben zur Erhaltung und Verbesserung der Nutzbarkeit der Gewässer orientiert. Der BFA Wasser im Bezirk Magdeburg war der einzige BFA der GNU in der DDR, der sich ausschließlich mit der Thematik Wasser befasste, weshalb hier darüber berichtet wird. Mitglieder im BFA Wasser waren Vertreter aus folgenden Institutionen:

- Wasserwirtschaftsdirektion (WWD) „Untere Elbe", Magdeburg,
- Institut für Wasserwirtschaft, Außenstelle Magdeburg,
- VEB Wasserversorgung und Abwasserbehandlung, Magdeburg,
- VEB Fernwasserversorgung Elbaue-Ostharz, Torgau,
- Ingenieurschule für Wasserwirtschaft, Magdeburg,
- Wissenschaftliches Zentrum für Meliorationen, Falkenberg,
- Deutscher Anglerverband und
- Lehrer aus Oberschulen.

Die WWD „Untere Elbe" war ab 01.04.1984 institutionelles Mitglied der GNU. In einer Vereinbarung vom 22.03.1984 zwischen dem Bezirksvorstand Magdeburg der GNU und der WWD waren die gemeinsamen Aufgaben festgelegt gewesen. Vorsitzender des BFA Wasser war von 1984 bis 1990 der Direktor der WWD, Dipl.-Ing. Manfred Simon. Sein Stellvertreter war Dipl.-Ing. Horst Rogge, Abteilungsleiter Wasserbewirtschaftung an der Ingenieurschule für Wasserwirtschaft. Er hatte auch Herrn Simon bei dessen einjähriger Abwesenheit wegen dienstlicher Weiterbildung als BFA-Vorsitzenden vertreten. Die Abteilungsleiterin „Umweltlabor" der WWD, Frau Dr. Silvia Deresch, war Mitglied des Zentralvorstandes der GNU.

Um im Bezirk Magdeburg Breitenwirkung zu erzielen, wurden zahlreiche Fachgruppen und Interessengemeinschaften gebildet, in denen interessierte Bürger aus verschiedenen Bevölkerungsschichten und Interessengebieten mitarbeiteten. Die Leiter der Fachgruppen waren gleichzeitig Mitglieder des BFA Wasser. Die Fachgruppen erhielten durch festgelegte Mitglieder des BFA Wasser patenschaftliche Unterstützung und Anleitung.

Der BFA Wasser arbeitete nach einem konkreten Jahresarbeitsprogramm. Jährlich wurden drei Arbeitsberatungen mit Weiterbildungscharakter durchgeführt. Dabei wurden in Verbindung mit den Kreisvorständen der GNU und den Kreisnaturschutzbeauftragten abwechselnd in verschiedenen Kreisen des Bezirkes Magdeburg Schwerpunktaufgaben des Umweltschutzes auf wasserwirtschaftlichem Gebiet beraten, die Bildung weiterer Fachgruppen angeregt und die Tätigkeit bestehender Fachgruppen analysiert.

2. Schwerpunkte der Arbeit des BFA Wasser

Bei seiner Arbeit hat der BFA Wasser den Schwerpunkt auf nachstehende Tätigkeiten gelegt:

- Einbeziehung breiter Schichten der Bevölkerung und Schülergruppen unter Nutzung der Interessen und Neigungen in die Lösung landeskultureller Aufgaben durch die Bildung und Anleitung von Fachgruppen bzw. Interessengemeinschaften, die sich mit der Thematik Schutz und Nutzung der Stand- und Fließgewässer befassen;
- Unterstützung der Betriebe und Einrichtungen der Wasserwirtschaft und der örtlichen Organe bei der Durchführung der Aufgaben des Schutzes der Gewässer;

- Unterstützung des Schutzes der Gewässer durch enge Zusammenarbeit mit den Organen der Staatlichen Gewässeraufsicht, u.a. auch als ehrenamtliche Helfer der Staatlichen Gewässeraufsicht;
- Einflussnahme auf die Landschaftsgestaltungsmaßnahmen zur Beachtung landeskultureller Aspekte bei wasserbaulichen und Meliorationsmaßnahmen;
- Durchführung spezieller Untersuchungen in Verbindung mit wissenschaftlichen Einrichtungen:
  - Qualitative Niederschlagsuntersuchungen an ausgewählten Niederschlagsmessstellen;
  - Erstellung von Unterlagen zur Nutzung von Organismen als Bioindikatoren für die Ermittlung der Grade der Beschaffenheit der Gewässer als Arbeitsmaterial für Schulen;
  - Kartierung von Kleingewässern als Grundlage zum Schutz, zur Sanierung und Neuanlage von Kleingewässern durch eine spezielle Fachgruppe des BFA;
  - Schaffung von Minibiotopen.
- Gezielte Öffentlichkeitsarbeit zur Gewinnung einer breiten Mitarbeit der Bevölkerung (Referate auf Landschaftstagen und Umweltschutzkonferenzen, Vorträge vor Lehrern und Schülern, Gespräche mit Künstlern, Gestaltung von Ausstellungen usw.);
- Mitwirkung bei der Vorbereitung und Durchführung von Landschaftstagen, die bis 1989 in den Landschaftsgebieten Harz, Börde, Drömling, Altmark, Mittlere Elbe, Elbauen, Großes Bruch, Fläminger Höhenzug und Magdeburg durchgeführt wurden. In Magdeburg, seit 1990 Landeshauptstadt von Sachsen-Anhalt, wurde die Tradition der Landschaftstage bis heute fortgesetzt, allerdings wegen wendebedingter Auflösung der GNU nun organisatorisch getragen vom Umweltamt der Elbestadt. Am 12.11.2005 fand inzwischen schon der 13. Landschaftstag statt.

3. Arbeit in Fachgruppen

Um ein umweltbewusstes Denken und Handeln der interessierten Bürger zu fördern, wurde auf die Arbeit in Fachgruppen und Interessengemeinschaften großer Wert gelegt. Fachgruppen des BFA Wasser bestanden auf folgenden Gebieten:
- Fachgruppen Gewässer in der Stadt Magdeburg sowie in den Kreisen Burg, Wanzleben, Seehausen, Stendal, Osterburg, Salzwedel, Havelberg und am Arendsee;
- Fachgruppe Kleingewässer;

- Interessengemeinschaft für Natur und Umwelt der Ingenieurschule für Wasserwirtschaft, bestehend aus Studenten verschiedener Jahrgänge;
- Fachgruppe Wildfische im Kreis Wernigerode auf der Grundlage einer „Vereinbarung über die Zusammenarbeit auf dem Gebiet des Umweltschutzes zwischen dem Bezirksvorstand der GNU und dem Bezirksausschuss des Deutschen Anglerverbandes der DDR" vom 31.01.1987.

Die Fachgruppen führten objektgebundene, territorial begrenzte Untersuchungen bzw. Forschungsarbeiten an einem Wasserlauf, einem kleinen Flussgebiet oder einem kleinen Standgewässer durch und unterstützten außerunterrichtliche Schülerarbeitsgemeinschaften von Oberschulen, die meistens unter Anleitung von Biologie- und Chemiefachlehrern ihre Tätigkeit ausübten.

Durch die Fachgruppe Kleingewässer des BFA Wasser wurde u.a. ein Faltblatt zur Erfassung, zum Schutz, zur Pflege und zur Neuanlage von Kleingewässern erarbeitet. Auf der Grundlage von schriftlichen Hinweisen zum Ausfüllen des Karteiblattes des Kleingewässers wurde eine einheitliche Erfassung, Charakterisierung und Systematisierung im Bezirk Magdeburg möglich.

4. Ergebnisse der Arbeit

Der BFA Wasser hat durch seine Tätigkeit unter Einbeziehung der Bevölkerung, insbesondere von Schülern, einen Beitrag zur Lösung landeskultureller Aufgaben und zur Entwicklung des Umweltbewusstseins geleistet. Seine Arbeit bei der Förderung des umweltbewussten Denkens und Handelns der Bürger und Schüler fand allgemeine Anerkennung, da sie auch die Umsetzung des Landeskulturgesetzes und des Wassergesetzes unterstützte.

Im Jahre 1990 wurde die Arbeit des BFA Wasser eingestellt. Mitglieder des ehemaligen BFA arbeiteten und arbeiten aber noch heute im Landesverband Sachsen-Anhalt des Bundes für Natur und Umwelt (BNU) e.V. weiterhin ehrenamtlich mit, der sich nach der politischen Wende aus der GNU des Bezirkes Magdeburg entwickelte und nach § 60 des Bundesnaturschutzgesetzes anerkannt ist.

Christian Hänsel

Theoria cum praxi – Die Behandlung von Umweltproblemen an der Sächsischen Akademie der Wissenschaften zu Leipzig in der Zeit der DDR

Die altehrwürdige Sächsische Akademie der Wissenschaften (SAW) zu Leipzig, im Jahre 1846 als Königlich Sächsische Gesellschaft der Wissenschaften gegründet und seit der Konstituierung des Freistaates Sachsen im Jahre 1919 unter dem heutigen Namen kontinuierlich weitergeführt, hat sich stets von dem Akademiegedanken des Gottfried Wilhelm Leibniz leiten lassen, Wissenschaftler verschiedener Fachrichtungen zum Meinungsaustausch zusammenzuführen und die Theorie mit der Praxis zu verbinden. Dieses Prinzip hat sie auch mit ihrer Wiedereröffnung drei Jahre nach Ende des Zweiten Weltkrieges fortsetzen und bewahren können. Es ist deshalb fast selbstverständlich, dass die Behandlung von Umweltproblemen bald in die wissenschaftlichen Diskussionen einbezogen und in Forschungsvorhaben installiert worden ist.

Obwohl schon vorher in der mathematisch-naturwissenschaftlichen Klasse der Akademie umweltrelevante Forschungsthemen angesiedelt waren, erfuhr die Umweltproblematik im Jahre 1972 unter dem Präsidenten Kurt Schwabe eine gebührende Aufwertung und Unterstützung durch die Gründung einer „Kommission für spezielle Umweltprobleme", deren Wichtigkeit Kurt Schwabe selbst im Folgejahr durch einen Plenarvortrag zum Thema „Analytische Probleme des Umweltschutzes" erhärtete (Siehe dazu den Nachdruck des Vortrages mit einem Kommentar v. A. Müller in SÄCHSISCHE AKADEMIE DER WISSENSCHAFTEN 1996, 359-382.).

Besonderes Gewicht erhielt diese Entwicklung nicht zuletzt durch die Persönlichkeit Kurt Schwabe, der als Naturwissenschaftler, Chemiker, speziell Elektrochemiker, als Leiter des Forschungsinstitutes Meinsberg bei Waldheim und von Instituten der Technischen Universität Dresden, auf dem Gebiet der Elektrochemie, hier vor allem der elektrochemischen Messtechnik, führend war. Laut Statut fasst die Kommission für spezielle Umweltprobleme die wissenschaftlichen Einzelunternehmen der mathematisch-naturwissenschaftlichen Klasse zusammen, koordiniert deren Tätigkeit und berät über ihre weitere Entwicklung. Sie unterhält Verbindungen zu anderen wissenschaftlichen Institutionen und zu einzelnen Wissenschaftlern, die an Umweltproblemen arbeiten. Die Leitung der Kommission wurde anfangs dem Ordentlichen Mitglied (OM) Ernst Neef übertragen. Sie wurde im Oktober 1980 von OM K. Dörter übernommen. Ein wissenschaftlicher Sekretär unterstützte die Leitungstätigkeit. In dieser Funktion war zunächst der Archivar der SAW, Herr G. Wiemers, tätig, von Mai 1983 an Dr. L. Zerling. Im April 1989 bekam OM C. Hänsel die Kommissionsleitung übertragen.

Zu früheren, vor der Kommissionsgründung an der SAW bearbeiteten umweltrelevanten Forschungsvorhaben gehörten die folgenden Themen, die üblicherweise unter der Regie eines Ordentlichen Mitgliedes durch wissenschaftliche Mitarbeiter der SAW bearbeitet wurden, deren Arbeitsplatz in der Regel im jeweiligen Institutsbereich des Themenleiters untergebracht war:

- Alternsforschung (Leipzig, M. Bürger und R. Emmrich),
- Reinigung von Abwässern mit Hilfe von Adsorbentien (Halle, F. Runge),
- Abwässer-Biochemie (Leipzig, E. Strack),
- Strukturprobleme und Umweltaspekte des Wassers, insbesondere der therapeutisch nutzbaren Wässer im Süden der DDR (Freiberg, W. Buchheim),
- Untersuchungen über die Wirkungsmechanismen von Neurohormonen (Jena, M. Gersch),
- Untersuchungen über Naturhaushalt und Gebietscharakter (Dresden, E. Neef).

Nach der Gründung der Kommission kamen folgende Themen hinzu:

- Limnologie von Talsperren (Dresden, D. Uhlmann; seit 1976),
- Beeinflussung von in vivo Eiweißabbauvorgängen enzymatischer Art durch in der Umwelt eingesetzte Agenzien (Halle, H. Hanson; seit 1977),
- Biologisches Alter (Leipzig, W. Ries; seit 1980),
- Territoriale Umweltprobleme (Leipzig, C. Hänsel; seit 1987).

Vom Jahr 1986 an war die Kommission für spezielle Umweltprobleme der SAW in eine dreiseitige Arbeitsvereinbarung zwischen dem Rat des Bezirkes Leipzig, Abteilung Umweltschutz, der Universität und der Sächsischen Akademie der Wissenschaften eingebunden, die auf territorial unterstützende Forschungen, Beratungen und Fachdiskussionen ausgerichtet war.

Am Ende der DDR im Jahre 1990 existierten die folgenden Forschungsvorhaben, die auch weitergeführt worden sind:

- Biologisches Alter (Leipzig, W. Ries),
- Untersuchungen über die Wirkungsmechanismen von Neurohormonen (Jena, H. Penzlin),
- Untersuchungen über Naturhaushalt und Gebietscharakter (Dresden, G. Haase),
- Limnologie von Talsperren (Dresden, D. Uhlmann),
- Territoriale Umweltforschung (Leipzig, C. Hänsel),
- Beiträge zur Umwelt- und Klimaforschung (Freiberg, K. Fröhlich).

Die Territoriale Umweltforschung erfuhr eine Erweiterung und Stärkung über Drittmittel und spezialisierte sich auf die Untersuchung der Schwermetallbelastung in Fließgewässern und in Restlochseen der Tagebaue. Die Beiträge zur Umwelt- und Klimaforscnung wurden in zwei selbständige Unternehmungen geteilt und unter die Themen „Beiträge zur Umweltforschung mittels radiometrisch-geochemischer Methoden" und „Quartärgeologie-Paläoklimatologie" gestellt. Über Inhalte, Methoden und Teilergebnisse informieren alle Vorhaben in den Jahrbüchern der Sächsischen Akademie der Wissenschaften. Größere und abschließende Ergebnisberichte sind meist in den Abhandlungen der SAW, auch in separaten Berichten und in wissenschaftlichen Journalen veröffentlicht worden.

Als Vermächtnis ihres ehemaligen Präsidenten Kurt Schwabe verfügt die Sächsische Akademie der Wissenschaften seit dem Jahre 1980 über eine Stiftung zur Förderung und Würdigung wissenschaftlicher Leistungen auf dem Gebiet des Umweltschutzes und der Materialerhaltung. Die Verleihung dieses „Kurt-Schwabe-Preises" erfolgt im Abstand einiger Jahre nach einer Ausschreibung und auf der Grundlage von Gutachten für eingereichte Vorschläge. In der Zeit der DDR wurde dieser Preis zweimal (1983 und 1988) für jeweils zwei eingereichte Arbeiten verliehen.

Mit bemerkenswerter Resonanz hat die Kommission für spezielle Umweltprobleme der SAW zwei Klausurtagungen mit persönlich geladenen Teilnehmern aus staatlichen Leitungsebenen, Forschungsinstituten und der Praxis zur Diskussion von Ergebnissen und aktuellen Problemen durchgeführt. Die erste Veranstaltung fand vom 10. bis 12. September 1985 in Masserberg (Thür.) zum Thema „Probleme der pedologisch-hydrologischen Regionalforschung und ihre Umsetzung in die Praxis" statt. Dabei standen Fragen der effektiven Wassernutzung, Bodennutzung, des Gewässerschutzes und der Landschaftsökologie im Vordergrund. Die zweite Veranstaltung, vom 5. bis 8. Juni 1989 in Großsteinberg bei Leipzig, stand unter dem Thema „Umweltgestaltung in der Bergbaufolgelandschaft" und behandelte im Wesentlichen naturwissenschaftliche und bergbauspezifische Grundlagen der regionalen Planung und der Landeskultur, Aspekte einer optimalen Nutzung der Bergbaufolgelandschaft und Probleme der Überwachung des Umweltzustandes. In dieser Klausurtagung waren bereits Ansätze der bevorstehenden politischen Wende zu spüren, indem ungewöhnlich kritische Diskussionen geführt wurden. Die Drucklegung mehrerer Vorträge, die über diese „Wendezeit" hinaus ging, gab den Autoren schließlich noch die Möglichkeit zu Konkretisierungen und Ergänzungen (vgl. SÄCHSISCHE AKADEMIE DER WISSENSCHAFTEN 1991).

Dank Herrn Dr. L. Zerling für sachkundige Recherchen und Hinweise!

Literatur

Abhandlungen der Sächsischen Akademie der Wissenschaften, mathematisch-naturwissenschaftliche Klasse 57 (1991) 3, 118 S.

Sächsische Akademie der Wissenschaften (Hg.): Abstand und Nähe, Berlin 1996

Schwabe, K.: Analytische Probleme des Umweltschutzes. In: Sächsische Akademie der Wissenschaften (Hg.): Abstand und Nähe, Berlin 1996, 359-382

Christian Hänsel

Die Umweltproblematik in Lehre und Forschung an der Karl-Marx-Universität Leipzig

Rückblickend auf Aktivitäten zur Umweltproblematik in Lehre und Forschung an den Universitäten und Hochschulen der DDR erinnert man sich an die anfangs nur zögerlichen Versuche Einzelner oder kleiner Gruppen, den Umweltproblemen gebührende Stellungen einzuräumen. Man erinnert sich auch an die zunehmende Intensität der Behandlung dieser Fragen angesichts nationaler und internationaler Entwicklungen, die im Spannungsfeld zwischen Politik, Wirtschaft, Wissenschaft und den Bedürfnissen der Bürger gleichermaßen zu fördernden wie hemmenden Bedingungen und Maßnahmen führten.

In den siebziger Jahren vollzog sich ein gewisser Durchbruch der Diskussion und der wissenschaftlichen Behandlung von Umweltfragen auch an der Leipziger Karl-Marx-Universität (KMU), ausgelöst durch außenpolitische Interessen und durch den gewachsenen Bedarf an Umweltschutz im Inland. Die zunehmende Verschmutzung von Luft, Boden und Gewässern durch unvollkommene und veraltete Produktionstechnologien und die großräumige Devastierung durch den Bergbau, besonders den Braunkohlentagebau, erforderten zwingend Verbesserungsmaßnahmen. Nicht zuletzt setzten internationale Konferenzen zu Umweltproblemen, wie die Stockholmer Konferenz von 1972, Akzente und mobilisierten die Öffentlichkeit.

Die universitäre Behandlung von Umweltproblemen ging auch in Leipzig von einzelnen daran interessierten Hochschullehrern und Wissenschaftlern aus, die fachspezifische Umweltfragen in das Lehrprogramm und in Praktika einbezogen. Im geisteswissenschaftlichen Bereich gab es hier frühe Aktivitäten im Jurastudium und bei den Wirtschaftswissenschaften, im naturwissenschaftlichen Bereich in den Bio- und in den Geowissenschaften. Schon im Verlauf der sogenannten „III. Hochschulreform" der DDR (im Wesentlichen im Zeitabschnitt 1968 bis 1971), die auf die Einrichtung großer Fachgebietsstrukturen abzielte, wurden der Universitätsleitung Vorstellungen und Anträge zur Institutionalisierung einer fachgebietsübergreifenden Behandlung von Umweltproblemen in Lehre und Forschung unterbreitet. Leider erfolgte eine Reaktion erst Jahre später, ausgelöst durch äußere Anlässe, und die großen neuformierten Wissenschaftssektionen waren noch mit ihrer Stabilisierung so beschäftigt, dass die Etablierung fachbezogener Umweltforschung eher lästig war und als weniger bedeutsam, oft als Modeerscheinung, abgetan wurde. Beharrliche Überzeugungsarbeit war nötig und auch vorhanden.

Ein erster Schritt zu offizieller Etablierung der Umweltproblematik an der Leipziger KMU erfolgte mit der Gründung einer „Zentralen Arbeitsgruppe Sozialistische Landeskultur und Umweltschutz" (am 28. April 1973) durch die Universitätsleitung, in der Vertreter für das Arbeitsgebiet Umweltschutz/Umweltgestaltung der einzelnen Bereiche bzw. Sektionen zusammengefasst wurden. In den ersten Jahren des Bestehens wirkte dieses Gremium wenig effektiv, zumindest bezüglich der beabsichtigten interdisziplinären Verbindungen. Es war vor allem ein Gremium, das sich gegenseitig über fachspezifische Aktivitäten und Probleme informierte und das der Verbindung zur Universitätsleitung diente. In einzelnen Fachgebieten allerdings setzten sich dank wachsender Einsicht in die Notwendigkeit Umweltprobleme als Gegenstand der Lehre, der Forschung und auch der postgradualen Weiterbildung mehr und mehr durch.

Eine Aktivierung der Zentralen Arbeitsgruppe und ein gewisser Qualitätssprung, deren Triebkräfte wohl in erster Linie im gewachsenen innerbetrieblichen Interesse und in der zunehmend propagierten und realisierten Mitarbeit der Universität an der Bewältigung territorialer Probleme zu finden waren, trat gegen Ende des Jahres 1977 ein: Auf der Grundlage eines Arbeitsplanvorschlages wurde die bisherige Arbeitsgruppe in den „Interdisziplinären Arbeitskreis Ökologie" (später: „Interdisziplinärer Arbeitskreis Ökologie und Umweltgestaltung") durch den Prorektor für Forschung, Prof. Dr. S. Hauptmann (Chemie), überführt und der Vorsitz von Prof. Dr. G. Olszak (Geophysik) an Prof. Dr. R. Mahrwald (Chemie) übertragen. Dieser Arbeitskreis bekam die Stelle eines hauptamtlichen Sekretärs zugeordnet, die vom 1. März 1978 an durch den Biologen Dr. K. Kabisch besetzt wurde.

Damit existierte ein arbeitsfähiges und auch wirksames interdisziplinäres Gremium für die Mobilisierung und die Koordinierung umweltrelevanter Vorhaben in Forschung, Aus- und Weiterbildung. Nach Emeritierung von R. Mahrwald ging (1985) der Vorsitz an Prof. Dr. Chr. Hänsel (Geophysik/Meteorologie) über. Im Bestreben, der Behandlung von Umweltproblemen an der KMU ein stärkeres Fundament zu schaffen, wurde im Mai 1988 der Universitätsleitung ein Konzept für ein „Zentrum für Umweltschutz und Umweltgestaltung" eingereicht, für eine nach damaliger Terminologie stark aufwertende Einrichtung. Zur Zeit der politischen Wende sah ein überarbeitetes Konzept im Juni 1990 ein „Interdisziplinäres Institut für Natur- und Umweltschutz" vor, das schließlich auch gegründet und unter die Leitung von Prof. Dr. K. Kabisch gestellt, nach dessen Übergang in den Ruhestand aber inzwischen wieder aufgelöst worden ist.

Um die Mitte der 1970er Jahre waren erst wenige fachspezifische Bearbeitungen von Umweltfragen zu finden, meist in Form studentischer Praktikumsaufgaben. Verbreitet herrschte Interesselosigkeit, oft auch grundsätzliche Ablehnung; es gab „Wichtigeres" zu tun. Den Initiativen Einzelner ist die zunehmende Mitarbeit an der Lösung territorialer Aufgaben zu danken. Die Kleinstadt Bad Lausick südöstlich von Leipzig, die um den Erhalt des Qualitätsprädikates „Bad" bangte, wurde zu einem ersten Objekt komplexer studentischer Untersuchungen. Mit juristischen und betriebswirtschaftlichen Fragen hatten diese begonnen, bald ergänzt durch stadtökologische Analysen, Messungen der Lärmbelastung, Feststellungen der Wasser- und Luftqualität. Bald erhielt dieser Untersuchungskomplex den Status eines „Jugendobjektes", d.h. Studenten bearbeiteten Einzelthemen als Praktikumsaufgaben, in Einzelfällen als Abschlussarbeiten, unter Betreuung von Fachwissenschaftlern, aber weitgehend eigenverantwortlich. Diese Untersuchungen wurden schließlich unter dem Kurztitel „Ökologie einer Großstadt" auf das Stadtgebiet Leipzig übergeleitet und die Ergebnisse auf der „VII. Leistungsschau junger Wissenschaftler der DDR" und auf der „Bezirksmesse der Meister von morgen" 1979 als beispielhaft vorgestellt. Eine Auszeichnung mit einer Goldmedaille würdigte das Unternehmen öffentlichkeitswirksam. Zur Popularisierung des Unternehmens, auch zur Werbung für die Mitarbeit an der Lösung von Umweltfragen, trug weiterhin auch ein Dokumentarfilm bei, der unter der Regie von K. Kabisch von der Film- und Bildstelle der Universität produziert und vielerorts erfolgreich aufgeführt worden ist.

In dieser Zeit entwickelte und festigte sich die Zusammenarbeit der Universität mit entsprechenden Leitungsebenen des Territoriums, die im Jahre 1979 zum Abschluss eines Vertrages über Zusammenarbeit auf dem Gebiet umweltrelevanter Probleme mit dem Rat des Bezirkes Leipzig führte. Ohne Anspruch auf Vollständigkeit und ohne Einzelheiten aufzuführen waren folgende Arbeitsfelder enthalten:

- Biowissenschaften: Stadtökologie, Bio-Indikatoren,
- Chemie: Unterstützung der Schadstoffanalytik in Boden,Wasser, Luft; speziell in Gießereianlagen und Deponien,
- Geophysik/Meteorologie: Luftimmissionen, Stadtklima, radiometrische Untersuchungen, Lärmbelastung,
- Human- und Tiermedizin: allgemeine Hygiene, Erkrankungen durch Schadstoffe,
- Ökonomie: betriebswirtschaftliche Umweltfragen,
- Rechtswissenschaften: gesetzgeberische Fragen.

Später, um die Mitte der 1980er Jahre, verschob sich der Schwerpunkt der Zusammenarbeit mit dem Territorium auf den Problemkreis „Gestaltung der Tagebaufolgelandschaft". Hierbei lag besonderes Gewicht auf geochemischen, geologischen und limnologischen Untersuchungen zur Beurteilung der Nutzungsmöglichkeiten von Tagebaurestlöchern. Hierfür gab es seit Februar 1986 eine dreiseitige Arbeitsvereinbarung zwischen dem Rat des Bezirkes Leipzig, der Universität und nunmehr auch der Sächsischen Akademie der Wissenschaften zu Leipzig.

Der schon vorgestellte Arbeitskreis Ökologie und Umweltgestaltung bemühte sich neben der Koordinierung der Forschungsunternehmungen für das Territorium um Kontakte mit anderen Hochschulen zum Erfahrungsaustausch und zu abgestimmten Aktivitäten in der Aus- und Weiterbildung. In diesem Sinne wurde von 1978 an eine jährliche „Sommerschule Ökologie und Umweltgestaltung" organisiert, die jeweils eine Woche lang im August am Maritimen Observatorium der KMU in Zingst/Ostsee stattfand. Diese Veranstaltung wurde mit der in Zingst benachbarten Meeresbiologischen Station der Universität Rostock koordiniert, jährlich unter ein aktuelles Thema gestellt, und es wurden kompetente Teilnehmer aus dem Hochschulbereich, aus Forschungsinstituten und aus staatlichen Leitungsebenen namentlich eingeladen. Die Teilnehmerzahl war durch die örtlichen Gegebenheiten begrenzt (ca. 20) und bewusst für produktive Diskussionen klein gehalten. Diese Veranstaltungen mit ausgewählten Teilnehmern boten eine begehrte Möglichkeit zu Informationen und Diskussionen, die angesichts der einschränkenden Bestimmungen über Veröffentlichungen von Umweltdaten sonst nicht möglich war.

Eine andere Form postgradualer Weiterbildung wurde erstmalig am 29. und 30. Januar 1980 als gemeinsame Unternehmung der Kammer der Technik und der Karl-Marx-Universität Leipzig veranstaltet und kontinuierlich jährlich als zweitägiges Symposium fortgesetzt. Diese insgesamt erfolgreichen Veranstaltungen waren aus der Erkenntnis der Komplexität der Umweltprobleme geboren und trugen dem Bedürfnis nach fachgebietsübergreifenden Diskussionen zwischen Vertretern der Natur- und der Technikwissenschaften Rechnung; zur Bereicherung wurden meist auch einige juristische, ökonomische oder philosophische Beiträge eingegliedert. Auch hier wählten die Veranstalter jeweils einen spezielle Themenkreis aus und gewannen dafür kompetente Referenten. Diese Veranstaltungsreihe stieß auf verbreitetes Interesse und fand regen Zuspruch. Ausführlichere Informationen hierzu sind im Beitrag von H. Mohry enthalten.[1]

Vom Studienjahr 1986/87 an veranstaltete die Leipziger Universität auch monatlich stattfindende Abendschulen mit Umweltthemen in Verbindung mit dem Kulturbund.

---

[1] Vgl. den Beitrag von Herbert Mohry in diesem Band.

Die Förderung und damit Intensität und Umfang der Behandlung von Umweltproblemen in der Forschung sowie in der Aus- und Weiterbildung wuchsen in den
letzten 15 Jahren der DDR an den Hochschulen und den wissenschaftlichen Institutionen spürbar an. Allerdings wirkte der Widerspruch zwischen Erfordernissen
und den wirtschaftlich wie politisch bestehenden Hemmnissen gravierend weiter.
Öffentliche Diskussionen über die Zustände im Lande, erst recht Publikationen
wurden stark behindert, dies besonders durch die lähmenden Anweisungen nach
einem Beschluss des Ministerrates vom 16.11.1982 über die Geheimhaltung von
Umweltdaten. Danach bestand eine Antragspflicht für deren Gewinnung, Bearbeitung und Veröffentlichung. Das erzwang eine Entschärfung für die zur Publikation
freigegebenen Texte, meist durch Relativierung der absoluten Messdaten. Ein Beispiel dafür ist ein Aufsatz des Verfassers über meteorologische Abhängigkeiten
der SO_2-Immission über Leipzig, in dem der absolute Mittelwert (hier 157
$\mu gSO_2/m^3$ Luft) nicht genannt wird (HÄNSEL 1979, 176-185).

Diese Behinderungen wirkten auch in die Weiterbildungsveranstaltungen hinein. Als Mitorganisator der oben genannten gemeinsamen Unternehmungen der
Universität und der Kammer der Technik sind folgende Erlebnisse in Erinnerung:
Ein für das Thema Fernausbreitung von Luftschadstoffen bereitstehender Referent
meldete einen Tag vor seinem Auftritt seinen Vortrag ersatzlos ab, weil er plötzlich erkrankt sei, erklärte mir aber später vertrauensvoll, dass ihm die Behandlung
des Themas von seiner übergeordneten Leitung untersagt worden sei. In zwei anderen Veranstaltungen dieser Reihe erschienen unmittelbar vor der Eröffnung jeweils zwei Männer mit entsprechendem Ausweis und forderten, bestimmte Vor-
tragsthemen, die nach ihrer Meinung gegen das Geheimhaltungsgebot verstießen,
aus dem Programm zu nehmen. Nach Verhandlungen mit der Versicherung, dass
die Geheimhaltungsvorschrift nicht übertreten werde und der Vereinbarung, sonst
das Thema abzubrechen, fand die Veranstaltung schließlich doch statt. In einem
Falle wurden wir Veranstalter sogar anschließend gebeten, ihren schriftlichen Bericht gegenzuzeichnen, was wir aus verständlichen Gründen ablehnten.

Obwohl nach der politischen Wende im Herbst 1989 Diskussionsforen zu Umweltproblemen eine Art Hochkonjunktur erlebten, waren die Hüter der Datenar-
chive oft noch verunsichert, ob und in welchem Umfang diese freigelegt werden
dürfen. Noch im ersten Quartal des Jahres 1990 konnte der Verfasser nur nach intensiven Bemühungen in das Emissionskataster des Bezirkes Leipzig Einsicht
nehmen, dessen Inhalte in einen Vortrag an der Universität München einbezogen
werden sollten und dort schließlich großes Erstaunen auslösten.

Wie auch andere Universitäten und Hochschulen der DDR konnte die Leipziger
Universität auf wirksame Aktivitäten zur Umweltproblematik in der Forschung,
der Aus- und Weiterbildung sowie der Öffentlichkeitsarbeit verweisen. Sie unter-

lagen Förderungen und Hemmungen gleichermaßen im Wechselfeld wissenschaftlicher, wirtschaftlicher und politischer Spannungen. Getragen wurden sie im Wesentlichen durch den persönlichen Einsatz und die Aktivitäten interessierter Wissenschaftler, deren Anzahl und deren Wirkungskreis sich ständig vergrößerte.

Literatur

Hänsel, Chr.: Meteorologische Abhängigkeiten der SO_2-Immissionen in der athmosphärischen Bodenschicht über Leipzig. In: Messtechnik und meteorologische Beispiele zur Luftüberwachung, Technik und Umweltschutz 21 (1979), 176-185

Albrecht Krummsdorf

Landschafts- und Rekultivierungsforschung am Institut für Landschaftsgestaltung der Karl-Marx-Universität Leipzig 1952 bis 1965

Die Kulturlandschaft ist das Produkt einer oft willkürlichen Auseinandersetzung zwischen Mensch und Natur und deshalb vielfach „naturenthoben und geistbestimmt" (MÄDING 1952). Aus der Gesamtheit „qualitativ und quantitativ bestimmter Geofaktoren" (SCHULTZE 1955) sind unter den jeweils gegebenen Standortbedingungen durch veränderte Wirtschaftsweisen Struktur und Gestalt der Landnutzung umformiert und immer wieder neue Leistungspotentiale erschlossen worden. Als Folge menschlicher Unternehmungen oder Versäumnisse sind aber auch mitunter deutlich ausgeprägte Landschaftsschäden und Verluste an Flora und Fauna begründet. Denn vielfach verlernte es der vernunftbegabte Mensch im übereifrigen Drang nach Steigerung der Nutzbarkeit und Produktivität des betreffenden Standorts und bezogen auf das Fortschreiten von Naturwissenschaft und Technik seine Einzelmaßnahmen mit dem Komplex Landschaft in Zusammenhang zu bringen. Dadurch ging die natürliche Harmonie der Bodendynamik, des Wasser- und Landschaftshaushaltes vielerorts verloren.

Der zunehmenden Vertiefung agrarwissenschaftlicher Spezialdisziplinen verdanken wir zweifellos den erreichten hohen Stand auf allen Gebieten des Landbaues und der Landeskultur. Allzu oft wurden aber Appelle zu verständnisvoller Zusammenarbeit der einzelnen Fachvertreter verkannt und zielstrebige Einflussnahmen auf die Praxis unterblieben. Bis heute andauernde Bodenfruchtbarkeitsverluste sind eben nicht durch permanent erhöhte Düngergaben, Pflanzenschutzmittel oder Meliorationen kompensierbar. Vielmehr vermindern sie akut oder schleichend die Kulturpflanzenerträge, stören Stoffwechselvorgänge, Biozönose und Wasserhaushalt gleichermaßen. Deshalb forderte der Leipziger Prof. Anton ARLAND (1959) von dieser „Tyrannei der Erde" loszukommen, um eine gesunde Umwelt zu sichern.

Bereits Anfang der 1950er Jahre betrieb der Landschaftsgestalter und Diplom-Landwirt Dr. Ernst HAGEMANN (seinerzeit Stadtgartendirektor von Lübeck) eine Forschungsstelle für landwirtschaftliche Planung und Landschaftsgestaltung. Er sah sowohl landschaftsgestalterische Planungsarbeit als auch die Wiederherstellung der notwendigen Naturkräfteharmonie in der Landschaft als vordringliche Wiederaufbauleistungen an und stellte seinen, aus Goethescher Art naturwissenschaftlichen Denkens gewonnenen und dem anthroposophischen Werk Dr.Rudolf Steiners verbundenen Erfahrungsschatz unter die dreigliedrige Thematik „Bodenmüdigkeit-Pflanzensoziologie-Landschaftsgestaltung" (1946).

Mehr als quantitative Merkmale sind Qualität und Vielgestaltigkeit einer Landschaft für die Lebensmöglichkeiten der Menschen auf gegebenem Raum entscheidend. Deshalb sollten alle an Landnutzung und Landschaftsveränderungen Beteiligte in Land- und Forstwirtschaft, Wasserwirtschaft und Industrie, im Siedlungs- und Verkehrswesen die jeweilige Spezifik der Kulturlandschaft wahren. „Kultur ist schöpferische Leistung, ist Leben und Fortentwicklung! Ihr landschaftlicher Ausdruck ist die Landeskultur, ihr Wegbereiter die Landschaftsgestaltung. Als komplexe Aufgabe ist sie gewissermaßen eine Universitas von Disziplinen, die eine vollkommene Ordnung anstreben. Landschaftsgestaltung ist das Manifest des Gartenbaues, des ältesten und intensivsten Zweiges der Landeskultur. Sie führt zur Synthese von Natur und Technik im Landesmaßstab!" (PNIOWER 1952)

Eingebettet in diese wegweisende Gesamtbetrachtung ganzheitlicher Landeskultur, verfolgt Landschaftsgestaltung die umfassende „Pflege und Verbesserung der Produktionsgrundlagen Boden, Wasser- und Lufthaushalt" (MEUSEL 1958) mit der Absicht, eine „landschaftsgemäße wirtschaftliche Dauernutzung eines Gebietes wissenschaftlich zu erarbeiten und praktisch zu veranlassen" (ANDREAE 1959).

Gründungsphase und politisch gewolltes Ende des Instituts

Trotz vorstehender Überlegungen und Forderungen blieb es weitgehend eine „Terra incognita", die Landschaftsgestaltung akademisch zu etablieren und wissenschaftlich zu erschließen. Die traditionell enge gartenkünstlerische Bindung war auf die Gesamtlandschaft, deren Analyse, Diagnose, Planung und Gestaltung auszudehnen, und erstmals wurden einem selbständigen Universitätsinstitut derartige Probleme und Aufgaben übertragen. Jedenfalls wurde per 1.1.1952 vom damaligen Staatssekretariat für das Hoch- und Fachschulwesen die mit der Deutschen Akademie der Landwirtschaftswissenschaften zu Berlin abgestimmte Gründung eines Instituts für Landschaftsgestaltung an der Karl-Marx-Universität Leipzig im Verband der neuen Landwirtschaftlich-Gärtnerischen Fakultät verfügt.

Der Gründungsdekan Prof. Dr. Dr. Ottokar Heinisch war zugleich erster kommissarischer Institutsdirektor. Der ihm aus gemeinsamer Greifswalder Arbeit wohlbekannte Dr. Gerhard Darmer wurde geschäftsführender Oberassistent und quasi ‚Aufbauleiter'. Als Stralsunder Lehrer-/Kantorsohn hatte er nach dem Biologiestudium den Sanddorn als Wild- und Kulturpflanze an der Leickschen Ökologischen Forschungsstation Hiddensee bearbeitet und erlebte 1952 bei Hirzel in Leipzig mit der gleichnamigen Monographie seine Buchpremiere. Das neue Tätigkeitsfeld wusste Dr. Darmer auch durch Kulturbundarbeit, Urania-Vorträge und als Bezirks-Naturschutzbeauftragter sehr gut öffentlichkeitswirksam zu gestalten.

Bereits ab 1.3.1952 konnte ich ihn als Hilfsassistent aktiv begleiten. Als Assistent erlebte ich dann seine Habilitation über „Grundlagen zur feldschützenden Landschaftsgestaltung unter Berücksichtigung des Beitrags der Pflanzenzüchtung" (eingereicht am 16.3.1954) und promovierte selbst unter seiner Betreuung 1958 mit der standortkundlich-landeskulturellen Studie „Seegeritz", einem Beitrag zur speziellen Landschaftsdiagnose zur Orts- und Flurgestaltung. Großräumig im Nordostvorland Leipzigs weitergeführt, methodisch vertieft und als Vertragsforschung mit dem Büro für Territorialplanung gebunden, konnte ich diese Thematik 1963 als Habilitationsschrift unter dem Direktorat des mit Windschutz- und Wasserhaushaltsfragen besonders vertrauten Prof. Walter Hesse nutzen (KRUMMSDORF 1964 a). Dieses erosionsgeschädigte und gehölzverarmte, dabei äußerst standortdifferenzierte Gebiet war inzwischen auf den Weg zur „Beispiellandschaft" gebracht (analog zum „Huy-Hakel" der Humboldt-Universität zu Berlin) und wurde als „Forschungs- und Beobachtungsraum für Landeskultur" zum Gegenstand interdisziplinärer Gemeinschaftsarbeit (126 qkm).

Dennoch brachte das Jahr 1958 eine schwere Zäsur, als unser Dozent Dr. Darmer im Oktober sein vertraut gewordenes Leipziger Arbeitsfeld politischen Zwängen und Intrigen opfern musste. Aus Wuppertal teilte er am 7.11.1958 seinen Entschluss mit, nicht zurückzukehren und bemerkte: „Ich hoffe, dass das von mir errichtete Institut am Leben bleibt. Meine dortige Hinterlassenschaft stelle ich diesem Zweck zur Verfügung." Seitens der Fakultät wurde mir als Oberassistent die Geschäftsführung übertragen, aber es gelang beispielsweise nicht, das gemeinsam bei Fischer-Jena druckreif vorbereitete Manuskript „Die neue Agrarlandschaft" herauszubringen. Es wurde am 11.9.1959 unwiderruflich storniert. Fachlich-menschliche Kontakte konnten zunächst nur über ‚illegalen' Briefwechsel aufrechterhalten werden. Erfreulicherweise fand aber Gerhard Darmer bald bei Prof. Buchwald in Hannover neue Institutsaufgaben und konnte seine Lehr- und Forschungstätigkeit wieder mit reicher Publikations- und Öffentlichkeitsarbeit verbinden.

Die im März 1962 von Rat der Fakultät sinnvoll beschlossene Vereinigung mit dem Institut für Kulturtechnik wurde wegen der zwangsweisen Emeritierung seines verdienstvollen Direktors Prof. Joachim Seidemann, eines sächsischen Landeskulturrats, nicht realisiert. Stattdessen erfolgte im Dezember 1963 ein politisch diktierter Zusammenschluss mit dem Institut für landwirtschaftliches Bauwesen und Dorfgestaltung und die spätere Überführung zur Ingenieurhochschule Leipzig.

„Im Rahmen der sogenannten Hochschulreform wurde das Institut 1968 gewaltsam aufgelöst." (UPPENBRINK & GELBRICH 1996) Ich musste bereits 1966 die Universität Richtung Braunkohlenbergbau ‚auf Bewährung' verlassen, wurde aber dann 1976 als Ordinarius für Landeskultur und Umweltschutz an die Universität Rostock berufen. Von dort aus konnte ich nach 15-jähriger Tätigkeit meinem ehemaligen Chef und damaligen Nestor der Landschaftsgestaltung, Prof. Dr. rer. nat. habil. G. Darmer, offiziell mitteilen, dass mein Rostocker Lehrstuhl im Zuge der politischen Wende zum Fachbereich avancierte und mir mit meiner Emeritierung ab 1.10.1991 die Umwidmung zu „Landschaftsplanung und Landschaftsgestaltung" gelang. Anknüpfend an die gemeinsame Gründerzeit in Leipzig wäre damit in Rostock fortzusetzen,

Abbildung 1: Gerhard Darmer (links) und Albrecht Krummsdorf in der Schneverdinger Heide auf Höpen am 15.3.1991. Foto: Frau Darmer

„was Sie als Lebenswerk begannen und uns auf diese Wegstrecke mitgaben" (mein Brief vom 13.3.1992 an Darmer). Sein erfülltes Leben endete am 29.4.1992 kurz nach dem 80. Geburtstag in Fintel/Schneverdingen, wo er sich neben dem Wiederaufbau des Museums noch Naturschutz- und Landschaftspflegeaufgaben widmete *(Foto)*.

Einordnung und Wirksamwerden des neuen Leipziger Fachgebietes

Außer dem Tätigkeitsfeld war auch die im Bereich der Agrarwissenschaften erstmals selbständige Stellung dieses Instituts Neuland. Es wurden deshalb förderliche

Wechselbeziehungen innerhalb der Fakultät und Universität sowie zu landeskund-lich-naturwissenschaftlich orientierten Nachbarn im In- und Ausland gesucht und gefunden (KRUMMSDORF 2002 a). Neben dem seit 1953 arbeitenden Institut für Landes- bzw. Landschaftsforschung und Naturschutz Halle der DAL/AdL unter Prof. Meusel mit seinen Zweigstellen in den ehemaligen Ländern wurden Institutionen der Standortkunde, Wasserwirtschaft, Forstwissenschaft und Rekultivierung Partner. Mit der Landwirtschafts- und Bauakademie existierten Forschungsverträge. Detaillierte Arbeitskontakte bestanden zum Institut für Garten- und Landeskultur der Humboldt-Universität (Prof. Pniower), zum Lehrstuhl für Gartenkunst, Landschaftsgestaltung und Ingenieurbiologie der TU Dresden (Prof. Bauch), dem Rostocker Institut für Meliorationswesen und Forstinstituten in Tharandt, Graupa und Eberswalde oder zur Hochschule für Landwirtschaft Bernburg (Prof. Oberdorf).

Analog zu ersten umfassenden Landschaftsaufnahmen mit gebietsweise differenzierter Schadensaussage unter Federführung der Bauakademie als „Landschaftsdiagnose der DDR" (LINGNER & CARL et al. 1956) und parallel zu Untersuchungen in der Bundesrepublik Deutschland, die sich komplexen standortkundlichen Analysen (wie Kreisbeschreibungen) widmeten oder Wind- und Wassererosion, Umlegungs- bzw. Flurgestaltungs-, Landschaftspflege- und Rekultivierungsprobleme in regionalen Schwerpunktbereichen verfolgten, wurden auch in Leipzig derartige Fragestellungen aufgenommen, deren Ergebnisse vor allem zu verbesserter Methodik und Praxiswirksamkeit führen sollten (KRUMMSDORF 1958/59, 1960, 1961, 2002 b). Beispielhaft konnten solche Arbeiten auch zusammen mit großräumigen Experimentalplanungen der Bauakademie und bezirklichen Entwurfsbüros für Gebiets-, Stadt- und Dorfplanung bzw. Territorialplanung gebunden und intensiviert werden (NIEMKE 1963, KRUMMSDORF 1963, HOLZAPFEL 1963). Es ergaben sich daraus eine Fülle methodischer und praktischer Aspekte wissenschaftlicher Voruntersuchung, systematischer Inventuren und Grundlagenarbeiten für die einzelnen Kategorien landeskultureller und landschaftsgestalterischer Einzelplanung bis zu detaillierten Entwicklungs- und koordinierten Gesamtplanungen größerer Räume. Immer galt es dabei Stadt und Land, Dorf und Flur im Zusammenhang zu betrachten und demzufolge Gebiets- und Landschaftsplanung, aber auch Dorf- und Flurplanung in sozialökonomischer und ökologischer Partnerschaft komplex zu behandeln (KRUMMSDORF 1959 a, b). Durch maßgebende Mitarbeit am „Planungsrahmen für die Landschafts- und Flurplanung" (Z.f. Landeskultur 2 (1961) 3, 270-287) sollten die ökonomisch begründeten Prämissen der Landwirtschaft mit den ökologischen Anforderungen und Möglichkeiten der Flurneuordnung und Landschaftsentwicklung austariert werden, um einen umfassenden Landschaftsaufbau zu entwerfen, zu planen/projektieren und durchzuführen,

der eine gesicherte Funktion und Nutzungsfähigkeit von Naturpotentialen gewährleistet. Denn als Glied einer vom Ganzen her betrachteten Raumordnung und Regionalentwicklung sind Landschafts- und Flurplanung zur „Erzielung eines relati-
ven Optimums" (PNIOWER 1952) im technisch-wirtschaftlichen Bereich unent-
behrlich. Sie werden „im Ergebnis Mitschöpfer einer neuen, vollkommenen Kulturlandschaft" (BAUCH 1961).

Unter diesen Aspekten ist es heute sehr erfreulich, dass Zeitgeschichte und
Wirkungen des Forschungsprojektes „Landschaftsdiagnose der DDR" in einer Tagung an der Technischen Universität Berlin 1996 neu aufbereitet und 2002 umfassend dokumentiert wurden (HILLER 2002). Zwar waren Landschaftsgestaltung,
Naturschutz, Landeskultur und Umweltschutz in der wiederholt angepassten
DDR-Verfassung formell rechtlich geregelt. Ein umfassendes Landeskulturgesetz
ließ aber bis 1970 auf sich warten, und durchgreifende Verbesserungen der ge-
samtökologischen Situation wurden damit ohnehin nicht erzielt. Dennoch konnte
der Agrarraum Leipzig-Nordost mit den Beispielsfluren Seegeritz und Cunnersdorf sowie auch die nachbergbauliche Rekultivierung im Leipziger Süden (Ver-
suchsflächen Böhlen und Espenhain) systematisch und praxisnah bearbeitet werden, und die Ergebnisse des aufgelösten Instituts blieben bis heute wirksam.

Über die Mitwirkung an Rekultivierungstagungen ergaben sich Arbeitskontakte
in das Nordböhmische Revier, nach Westpolen und Oberschlesien. Die Teilnahme
an polnischen Erosionsschutz-Konferenzen wurde durch Prof. Figula / Landwirtschaftliche Hochschule Krakow mit schöner Regelmäßigkeit ermöglicht.
Von besonderer Resonanz waren aber auch die Internationalen Wissenschaftlichen
Flurholzanbau-Konferenzen. Denn 1965 trafen sich erstmals zur agra in Leipzig-
Markkleeberg Landschaftsplaner, Architekten und Experten von Bauwesen, Verkehr, Land-, Forst- und Wasserwirtschaft aus 9 Staaten (darunter Prof. Hilf/
Forschungsstelle für Flurholzanbau Hamburg-Reinbek, Prof. Mazek-Fialla/Amt
für Bodenschutz der Niederösterreichischen Landesregierung Wien, oder eine Ab-
ordnung aus dem Allunions-Forschungsinstitut für Agroforstmelioration Wolgo-
grad), um über die Gehölzverwendung im Dienste verbesserter Bodenfruchtbarkeit
und Landschaftspflege zu beraten. Konferenzen in Sopron 1969 und Warschau
1971 folgten, schließlich noch 1990 das Prof. Joachim gewidmete Flurholz-
Symposium in Eberswalde „Flurholzwirtschaft – ein wichtiges Element ökologischer Landschaftspflege." Hierzu jeweils Beiträge zu leisten, gehörte gewissermaßen zu den Verpflichtungen aus gemeinsamen Forschungsarbeiten und Publikationen (z.B. JOACHIM, KRUMMSDORF & GÖRITZ: Flurholzanbau-Schutzpflanzungen.
Dt. Landwirtschaftsverlag Berlin 1961). Hierzu schrieb uns Prof. Alwin Seifert/
München, nunmehr auf eine Neuauflage seiner legendären „Heckenlandschaft"
(1944 bei Stichnote in Potsdam erschienen) verzichten zu können. Die Entwick-

lung von Landschaftsgestaltung und Flurholzanbau seit 1945 auf dem Gebiet der DDR konnte 33 Jahre später in einer Übersichtsarbeit dargestellt werden (KRUMMSDORF 1994 a).

Unbedingt ist auch auf das Kolloquium „Landeskulturelle Planung und meliorative Landschaftsgestaltung" hinzuweisen, das anläßlich des 10-jährigen Institutsbestehens im Juni 1962 quasi als Rechenschaftslegung durchgeführt und als Sonderband der universitären Mathematisch-Naturwissenschaftlichen Reihe, Heft 1 (1963) publiziert wurde. Die Thematik umfasste Möglichkeiten der morphologisch-pflanzensoziologischen Erosionsaufnahme (Beer), die Rekultivierbarkeit tertiärer Rohbodenkippen des Braunkohlentagebaues (Brüning, Autorreferat der Dissertation 1959), Ziele der Experimentalplanungsarbeiten zur Rekonstruktion ländlicher Siedlungen (Niemke) und die gebietsplanerische Situation mit Entwicklungstendenzen im Raum Leipzig-Ost (Holzapfel), Landwirtschaftlich-landeskulturelle Grundlagen für Landschaftsplanung/-gestaltung (Krummsdorf) und die standortkundlich-waldbauliche Situation des Leipziger Tieflandes (Thomasius) sowie Wasserhaushalt und Wasserwirtschaft im Parthegebiet (Spengler, Beitrag zum Internationalen Hydrologischen Dezennium). Mit den Diplomthemen von Wenzel/Humboldt-Universität Berlin 1955 und Pluta/Hochschule für Landwirtschaft Bernburg 1967 wurde später die Weiterentwicklung der Parthenaue als stadtnahes Erholungsgebiet landschaftsgestalterisch bearbeitet.

Die institutsseitig noch bis 1965 durchgeführten Arbeiten im Nordosten Leipzigs fanden dann erfreulicherweise im 1992 gegründeten, über 50 qkm großen Wirkungsfeld „Zweckverband Parthenaue" mit Sitz in Taucha und der Naturschutz-Station Plaußig eine umfassende Sicherung des inzwischen geschaffenen Landschaftsschutzgebietes und seiner Kulturwerte in ländlichen Siedlungs- bzw. Agrarstrukturen und erfahren heute eine zunehmende Erschließung für die Naherholung *(Abbildung 1)*.

Konsequenzen aus den Forschungsbeiträgen des Instituts

Als längerfristig fixierte Arbeitsschwerpunkte galten zunächst
• standortkundlich-landeskulturelle Methodik der Landschaftsplanung;
• Ökologie, Gestaltung und Pflege der Agrar- und Industrielandschaft;
• Wasser und Gehölze in der Landschaft.
    Nach notwendigen Profilierungen an der Fakultät ab 1958 folgten
• Landeskulturelle Planung und meliorative Landschaftsgestaltung einschließlich Flurholzanbau und Flurholzwirtschaft sowie (agroforstliche) Ödlandkultur.

Mit Wirksamwerden der Forschungskoordinierung durch Akademien wurde dem Institut das Komplexthema „Meliorative Landschaftsgestaltung und Neuordnung der Fluren" von der Landwirtschaftsakademie übertragen (ab 1961 durch Institut für Meliorationswesen Rostock bearbeitet). In der Forschungsgemeinschaft der DDR-Bauakademie „Rekonstruktion ländlicher Siedlungen" (8 Experimentalplanungsräume) wurden modellhaft methodische Beiträge zur Standortkartierung, Flur- und Landschaftsplanung geleistet (KRUMMSDORF 1963).

Als erste Vertragsforschung mit Großbetrieben wurde schon 1952 die Rekultivierung phytotoxisch-tertiärer Rohbodenkippen im Braunkohlentagebau Böhlen übernommen. Es folgten bis 1960 weitere 3 Forschungsaufträge unter Leitung von Dr. Egon Brüning. Trotz ganz erheblicher Schwierigkeiten konnte eine Versuchsstation mit 1,75 ha Auswertfläche so erfolgreich betrieben werden, dass bereits ab 1957 eine Überleitung des entwickelten „Böhlener Kalkmeliorationsverfahrens" in die Rekultivierungspraxis mit entsprechenden Mechanisierungsstufen möglich wurde. Dieses neue Verfahren umfasst eine Reihe sich ergänzender bodenmeliorativer, agrartechnischer und pflanzenbaulicher Maßnahmen. Dabei erfolgt zunächst eine ganzflächige, etwa 30 cm tiefe Oberbodenmelioration der kulturfeindlichen Abraummassen (tertiäre Rohbodenformen) zwecks Ausschaltung vegetationshemmender Faktoren (extreme Azidität, Schwerbenetzbarkeit durch Wasser, bodenbiologische Inaktivität, Nährstoffarmut) durch schnellwirksame, hochprozentige Brannt- bzw. Hüttenkalke (bis zu 200 dt/ha CaO) zwecks Aufkalkung zu optimalen Boden-pH-Werten um 5,5 bis 6,0, zuzüglich Kaliphosphatdüngung. Nach einer Stickstoffgabe wird ein erster Testanbau anspruchsloser Gräser/ Leguminosen durchgeführt, bei Bedarf auch eine Nachbehandlung. Mit dem anschließenden Vollumbruch auf 60 cm wird dann der noch rohe, meliorationsbedürftige Unterboden aus dem Bereich 30 bis 60 cm heraufgepflügt und dann wie zuvor durch Kalkung, Mineraldüngung und Testpflanzenanbau behandelt.

Diese Rekultivierungsversuche (DARMER & BRÜNING 1954; BRÜNING 1955, 1962) bewiesen, dass selbst ein bisher für „kaum begrünungsfähig" bzw. „nicht wirtschaftlich brauchbar" gehaltenes Bodengemisch (WUNSCHIK 1950, KIRST 1952) aufzuschließen und zu kultivieren ist, „wenn man mit vielseitigen (biologischen) Mitteln arbeitet (nicht nur mit Kalkung). Je sorgfältiger aber ‚von der Baggerseite her' mitgearbeitet wird, desto vollkommener werden die Erfolge der Rekultivierung sein" (DARMER 1955). Später trugen diese Erkenntnisse dazu bei, ökologische und planerische Leitbilder zur Rekultivierung schwieriger Standorte und Substrate des Tagebaus zu entwickeln (DARMER 1973, 1979). BRÜNING, UNGER & DUNGER (1965) konnten in diesem Sinne die Ergebnisse biologischer Reaktivierung von Rohbodenkippen in Abhängigkeit von meliorativer Behandlung, Rekultivierungsverfahren und -zeitstufen gut verdeutlichen. Praxiswirksame

Arbeit leistete Brüning außerdem mit erfolgreichen Begrünungsversuchen von Leuna- und Bunahalden und schließlich in der Lausitz (1969 Habilitation an der Landwirtschaftlichen Fakultät der Martin-Luther-Universität Halle-Wittenberg unter dem Dekanat von Prof. Dörter über „Untersuchungen an landwirtschaftlich rekultivierbaren (Kipp-) Rohbodenformen des Niederlausitzer Braunkohlenreviers zu den Voraussetzungen der Inkulturnahme und Ertragsfähigkeit"). Es ist bis heute immer wieder bewiesen, dass die Qualität bergbauseitiger Wiederurbarmachungsleistungen (= selektive Abraumgewinnung und -verkippung, Planierung, Grundmelioration, Böschungssicherung, Vorflutgestaltung und Wegebau) nachhaltig vorteilhaft den Rekultivierungsprozess beeinflusst und damit den Aufwand für eine gesicherte Folgenutzung/Landschaftsentwicklung vermindern hilft. Die erlittenen Einbußen an Umweltpotential durch die Konzentration der Kohle- und Chemieindustrie im Raume Halle-Leipzig unterstreichen diese Anforderungen in besonderen Maße auch angesichts aktueller Sanierungskonzepte. Sie sprechen heute für eine standortgerechte und Ökologie fördernde Rekultivierung und vielgestaltige Renaturierung – noch über die hinterlassenen Tagebaue und Betriebsgelände im Rahmen verbindlicher Landschaftsplanungen hinaus (KRUMMSDORF 1994 b am Beispiel „Tagebau Cospuden" oder KRUMMSDORF, HÖSER & SYKORA 1998 zum „Tagebau Zechau" und KRUMMSDORF 1998 am Beispiel „Tagebau Nochten").

Aufmerksamkeit erregte bereits 1953 DARMERS Veröffentlichung „Hochhalde Espenhain – eine offene Wunde der Landschaft" (Natur und Heimat 2 (1953) 4, 110-113). Der Univ.-Lektor a.D. Gerhard Scheerer, ein großer Freund unseres Instituts, hatte die Halde trotz aller Widrigkeiten und ‚Gegengutachten' ab 1950 bepflanzt (über 270 ha). Eine kleine Versuchsfläche unseres Instituts auf dem Haldenplateau stand ihm dabei Pate. Wissenschaftlich begründete Schrittmacherdienste zur Begrünung der Halde leistete außerdem der Institutsassistent Dr. Beer mit Quellschüttungsmessungen an unterschiedlich exponierten Böschungen neben seinen vergleichenden Aufnahmen der pflanzlichen Wiederbesiedlung bis 1955/56 sowie des Brutvogelbestandes nach 25 Jahren (1982). Er arbeitete dann hydrobiologisch am Zoologischen Institut bei Prof. Wetzel, und dank solcher Vielseitigkeit wurde Dr. Beer bald Direktor des Naturkundlichen Heimatmuseums Leipzig und Nachfolger von Darmer im Amt des Bezirks-Naturschutzbeauftragten. Schließlich erbrachten BARTHEL, SCHUBERT & WÜNSCHE (1965 a, b) eine Gesamteinschätzung zur Wiederurbarmachung und Begrünung der Halde Espenhain und NEUMANN (1995) bearbeitete im Zusammenhang mit inzwischen notwendig gewordenen Erschließungs- und Sicherungsmaßnahmen im Auftrag der Regionalen Planungsstelle des Staatlichen Umweltfachamtes Leipzig für dieses struktur- und landschaftsbestimmende Element im Südraum Leipzigs ein Entwicklungskonzept zum Freizeit- und Erholungszentrum.

Die Agrarstruktur- und Landschaftsentwicklung betrafen von 1954 bis 1964 allein 4 Forschungsaufträge, davon 2 Vertragsforschungen. Ergänzende und vertiefte ökologische Aussagen boten die „Pflanzensoziologische Standortkartierung Leipzigs" (DUNGER, I. & MÜLLER, G., Vertragsforschung mit der Abt. Stadtplanung 1957/58) und „Standortkundliche Untersuchungen im Auwaldgebiet um Leipzig unter Berücksichtigung des Wasserhaushaltes" (Dipl.-Forsting. G. MELZER). Beide Themen standen im Zusammenhang mit der 1959 erfolgten Erklärung zum Landschaftsschutzgebiet „Leipziger Auwald" mit ca. 5.900 ha Gesamtfläche. Der Erhaltung gefährdeter landschaftlicher Werte und gezielten Verbesserungsmöglichkeiten galten primär die Forschungsarbeiten im Grund- und Endmoränenbereich nordostwärts Leipzigs. Nach standortkundlich-landeskultureller Analyse und umfassender Landschaftsdiagnose erfuhr die durch Bodenreform ungünstig parzellierte ehemalige Gutsblockflur Seegeritz eine bis heute erhalten gebliebene Neugestaltung und landschaftskulturelle Aufwertung (KRUMMSDORF 1960, 1961, 2002 b). Nach einem informatorischen Auftakt im Dorfgasthof ‚Idyll' am 21. Januar 1953 führten die Forschungs-, Planungs- und Ausführungsarbeiten in Seegeritz zu umfangreichen Flurholz- und Schutzpflanzungen sowie Obstanbau *(Abbildungen 2 und 2 a)*. Diese prägen auch jetzt das neben Bonn-Poppelsdorf wohl älteste deutsche Universitätsgut Cunnersdorf, das seit Jahren zum Chemieunternehmen Piesteritz gehört. Hier wurden landschaftsdiagnostische Vorarbeiten Leipziger Geographen unter Prof. Neef mitgenutzt (LAUCKNER 1956, *Abbildung 3*), um dort 1954/55 ansprechende Pflanzungen aufzubauen *(Abbildung 4)*.

Standortkundliche Ergänzungsarbeiten zur Bodenschätzung erbrachten zusammen mit pflanzensoziologischen Kartierungen eine neue Kulturwertbestimmung für den Gesamtraum zwischen Parthe und Mulde. Beispielskartierungen im Maßstab 1:5.000 auf der Basis von Bodenprofilauswertungen galten der „Nutzbarkeit" und „Meliorationsgrundlagen und Besonderheiten", also der Aufnahme von Gräben, Wegen, Öd-/Unland, Be- und Entwässerungsanlagen nach Zustand und Rekonstruktionsbedarf für die Gemeinden Seehausen (Grundmoräne), Seegeritz (Parthenaue,Grund-/Endmoräne) und Sehlis (Endmoräne). Sie fanden Eingang in für die landwirtschaftlichen Großbetriebe verbindlich gemachte Bodenfruchtbarkeitsprogramme, zumal die drei ausgewählten Fluren mittleren, mäßigen und geringwertigen landwirtschaftlichen Rohertrags- bzw. Produktionsgebieten seitens der Agrarökonomie zugeordnet wurden. Außerdem konnte vorhandenes Bodenschätzungsurmaterial mit ergänzenden Profilaufnahmen zur Kartierung der Humusversorgung des Acker- und Grünlandes verwertet werden, um daraus Humusvorrat und Humus- sowie Düngerbedarf berechnen zu können. Schließlich wurde die nutzbare natürliche Niederschlagsspeicherung des Ackerbodens bis eineinhalb Meter Tiefe (oberhalb der Grundwasserwirksamkeitsgrenze) daraus abgeleitet bzw. ergänzend experimentell ermittelt und flächenhaft dargestellt. Damit konnte profilbezogen die mögliche Pflanzenaufwuchsleistung aus dem Wasserspeichervermögen nachgewiesen werden. Klimatologen veranschlagten bei 300 mm Speicherkapazität auf 1,5 m Profil einen gesicherten Aufwuchs.

Die ausgewertete Gesamtkartierung erbrachte den Nachweis ausgeprägter Trockenareale im Endmoränenbereich des Leipziger Nordostens mit unter 75 bis 150 mm möglicher Niederschlagsspeicherung. In der Regel sind diese deckungsgleich mit dem hier erfassten Öd-, Un- und Abbauland (0,9 % im Bereich Taucha und 2,5 % im damaligen Kreis Eilenburg, insgesamt 804,15 ha). Dort könnte durch Aufforstungen der nach internationalen Normativen für die Region Leipzig nachgewiesene Fehlbestand von 1.500 ha Wald und 200 ha öffentlichem Grün mit abgedeckt werden.

Beiträge hierzu leisteten auch über 1.500 vegetationskundliche Acker-, Grünland- und Waldaufnahmen, die zu einer Karte der potentiellen natürlichen Waldgesellschaften im Maßstab 1:25.000 verarbeitet wurden und von I. DUNGER 1957/58 bzw. 1960 zur „Flächenkartierung standörtlicher Einheiten mit Entwicklungsvorschlägen entsprechend der naturbedingten Nutzbarkeit" präzisiert werden konnten.Vom nässebeherrschten Erlenbruch über Röhricht und absolutes Grünland mit Wiesen-/Weidenutzung, anschließend wechseltrockenem, ackerfähigen Grünland über absolut zukunftsträchtige Ackerböden und verbesserungs-/schutzbedürftige ärmere Standorte oder Grenzertragsböden bis zu ackerunwürdigen Kuppenlagen (zur Bewaldung mit Kiefernforst, besser Stieleichen-Hainbuchen-Birken vorgeschlagen) reicht die standortkundliche Variabilität und praktische Relevanz dieser Arbeit. Der Landwirtschaft verhalf sie zur Bodennutzungsplanung, da die Ersatz-Gesellschaften über Standortcharakteristik, Wasserhaushalt, Nährstoffzustand und Erosionsdisposition Auskunft gaben. Damit verbundene Grünbestandskartierungen und dendrologische Bewertungen einschließlich obstbaulicher Standorts- und Bestandsaufnahmen (GIRNDT & KRUMMSDORF 1959,1966) führten zu begründeten Pflanz-, Pflege-, Schutz- und Nutzungsregelungen in der gesamten Region. Daraus abgeleitet wurde später beispielsweise für den benachbarten Kreis Delitzsch eine Flurholzanbaukonzeption vorgelegt (BANKONIER & KRUMMSDORF 1987).

Mit einem letzten Forschungsauftrag an das Institut wurden die seit 1952 geschaffenen Schutzpflanzungen im Raume Leipzig-Nordost im Bearbeitungszeitraum 1962/65 aus der Sicht ökologischer, biologischer und wirtschaftlicher Effektivität sowie hinsichtlich möglicher Nebennutzungen überprüft und bewertet. (KRUMMSDORF, F./E.-Bericht vom 16.12.1965) Im Leistungsumfang lagen: Bestandskundliche Untersuchungen, standorts- und ertragskundliche Aufnahmen zur Erfassung des Wirkungsgrades, der Wirtschaftlichkeit und Zweckmäßigkeit flurschützender Maßnahmen. Diese konnten bereits durch Windschutz-Ertragsprüfungen 1958/62 an künstlichen Hindernissen voruntersucht werden (KRUMMSDORF 1964 b).

Holzertrags-Kennwerte lieferten 10-jähriger Pappelanbau mit 9 Sorten auf unterschiedlichen Standorten sowie eine 4-jährige Weidensortimentsprüfung mit 15 Züchtungen, vor allem aus Graupaer Herkünften (KRUMMSDORF 1965). Leistungsmäßig beurteilt und Werkstatteignungsprüfungen unterzogen, erbrachten die Kulturweidensorten alljährlich zwischen 11,94 und 20,0 fm/ha Holz. Vergleichsweise beträgt der Jahreszuwachs von Eichen bester Bonität 6 bis 8 fm/ha. Solche Ergebnisse führten zu Anwendungsbereichen in der Dorfgestaltung, auf Rekultivierungsflächen oder im Rahmen ingenieurbiologischer Bauweisen. Die interessante Variationsbreite neuer Weidenzüchtungen und die angewandt-ökologische Problematik ihres standortspezifischen Einsatzes mit vielfältigen Nutzungsmöglichkeiten ließen uns dann ab 1986 für die Nordgebiete der DDR eine „Rostocker Weidensortimentsprüfung" begründen (KRUMMSDORF 1993, 1999 a).

Verglichen mit Zwischenaufnahmen 1960 wurden 1985 Neubewertungen der herangewachsenen Flurgehölze in Leipzig-Nordost aus funktioneller und bestandskundlicher Sicht im Rahmen der Rostocker Diplomarbeit von HÖNNICKE (1985) vorgenommen. Danach stockten insgesamt folgende Holzvorräte:

Partheeinzugsgebiet
- Leipzig-NE insges.   70,8 km: 4.296 fm = 60,7 fm/km
  davon: Seegeritz   6,4 km: 602 fm = 94,1 fm/km
            Cunnersdorf   4,7 km: 532 fm = 113,2 fm/km

Muldeeinzugsgebiet
- Im damaligen Kreis Eilenburg   17,1 km: 939 fm = 54,9 fm/km

In der gesamten Region entstanden somit aus dem Zusammenwirken von Wissenschaft, Landschaftsplanern (vornehmlich des Büros Gillhoff/Leipzig) und Praxispartnern der Landschaftsgestaltung insgesamt 87,9 km Gehölzpflanzungen, die dem Wind- und Bodenschutz, vernünftigen Nutzungsstrukturen der Flur und der Dorfgestaltung, aber auch der Ökofaunistik (Wild, Kleinsäuger, Vögel) und Bienenweide dienen. Im szt. Landkreis Leipzig beziehen sich die 70,8 km auf 15,1 km Strauchhecken mit 4 fm/km Holzvolumen, 41,0 km typische dreireihige Schutzpflanzungen mit 40 fm/km Holzvolumen und 14,7 km Baumreihen mit 115 fm/km. Damit sind wesentliche Rohholzreserven (Nutzholz, Energieholz) außerhalb des Waldes geschaffen worden und man erkennt auch die dank intensiver Pflege überdurchschnittlichen Leistungen beider Beispielsfluren Seegeritz und Cunnersdorf. Zugleich erfuhr die Landschaft eine auffällige Belebung durch neue Biotoppotentiale und Biogeozönosen. Inzwischen traten aber auch manche Bestandserweiterungen/-verbreiterungen infolge Pflegemängeln bzw. unterlassener

Holzentnahmen ein. Und seit der letzten Flurholzinventur 1985 sind weitere 20 Jahre vergangen. Immerhin profitierten nicht zuletzt auch gerade deshalb Flora und Fauna im gesamten Partheland bisher merkbar (HOFFMANN 2002).

Der Wert der Forschungsergebnisse für Lehre und Öffentlichkeitsarbeit

Ab Herbstsemester 1951 wurde die Vorlesung „Flurschützende Landschaftsgestaltung" gehalten, 1953 „Angewandte Pflanzensoziologie", 1954/56 „Natur- und Landschaftsschutz" (für Biologen), ab 1955 „Spezielle Landeskultur" und 1957/58 „Beiträge der Landschaftsgestaltung zum Meliorationswesen" sowie 1964/65 „Landschaftsgestaltung für ausländische Landwirtschaftsstudenten." An der Hochschule für Landwirtschaft Bernburg, Fachrichtung „Landschaftsplanung und Freiflächengestaltung" wurden 1962/66 Vorlesungen, Seminare und Übungen im Direkt- und kombinierten Studium übernommen, an der Humboldt-Universität auch für Externe. Insgesamt 20 Institutskolloquien und 2 Fakultätskolloquien konnten aus Forschungsergebnissen und Qualifizierungsarbeiten bestritten werden. Wiederholt traten auch Gastreferenten auf, insbesondere ausländische Wissenschaftler. In Koordination mit Fachgremien, Kulturbund usw. wurden Vortragsveranstaltungen, Exkursionen und Lehrwanderungen durchgeführt. Einige Ingenieurschulen der Land- und Forstwirtschaft kamen regelmäßig über Jahre hinweg zu Exkursionsführungen.

Mit der Universitätsbildstelle wurde 1958 ein Lehrfilm über „Anlage und Pflege flurschützender Hecken" gedreht und 1965 mit dem agra-Forstfilmstudio Markkleeberg „Flurholzanbau im Dienste von Bodenfruchtbarkeit und Landschaftspflege." Fachbeiträge und Hallengestaltungen für die Landwirtschaftsausstellungen – agra Markkleeberg – erfolgten zur Thematik: Landeskultur 1954, Wasserwirtschaft 1955, Landjugend 1957, Meliorationswesen und Grünland 1958, Feldwirtschaft 1960, Flurholzanbau-Schutzpflanzungen 1963, Internationale Wissenschaftliche Flurholzanbaukonferenz 1965 (KRUMMSDORF & JOACHIM 1965), Leistungsschau Studenten in der Halle Landjugend 1966. Die Beratungs- und Gutachtertätigkeit wuchs mit zunehmender planungsmethodischer, untersuchungs- und versuchspraktischer Erfahrung. Nur einige Aufgaben seien genannt: Schutz der Lindenallee nach Altenburg, Obstbau im industriegeschädigten Mölbis/Espenhain, Windschutzpflanzungen für Hopfenanlagen im Bezirk, Parkpflege im Akademiegut Gundorf/Böhlitz-Ehrenberg, in Lützschena und Knauthain, Bienenweide in Pönitz/Taucha (KRUMMSDORF, GELBRICH & SCHEERER 1965), Bergschadensanierung in Trages, „Harth"-Ersatz, Flurholzanbau in Holzhausen, Werksbegrünung in Böhlen (BRÜNING & RANFT et al. 1988), Organisation und Struktur der landeskulturellen Arbeit im Bezirk Leipzig (KRUMMSDORF & WALTER 1965) usw.

Von der Landwirtschaftsakademie Berlin (DAL/AdL) wurde das Leipziger Institut gleich nach der Gründung in Sektionsarbeiten einbezogen, insbesondere über die „Ständige Kommission Landschaftspflege und Naturschutz" und die Arbeitsgemeinschaften „Landschaftsgestaltung" bzw. „Flur- und Landschaftsplanung" ab 1956, Meliorationswesen ab 1958, Landschafts- und Standortkartierung 1958/61. Im Redaktionskollegium der weit verbreiteten Akademie-„Zeitschrift für Landeskultur" waren für das Fachgebiet „Landschaftsplanung" Prof. Bauch (Dresden) und Dr. habil. Krummsdorf (Leipzig) während der gesamten Erscheinungsperiode 1960/70 zuständig, bis dieses Fachorgan unverständlicherweise gerade mit dem aufkommenden Landeskulturgesetz eingestellt wurde.

In Kulturbundgremien und im Architektenbund erfolgte aktive Mitarbeit (u.a. Fachtagung „Technische Revolution und Landschaftsentwicklung" zur iga-Erfurt 1966), außerdem in den Fachausschüssen der Kammer der Technik „Ingenieurbiologische Bauweisen" sowie „Bodenschutz und Abproduktnutzung." Stichwortbearbeitungen über Naturschutz, Landeskultur, Landschaftsgestaltung für „Meyers Neues Lexikon" des Bibliographischen Instituts Leipzig sowie für das „Ökonomische Lexikon" im Verlag Wirtschaft Berlin wurden neben definitorischen Beiträgen, Normung und Standardisicrung für Akademiegremien recht öffentlichkeitswirksam. Allein in den ersten 10 Jahren konnten 67 Veröffentlichungen der nur 5 Wissenschaftler des Instituts vorgelegt werden (lt. Verzeichnis bei HESSE & KRUMMSDORF 1962), weitere 30 folgten bis 1966. Schon Anfang 1965 waren 650 Hochschullehrbriefe vom „Grundriss der Landschaftsgestaltung" ausgeliefert und eine Nachauflage vorbereitet. Weitere 50 zusätzliche Exemplare an Fachkollegen des In- und Auslandes erbrachten eine erfreuliche Resonanz. Die Lehrstätte für Naturschutz Müritzhof/Waren hatte sich bereits mit allen Restexemplaren versorgt (briefl. LINKE 23.7.1967).

Zusammenfassende Betrachtung der Ergebnisse und Wirkungen aus heutiger Sicht

Wenn dieser Bericht über das ehemalige Leipziger Institut für Landschaftsgestaltung forschungsseitig ergänzen und literaturmäßig belegen konnte, was bereits publiziert war (KRUMMSDORF 1999 b), so sollte er vor allem nochmals dem unvergessenen Prof. Gerhard Darmer gewidmet sein aus der Verantwortung für das gemeinsame Wirken in der Agrar- und Industrielandschaft. Dabei wurden einige Leistungen angeführt, die noch immer Gültiges zeigen. Dort wo vor 50 Jahren labile Standortbedingungen und Schadensmerkmale dominierten, können heute Bodenschutz und Fruchtbarkeit bei umweltgerechtem Acker- und Pflanzenbau als gesichert gelten, wachsen Schutz-, Wald- und Obstpflanzungen oder weiden gesunde Tiere. Und während bis jetzt nach Ansicht der Weltnaturschutzunion IUCN die Artenvielfalt der Erde Besorgnis erregend geschrumpft ist, wurde durch breite versuchspraktische Arbeit in damaligen Schadensregionen bewiesen, dass an Flora und Fauna merkbare Zuwächse erreicht werden. Ökologisch sinnvolles Handeln durch umfassende Landeskulturverbesserung und Landschaftspflege zeigt Nachhaltigkeit und erbringt langfristig ökonomische Vorteile. Aber eigentlich ist rückschauend ein halbes Jahrhundert Arbeit an und in der Landschaft für eine endgültige Erfolgsbewertung immer noch reichlich kurz bemessen! Dennoch kann bereits gesagt werden: Die Erfahrungen aus Beispiellandschaften und die erzielten Forschungsergebnisse im Agrar- und Industriebereich sind verallgemeinerbar und sprechen für sinnvolle planerische und praktische Nutzanwendung. Denn heute und in Zukunft bedarf es mehr denn je und fast überall kulturlandschaftlicher Erneuerungen im Bunde mit Natur- und Umweltschutz zum Wohle des Menschen.

Literatur

Andreae, H.: Grundwassermessungen, ihre Aufgaben und Verfahren im Dienste der Landeskultur, Dt. Verlag d. Wissenschaften, Berlin 1959
Arland, A.: Die Tyrannei der Erde – Ein Problem des modernen Landbaues, Schriften d. Sächs. Akad. d. Wissenschaften Leipzig, Naturwiss. Reihe, Akademie-Verlag, Berlin 1959
Bankonier, A & Krummsdorf, A.: Flurholzanbaukonzeption für den Kreis Delitzsch. In: Melioration u. Landwirtschaftsbau Berlin 21 (1987) 4, 172-174
Barthel, H., Schubert, A. & Wünsche, M. (1965 a): Zur Wiederurbarmachung der Halde Espenhain. In: Wiss. Zf. TU Dresden 14 (1965), 505-520
Barthel, H., Schubert, A. & Wünsche M. (1965 b): Zur Begrünung der Halde Espenhain. In: Wiss. Zf. TU Dresden 14 (1965), 833-842
Bauch, W.: Vorwort zum Planungsrahmen für die Landschafts- und Flurplanung. In: Z. f. Landeskultur 2 (1961) 3, 270-287
Behrens, H. & Paucke, H. (Hg.): Umweltgeschichte, Wissenschaft und Praxis, Umweltgeschichte und Umweltzukunft II, Forum Wissenschaft, Studien 27, BdWi-Verlag Marburg 1994
Brüning, E.: Rekultivierungsversuche mit landwirtschaftlichen Pionierpflanzen auf Rohbodenkippen. In: Rat d. Bezirkes Cottbus, Arbeitsgruppe Bergbau und Energiewirtschaft (Hg.): Die Wiederurbarmachung der Kippen und Halden im Senftenberger Braunkohlenrevier, Cottbus 1955, 47-52
Brüning, E.: Zur Frage der Rekultivierbarkeit tertiärer Rohbodenkippen des Braunkohlentagebaues (Autorreferat der Dissertation 1959). In: Wiss. Zf. KMU Leipzig, Math.-Nat.R. 2 (1962), 325-359
Brüning, E., Unger, H. & Dunger, W.: Untersuchungen zur Frage der biologischen Reaktivierung alttertiärer Rohbodenkippen des Braunkohlentagebaues in Abhängigkeit von Bodenmelioration und Rekultivierung. In: Zf. f. Landeskultur 6 (1965) 1, 9-38
Brüning, E. & Ranft, H. et. al.: Grünanlagen für Industriebetriebe. In: Komm. Umweltschutz b. Präs. d. KdT (Hg.): Reihe Technik u.Umweltschutz 34 (1988), Dt. Verl. f. Grundstoffindustrie Leipzig
Darmer, G. & Brüning, E.: Rekultivierungsversuche auf rohen Mittelmassenkippen des Braunkohlentagebaues. In: Bergbautechnik 4 (1954) 4, 193-198

Darmer, G.: Biologische Grundlagen der Rekultivierung von Kippen und Halden. In: Rat d. Bezirkes Cottbus, Arbeitsgruppe Bergbau und Energiewirtschaft (Hg.): Die Wiederurbarmachung der Kippen und Halden im Senftenberger Braunkohlenrevier, Cottbus 1955, 30-34

Darmer, G.: Landschaft und Tagebau, Bd. 1: Ökologische Leitbilder für die Rekultivierung, Patzer Verlag Berlin 1973

Darmer, G.: Landschaft und Tagebau, Bd. 2: Planerische Leitbilder und Modelle zur Rekultivierung, Patzer Verlag, Berlin 1979

Girndt, W. & Krummsdorf, A.: Eine Bestandsuntersuchung zur standortgerechten Weiterentwicklung des ländlichen Obstbaues im Dienste der Flurneuordnung. In: Der Deutsche Gartenbau 6 (1959) 7, 194-195

Girndt, W. & Krummsdorf, A.: Ergebnisse obstbaulicher Standorts- und Bestandsaufnahmen in der Stadtrandzone Leipzig-Ost. In: Obstbau 6 (1966) 5, 70-71

Hesse, W. & Krummsdorf, A.: 10 Jahre Institut für Landschaftsgestaltung der Karl-Marx-Universität Leipzig, in.: Wiss. Zf. KMU Leipzig, Math.-Nat. Reihe 11 (1962) 2, 303-313

Hiller, O. (Hg.): Die Landschaftsdiagnose der DDR. Zeitgeschichte und Wirkung eines Forschungsprojekts aus der Gründungsphase der DDR, TU Berlin, Inst. f. Management in der Umweltplanung, Materialien zur Geschichte der Gartenkunst 6, Berlin 2002

Hönnicke, U.: Flurholzaufnahme und -bewertung im Raume Leipzig-Nordost, Diplomarbeit Univ. Rostock, Lehrstuhl Landeskultur und Umweltschutz, Rostock 1985

Hoffmann, B.: Naturraum Partheland. In: Pro Leipzig und Zweckverband Parthenaue (Hg.): Im Partheland zwischen Leipzig, Taucha und Borsdorf, 2002, 183-192

Holzapfel, R.: Gebietsplanerische Situation und Entwicklungstendenzen im Experimentalplanungsraum Leipzig-Ost. In: Wiss. Zf. KMU Leipzig, Math.-Nat.R.12 (1963) 1, 133-138

Institut für Umweltgeschichte und Regionalentwicklung e.V. (Hg.), Behrens, H. & Auster, R. (Bearb.): Naturschutz in den neuen Bundesländern – Ein Rückblick, Umweltgeschichte und Umweltzukunft VI, Halbband II, BdWi-Verlag Marburg 1998

Kirste, E.: Braunkohlentagebau, VI. Verkippung der Abraummassen, Schriftenreihe Verlag Technik 26, Berlin 1952

Krummsdorf, A.: Zur Methodik der Landschaftsanalyse und Landeskulturplanung. In: Wiss. Zf. KMU Leipzig, Math.-Nat.R. 8 (1958/59) 2, 397-413 (Autorref.z.Diss. „Landschaftsuntersuchung Seegeritz – ein Beitrag zur Methodik der speziellen Landschaftsdiagnose für standortgerechte Dorf- und Landschaftsentwicklung", Landw.-Gärtn.Fak.1958)

Krummsdorf, A. (1959 a): Zu den Aufgaben der Landeskulturplanung. In: Die Dt. Landwirtschaft 10 (1959) 2, 88-93

Krummsdorf, A. (1959 b): Landeskulturelle Grundsatzfragen der Dorfplanung im Bezirk Leipzig. In: Dt. Architektur 8 (1959) 5, 256-267

Krummsdorf, A.: Flurplanung Seegeritz – ein Beitrag zur Methodik der Landschaftsanalyse für Flurneuordnung und landeskulturelle Weiterentwicklung. In: Zf. f. Landeskultur 1 (1960) 1/2, 86-115

Krummsdorf, A.: Inhalt und Problematik von Arbeitsunterlagen für Aufgaben der Flur- und Landschaftsplanung. In: Wiss. Zf. HU Berlin, Math.-Nat. R. X (1961) 2, 213-229

Krummsdorf, A.: Landwirtschaftlich-landeskulturelle Grundlagen für die Experimentalplanungsarbeiten. In: Wiss. Zf. KMU Leipzig, Math.-Nat.R. 12 (1963) 1, 139-146

Krummsdorf, A. (1964 a): Über die natürlichen und standörtlichen Grundlagen im MTS-Bereich Taucha im Hinblick auf die Zweckmäßigkeit und Wirkung meliorativer und landschaftspflegerischer Maßnahmen (Autorref. der Habilitationsschrift 1963). In: Dt. Gartenarchitektur 5 (1964) 1, 23-24

Krummsdorf, A. (1964 b): Windschutz-Ertragsprüfungen im Raume Leipzig-Nordost (Ergebnisse 1958-1962). In: Zf. f. Landeskultur 5 (1964) 3, 193-216

Krummsdorf, A.: Ergebnisse von Pappel- und Weidenanbauprüfungen im Leipziger Raume. In: Archiv f. Forstwesen 14 (1965) 2, 169-208

Krummsdorf, A., Gelbrich, H. & Scheerer, G.: Verbesserte Bienenweide durch Schutzpflanzungen. In: Garten und Kleintierzucht, Ausgabe C Imker 4 (1965) 2, 8-9

Krummsdorf, A.: Weidensortimentsprüfung im Hinblick auf energetische Zwecke. In: Beiträge des Innovations- und Bildungszentrums Hohen Luckow e.V. 1 (1993) 2, 149-156

Krummsdorf, A. (1994 a): Über die Entwicklungswege von Landschaftsgestaltung und Flurholzanbau auf dem Gebiet der Neuen Bundesländer seit 1945. In: Behrens, H. & Paucke, H. (Hg.): Umweltgeschichte, Wissenschaft und Praxis, Umweltgeschichte und Umweltzukunft II, Forum Wissenschaft, Studien 27, BdWi-Verlag Marburg 1994, 103-117

Krummsdorf, A. (1994 b): Landschaftsökologische und standortkundliche Ausgangssituation im Tagebaubereich Cospuden als Planungsansatz zur Gestaltung der Bergbaufolgelandschaft Leipzig-Süd. In: Rostocker Agrar- u. Umweltwiss. Beiträge 2 (1994), 197-211

Krummsdorf, A., Höser, N. & Sykora, W.: Vom Braunkohlentagebau zum Naturschutzgebiet - Tagebau Zechau im Kreis Altenburg/Thüringen. In: Institut für Umweltgeschichte und Regionalentwicklung e.V. (Hg.), Behrens, H. & Auster, R. (Bearb.): Naturschutz in den neuen Bundesländern – Ein Rückblick, Umweltgeschichte und Umweltzukunft VI, Halbband II, BdWi-Verlag Marburg 1998, 671-689

Krummsdorf, A.: Ökologische Standortverbesserung und Gestaltung einer Hochkippenfläche im Tagebau Nochten. In: Pflug, W. (Hg..) Braunkohlentagebau und Rekultivierung, Landschaftsökologie-Folgenutzung-Naturschutz, Springer-Verlag Berlin, Heidelberg 1998, 654-662

Krummsdorf, A. (1999 a): Die Rostocker Weidensortimentsprüfung. In: Gandert, K.-D. (Hg.): Beiträge zur Gehölzkunde 1999, Verlag Gartenbild Heinz Hansmann Rinteln 1999, 42-51

Krummsdorf, A. (1999 b): Das Institut für Landschaftsgestaltung an der Karl-Marx-Universität Leipzig. In: Institut für Umweltgeschichte und Regionalentwicklung e.V. (Hg.), Behrens, H. & Auster, R. (Bearb.): Landschaft und Planung in den neuen Bundesländern – Rückblicke, Verlag f. Wissenschaft u. Forschung Berlin 1999, 87-106

Krummsdorf, A. (2002 a): Landschaftsgestaltung im Spannungsfeld zur Ökonomie und im internationalen Austausch. In: Hiller, O. (Hg./ 2002), 141-148

Krummsdorf, A. (2002 b): Zur Methodik der speziellen Landschaftsdiagnose im Raum Leipzig-Nordost - Umgestaltung von Seegeritz zu einer „Beispiellandschaft". In: Hiller, O. (Hg.): Die Landschaftsdiagnose der DDR. Zeitgeschichte und Wirkung eines Forschungsprojekts aus der Gründungsphase der DDR, TU Berlin, Inst.f..Management in der Umweltplanung, Materialien zur Geschichte der Gartenkunst 6, Berlin 2002, 201-222

Lauckner, M.: Das Landschaftsgefüge der Endmoränenlandschaft östlich Taucha, dargestellt an der Flur Cunnersdorf und ihrer näheren Umgebung, Dipl.-Arb., Math.- Nat. Fakultät, Geograph. Inst. Univ. Leipzig 1956

Lingner, R. & Carl, F.E. et al.: Landschaftsdiagnose der DDR, Verlage Technik Berlin und Herm. Haack, Leipzig 1956

Mäding, E.: Rechtliche Grundlagen der Landespflege, Mitteilungen aus dem Institut für Raumforschung Bonn, Nr. 7 (1952)

Meusel, H.: Probleme der Landeskultur im Zeitalter der Technik. In: Berichte u. Vorträge d. Dt. Akad. d. Landwirtschaftswiss. zu Berlin III (1958), 87-100

Neumann, R.: Entwicklungskonzept der Hochhalde Trages als struktur- und landschaftsbestimmendes Element im Südraum Leipzigs, Diplomarbeit Univ. Rostock, Lehrstuhl Landeskultur und Umweltschutz, 1995

Niemke, W.: Ziele der Experimentalplanungsarbeiten zur Rekonstruktion ländlicher Siedlungen in der DDR. In: Wiss. Z. KMU Leipzig, Math-Nat.R.12 (1963) 1, 129-132

Pluta, S.: Untersuchungen zur komplexen Landschaftsplanung im Erholungsgebiet Leipzig-Nordost. Die Entwicklung der Parthenaue zur Erholungslandschaft zwischen Großstadt und Agrargebiet, verbunden mit Aufgaben der Freiflächenprojektierung sowie energetischen und technischen Anforderungen, Diplomarbeit Hochschule für Landwirtschaft Bernburg, Inst.f. Gartenbau, Bernburg 1967

Pniower, G.B.: Über Wesen und Maßnahmen der Landschaftsgestaltung, Beitrag d. Sektion Landeskultur u. Naturschutz d. Dt.Akad. d. Landwirtschaftswiss. zu Berlin für „Halle der Wissenschaft" zur Landwirtschafts- u. Gartenbauausstellung der DDR in Leipzig/Markkleeberg vom 27.6. bis 6.7.1952

Rat d. Bezirkes Cottbus, Arbeitsgruppe Bergbau und Energiewirtschaft (Hg.): Die Wiederurbarmachung der Kippen und Halden im Senftenberger Braunkohlenrevier, Cottbus 1955

Schultze, J.H.: Die naturbedingten Landschaften der DDR, Hermann Haack, Gotha 1955

Uppenbrink, M. & Gelbrich, H.: Von der Zukunft der Landschaftsplanung. In: Natur und Landschaft 71 (1996) 11, 465-468

Wenzel, F.: Gestaltung der Parthenaue als Erholungslandschaft im Nordosten Leipzigs, Diplomarbeit HU zu Berlin, Inst.f.Garten- u. Landeskultur, Berlin 1955

Wunschik, A.: Aufgaben und Voraussetzungen für die Rekultivierung der Kippen in den Braunkohlengebieten. Ref., geh. vor dem Präsidialkomitee der Kammer der Technik, Berlin 1950

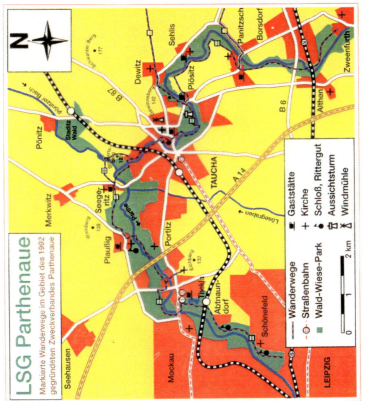

Abbildung 1: Faltblatt Zweckverband Parthenaue (Sitz: Taucha)

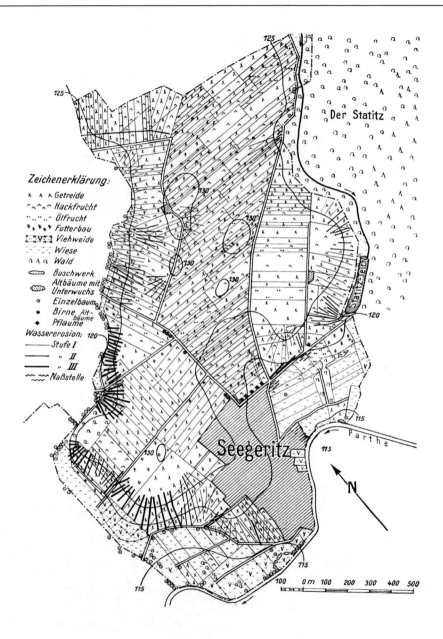

Abbildung 2: Flur Seegeritz vor der Landschaftsgestaltung (1953). Quelle: KRUMMSDORF 1960, 89

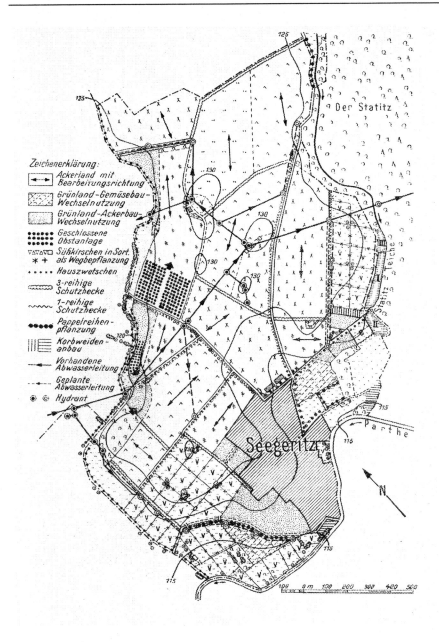

Abbildung 2a: Flur Seegeritz nach der Landschaftsgestaltung (1955). Quelle: KRUMMSDORF 1960, 107

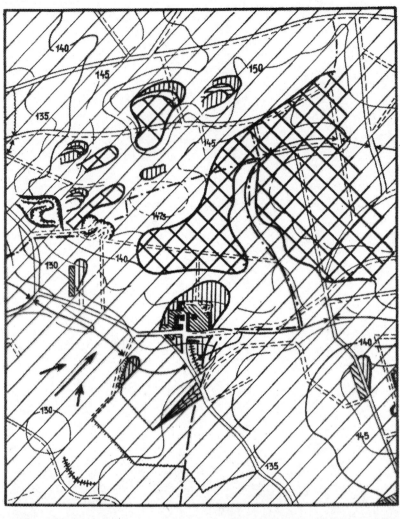

Windstärke in %
des Freilandwindes

Windrichtung: SSW-SW-WSW
Windstärke: 5,6 m/sec.

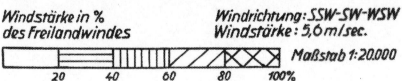

Maßstab 1:20.000

20   40   60   80   100%

Windaufnahme der Flur des VE Lehr- und Versuchsgutes Cunnersdorf,
Kr. Leipzig (nach Lauckner 1956). Vergleiche mit Karte der Flurplanung
(Anlage)

Abbildung 3: Windaufnahme in der Flur Cunnersdorf

281

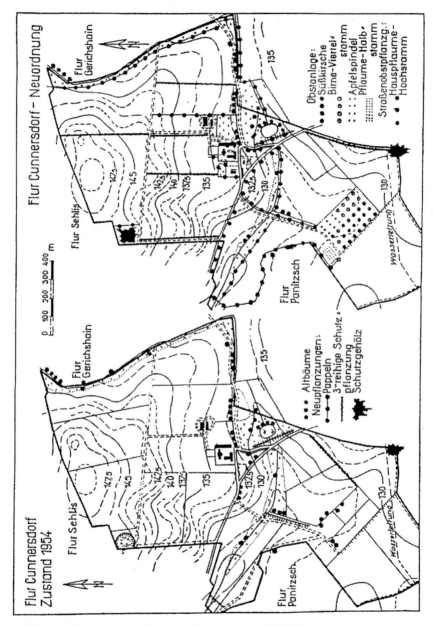

Abbildung 4: Landschaftsgestaltung Gutsflur Cunnersdorf (1954/55)

„Gesunde Natur brauchen wir. Was tue ich dafür?", Herausgeberin: Gesellschaft für Natur und Umwelt im Kulturbund der DDR. Quelle: Plakatsammlung im Studienarchiv Umweltgeschichte des Instituts für Umweltgeschichte und Regionalentwicklung e.V. an der Hochschule Neubrandenburg

Albrecht Krummsdorf

Lehrstuhl und Arbeitsgruppe Landeskultur/Umweltschutz an der Rostocker Universität

Das wachsende internationale Interesse an Umweltproblemen ergab auch für die Staatsführung der DDR und die hierfür in besonderem Maße eintretende Akademie der Landwirtschaftswissenschaften (AdL) die Notwendigkeit, den Anforderungen von Landeskultur, Natur- und Umweltschutz, Landschaftspflege und Umweltgestaltung auch im Hoch- und Fachschulwesen Rechnung zu tragen. Die in historischen Etappen herangereiften standortkundlich-landeskulturellen, vor allem ökonomisch akzentuierten negativen Veränderungen in den immer intensiver agrar-industriell genutzten Landschaften sowie fortschreitende urbane Agglomerationen mit ihren ökologischen Konsequenzen für Natur und Gesellschaft messen und bewerten zu lernen, bildeten wesentliche Ansatzpunkte für die Einführung eines entsprechenden Studienfachs. Und dringlich anstehende Lehr- und Forschungsaufgaben, deren Ergebnisse zum Inhalt wissenschaftlich begründeter Information mit vertiefter Praxiswirksamkeit auf der Grundlage des Landeskulturgesetzes vom 14.5.1970 (DDR-GBl. I, S.67) nutzbar zu machen wären, dürften wohl zur eigentlichen Argumentation und Ausgangsbasis für den neu einzurichtenden Lehrstuhl Landeskultur und Umweltschutz an der damals nach dem ersten Staatspräsidenten Wilhelm Pieck benannten Universität Rostock geworden sein.

Somit wurden zum 1.9.1976 konkrete Voraussetzungen geschaffen, um in Studium, Forschungs- und Öffentlichkeitsarbeit aktuelle und künftige Umweltaufgaben wissenschaftlich zu durchdringen, in stärkerem Maße auch interdisziplinär mit Hilfe der bereits seit 1973 dem Prorektor für Naturwissenschaften und Technik unterstellten Gruppe Landeskultur/Umweltschutz. Erfreulicherweise wurde der Lehrstuhl nach 15 Jahren dann mit der politischen Wende im Zuge der Evaluierungen zum gleichnamigen Fachbereich ausgebaut und als ‚Unikat von europäischer Bedeutung' (lt. Wissenschaftsrat in Bonn) zusammen mit dem ebenfalls neu geschaffenen Bereich Agrarökologie zur Agrar- bzw. heutigen Agrar- und Umweltwissenschaftlichen Fakultät vereint.

Der Lehrstuhl Landeskultur und Umweltschutz
an der Rostocker Universität 1976/1991

Gemessen an der 1419 gegründeten ‚alma mater rostochiensis', die bereits im Mittelalter als „Leuchte des Nordens" hohes Ansehen gewann, erscheinen nur 1½ Jahrzehnte Arbeit eines Lehrstuhls kaum bemerkenswert. Die Umweltproblematik war aber von solcher Brisanz, dass man als erstberufener Ordinarius nur aus innerster Überzeugung Verfahrensschritte und Lösungswege suchen musste, die mit der Natur und ihrem Ressourcenschutz nachhaltige Nutzungsmöglichkeiten verbanden. Deshalb war auch mein wissenschaftlicher Werdegang stets auf ökologisch optimale und zugleich ökonomisch vertretbare höhere Landschaftskultur unter Förderung der Naturpotentiale orientiert. Nach der Promotion 1958 und Habilitation 1963 an der Karl-Marx-Universität Leipzig (Institut für Landschaftsgestaltung) folgte meine 10-jährige Tätigkeit in der Kohleindustrie mit dem Auftrag, vornehmlich in ingenieurmäßiger Arbeit Methoden und Technologien zu entwickeln, die durch Wiederurbarmachung, Flurholzanbau sowie Orts- und Werksbegrünung der Gestaltung von Bergbaufolgelandschaften dienten.

Seit der Berufung nach Rostock 1976 wurden diese Aufgabenfelder an der Sektion Meliorationswesen und Pflanzenproduktion nicht nur fortgeführt und intensiviert, sondern auch wesentlich erweitert. Vor allem konnten jetzt die gesammelten Erfahrungen und Ergebnisse an den studentischen Nachwuchs und die breite Praxis weitergegeben werden. Das schloss die Erarbeitung von Lehrmaterial und speziellen Publikationen sowie Vortragstätigkeit im In- und Ausland ein und führte zu zahlreichen fachlichen und gesellschaftlichen Verpflichtungen, z.B. in der Sektion Landeskultur und Naturschutz der AdL Berlin und deren Fachgremien, als Mitglied des DDR-Nationalkomitees für das UNESCO-Programm „Mensch und Biosphäre", als Beauftragter des Ministeriums Hoch- und Fachschulwesen für die Umwelterziehung im technisch-agrarwissenschaftlichen Bereich, als Leiter der interdisziplinären Arbeitsgruppe Landeskultur/Umweltschutz an der Universität Rostock, als Vorsitzender des Bezirksvorstandes Rostock der Gesellschaft für Natur und Umwelt im Kulturbund oder als Mitarbeiter bezirklicher und zentraler Fachausschüsse der Kammer der Technik und des Architektenbundes (Landschaftsarchitektur). Bezüglich Auslandsarbeit wird auf wiederholte Gastvorlesungen in Polen (Universitäten Krakow, Wroclaw und Olsztyn) sowie auf die mehrjährige Mitwirkung am internationalen Sommerferienkurs der ungarischen Forstuniversität Sopron hingewiesen. Besondere Auszeichnung und Herausforderung zugleich war aber ein „UNESCO-award" 1978 mit dem Auftrag, den Stand von Lehre, Forschung und Öffentlichkeitsarbeit auf den Gebieten Landeskultur und Umweltschutz in jeweils vierwöchigen Aufenthalten in der BRD, in den Niederlanden und in Dänemark zu recherchieren. Fachlich interessant und für internationale Kontakte wichtig war auch die UNO-ECE-Konferenz (Kohle-Kommission) in Fragen der Tagebaurekultivierung im ungarischen Tatabanya 1983 oder die 12. Generalverammlung der Ingenieur-Organisationen, ein weltweiter Technik-Kongress 1989 in Prag.

Solche Verpflichtungen erbrachten natürlich Vorteile und Anregungen für die eigene Qualifikation und halfen bei der Gestaltung neuer Lehrinhalte und Seminare, die primär auf die Erfordernisse des Landeskulturgesetzes der DDR und die nachfolgend bis 1989 ergangenen 6 Durchführungsverordnungen und 10 Durchführungsbestimmungen zu orientieren waren. Darin sind alle früheren Einzelregelungen auf diesem Gebiet vereint worden, und damit trugen sie insgesamt für uns als Basis und Rahmen quasi den Charakter einer „Landschaftsverfassung". Spezifische Aufgaben in eigenen Leitungsbereichen, die als betriebliche und territoriale Aufgaben nach Ressortplanungen auch querschnittsbezogene kooperative Leistungen und koordiniertes Zusammenwirken erforderten, wurden noch ergänzend geregelt, wie z.B. durch Sekundärrohstoffverordnung, Wassergesetz (mit Schadstoffkatalog), Berggesetz (mit Wiederurbarmachungs-/Rekultivierungsanordnung), Bodennutzungs- und Bodennutzungsgebühren-Verordnung usw.). Ihre Wirksamkeit war auf Objekte/Standorte und auf die verschiedenen Arten der Umweltbeeinflussung bezogen, aber leider allzu häufig auch durch Mittel und Möglichkeiten begrenzt.

Ein umfangreiches Standardwerk begleitete diese Rechtsvorschriften und präzisierte die umweltrelevanten Anforderungen in ökologischen, technisch-wirtschaftlichen, sozialen und kulturellen Bereichen. Darüber hinaus galt es für den Lehrstuhl, spezielle Studienliteratur aus nachstehenden Reihen/Dokumentationen zugänglich zu machen:
- UNEP-Informations- bzw. Auskunftssystem (INFOTERRA) des Umwelt (schutz)-Programms der UNO;
- RGW-Informationsversorgung des Umweltschutzes (INFORMOOS);
- Informationsdienst Umweltschutz (UMWELTINFORM) des Zentrums für Umweltgestaltung Berlin (DDR-Leiteinrichtung);
- „Nachrichten Mensch-Umwelt" sowie gesellschaftswissenschaftliche und naturwissenschaftliche Reihe der Akademie der Wissenschaften Berlin;
- Landeskultur- und Bodenrecht, Akademie für Staat und Recht Potsdam (Staatsverlag Berlin);
- Bauinformation/-forschung/-praxis der Bauakademie Berlin;
- Tagungsberichte und Landwirtschaftliches Zentralblatt (agroselect) der AdL Berlin sowie RGW-Themeninformation zu Standardisierungskomplexen „Na-

turschutz; Boden" (01.665) oder „Naturschutz; Landschaft" (01.666) der AdL-Zentralstelle für Standardisierung Berlin;
- agra-buch (Empfehlungen für die Praxis) der Landwirtschaftsausstellung Leipzig-Markkleeberg;
- Reihe Umweltforschung, Fischer-Verlag Jena;
- Reihe Technik und Umweltschutz, Grundstoffverlag Leipzig;
- prosa-/akzent-Sachbuch-Reihe, Urania-Verlag Leipzig;
- THESAURUS-Reihe, Verlag Volk und Gesundheit Berlin;
- Naturschutzarbeit, Periodika der Zweigstellen des AdL-Instituts Landschaftsforschung und Naturschutz Halle zusammen mit Räten der Bezirke;
- Natur und Umwelt, Schriftenreihe des Kulturbunds Berlin (sowie „Natur und Umwelt – Beiträge aus dem Bezirk Rostock", 14 Hefte bis 1990).

Eigentliches Studienmaterial waren die in der DDR verfügbaren Lehr- und Fachbücher zu Spezialgebieten und insbesondere zahlreiche Lehrbrieftitel, die von der Zentralstelle des Ministeriums für Hoch- und Fachschulwesen auch periodisch aktualisiert wurden. So bot der vierbändige Lehrbrief „Landeskultur und Umweltschutz" (bis 1989 mit drei Nachauflagen) eine umfassende Information über die Studieninhalte einschließlich Fragen zur Selbstkontrolle und Literaturhinweisen für das neue Fachgebiet:

1. *Lehrbrief* (A. KRUMMSDORF mit K. JANZEN): 1. Gesellschaft und Umwelt, 1.1. Grundanliegen, gesellschaftliche Aspekte der Umwelterziehung, 1.2. Globale Umweltprobleme und ihre Lösungsmöglichkeiten, 1.3. Umweltschutz im Sozialismus - Bestandteil des RGW-Komplexprogramms, 1.4. Terminologie und Rechtsgrundlagen für Landeskultur und Umweltschutz in der DDR, 1.4.1. Staatliche Leitung und Planung, 2. Ökosystembeziehungen und Umweltgestaltung, 2.1. Aufbau, Zusammenhänge und Funktion von Ökosystemen, 2.2. Stabilität, Tragfähigkeit, Belastbarkeit und Belastung, 2.3. Anthropogene Einflussnahme auf die natürliche Umwelt, 2.4. Wissenschaftlich-technischer Fortschritt, Produktionsentwicklung und Umweltgestaltung, 2.5. Industriemäßige Landwirtschaft als Umweltfaktor.

2. *Lehrbrief* (A. KRUMMSDORF mit K. JANZEN): 3. Landeskulturelle Aufgaben in agrar-industriell genutzten Landschaften, 3.1. Planung, Gestaltung und Pflege der Landschaft, 3.1.1. Ortsgestaltungskonzeption und Flurgestaltung, 3.1.2. Flurholzanbau, 3.1.3. Ingenieurbiologische Bauweisen, 3.1.4. Küstenschutz, 3.2. Naturschutzaufgaben, Nutzung und Schutz der Wälder, 3.3. Nutzung und Schutz des Bodens, 3.3.1. Bodenfruchtbarkeit und Bodenhygiene, 3.3.2. Bodenschutz vor Schadwirkungen durch Wasser und Wind, 3.3.3. Wiedernutzbarmachung devastierter Böden und Gestaltung der Bergbaufolgelandschaft, 3.4. Aufgaben des Gewässerschutzes und wasserhygienische Anforderungen, 3.5. Nutz-

barmachung von Abprodukten, 3.5.1. Stadtkompost als Düngestoff und Boden-verbesserungsmittel, 3.5.2. Kraftwerksfilteraschen zur Wiederurbarmachung und Bodenmelioration sowie baustofftechnische Ascheverwertung und Abpro-duktnutzung.

3. *Lehrbrief* (A. KRUMMSDORF mit M. PRETZSCHEL): Graphisch aufbereitete Dar-stellungen, Tabellen und Übersichten, die nach Inhalt und Aussage den Lehr-komplexen der ersten beiden Briefe folgen: „Gesellschaft und Umwelt", „Öko-systembeziehungen und Umweltgestaltung", „Landeskulturelle Aufgaben in agrar-industriell genutzten Landschaften". Außerdem vermitteln umfangreiche Definitionen zum gesamten Fachgebiet detaillierte textliche Informationen und Sachbezüge. Diese Zusammenhänge sollten im wissenschaftlich-technischen Sprachgebrauch und im Interesse der Praxis begriffliche Klarheit und Abgren-zung schaffen.

4. *Lehrbrief* (D. MARTIN): Aus der Sicht der Zentralen Naturschutz-Lehrstätte Mü-ritzhof des AdL-Instituts für Landschaftsforschung und Naturschutz Halle wird der Anschluss von Landeskultur und Umweltschutz über Ökologie bzw. Land-schafts- und Agrarökologie zu allgemeinen und speziellen Naturschutzbelangen vermittelt. Das Lehrmaterial galt zugleich für Weiterbildungskurse am Müritz-hof, weshalb standortskundliche Grundlagen sowie Aufgaben und Möglichkei-ten aktiver Naturschutzarbeit auf Beispiele im größten Naturschutzgebiet der DDR „Ostufer der Müritz" bezogen waren.

Diese Lehrbriefserie „Landeskultur und Umweltschutz" war über agrar- und meliorationswissenschaftliche Disziplinen hinaus gefragtes Studienmaterial. Vom Lehrstuhl wurden außerdem ab 1983 Vorlesungen und Seminare „Agrarökologie" eingeführt. Das stand durchaus im Zusammenhang mit den in der DDR gestellten volkswirtschaftlichen Intensivierungsanforderungen und der fortschreitenden ge-sellschaftlichen Arbeitsteilung. Im Agrarbereich sollte eine stärkere standortbezo-gene Orientierung unter Förderung der Bodenfruchtbarkeit, Flurneuordnung und meliorativen Landschaftsgestaltung durchgesetzt werden. Die umweltrelevante Bildungs- und Erziehungsarbeit hierfür galt es auszubauen, damit auf vermeintli-che Produktionsförderung gezielte Eingriffe in den Naturhaushalt und die Infra-struktur nach Dimension und Tempo nicht mit weiteren Einbußen an Umweltqua-lität verbunden waren, die natürliche Kreisläufe und ökologisches Potential immer noch stärker belasteten. Bereits vorliegende Negativwirkungen aus einseitig tech-nisch-ökonomisch orientierten Konzeptionen und Fehlhandlungen in Planung und Produktion resultierten nicht zuletzt aus unzureichendem Erkenntnisstand, weil bisher eine Aufklärung von Sachfragen der Ökologie und des Umweltschutzes vernachlässigt wurde und somit eine schöpferische Nutzanwendung ausblieb. Deshalb war es dringlich, parallel zur beabsichtigten intensiveren Ausschöpfung standörtlicher Ressourcen den Gratisproduktivkräften der Natur nicht nur bestmöglichen Schutz zu gewähren, sondern diese auch durch nachhaltige Ökosystembewirtschaftung und Umweltgestaltung zu sichern. Demzufolge mussten die Bildungsziele von der konkreten Standortverbesserung bis zum komplexen Aufbau gepflegter Landschaften reichen. Eine solche landeskulturelle Gesamtbetrachtung bedeutete gemeinsame Verantwortung für ökologiefördernden Umgang mit Natur und Umwelt in Wissenschaft und Praxis.

Unsere hochtechnisierte Zivilisation bedarf solcher Prämissen und erfreulicherweise konnte der studentische Nachwuchs dank 15-jähriger Lehre im Direkt- und Fernstudium mit diesen brisanten Fragen und Aufgaben vertraut gemacht werden. Alle Absolventen hatten auch als spezielle Klausurleistung ihren persönlichen Beitrag zu Landeskultur und Umweltschutz schriftlich darzulegen. Für Fernstudenten aus der Praxis zeigte sich das natürlich mit hohem Bewertungsgrad kontrollfähiger als für Direktstudenten. Aber auch diese stellten sich bald darauf ein, und viele wurden bis heute zu Multiplikatoren im Lande.

Immerhin wurden von 1976 bis 1991 insgesamt 2.411 Studenten sowie 110 Postgraduale am Lehrstuhl geprüft, 49 Diplomarbeiten und 13 Dissertationen gefertigt und 8 Habilitationsschriften begutachtet. Außerdem entstanden 211 Publikationen im gleichen Zeitraum. Diese Aktivitäten resultierten zumeist aus Ergebnissen von Forschungsaufgaben, aber auch aus Vertragsverpflichtungen mit staatlichen Organen/Einrichtungen, landwirtschaftlichen Betrieben und Industriekombinaten, insbesondere Bergbau und Energie. In besonderem Maße war interdisziplinäre Zusammenarbeit bei manchem Thema gefragt, so bei der Brackwasseranwendung in der Pflanzenproduktion mit Auswirkungen auf Boden, Pflanze und Umweltfaktoren. Die Vertragsbindung „Umweltforschung Düngemittelwerk Rostock-Poppendorf" erwuchs aus einem Gutachten zur Standortplanung im Raum Rostock mit weiterer Präzisierung der Investitionen. Somit begleiteten mehrjährige Voruntersuchungen die Bauphase des Werks und schufen die Ausgangsbasis für zu erwartende Veränderungen der Umweltsituation nach der Produktionsaufnahme. Durch periodisch weitergeführte Untersuchungen war zwischen Industrie und Universität eine beispielhafte Forschungskooperation entstanden.

Das aus all diesen Zusammenhängen gewachsene Forschungsprofil des Lehrstuhls war zwar abgestimmt auf die politökonomisch und von der Landwirtschafts- bzw. Bauakademie als Leiteinrichtungen vorgegebenen Strategien und Schwerpunktaufgaben, suchte aber eigene enge Verbindungen zu Technik, Ökologie und Wirtschaft im Kontakt mit interessierten Partnern. Im Vordergrund stand dabei die Erforschung und Bewertung von Umweltqualitätskriterien und Naturressourcen ländlicher Räume oder industrieller Ballungsgebiete. Primär zielte die Anwendung der Forschungsresultate auf Prophylaxe und Schadensminderung, Bioindikation, Belastbarkeit/Tragfähigkeit und Erweiterung des Regenerationspotentials unter jeweiligen Standortbedingungen sowie Ökosystemförderung durch Landschaftsplanung, -gestaltung und -pflege. Schließlich wurden rechnergestützte Aufbereitungen der Ergebnisse, Fachinformationen und Öffentlichkeitsarbeit (soweit im Rahmen des Umweltdatenschutzes möglich) angestrebt.

Die interdisziplinäre Arbeitsgruppe Landeskultur/Umweltschutz

Bereits 1973 war an der Universität eine zentrale Arbeitsgruppe aus berufenen Mitgliedern interessierter Fakultäten/Sektionen auf Initiative des Prorektors für Naturwissenschaften und Technik gebildet worden. Hier sollten die anstehenden Umweltfragen bearbeitet und im Informationsaustausch auch gemeinsame Lösungen gesucht werden, zumal durch Gesetzgebung und wachsenden Druck der Öffentlichkeit die Anforderungen stiegen. So waren beispielsweise zunehmende Luftbelastungen durch das geplante Düngemittelwerk zu erwarten und in der Bevölkerung bereits heftig diskutiert worden. Deshalb erging von den Bezirksorganen die Aufforderung an die Universität, über ein Gutachten die gegebene und perspektivische Umweltsituation darzulegen. Damit wurde erstmals von der Arbeitsgruppe eine größere Gemeinschaftsleistung abverlangt, die Boden- und Standortkundler, Meteorologen und Lufthygieniker, Landschafts- und Industrieplaner, Arbeits- und Betriebswissenschaftler, Juristen, Demographen und Mediziner zusammenführte. Mit dem Ergebnis befasste sich eine vorbereitende Ministerratskommission und es gelang, den neu anzusiedelnden Industriekomplex aus dem städtischen Hafenbereich 12 km in Hauptwindrichtung ostwärts zu verlagern. Der durch verlängerte Leitungstrassen, Straßenausbau und Bahnanschluss erforderliche Mehraufwand von über 50 Millionen Mark wurde verkraftet und der relativ optimale Standort Poppendorf für das Werk und umfangreiche Folgeinvestitionen genutzt. Auf die damit verbundene Umweltforschung wurde bereits hingewiesen.

Die Arbeitsgruppe gestaltete ab 1980 eine Gesprächsreihe „Mensch und Umwelt" im Heinrich-Mann-Klub des Kulturbundes Rostock mit und wurde 1981 Träger einer institutionellen Mitgliedschaft der Universität in der Gesellschaft für Natur und Umwelt. Ab 1984 lief mit großem Zuspruch eine öffentliche Vorlesungsreihe „Ökologie und Umweltschutz". Schließlich wird auf die von der Karl-Marx-Universität Leipzig alljährlich im Maritimen Observatorium veranstalteten „Zingster Umweltkurse" verwiesen, die eine DDR-weite Beteiligung fanden. Hierzu leistete die Rostocker Arbeitsgruppe regelmäßig Beiträge.

Am 25./26.9.1986 wurde ein interdisziplinäres wissenschaftliches Kolloquium zum Thema „Landeskultur und Umweltschutz aus gesellschaftlicher und ökologischer Verantwortung" mit Gästen aus Polen, CSSR und Bulgarien in Rostock durchgeführt. Neben der Universität wirkten die Sektion Landeskultur und Naturschutz der Akademie der Landwirtschaftswissenschaften der DDR, die Agrarwissenschaftliche Gesellschaft, der Bund der Architekten, die Kammer der Technik, der Kulturbund und die URANIA mit. Die Tagungsproblematik brachte kritische Auseinandersetzungen mit Umweltschäden, Analyse- und Diagnosemethoden und eröffnete Zusammenhänge und wissenschaftlich begründete Aussichten, die wachsenden Sorgen der Menschheit um Energie, Nahrung und Umweltqualität einzudämmen. Die hierzu nötige Erziehungs- und Bildungsarbeit war maßgebend von den erstmals geschlossen auf einer solchen Fachtagung vertretenen Bildungsträgern zu leisten.

Beispielhaft bearbeiteten auch unsere Mitglieder eine Abwasserkonzeption für die Universität. Damit wurde die gesamte Situation hinsichtlich Wasserverbrauch, Abwasseranfall, Beschaffenheit, Schadstoffgehalt und -behandlung analysiert. In diesem Zusammenhang kann auch auf weitere, von der Arbeitsgruppe mitgetragene Umweltforschungsthemen verwiesen werden, wie Meeresbiologie, Boddenforschung, Gewässerschutz, Baggergutverwertung, Abfallwirtschaft, Bodenschutz oder Meliorationswirkungen.

Seit 1990 zu einer universitären Interessengemeinschaft erweitert, wurde ohne größere Vorbereitung ein Umwelt-Postgradualstudium organisiert, um arbeitslos gewordenen Hoch- und Fachschulabsolventen eine Zusatzqualifikation bieten zu können, die zur Aufnahme einer neuen Tätigkeit befähigen würde. Ca. 150 Postgraduale durchliefen zunächst die 3 Kurse mit besonders umweltrelevanten Schwerpunkten auf den Gebieten aquatische und terrestrische Ökologie, Ökochemie, Landschaftsgestaltung und Standortverbesserung, Landtechnik, Dorferneuerung und Ökobau, umweltgerechte Pflanzenproduktion und Tierhaltung, Arbeits- und Umwelthygiene sowie Informatik und Erwachsenenbildung. Dieses Postgradualstudium wurde seitdem pädagogisch, umweltrechtlich und naturwissenschaftlich-technisch weiter ausgebaut und bis jetzt fortgeführt. Inzwischen war durch Senatsbeschluss 1996 der Wissenschaftsverbund „Um-Welt" als erste zentrale wissenschaftliche Einrichtung der Universität etabliert worden.

Dieser führt seitdem „verschiedene Universitätsdisziplinen zusammen, die sich in Forschung und Lehre mit Umweltthemen auseinandersetzen, von der Philosophie über die Naturwissenschaften, die Medizin, die Agrar- und Ingenieurwissenschaften, die Ökonomie, die Informatik bis hin zur Rechtswissenschaft" (Vorsitzender Prof. Dr. Wolfgang Riedel, Fachbereich Landeskultur und Umweltschutz).

Zusammenfassung

Mit der Gründung eines Lehrstuhls für Landeskultur und Umweltschutz an der Universität Rostock konnte im Jahre 1976 ein wichtiger Schritt zur Konzentration und Intensivierung der wissenschaftlichen Arbeit auf diesen Gebieten und zur Lösung der in der DDR mit besonderer Brisanz gestellten Aufgaben getan werden. Schwerpunktmäßig wurden standortkundlich-landeskulturelle Probleme und ökonomisch akzentuierte Veränderungen in agrar-industriell genutzten Landschaften und die fortschreitenden ökologischen Konsequenzen für Natur und Gesellschaft in Lehre, Forschung und Öffentlichkeitsarbeit theoretisch, experimentell und planerisch-konstruktiv behandelt. Neben dem Lehrstuhl existierte eine universitäre Arbeitsgruppe Landeskultur/Umweltschutz, die 1991 in den heutigen Wissenschaftsverbund „Um-Welt" als zentrale wissenschaftliche Einrichtung der Universität Rostock überführt wurde. Rückschau und Ausblick werden für beide Tätigkeitsfelder gegeben.

„Junges Grün braucht besondere Fürsorge. Ich suche Pflegeeltern." Herausgeber: Institut für Kommunalwirtschaft (1984). Grafiker: Hajo Schüler. Quelle: Plakatsammlung im Studienarchiv Umweltgeschichte des Instituts für Umweltgeschichte und Regionalentwicklung e.V. an der Hochschule Neubrandenburg

Wolfgang Fritsche

Umweltmikrobiologische Forschungen an der Martin-Luther-Universität Halle-Wittenberg und der Friedrich-Schiller-Universität Jena in den Jahren 1965-1990

In den natürlichen Stoffkreisläufen spielen die Mikroorganismen auf Grund ihrer Abbauleistungen eine entscheidende Rolle als Destruenten. Auf diesen Fähigkeiten beruht auch ihre Bedeutung für den Abbau und die Eliminierung von umweltbelastenden Chemikalien, die in Böden, Abwasser und Gewässer gelangt sind. Weichen die Strukturen der chemisch synthetisierten Produkte sehr von denen der Naturstoffe ab, bzw. sind die Bedingungen für die Entfaltung der mikrobiellen Abbaufähigkeiten ungünstig, so kommen die Mikroorganismen an ihre Leistungsgrenzen. Die Ermittlung der Möglichkeiten und Grenzen des Abbaus bzw. der Umsetzung von Chemikalien in der Umwelt ist eine der Aufgaben der Umweltmikrobiologie.

Eine weitere Aufgabe dieser Disziplin beruht auf den spezifischen Syntheseleistungen von Mikroorganismen für biologisch aktive Stoffwechselprodukte. Wenn diese Naturstoffe als Herbizide, Fungizide oder Insektizide wirken, so sind sie für die Entwicklung von umweltgemäßen Pestiziden von Interesse. Naturstoffe zeichnen sich in der Regel durch eine gute Abbaubarkeit aus. Entsprechende Erkenntnisse können sowohl für die chemische Wirkstoffsynthese nach dem Vorbild der Natur als auch für eine biotechnologische Herstellung von Bedeutung sein.

Die folgenden Ausführungen beziehen sich auf diese Teilgebiete der Umweltforschung. Die Forschungsarbeiten über die Einwirkung von Umweltnoxen auf Ökosysteme, die an den beiden Universitäten bereits in den Zeiten der DDR sehr erfolgreich betrieben wurden, werden nicht behandelt.

Die Wahrnehmung der Umweltproblematik in den 1960er Jahren

Mitte der 1960er Jahre wurde vielen Naturwissenschaftlern bewusst, dass mit der zunehmenden Industrialisierung Produkte und Abprodukte in die Umwelt gelangen, die zu einer Belastung und Schädigung der Ökosysteme und der menschlichen Gesundheit führen. Allmählich wurde erkannt, dass damit eine neue Herausforderung verbunden war, nämlich naturwissenschaftliche Erkenntnisse nicht nur zum Wohle des Menschen, sondern auch zum Schutz und der Erhaltung der Natur anzuwenden. Aus meiner damaligen Tätigkeit als wissenschaftlicher Mitarbeiter am Institut für Allgemeine Botanik der Universität Halle, an der ich bis 1977 tätig war, ist mir noch gegenwärtig, dass dazu drei Aspekte beitrugen, die Verschmutzung der Flüsse, das Buch „Der stumme Frühling" von Rachel Carson und die Erkenntnis der Persistenz und Bioakkumulation von Umweltchemikalien.

Die Verschmutzung der Flüsse vor allem durch Abwässer der chemischen Industrie war offensichtlich. Es war die Zeit, in der durch schwer abbaubare Detergenzien Schaumberge auf den Flüssen auftraten und der Geruch auf Belastungen durch Phenole hinwies. Bei Exkursionen in Betriebe der chemischen Industrie wurde uns die Problematik vergegenwärtigt. Diese Exkursionen fanden im Rahmen einer Vorlesungsreihe über „Industrielle Mikrobiologie" statt, die auf Anregung von Herrn Prof. Dr. K. Mothes, dem damaligen Institutsdirektor, seit 1964 über viele Jahre hin regelmäßig durchgeführt wurden (FRITSCHE 1964). Studenten und Mitarbeiter wurden bei Exkursionen in die Filmfabrik Wolfen oder die Abwasserreinigungsanlage des Braunkohlenkombinates Lauchhammer mit den Problemen konfrontiert, die sich aus dem Anfall von schwer abbaubaren Natur- und Fremdstoffen ergaben. In Wolfen waren es die Sulfitablaugen der Zelluloseproduktion, die in der Futterhefeproduktion nur unvollständig verwertet wurden, in Lauchhammer carbochemische aromatische Verbindungen, die in den dort betriebenen Turmtropfkörpern unzureichend abgebaut wurden. Stets war die sehr offene Darstellung der Umweltprobleme mit der Bitte verbunden, bei ihrer Lösung mitzuhelfen.

Weitere Probleme der 1960er Jahre waren die Nebenwirkungen und Spätfolgen des stark angestiegenen Einsatzes von Pestiziden und anderen Agrochemikalien. Die mit diesen Produkten verbundenen Schadwirkungen waren zwar weniger augenfällig, ihre Wahrnehmung wurde jedoch durch das 1963 in deutsch erschienene Buch der amerikanischen Biologin Rachel Carson „Der stumme Frühling" sensibilisiert. Auch wenn das Buch schwer zugängig war, so war doch sein Inhalt durch Radiosendungen und Gespräche bekannt und wurde viel diskutiert.

Ein dritter Impuls zur mikrobiologischen Umweltforschung ging Mitte der 1960er Jahre von dem eigenen Fachgebiet, der Mikrobiologie, aus. In dieser Disziplin wurde lange das „Dogma der mikrobiellen Unfehlbarkeit" vertreten. Man nahm an, dass Mikroorganismen existieren, die alle theoretisch oxidierbaren organischen Stoffe, Natur- wie Fremdstoffe, abbauen, d.h. mineralisieren können. Der Begriff Fremdstoffe (Xenobiotika) soll verdeutlichen, dass es sich um chemisch synthetisierte Stoffe handelt, die nicht in der Natur vorkommen. Es war wohl zuerst der amerikanische Bodenmikrobiologe Martin Alexander, der in seinen Publikationen nachdrücklich auf die Möglichkeiten und Grenzen des Fremdstoffabbaus aufmerksam machte und auf die Gefahren hinwies, die von persistenten und toxischen Chemikalien für Lebensprozesse ausgehen (ALEXANDER 1965). Diese Erkenntnisse führten um 1970 weltweit zur Herausbildung der Umweltmikrobiologie als einer neuen Fachdisziplin. Es sei an dieser Stelle angemerkt, dass die internationale Fachliteratur in Halle und in Jena weitgehend vorhanden war bzw. auf Anforderung in Form von Sonderdrucken zugeschickt wurde.

Anfang der 1970er Jahre trugen zwei weitere viel beachtete Ereignisse zur Etablierung der Umweltforschung bei, der 1972 erschienene erste Bericht des Club of Rome „Die Grenzen des Wachstums" und die im gleichen Jahr in Stockholm durchgeführte erste große Umweltkonferenz der UNO. Der Bericht des Club of Rome schärfte die Einsichten über die Begrenztheit der Ressourcen, die Stockholmer Konferenz erweiterte die Sicht für die globale Situation unter besonderer Berücksichtigung der Entwicklungsländer.

Über den Rahmen der Universität hinaus war es vor allem die 1971 gegründete Klasse „Optimale Gestaltung der Umweltbedingungen (Mensch und Umwelt)" der Akademie der Wissenschaften der DDR, die sich um eine stärkere Bearbeitung der Probleme bemühte, welche mit dem zunehmenden Einsatz von persistenten und toxischen Umweltchemikalien verbunden waren. Auf Einladung des stellvertretenden Vorsitzenden dieser Klasse, Herrn Prof. Dr. K. Lohs, hielt ich dort über den mikrobiellen Abbau von Umweltchemikalien einen Vortrag (FRITSCHE 1973). Diese Informationen wurden nur für den Dienstgebrauch publiziert.

Forschungsaktivitäten in den 1970er Jahren in Halle

Unter dem Motto „Chemisierung der Landwirtschaft" wurde in dieser Zeit der Einsatz von Pflanzenschutz- und Düngemitteln beträchtlich erhöht. In Piesteritz entstand ein neues großes Stickstoffdüngerwerk. Für den effizienten Einsatz der dort produzierten Ammonium- und Harnstoffdüngemittel hielt man die gleichzeitige Anwendung von Hemmstoffen bestimmter biologischer Prozesse im Boden für notwendig. Dabei handelte es sich zum einen um Nitrifikationshemmstoffe, die die bakterielle Umsetzung von Ammonium in Nitrat, welches leicht ausgewaschen wird, vermindern, zum andern um Ureasehemmstoffe, welche die Spaltung des Harnstoffs und die damit verbundene Ammoniakverflüchtigung herabsetzen sollten.

In diesem Zusammenhang wurden wir als Mitarbeiter des damaligen Wissenschaftsbereiches Pflanzenphysiologie und Mikrobiologie der Sektion Biowissenschaften gebeten, bei der Entwicklung von „Ureasehemmern" mitzuwirken. Unsere Bedenken, dass durch die Nebenwirkungen potentieller Hemmstoffe die Mikrobenflora des Bodens geschädigt werden könnte, wurde vom damaligen Direktor der VVB Agrochemie und Zwischenprodukte, Herrn Dr. Bach, und seinen Mitarbeitern mit Verständnis aufgenommen und führte zu der Vereinbarung, zunächst Grundlagenuntersuchungen über die Regulation der Ureasesynthese bei Mikroorganismen durchzuführen. Diese Kooperation wurde später mit dem VEB Stickstoffwerk Piesteritz weitergeführt und vom dortigen Forschungsdirektor Herrn Dr. Jasche wirkungsvoll unterstützt.

Die im Rahmen von einigen Diplom- und Doktorarbeiten durchgeführten Untersuchungen ergaben, dass bei den untersuchten Mikroorganismen die Ureasesynthese nicht durch Harnstoffgabe gefördert, wohl aber durch Ammoniumbildung reprimiert wird (MENYES & FRITSCHE 1972, SCHLUTTIG & FRITSCHE 1975).

In der gleichen Zeit entwickelte sich eine Kooperation mit dem VEB Fahlberg-List Magdeburg über den mikrobiellen Abbau von chlorierten aromatischen Kohlenwasserstoffen. Verbindungen wie Chloraniline und Chlorphenole sind Komponenten von wichtigen Pflanzenschutzmitteln. Als Umweltchemikalien treten sie sowohl beim Pestizidabbau im Boden als auch als Abprodukte in Industrieabwässern auf. Mit neu isolierten Bakterien konnten wir feststellen, dass Anilin und einfach chlorierte Derivate vollständig abbaubar sind (RABSCH & FRITSCHE 1977). Mehrfach substituierte Verbindungen sind dagegen je nach Zahl und Position der Substituenten zunehmend persistenter (JANKE & FRITSCHE 1978). In sehr fruchtbaren Gesprächen mit dem Verantwortlichen für Forschung, Herrn Dr. Jumar, und seinen Mitarbeitern wurde die Frage erörtert, welche Strukturen für umweltfreundliche Pflanzenschutzmittel anzustreben sind. Da der biologische Abbau chemischer Produkte vor allem durch die Enzyme erfolgt, die sich im Verlauf der Evolution für den Naturstoffabbau entwickelt haben, wurden Strukturen diskutiert, die Naturstoffen ähnlich sind. Für die Herbizidentwicklung stellen die von phytopathogenen Mikroorganismen gebildeten Phytotoxine einen neuen Ansatzpunkt dar (STRAUBE & FRITSCHE 1978).

Die in Kooperation mit der chemischen Industrie durchgeführten Arbeiten und die vertrauensvollen Problemdiskussionen machten deutlich, welche Umweltbelastungen durch die damals praktizierten Verfahren auf uns zukommen. Das führte zu Überlegungen über eine den Aufgaben der Universität gemäße Forschungskonzeption, um den sich abzeichnenden Problemen vorbeugend zu begegnen. Die theoretische Grundlage dafür ließ sich aus den ökologischen Prinzipien der natürlichen Stoffkreisläufe ableiten, bei denen alle Produkte wieder recycelt werden.

Aus der Sicht der Mikrobiologie ergaben sich für die Entwicklung neuer umweltgerechter und selektiv wirkender Pflanzenschutzmittel die schon erwähnten zwei Forschungsstrategien; erstens, die Ermittlung der Möglichkeiten und Grenzen des Abbaupotentials für anthropogene Chemikalien, zweitens, die Erschließung mikrobieller Stoffwechselprodukte mit herbizider Wirkung (FRITSCHE 1978).

Trotz mancher Schwierigkeiten erwies sich diese Herangehensweise über die Zeiten der DDR hinaus als sehr tragfähig.

Im gleichen Zeitraum wurden auch an der Sektion Chemie neue Forschungsvorhaben zur Wirkstoffforschung begonnen, die zu fruchtbaren Kooperationen zwischen Chemikern und Biologen führten. Große Resonanz fanden diese Vorhaben bei den Studenten; sie initiierten ein Jugendobjekt, in dem Umweltprobleme mit großem Enthusiasmus bearbeitet wurden.

Forschungsaktivitäten in den 1980er Jahren an der Universität Jena und im ZIMET

Als ich 1977 als Dozent für Technische Mikrobiologie an die Universität Jena berufen wurde, erhielt ich gleichzeitig die Möglichkeit, am Zentralinstitut für Mikrobiologie und Experimentelle Therapie der Akademie der Wissenschaften der DDR (ZIMET) eine Arbeitsgruppe für Umweltmikrobiologie aufzubauen. Dadurch war es möglich, die beiden sich ergänzenden Aspekte, mikrobieller Fremdstoffabbau und mikrobielle Wirkstoffsynthese, parallel zu bearbeiten. An der Universität Halle wurde der Fremdstoffabbau durch Frau Dr. G. Straube und Frau Dr. U. Lechner weiter untersucht. Nach dem Wechsel von Frau Straube an die Technische Hochschule Merseburg erweiterte sie ihr Arbeitsgebiet auf die mikrobielle Rückgewinnung und Eliminierung von Schwermetallen aus Umweltmedien.

An der Sektion Biologie der Universität Jena engagierte sich der Sektionsdirektor, Herr Prof. Dr. E. Müller, für den Aufbau eines angemessenen Forschungspotentials für die Entwicklung umweltgerechter Pflanzenschutzmittel auf der Grundlage phytoeffektiver mikrobieller Metabolite. Es gelang, die Mitarbeiterinnen und Mitarbeiter der Sektion zu einem Projekt „Mikrobielle Phytoeffektoren" zusammenzuführen und dieses in Kooperation mit dem Kombinat Agrochemie, Zentrum für Anwendungsforschung (ZAF) in Cunnersdorf bei Leipzig, zu bearbeiten. Das Projekt wurde zunächst von mir und von 1985 bis 1989 von Herrn Prof. Dr. G. Reuter, Leiter des Wissenschaftsbereiches Mikrobielle Biochemie, geleitet.

Herr Prof. Dr. U. Taubeneck, Direktor des ZIMET, förderte sehr tatkräftig die Umweltmikrobiologie durch den Aufbau einer gemeinsamen Arbeitsgruppe des Akademieinstitutes und der Universität. Dafür stellte er den Kursraumkomplex zur Verfügung und schuf Mitarbeiterstellen. Forschungsschwerpunkt war der Fremdstoffabbau. Mit diesem neuen Arbeitsgebiet sollte zugleich ein Beitrag zur disziplinären Entwicklung der Mikrobiologie, vor allem der Mikrobenökologie, geleistet werden (FRITSCHE 1979, 1980). Auch die nachfolgenden Direktoren des ZIMET unterstützten sehr die Arbeiten dieser Gruppe, die bis 1989 bestand.

Im Rahmen der Akademie der Wissenschaften war es leichter möglich, internationale Kooperationen zu entwickeln. So wurde auf Initiative von Herrn Prof. Dr. U. Taubeneck 1980 ein gemeinsamer Workshop mit der Finnischen Akademie der Wissenschaften zur Mikrobenökologie durchgeführt. Herr Dr. D. Janke, ein Mitarbeiter der gemeinsamen Arbeitsgruppe, engagierte sich sehr für die Kooperation mit dem Institut für Biochemie und Physiologie der Mikroorganismen der Akademie der Wissenschaften der UdSSR in Puschtschino. Die guten Kontakte mit dem Institut für Biologie der Tschechoslowakischen Akademie der Wissenschaften, die bereits auf die 1960er Jahre zurückgingen, kamen nach den Ereignissen des Jahres 1968 zum Erliegen, da viele Kollegen ihre Stellung verloren hatten oder das Land verließen.

Die mikrobiologischen Forschungsaktivitäten der Universität und des Akademieinstitutes waren in das komplexe Vorhaben zur langfristigen Entwicklung der naturwissenschaftlichen Grundlagenforschung des Ministers für das Hoch- und Fachschulwesen und des Präsidenten der AdW der DDR eingebunden. Im Programm „Biowissenschaften einschließlich wissenschaftlicher Grundlagen der Medizin" existierte eine Hauptforschungsrichtung (HFR 5) „Mikrobielle Leistungen und Chemotherapie" und später „Optimierung mikrobieller Leistungen", in der die Forschungsaktivitäten auf dem Gebiet der Mikrobiologie koordiniert wurden.

Eine zunehmende Bedeutung erlangte die Umweltmikrobiologie in der studentischen Ausbildung. Zahlreiche Diplom- und Doktorarbeiten wurden auf diesem Gebiet durchgeführt. 1985 erschien das erste deutschsprachige Lehrbuch zur Umwelt-Mikrobiologie (FRITSCHE 1985).

Das Forschungsprojekt „Mikrobielle Phytoeffektoren" (1980–1989)

Die Nebenwirkungen und Spätfolgen des Herbizideinsatzes waren der Anlass, unter den Naturstoffen nach Verbindungen zu suchen, die zum einen vollständig abbaubar sind, zum anderen möglichst spezifisch auf bestimmte Problemunkräuter, wie z.B. das Kletten-Labkraut, wirken. Eine gezielte Suchstrategie für phytoeffektive Stoffwechselprodukte wurde auf der Grundlage von antagonistischen Mikroben-Pflanzen-Interaktionen entwickelt. Pflanzen befallende Mikroorganismen, das war aus der Phytopathologie bekannt, bilden verschiedene Pathogenitätsfaktoren, die in den pflanzlichen Stoffwechsel schädigend eingreifen. Das wird z.B. in Blattflecken sichtbar. Eine Gruppe von Pathogenitätsfaktoren ist die der mehr oder weniger spezifisch wirkenden niedermolekularen Phytotoxine (STRAUBE & FRITSCHE 1978; SCHLUTTIG & FRITSCHE 1983). Auf die Suche nach diesen Sekundärmetaboliten war das Projekt ausgerichtet. Dazu wurden von Problemunkräutern

Pilze und Bakterien isoliert und kultiviert sowie die Kulturmedien bzw. Kulturlösungsextrakte mit verschiedenen Biotests auf phytoeffektive Metabolite getestet. Hunderte von pflanzenbesiedelnden Mikroorganismen wurden isoliert und bei einer Reihe von ihnen waren phytoaktive Metabolite nachweisbar. Da für die Wirkstoffforschung sowohl das Pflanzenwachstum hemmende als auch fördernde Substanzen von Interesse sind, wurde auf beide Phänomene getestet. Die vertiefte Testung vor allem an Problemunkräutern erfolgte in Gewächshaus- und Parzellenversuchen im ZAF Cunnersdorf. Diese Arbeiten unterlagen, wie das für praxisnahe Forschung üblich ist, der Vertraulichkeit. Bei einigen Extrakten von Pilzkulturen wurden sehr interessante Effekte ermittelt. Es war daher sehr bedauerlich, dass mit der Wende die agrochemische Industrieforschung abgebrochen wurde und die anwendungsbezogenen Arbeiten zum Erliegen kamen.

Um die Wirkungsmechanismen der an antagonistischen Mikroben-Pflanzen-Interaktionen beteiligten Phytotoxine zu verstehen, wurden parallel zur Suchforschung die mikrobielle Synthese und Wirkung von einigen aus der Phytopathologie von Kulturpflanzen bereits bekannten Phytotoxinen eingehend untersucht. Es handelte sich zunächst um Tentoxin und Phaseolotoxin, später auch um Gibberelline, Jasmonsäure und Coronatin. Diese Arbeiten resultierten in grundlegenden Erkenntnissen über das Wesen von phytoeffektiven Stoffwechselprodukten. Das sind mikrobielle Sekundärmetabolite, die eine ökologische Funktion besitzen, die erst in der Dimension des Mikrohabitats, wie wir es in kleinen Blattflecken vor uns haben, nachweisbar sind. Ausgewählte Ergebnisse der bis 1989 durchgeführten Arbeiten wurden u.a. in einigen Übersichtsbeiträgen publiziert (BRÜCKNER 1990; FRITSCHE 1989b; FRITSCHE et al. 1990; MÜLLER 1990; REUTER 1990). Die damals ausgewählten Modellsysteme werden heute mit molekularbiologischen Methoden in verschiedenen Institutionen weiter bearbeitet.

Mikrobielle Untersuchungen des Fremdstoffabbaus im ZIMET

Forschungsschwerpunkt der gemeinsamen Arbeitsgruppe war der bakterielle Metabolismus von chlorierten Aromaten. Es wurden verschiedene Dechlorierungsmechanismen und die Bedeutung des Cometabolismus für den Fremdstoffabbau aufgeklärt (SCHUKAT et al. 1983; JANKE & FRITSCHE 1985). Aus diesen Arbeiten ging hervor, dass die Ausgangssubstanz beim Metabolismus vielfach nur unvollständig abgebaut wird, d.h. sich Zwischenprodukte anreichern, die wiederum weiteren Transformationen unterliegen können. Mit neu isolierten Bakterien wurden zwar immer wieder neue Abbaumechanismen nachgewiesen, aber zugleich wurde deutlich, dass diese Potenzen in der Umwelt, z.B. im Boden oder im Abwasser,

aus einer Vielzahl von Gründen nicht realisiert werden. Die potentielle Abbaufä-
higkeit einer Verbindung sagt nur sehr bedingt etwas über die Realisierung unter
Umweltbedingungen aus; die Grenzen des Fremdstoffabbaus sind enger als ursprünglich angenommen. Auch die in dieser Zeit geäußerten Erwartungen, dass
durch den Einsatz von gentechnisch veränderten Mikroorganismen das Abbaupo-
tential erweitert werden könne, bedurften einer kritischen Wertung, da sich solche
Mikrobenstämme unter natürlichen Bedingungen nur durchsetzen, wenn ein Se-
lektionsdruck durch Fremdstoffe vorliegt. Mit dieser differenzierteren Sichtweise
wurde in den 1980er Jahren begonnen, einen Katalog über den mikrobiellen
Fremdstoffabbau auf Grund von umfangreichen Literaturrecherchen zu erarbeiten.
Um das gesamte mikrobielle Leistungspotential einschätzen zu können, waren
sowohl bakterielle als auch pilzliche Leistungen Inhalt unserer Forschungen.

Bei Besuchen in der DDR gegen Ende der 1980er Jahre kam Herr Prof. Dr. H.
Metzner, Pflanzenphysiologe und Präsident der Europäischen Akademie für Umweltfragen mit Sitz in Tübingen, mit dem Vorschlag auf uns zu, gemeinsame Arbeiten zur Altlastensanierung von Industriestandorten mit Hilfe von Bodenpilzen
durchzuführen. Durch diese Initiative wendeten wir uns verstärkt dem Gebiet der
mikrobiellen Bodensanierung zu. Pilze, besonders Streu abbauende Basidiomyce-
ten, zeichnen sich durch spezifische Abbauleistungen für hochpersistente und toxische Verbindungen wie polycyclische aromatische Kohlenwasserstoffe (PAK)
aus, da sie ein ligninolytisches Enzymsystem besitzen. Mit diesen Erfahrungen
über pilzliche Aktivitäten war es uns möglich, nach 1989 schnell Anschluss an die
internationale Forschung zu finden. Es wurden mehrere gesamtdeutsche Projekte
zur Altlastensanierung zum Abbau von PAKs und Sprengstoffen wie Trinitrotolu-
ol (TNT) erfolgreich durchgeführt. Aus diesen Arbeiten ging die Erkenntnis hervor, dass für die Bodensanierung neben der Mineralisierung von Fremdstoffen ihre
Bindung bzw. ihr Einbau in Huminstoffe (Humifizierung) eine bedeutende Form
der Schadstoffeliminierung darstellt.

Resümee

Rückblickend ist festzustellen, dass die Umweltproblematik an den Universitäten
der DDR in den 1960er Jahren, also zum gleichen Zeitraum, in dem das auch international geschah, wahrgenommen wurde. Als Folge von Diskussionen in Wis-
senschaftler- und Studentenkreisen wurde um 1970 eine Reihe von Forschungs-
projekten begonnen. Die chemische Industrie war dabei ein sehr aufgeschlossener
Kooperationspartner. Mit den verantwortlichen Wissenschaftlern dieser Betriebe

fühlte man sich durch das gemeinsame Anliegen verbunden, die Biosphäre vor weiteren Belastungen zu schützen.

In den 1980er Jahren wurden die Bedingungen für die Forschung mit der schnell fortschreitenden methodischen Entwicklung immer schwieriger. Auf Grund fehlender Mittel, vor allem von Devisen für Geräte und Chemikalien, hielt die Forschungsausstattung mit den modernen Anforderungen nicht mehr Schritt, ebenso fehlten der Erfahrungsaustausch und die Einarbeitungsmöglichkeiten für neue Methoden und Geräte.

Die notwendige Kommunikation in der Gesellschaft wurde durch unsinnige Geheimhaltungsvorschriften erschwert. Obwohl die Umweltbelastungen immer offensichtlicher wurden, war die politische Führung der Ansicht, dass die Offenlegung dieser Situation die Bevölkerung beunruhigen würde. Daten über die Umweltbelastungen, die in vielen Fällen vorlagen, wurden der Öffentlichkeit vorenthalten. Die für den Umweltschutz eingesetzten Mittel und Investitionen waren unzureichend, die Gründe dafür wurden nicht transparent gemacht. Selbst das, was getan wurde, wurde nicht angemessen vermittelt. An dieser Stelle verdienen Redaktionen, wie die der Zeitschrift „Wissenschaft und Fortschritt" der besonderen Erwähnung, die kritische Stellungnahmen publizierten (FRITSCHE 1989a). Es ist an anderer Stelle ausführlich beschrieben worden, dass es in der DDR auf einigen Gebieten eine leistungsfähige Umweltforschung gab, deren Ergebnisse jedoch unzureichend zum Tragen kamen (PAUCKE 1994).

Dank einer Initiative des Prorektors der Universität Heidelberg, Herrn Prof. Dr. R. Zwilling, die bereits auf das Jahr 1987 zurückgeht, ergab sich 1990 die Möglichkeit, in einen Informations- und Erfahrungsaustausch über die universitäre Umweltforschung in Heidelberg und Jena zu treten. Dieser fand im Rahmen des Symposiums „Ökologie und Umwelt" 1990 in Heidelberg statt und zeigte exemplarisch, in welcher Breite an den beiden Universitäten Umweltforschung betrieben wurde (ZWILLING & FRITSCHE 1993). Diese Begegnung zeigte auch, dass trotz der Jahrzehnte der Trennung sowohl auf menschlicher als auch auf fachlicher Ebene die Basis für die gemeinsame Arbeit sofort gegeben war.

Zusammenfassung

Es wird die Entwicklung der Umweltmikrobiologie an den Universitäten Halle und Jena beschrieben. Ausgelöst wurde diese Entwicklung gegen Ende der 1960er Jahre durch die Pflanzenschutzmittelforschung der chemischen Industrie der DDR und durch die internationale Forschung über die Persistenz und Bioakkumulation von Pestiziden. Zwei Forschungsschwerpunkte wurden bearbeitet, die Ermittlung der Möglichkeiten und Grenzen des mikrobiellen Abbaupotentials für anthropogene Chemikalien und die Erschließung mikrobieller Stoffwechselprodukte mit herbizider Wirkung als Grundlage für spezifische und gut abbaubare Pflanzenschutzmittel. Während die Arbeiten zum zweiten Schwerpunkt mit dem Zusammenbruch der agrochemischen Industrieforschung 1989 zum Erliegen kamen, wurden die Untersuchungen über den Schadstoffabbau nach der Wende im Rahmen mehrerer gesamtdeutscher Forschungsprojekte zur Altlastensanierung von Böden erfolgreich weitergeführt. Trotz der Schwierigkeiten, der die Umweltforschung in den 1980er Jahren in der DDR zunehmend unterlag, war mit der Wiedervereinigung der Anschluss an die internationale Entwicklung gegeben.

Literatur

Alexander, M.: Biodegradation. Problems of molecular recalcitrance and microbial fallibility, Adv. Appl. Microbiol. 7 (1965), 35-80

Brückner, B.: Zur Mikrobiologie der Gibberelline, Wiss. Zeitschr. Friedrich-Schiller-Univ. Jena, Naturwiss. R. 39 (1990), 337-341.

Fritsche, W.: Ausbildung in Industrieller Mikrobiologie an der Universität Halle, Das Hochschulwesen 12 (1964), 492-496

Fritsche, W.: Chemische Abbauleistungen von Mikroorganismen unter besonderer Berücksichtigung des Abbaus von Umweltchemikalien, Wiss. Thesen der Akademie der Wissenschaften der DDR 6 (1973), 25-30

Fritsche,W.: Beiträge der Mikrobiologie zur Entwicklung neuer umweltfreundlicher und selektiv wirkender Pflanzenschutzmittel, Wiss. Zeitschr. Univ. Halle, Math.- Nat. R. 27 (1978), 111-116

Fritsche, W.: Mikroben eliminieren Fremdstoffe, Wissenschaft und Fortschritt 29 (1979), 314-318

Fritsche, W.: Mikrobiologie und Umweltgestaltung, Spektrum AdW der DDR 8 (1981), 9 -11

Fritsche, W.: Umwelt-Mikrobiologie, Mikrobiologie des Umweltschutzes und der Umweltgestaltung, Akademie-Verlag Berlin 1985

Fritsche, W.: Antwort auf die Umfrage „Wissenschaft in der Gesellschaft", Wissenschaft und Fortschritt 39 (1989 a), 4-5

Fritsche, W.: Microbial ecology of the phyllosphere: a source of microorganisms producing bioactive compounds, Progr. Industr. Microbiol., Bioactive metabolites from microorganisms 27 (1989 b), 39-50

Fritsche, W.; Völksch, B.; Nüske, J.; Schmauder, H.- P.; Günther, T.& Weiss, I.: Mikrobiologie als Grundlage für die Entwicklung der Biotechnologie: Mikrobielle Phytoeffektoren, Wiss. Zeitschr. Friedrich-Schiller-Univ. Jena, Naturwiss. R. 39 (1990), 327-336

Janke, D. & Fritsche, W.: Mikrobielle Dechlorierung von Pesticiden und anderen Umweltchemikalien, Z. Allg. Mikrobiol. 18 (1978), 368-382

Janke, D. & Fritsche, W.: Nature and significance of microbial cometabolism of xenobiotics, J. Basic Microbiol. 25 (1985), 603-619

Menyes, H. & Fritsche, W.: Regulation der Ureasesynthese in *Rhodotorula mucilaginosa*, Z. Allg. Mikrobiol. 12 (1972), 219-229

Müller, E.: Molekulare und zelluläre Pflanzenbiophysik in Jena, Wiss. Zeitschr. Friedrich-Schiller-Univ. Jena, Naturwiss. R. 39 (1990), 413-421

Paucke, H.: Chancen der Umweltpolitik und Umweltforschung: Zur Situation in der ehemaligen DDR, BdWi-Verlag Marburg (1994)

Rabsch, W. & Fritsche, W.: Physiologie des Anilinabbaus durch *Achromobacter* lr. 2, Z. Allg. Mikrobiol. 17 (1977), 139-148

Reuter, G.: Physiologische und biochemische Beiträge zur Entwicklung der mikrobiellen Biochemie, Wiss. Zeitschr. Friedrich-Schiller-Univ., Naturwiss. R. 39 (1990), 343-352

Schluttig, A. & Fritsche, W.: Repression der Ureasesynthese in Neurospora *crassa* durch Ammoniumionen. Z. Allg. Mikrobiol. 15 (1975), 371-376

Schluttig, A. & Fritsche, W.: Mikrobielle Stoffwechselprodukte als potentielle Herbizide, Potsdamer Forschungen, Wiss. Schriftenreihe der PH Potsdam Reihe B., 35 (1983), 92-109

Straube, G. & Fritsche, W.: Phytopathogene Toxine. Struktur, Wirkungsweise und mögliche Bedeutung als Unkrautbekämpfungsmittel, Biol. Rdsch. 16 (1978), 232-243

Schukat, B.; Janke, D.; Krebs, D. & Fritsche, W.: Cometabolic degradation of 2- and 3-chloroaniline because of glucose metabolism by *Rhodococcus* sp. An 117, Current Microbiol. 9 (1983), 81-86

Zwilling, R. & Fritsche, W.: Ökologie und Umwelt: ein interdisziplinärer Ansatz, Heidelberger Verl.-Anst. Heidelberg 1993

„Bewohnbar ist nur die Erde". Herausgeberin: Gesellschaft für Natur und Umwelt im Kulturbund der DDR (1987). Grafiker: Handschick. Quelle: Plakatsammlung im Studienarchiv Umweltgeschichte des Instituts für Umweltgeschichte und Regionalentwicklung e.V. an der Hochschule Neubrandenburg

Hans-Joachim Dobberkau

Medizinische Forschung für den Umweltschutz – Kooperation im Rahmen eines multizentrischen Forschungsverbandes

Unter Regie des Forschungsinstitutes für Hygiene und Mikrobiologie in Bad Elster wurde ein Forschungsprojekt „Medizinische Aspekte des Umweltschutzes" gemeinsam mit den Hygiene-Instituten der Universitäten und Medizinischen Akademien sowie mit den Bezirkshygieneinstituten im Auftrag des Ministeriums für Gesundheitswesen geplant, organisiert und bearbeitet. Die kooperierenden Institute schlossen sich zum Forschungsverband „Medizinische Aspekte des Umweltschutzes" zusammen. Sie beteiligten sich mit Ärzten, Biologen, Chemikern, Physikern, Mathematikern oder Informatikern und anderen Fachleuten sowie umfangreichen Kapazitäten von Laborkräften an einem experimentellen und theoretischen Forschungsprogramm.

Die Gründung des Forschungsprojektes „Medizinische Aspekte des Umweltschutzes" erfolgte 1981. Jahr für Jahr wurde der Kreis der kooperierenden Einrichtungen erweitert. Nach der Erarbeitung gemeinsamer Programmentwürfe erfolgten die Verteidigungen der Gesamtkonzepte vor dem Rat für medizinische Wissenschaft beim Minister für Gesundheitswesen, einem Gremium interdisziplinärer Kritiker und kompetenter Vertreter medizinischer Fachgebiete aus Grundlagen- und angewandter Forschung.

Nach erfolgreicher Verteidigung des Gesamtkonzeptes wurde die staatliche Finanzierung des so bestätigten Forschungsprojektes über einen Jahres- und Mehrjahreszeitraum gewährleistet.

Das Forschungsprojekt war mit verschiedenen inländischen und ausländischen Kooperationspartnern verknüpft.

So bestand eine umfangreiche wissenschaftlich-technische Zusammenarbeit im Rahmen der Mitgliedsländer des „Rates für Gegenseitige Wirtschaftshilfe" (RGW) auf dem Gebiet des Umweltschutzes. Grundlage hierfür war ein Regierungsabkommen der sozialistischen Staaten über die Ausarbeitung von Maßnahmen zum Schutz der Natur (1971). Später erfolgte diese internationale Zusammenarbeit im Rahmen der ständigen Kommission des RGW für die Zusammenarbeit auf dem Gebiet des Gesundheitswesens über bilaterale Vereinbarungen zwischen Partnerinstituten dieser Länder.

In meist jährlich stattfindenden internationalen Sektionstagungen wurden Etappen der abgestimmten Forschungsprogramme diskutiert und perspektivisch ausgerichtet.

Darüber hinaus beteiligte sich das Forschungsprojekt „Medizinische Aspekte des Umweltschutzes" der DDR an ausgewählten Aufgaben der „World Health Organization" (WHO) zum Problem „Umwelt und Gesundheit (Environmental Health)", was seinen Niederschlag unter anderem darin fand, dass das koordinierende Forschungsinstitut für Hygiene und Mikrobiologie zum „Kooperationszentrum für Medizinische Aspekte des Umweltschutzes" des WHO-Regionalbüros für Europa (1987) inauguriert wurde.

Die Schwerpunkte der Forschungsarbeiten für den umwelthygienischen Teil des Umweltschutzes in der DDR fanden sich zunehmend in Übereinstimmung mit den Zielen des WHO-Programmes „Gesundheit für alle bis zum Jahr 2000".

Die Europäische Region der WHO hatte sich anlässlich ihrer 30. Tagung des Regionalkomitees im Jahr 1980 auf ihr erstes gemeinsames gesundheitspolitisches Konzept für eine Strategie zur Erreichung des Zieles „Gesundheit für alle bis 2000" geeinigt (EUR/RC 330/8 Rev.). Hiernach sollten folgende 4 Aspekte im Vordergrund stehen:

• Lebensweise und Gesundheit,
• Risikofaktoren für Gesundheit und Umwelt,
• Gesundheitsvorsorgesysteme sowie
• politisch-organisatorische und forschungsbezogene Unterstützungsmaßnahmen zur Erreichung der Ziele.

Ein Schwerpunkt befasste sich mit der Überwachung, Abschätzung und Eindämmung von Umweltrisiken seitens Wasser, Luft, Nahrung und Boden. Bis 1990 sollten alle Mitgliedsstaaten über ein angemessenes Instrumentarium zur Überwachung, Abschätzung und Bekämpfung von diesbezüglichen Umweltgefahren verfügen.

Voraussetzung zur Erreichung dieser Zielstellungen war die Aufstellung leistungsfähiger Überwachungsprogramme, die Entwicklung von Methoden zur gesundheitlichen Vorsorge und die Erarbeitung abgestimmter Forschungsstrategien für „Gesundheit 2000" in jedem Mitgliedsland.

Die Medizinische Forschung für den Umweltschutz der DDR orientierte sich im Wesentlichen an den genannten Zielen des WHO-Programmes „Gesundheit 2000".[1]

Schwerpunkte des Forschungsprojektes „Medizinische Aspekte des Umweltschutzes" in der DDR waren folgerichtig die Erfassung und Bewertung umwelt-

---

[1] Einzelziele für „Gesundheit 2000", WHO-Regionalbüro für Europa, Kopenhagen 1985.

relevanter Risikofaktoren für die menschliche Gesundheit sowie die Ableitung wirksamer Maßnahmen zur Risikominderung im Rahmen der Umwelthygiene, insbesondere Wasser-, Boden-, Lufthygiene; kommunaler Lärmschutz; Epidemiologie umweltbedingter, nicht infektiöser Erkrankungen und Gesundheitsstörungen, ausgewählte Aspekte der Umwelttoxikologie und der Umweltmikrobiologie.

Die Ergebnisse und Zwischenergebnisse fanden Eingang in umwelthygienische Standardisierungen und waren verknüpft mit Programmen internationaler Standardisierungs-Organisationen (ISO; IEC).

Neben einem breit angelegten Programm zur Spurenanalytik organischer Schadstoffe in Luft und Wasser sowie der Dateninterpretation zur langfristigen Trenderkennung der Belastung mit Umweltchemikalien wurde mit der Bearbeitung ausgewählter Themen im Rahmen der zunehmenden gesundheitlichen Gefährdungen durch Belastungen von Wasser, Abwasser, Boden und Luft durch Industrie und Landwirtschaft sowie den Straßenverkehr begonnen (z.b. Fluoride, Asbest, Pestizide).

Die Untersuchungen zur Erkennung möglicher Wirkungen von Umweltfaktoren auf die menschliche Gesundheit stellen noch immer eine besondere Herausforderung an die Umwelthygiene dar.

Langzeitwirkungen von meist geringen Schadstoffkonzentrationen in Umweltmedien auf Menschen erfordern vor allem methodische Verfahren zur Expositionserfassung und zum Nachweis biologischer Antwortreaktionen. Ausgewählte Themen dieser Problematik wurden bearbeitet.

Aktuelle Risikosituationen ergaben sich in der DDR z.B. im Zusammenhang mit einer hohen Umweltbelastung durch Nitrat.

Als relevante Thematik wurden mögliche gesundheitliche Beeinflussungen durch mit Nitrat belastetes Trinkwasser sowohl in laborexperimentellen als auch in epidemiologischen Studien untersucht. Schwerpunkt war dabei die Beeinflussung der Schilddrüse durch diese Wässer. Weitere Untersuchungen befassten sich mit Nitratbelastungen in Urin, Speichel und anderen Kompartimenten.

Weitere experimentelle Arbeiten befassten sich mit der Eignung ausgewählter Parameter wie z.B. der Induktion des Cytochrom P-450-Systems nach subchronischen Schadstoffbelastungen, sowie mit pränataltoxikologischen Testungen bei definierten Schadstoffexpositionen durch ausgewählte Pflanzenschutzmittel.

Epidemiologische Untersuchungen zur Wirkung von Luftverunreinigungen auf den kindlichen Organismus in hoch belasteten Industriegebieten brachten interessante Ergebnisse. Umweltbelastungen durch Fluoride in industriell hochbelasteten Gebieten der DDR und Untersuchungen zur Pestizidexposition bei exponierten

Arbeitern runden den Rahmen ab, in welchem epidemiologische Untersuchungen trotz staatlicher Überwachung der Forschungsarbeiten stattfanden.

In einer Präsentation anlässlich der Inauguration des Forschungsinstitutes für Hygiene und Mikrobiologie (1987) als WHO-Referenzzentrum wurden verschiedene Arbeiten aus dem Forschungsprojekt „Medizinische Aspekte des Umweltschutzes" vorgestellt.[2]

Hierbei wurde deutlich, dass sich die medizinische Forschung für den Umweltschutz auf einem guten Weg befand und sich vornehmlich mit der Weiterentwicklung von Nachweismethoden für gesundheitsrelevante Einflussfaktoren chemischer, biologischer und physikalischer Art in Umweltmedien, mit der Bewertung ihrer gesundheitlichen Bedeutung und schließlich mit der Ableitung von Grenz- und Richtwerten für unterschiedliche Umweltmedien und den kommunalen Lärmschutz sowie mit der Überführung in rechtliche Regelungen und Normative befasste.

Die dargestellten Aussagen über gesundheitliche Effekte nach Schadstoffbelastungen basierten auch auf eigenen tierexperimentellen und epidemiologischen Arbeitsrichtungen sowie auf Ermittlungen von realen Expositionen und biologischen Effekten im Sinne messbarer Veränderungen in Zell-, Organ- und Populationsebenen.

Neben den oben angesprochenen Themenkomplexen nahmen in der umweltmedizinischen Forschung Untersuchungen zum Nachweis mutagener Potenzen von Einzelsubstanzen und komplexen Substanzgemischen, besonders die Folgeprodukte der Trinkwasserchlorung einen breiten Raum ein. Es wurden zunehmend beachtenswerte Ergebnisse gerade auf diesem jungen Fachgebiet erzielt.

Ein weiteres Komplexprogramm des Forschungsprojektes „Medizinische Aspekte des Umweltschutzes" befasste sich mit der Umweltmikrobiologie.

Neben Nachweismethoden für Yersinia enterocolitica und Campylobacter jejuni /coli in Wasser und Abwasser sollen umfangreiche Untersuchungen zur Ausbreitung von Resistenzplasmiden gegen Antibiotika sowie umweltrelevante Metalle wie organische Quecksilberverbindungen besonders erwähnt sein.

Untersuchungen zur antibakteriellen Wirkung von Badetorfen als Kriterium für die Wiederverwendbarkeit in der Balneologie runden das Programm ab.

Von großem wissenschaftlichem und praktischem Wert war der fachliche Austausch und die Umsetzung wesentlicher Ergebnisse der Forschungen für die Umweltmedizin im Rahmen wissenschaftlicher Veranstaltungen. Dabei kam der wissenschaftlichen Gesellschaft „Allgemeine und Kommunale Hygiene", die sich in spezielle Sektionen wie Lufthygiene, Wasserhygiene, Bodenhygiene, Gesunde

---

[2] Posterausstellung; 12. November 1987, Schriftenreihe Gesundheit und Umwelt, Bad Elster 3 (1987) Sonderheft 2.

Wohnumwelt, Kommunaler Lärmschutz, Lebensmittel- und Ernährungshygiene
u.a. gliederte, eine führende Rolle zu.

Als wissenschaftliche Veranstaltungen im Rahmen des Forschungsprojektes sei
besonders auf das Symposium mit internationaler Beteiligung über „Nitrat-Nitrit-
Nitrosamine" im Dezember 1986 und die Posterausstellung zu „Medizinischen
Aspekten des Umweltschutzes" hingewiesen, auf der anlässlich der Inauguration
des Forschungsinstitutes für Hygiene und Mikrobiologie zum Kooperationszentrum der WHO im November 1987 über Ergebnisse der Arbeiten des Forschungs-
verbandes „Medizinische Aspekte des Umweltschutzes" berichtet wurde.[3]

Anlässlich des Symposiums „Nitrat-Nitrit-Nitrosamine" trafen sich Fachleute
aus verschiedenen Disziplinen der Medizin, der Veterinärmedizin, der Landwirtschaft, der Wasserwirtschaft, der Lebensmittelindustrie und des Umweltschutzes,
um aktuelle wissenschaftliche Erkenntnisse über nitratbedingte Gesundheitsrisiken
durch Expositionen der Bevölkerung sowie Möglichkeiten zur Risikominderung
vorzustellen und zu diskutieren. Die Kurzfassungen der Vorträge finden sich im
Symposiumsbericht der Schriftenreihe „Gesundheit und Umwelt" des Forschungsinstituts für Hygiene und Mikrobiologie.[4]

Das Forschungsprojekt und der Forschungsverband „Medizinische Aspekte des
Umweltschutzes" fanden ein jähes Ende mit dem ersehnten Zusammenbruch der
DDR.

Nach der politischen Wende wurden die Ergebnisberichte und Unterlagen ex-
tern ausgewertet und das Forschungsinstitut zunächst unter Leitung des damaligen
Bundesgesundheitsamtes weitergeführt, bis es schließlich abgewickelt wurde. Das
führte zur Entlassung vieler Mitarbeiter und strukturellen Umwandlungen, die
schließlich zur Bildung der Forschungsstelle Bad Elster des Umweltbundesamtes
führte. Diese Forschungsstelle hat sich unter Nutzung der reichhaltigen Erfahrungen aus den vorangegangenen Etappen der institutionellen Entwicklungen zu einer
kompetenten Forschungseinrichtung des Umweltbundesamtes entwickelt.

Abschließend sei bemerkt, dass im Zusammenhang mit der medizinischen Forschung für den Umweltschutz neben umfangreichen Veröffentlichungen im inländischen und ausländischen Schrifttum eine spezielle Schriftenreihe „Gesundheit
und Umwelt" ab Juni 1985 erschienen ist (Reg. Nr. ISSN 0233-09899), in der
über wissenschaftliche Ergebnisse berichtet wurde, die im Rahmen der in- und

[3] Posterausstellung; 12. November 1987, Schriftenreihe Gesundheit und Umwelt, Bad Elster 3 (1987)
Sonderheft 2.
[4] Symposium Nitrat-Nitrit-Nitrosamine, Schriftenreihe Gesundheit und Umwelt, Bad Elster, 2 (1986),
Sonderheft 2., Symposiumsbericht Nitrat-Nitrit-Nitrosamine; Schriftenreihe Gesundheit und Umwelt,
Bad Elster, 3 (1987), Sonderheft 1.

ausländischen Zusammenarbeit auf den Gebieten der Umwelthygiene und der Krankenhaushygiene in der DDR erzielt worden sind.

Literatur

Einzelziele für „Gesundheit 2000", WHO-Regionalbüro für Europa, Kopenhagen (1985)
Posterausstellung; 12. November 1987, Schriftenreihe Gesundheit und Umwelt, Bad Elster 3 (1987) Sonderheft 2
Symposium Nitrat-Nitrit-Ntrosamine; Schriftenreihe Gesundheit und Umwelt, Bad Elster 2 (1986), Sonderheft 2
Symposiumsbericht Nitrat-Nitrit-Nitrosamine; Schriftenreihe Gesundheit und Umwelt, Bad Elster 3 (1987), Sonderheft 1

Ulrich Stottmeister

Die biologische Reinigung von Braunkohlenprozesswässern – Ein Schwerpunkt der Umweltforschung von 1955 bis 1990

1. Vorbemerkung

Nach dem sich während der Erdölkrise der 1980er Jahre abzeichnenden Ende des „Ölzeitalters" entstand – nicht zuletzt auch wegen dem daraus folgenden gestiegenen Interesse an der Verwendung von Braunkohle als potentielle Energiequelle – die Idee, die alten Arbeiten der Akademie der Wissenschaften der DDR (AdW) zur Reinigung von Braunkohlenprozesswässern zusammenzufassen und zu publizieren. M. Ringpfeil hatte durch seine Verbindungen als Mitglied der IUPAC die Möglichkeit, als Vermittler zum renommierten Herausgeber von biotechnologischen Sammelwerken D.L. Wise, Boston, U.S.A. zu wirken. Es entstand in der Serie „Biotreatment Systems" die Publikation: M. RINGPFEIL, U. STOTTMEISTER, U. BEHRENS, G. MARTIUS, G. BÜRGER, L. WENIGE: Aerobic treatment of Sewage from Lignite (Brown Coal) Processing, Erschienen in: Biotreatment Systems Volume I, Editor D.L. Wise, CRC Press Boca Raton, Florida 1988. Bislang ist das Gesamtgebiet nicht in deutscher Sprache publiziert worden.

Ausgewiesene Fachleute des Gebietes „Braunkohlenprozesswässer" (BKPW, engl.: BCPWW – brown coal processing waste waters) aus der Praxis wie B. Franz und B. Osbar (PKM) sowie H.J. Zülke (Schwarze Pumpe) wurden seinerzeit angesprochen, als Koautoren mitzuwirken. Dieses Ziel wurde aus unterschiedlichsten Gründen nicht erreicht, wobei – aus der damaligen politischen Situation erklärbar und verständlich – die Zielstellung „Veröffentlichung im Westen" tatsächlich besonders in der Industrie unterschiedlichste Probleme im notwendigen Genehmigungsverfahren hätte hervorrufen können. Alle die genannten Kollegen haben aber in anerkennenswerter Weise die Anfertigung des Manuskripts unterstützt.

Internationale Resonanzen auf die Publikation im Jahr 1988, die zu DDR-Zeiten eher außergewöhnlich war und deren Erscheinen auch die Genehmigung zentraler Stellen der AdW benötigte, sind nicht bekannt geworden und womöglich durch die politischen und ökonomischen Veränderungen der Folgejahre auch nicht registriert worden.

Heute dürften die beschriebenen Verfahren zur Abwassereinigung eher historisches Interesse haben. Falls die Prozesse der Braunkohlepyrolyse sowie der Kohleverflüssigung zukünftig wieder aktuell werden sollten, werden mit Sicherheit neue Technologien Anwendung finden, die die Entstehung derart hoch belasteter Wässer von vornherein vermeiden werden.

Der vorliegende Aufsatz beinhaltet zum einen einen kurzen Abriss zum Verlauf der Forschung zur biologischen Reinigung von Braunkohlenprozesswässern in der DDR und deren Fortführung unter dem neuen Aspekt „Altlastenbeseitigung" im Umweltforschungszentrum Leipzig-Halle GmbH nach 1990 (siehe Punkt 2). Zum anderen werden zusammenfassend wesentliche Punkte der damaligen Publikation wiedergegeben (siehe ab Punkt 3). Bei Interesse an konkreten Details einzelner Forschungsergebnisse wird auf diesen Text verwiesen.

2. Die Entwicklung als Schwerpunkt der Umweltforschung im Überblick

Die Verwendung von Braunkohle entweder als Rohbraunkohle oder als Briketts als Energieträger für Kraftwerke (Elektrizität und Wärme) und als Ausgangsmaterial der Carbochemie hat bis 1990 die Umweltbedingungen im Mitteldeutschen und Lausitzer Raum in einem Maße bestimmt, das heute kaum noch vorstellbar ist.

Die ständige Verschlechterung der Umweltbedingungen durch Emissionen, Landzerstörung und Belastung der Flüsse hat zur Verschärfung der gesellschaftlichen Widersprüche entscheidend beigetragen und damit geholfen, die revolutionäre Situation des Jahres 1989 zu verschärfen – übrigens im besten Sinne der marxistischen Revolutionstheorie. Insofern war Leipzig als der Ausgangspunkt der friedlichen Revolution nahezu zu lokalisieren.

Es ist heute ebenfalls unvorstellbar, dass die in den 1920er und 1930er Jahren eingeführten Technologien der Braunkohlepyrolyse bis zur Schließung der Werke 1990 praktiziert wurden und die Anlagen teilweise – wie in Espenhain – bis zu diesem Zeitpunkt mit Provisorien betrieben wurden, die in der Kriegszeit nach Bombenangriffen zur schnellen Wiederinbetriebnahme installiert wurden – ohne Rücksicht auf Abgasbehandlung oder Abgasableitung. Auch die Behandlung der bei der Pyrolyse entstehenden Prozesswässer war bereits in der Vorkriegszeit prinzipiell möglich (Magdeburger P-Verfahren). Die Abwasseranlage in Espenhain war jedoch im Krieg zerstört worden und wurde nicht wieder aufgebaut. Sämtliche Prozesswässer wurden in die Flüsse geleitet, bis endlich ab Mitte der 1980er Jahre eine neue moderne Tankbiologie gebaut wurde. Eine weitere praktizierte „Strategie" der Abwasserentsorgung war das Einleiten in ehemalige Tage-baurestlöcher, deklariert als „zeitlich befristete Monodeponie" (z.b.Schwelerei Deuben bei Zeitz). In der Praxis sah das jedoch so aus, dass die deponierten Wäs-ser langsam in den Untergrund versickerten, z.b. bei der ehemaligen Grube „Sieg-fried" bei Deuben. Nach der Verfüllung der Tagebaurestlöcher erinnern heute noch „Teerschichten" an die vergangene Praxis. In einem Fall wurde durch Ton-schichten und Kohlereste die Versickerung aufgehalten. Daraus bildete sich der spektakuläre „Phenolsee" (Schwelvollert) bei Deuben.

Ebenfalls wurden – bereits seit den 1930er Jahren ausgeführt – Starkwässer der Schwelung in ehemalige Untertagebaue der Kohleförderung eingeleitet und soge-nannte „Schluckbrunnen" bis in die Zechsteinformation angelegt. Aus diesen Einleitungen in den Untergrund sind Altlasten mit Grundwassergefährdung ent-standen, die heute Forschungsgebiet des UFZ Umweltforschungszentrum Leipzig-Halle sind.

In den 1950er Jahren wurde jedoch mit dem Aufbau einer neuen Industrie im Lausitzer Raum (Schwarze Pumpe, Schwarzheide) der Prozesswasserbehandlung bereits bei der Planung der Kombinate eine große Bedeutung beigemessen. Hier sind auch die Wurzeln für die Forschungsaufträge dieser Jahre zu finden, die sich an die damals modernen Verfahren der Braunkohlenpyrolyse und -vergasung an-schlossen. Die Arbeiten wurden im Institut für organische Chemie der Akademie der Wissenschaften in Leipzig (Direktor E. Leibnitz) unter der fachlichen Leitung von U. Behrens durchgeführt. Es wurden insbesondere eine Reihe wesentlicher neuer wissenschaftlicher Erkenntnisse zum Verhalten von Mikroorganismen ge-genüber toxischen Abwasserinhaltsstoffen gewonnen und Grundlagen für neue biologische Verfahren erarbeitet.

Da bei weitem nicht alle Probleme gelöst werden konnten, wurden von U. Beh-rens im Institut für Biotechnologie der AdW die Untersuchungen bis etwa 1984 unter den erweiterten Aspekten der Stickstoffelimination und des anaeroben Ab-baus der Abwasserinhaltsstoffe weitergeführt. Ab 1984 wurden diese Themen von U. Stottmeister geleitet und 1991 mit Auflösung der AdW beendet.

Internationale Kontakte auf dem Gebiet des mikrobiologischen Abbaus phenoli-scher Verbindungen gab es ab 1985 zur estnischen Akademie der Wissenschaften und zur Universität in Tartu (Arbeitsgruppe Heinaru). Zu dieser Zeit bestanden bereits sehr progressive Vorstellungen über den Einsatz genetisch veränderter Bakterien zum schnellen Abbau von phenolischen Verbindungen. Die estnische Gruppe hatte bereits mit offizieller Genehmigung Freisetzungsversuche vorge-nommen und einen Schadensfall der Ölschiefer-Industrie mit Erfolg saniert. Auf diese Grundlage wurde von 1992 bis 1995 ein deutsch-estnisches BMBF-Projekt gefördert, dessen Ergebnisse in hochrangigen Zeitschriften publiziert worden.

Die vorhandenen Kenntnisse zum Gesamtgebiet der Abwasserbehandlung waren in dem Moment völlig überholt, als die Werke der Carbochemie 1990-1991 geschlossen wurden. Das Wissen konnte jedoch bei der Sanierung der erwähnten Altlasten Verwendung finden.

Mit der Gründung des UFZ Umweltforschungszentrum Leipzig-Halle GmbH im Jahre 1992 in den Gebäuden der ehemaligen Akademie der Wissenschaften in Leipzig (Permoserstraße) wurde eine interdisziplinär arbeitende Forschungseinrichtung geschaffen. Eine der Hauptaufgaben der ersten Jahre war es, für die Altlasten der DDR Konzepte zur Sanierung zu erarbeiten. Es sollten die lokalen mitteldeutschen Gegebenheiten beispielhaft untersucht werden, jedoch darauf ausgerichtet werden, für ähnliche Probleme in anderen Ländern Verallgemeinerung abzuleiten.

Altlasten in Ausmaßen, wie sie bisher in keinem Industrieland bekannt waren, wurden nach 1990 durch eine Vielzahl von Aktivitäten analysiert und im Detail charakterisiert. Durch das Schließen aller Betriebe der Carbochemie setzte sofort eine Verringerung der Luftverschmutzung (SO_2-Gehalt, Staub, Mercaptane, Thiophene und andere geruchsintensive organische Verbindungen) ein. Die Wasserqualität der Vorfluter verbesserte sich in relativ kurzer Zeit ebenfalls. Die abgelagerten jüngeren Flusssedimente waren jedoch mit phenolischen Verbindungen und Schwermetallen (aus der Metallurgie) belastet. Das belastete Grundwasser und Industriewasserdeponien stellten völlig neue Herausforderungen an die Sanierung und damit an die Forschung.

Aus den Kenntnissen des Entstehens und dem chemischen Verhalten der Braunkohlenprozess-Wässer wurden insbesondere in der Sektion Sanierungsforschung des UFZ (Leitung 1992-2004: U. Stottmeister) neue Forschungsthemen abgeleitet. In den letzten Jahren wurden so aus den Kenntnissen der Chemie und dem Verhalten der Inhaltstoffe der Braunkohlenprozesswässer gegenüber Mikroorganismen eine Reihe von Ergebnissen erhalten, die weit über das ursprüngliche Anliegen der Abwassereinigung hinausgehen. Die entstandenen neuen Querverbindungen sind in *Abbildung 1* dargestellt und sollen vermitteln, wie das „eigentlich" abgeschlossene und nicht mehr aktuelle Forschungsgebiet „Reinigung von Prozesswässern aus der Braunkohlenverarbeitung" einen ungeahnten und sehr aktuellen Multiplikationseffekt ergeben hat.

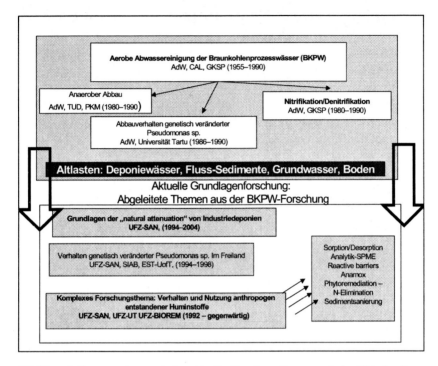

Abbildung 1: Zusammenhang zwischen aktuellen Forschungsthemen und der Historie „Braunkohlenprozess-Wässer"
AdW: Akademie der Wissenschaften der DDR, Institut für organische Chemie Leipzig sowie Institut für Technische Chemie und Institut für Biotechnologie, CAL: Kombinat Chemieanlagenbau der DDR, GKSP: Gaskombinat Schwarze Pumpe, PKM: Projektierungsbüro der Kohleindustrie Berlin-Leipzig, UFZ: Umweltforschungszentrum Leipzig-Halle GmbH, UFZ-SAN: Umweltforschungszentrum, Sektion Sanierungsforschung, UFZ-UT: Umweltforschungszentrum, Department Umwelttechnologie, UFZ-BIOREM: Umweltforschungszentrum, Department Bioremediation, SIAB: Sächsisches Institut für angewandte Biotechnologie der Universität Leipzig

3. Die aerobe biologische Reinigung von Abwässern der Braunkohlenindustrie

Der Zwang zur Nutzung eigener Rohstoffquellen führte in den Ländern Mitteleuropas bereits in der ersten Hälfte des 20. Jahrhunderts zu einer hoch entwickelten Industrie, die insbesondere die Veredelung der aus Braunkohle zu gewinnenden Produkte zum Ziel hatte. Dabei wurden wegweisende technische Entwicklungen vorgenommen. Erst durch die vielen technologischen und ökonomischen Vorteile der Petrochemie wurde die Carbochemie auf der Basis von Braunkohle zurückgedrängt. In der DDR und der CSSR hatte sie jedoch ihre Bedeutung nie verloren.

Neu errichtete Großwerke der 1950er und 1960er Jahre wurden in der DDR bereits mit Anlagen zur vollbiologischen Abwasserreinigung projektiert. Auf der Grundlage von ersten Erfahrungen bestehender Werke der Braunkohlenverarbeitung auf dem Gebiet der biologischen Abwassereinigung entstand die Notwendigkeit, eine intensive Forschung für diese neuen Großwerke zu betreiben. Besonders die Erfahrungen, die beim jahrzehntelangen Betrieb der traditionellen biologischen Reinigungsanlagen der Braunkohlenkombinate gewonnen wurden, führten zu neuen großtechnischen Abwasseranlagen, die die damals aktuellen Kenntnisse der Biotechnologie berücksichtigten. Um die Besonderheiten der bei der Braunkohlenverarbeitung anfallenden Abwässer zu erkennen und sich daraus ergebene Verarbeitungstechnologien zu verstehen, ist eine kurze Darstellung der Entstehung der Braunkohle ebenso notwendig (Punkt 3.1) wie eine Skizzierung der genutzten Verarbeitungstechnologien zur Kohleveredelung (Punkt 3.2).

3.1 Die Entstehung der Braunkohle

Die Bildung von Torf, Braunkohle oder Steinkohle aus Pflanzenmaterial setzte im Verlaufe der Erdgeschichte besondere Bedingungen voraus. Wesentlich für die Humifikation der Pflanzen waren u.a. der lokale Redoxzustand in Verbindung mit Landabsenkungen, mit einer Wasserbedeckung sowie das herrschende Klima. Die Vielzahl der in den Pflanzen enthaltenen Verbindungen lässt sich auf wenige Gruppen einengen: Zellulosen, Hemizellulosen, Zucker, Lignine, Eiweiße, Wachse und Harze. Zellulose und Lignine sind für die Humusbildung von Bedeutung. Eiweiße werden im Prozess der Humifikation vollständig abgebaut. Aus den Eiweißverbindungen stammen Phosphor, Stickstoff und Schwefel der Kohlen. Wachse und Harze werden durch den Kohlungsprozess kaum verändert, sie liefern die Protobitumina.

Im Prozess der Kohlebildung werden in der primären Oxidationszone unter differenziertem Sauerstoffzutritt die organischen Bestandteile der Pflanzen zu Huminsäuren umgewandelt. Durch Kondensations- und Polymerisationsreaktionen entstehen Verbindungen mit einem aromatischen Kern und aliphatischen Seitengruppen (Identifiziert wurden z.B. Fulvosäuren, Humoligninsäure, verschiedene Huminsäuren u.a.). In geologisch tiefer liegenden Zonen erfolgt durch mikrobielle Vorgänge die Reduktion der Humussubstanzen. Da kein Sauerstoff zur Verfügung steht, werden als Elektronenakzeptoren Sulfat, Nitrat und organische Verbindungen benutzt (biochemische Phase der Inkohlung). Die örtlichen geologischen Bedingungen führen in diesem Prozess der Inkohlung zu Produkten unterschiedlichster Zusammensetzung. Dadurch erklärt sich, dass sich Kohlen unterschiedlicher Lagerstätten in gleichen technischen Prozessen unterschiedlich verhalten. Ein Überblick über die bekannten Braunkohlenvorräte der Welt wird in *Tabelle 1* gegeben, die auch das Vorkommen und die Förderung einiger Länder darstellt. Rund 70 % der Weltförderung wurden von der DDR (27 %), der UdSSR (17,6 %), der BRD (13,4 %) und der CSSR (10,2 %) vorgenommen.

Tabelle 1: Braunkohlevorräte der Welt und Kohleförderung 1981

Country/area	Year	Reserves (metric tons, millions) Known economic reserves Total	Total known recoverable	Additional resources	Total resources	Production (metric tons, thousands) 1970	1976	1978
World		342,070	213,865	2,472,916	2,186,874	792,652	891,481	922,169
Australia	1977	68,058	39,000	54,628	122,686	24,175	30,939	32,868
Bulgaria	1972	4,356	4,356	840	5,196	28,854	25,184	25,531
Czechoslovakia	1966	8,234	3,870	1,623	9,857	81,783	89,468	94,879
G.D.R.	1966	30,000	252,000	—	30,000	261,482	246,879	253,264
F.R.G.	1977	55,000	28,890	6,100	61,100	108,437	134,535	123,587
Hungary	1966	2,900	1,450	2,779	5,679	23,679	22,323	22,716
India	1977	1,868	934	231	2,099	3,545	3,900	3,606
Indonesia	1974	1,960	980	—	1,960	—	1	—
Poland	1976	6,449	4,840	8,413	14,862	32,767	39,305	40,985
Romania	1966	1,367	1,100	2,533	3,900	14,129	18,731	21,845
Turkey	1977	2,968	3,575	1,875	4,843	4,437	8,252	9,326
U.S.S.R.	1971	107,402	53,700	1,612,922	1,720,324	144,745	160,031	162,871
U.S.	1977	30,497	15,249	764,664	795,161	5,409	23,101	32,318
Yugoslavia	1971	17,894	16,800	3,753	21,642	27,779	36,259	39,238

Quelle: UN 1981: 199

3.2 Die Veredelung der Braunkohle durch thermische Verfahren

Thermische Veredelungsverfahren der Braunkohle führen zu Produkten, die sich energetisch vorteilhafter nutzen lassen als die Braunkohle bei einer feuerungstechnischen Verwertung. Die Produkte dieses Veredelungsprozesses lassen sich – wie z.B. der Hochtemperaturkoks – vielfach günstiger einsetzen als vergleichbare Produkte aus Steinkohle. Aus diesem Grunde fanden die Verfahren der Braunkohlenveredelung in den letzten Jahren wieder zunehmendes Interesse. Als thermische Veredelungsverfahren lassen sich zusammenfassen:

- **Schwelung**: Schwelung ist eine Erhitzung der Braunkohle unter Luftabschluss entweder bei 500 bis 600 °C (low temperature carbonisation LTC) oder bei 1200 °C (high temperature carbonisation HTC) oder Verkokung. Durch die Pyrolyse entstehen feste bitumenfreie Rückstände sowie flüssige und gasförmige Kohlenwasserstoffe. Das Zielprodukt der LTC ist der Teer, dessen Inhaltsstoffe Grundlage eines umfangreichen Zweiges der Carbochemie sind (GUNDERMANN 1964). Bei der HTC entsteht in der Hauptsache Koks. Der Anteil des gebildeten Gases und der Flüssigprodukte ist entsprechend verändert. Prinzipiell besteht zwischen beiden Verfahren kein anderer Unterschied als der der unterschiedlichen Erhitzungstemperatur.
- **Kohlevergasung**: Das Prinzip der Kohlevergasung besteht in einer gemeinsamen Erhitzung der Kohle mit einem Vergasungsmittel, z.B. Wasserdampf. Das Ziel der Umsetzung sind brennbare bzw. reaktive Gase.
- **Verflüssigung der Braunkohle**: Neben den bereits erwähnten Verfahren der Kohleentgasung und Kohlevergasung, bei denen in wechselnden Anteilen auch flüssige Produkte anfallen, liefern die Prozesse der Kohlehydrierung vorwiegend Benzine und Öle unterschiedlicher Siedebereiche. Großanlagen einer Kohlehydrierung auf der Basis von Braunkohle wurden sowohl in der DDR als auch in der BRD auf Erdölbasis umgestellt bzw. stellten ihren Betrieb ein.

Bei allen thermischen Verfahren entstehen hoch belastete Wässer, die so genannten Kondensationswässer. Das Wasser stammt sowohl aus der Kohle direkt (inhärentes Wassser) als auch aus der thermischen Zersetzung der Kohlebestandteile (Reaktionswasser). Wasserdampfflüchtige Bestandteile der Kohlezersetzung werden mit dem Wasserdampf ausgetrieben (Ammoniak, Schwefelverbindungen, phenolische Verbindungen u.a.). Nach der Kondensation des Dampfes stellen sie die Belastung des Wassers dar. Alle nachfolgenden Verfahren und Behandlungsschritte sind darauf ausgerichtet, diese Bestandteile der Kondensationswässer zu beseitigen (Rückgewinnung oder Abbau). Die Zusammensetzung der Wasserbelastung und die Konzentration der einzelnen Stoffe hängt von der Art der Kohle, dem verwendeten Prozess und dessen Parametern ab.

Typische Inhaltsstoffe eines Kondensationswassers und dessen Belastungen sind in *Tabelle 2* (S. 320) zusammengefasst worden.

4. Behandlung der Abwässer der Braunkohlenveredlung

4.1 Physikalische und chemische Verfahren

Zur Nachbehandlung der Kondensationswässer der Kohlenveredelung sind eine Vielzahl von Methoden entwickelt worden, um eine Erniedrigung der organischen

Belastung dieser Wässer zu erreichen und die enthaltenen Wertstoffe wie Ammoniak, Schwefelwasserstoff, Phenole, Pyridin und Ketone zurückzugewinnen.

Als physikalische Methoden der Wasserbehandlung der BKPW lassen sich zusammenfassen:

- **Vorreinigung** (Mechanische Reinigung und Entölung, Demulgierung, Abfallölentwässerung),
- **Extraktionsmethoden zur Gewinnung verwertbarer Substanzen** (extraktive Entphenolung, Gewinnung von Ketonen und Pyridinbasen),
- **Koppers Rezirkulations Verfahren,**
- **Adsorptionsverfahren.**

Neben diesen in vielen Werken der Braunkohlenverarbeitung praktizierten physikalischen Verfahren gibt es eine Reihe von Vorschlägen, die Beseitigung des Phenols durch chemische Oxidation erreichen wollen. Obwohl die Reaktionen effizient sind, haben sie keine technische Bedeutung erlangt.

4.2 Mikrobiologische Methoden der Reinigung der Abwässer der Braunkohlen veredelnden Industrie

Die in der DDR in den 1950er Jahren in Betrieb genommenen Großanlagen zur Erzeugung von Braunkohlenhochtemperaturkoks und Gas waren mit physikalischen und biologisch wirkenden Reinigungsanlagen ausgerüstet (VEB Gaskombinat Schwarze Pumpe 1958, Braunkohlenkombinat Lauchhammer 1964).

Der Projektierung der Anlagen gingen umfangreiche Untersuchungen über die Zusammensetzung der Abwässer voraus. Nach der Inbetriebnahme der ersten biologischen Reinigungsanlagen konnten Erkenntnisse über den Abbau der enthaltenen Substanzen und die Mikrobiologie gewonnen werden, die bei der Realisierung späterer Anlagen berücksichtigt wurden.

4.2.1 Detaillierte Zusammensetzung der Braunkohlen-Prozesswässer

Nach der Einführung der chromatographischen Techniken wurde insbesondere das Schicksal der Einzelsubstanzen der beiden wichtigsten Stoffgruppen, der flüchtigen Fettsäuren und der Hydroxybenzene, untersucht. Vertreter der Neutralstoffe und N-Basen wurden nur sporadisch bestimmt.

Von MEISSNER wurden im Wesentlichen Analysen zur Gruppenbestimmung entwickelt (1953, 1955, 1958 a, b)

Tabelle 2 zeigt das Ergebnis einer Untersuchung der Zusammensetzung eines Kondensationswässers und die Abnahme bestimmter Stoffgruppen nach der Behandlung des Abwassers. Durch die Extraktion mit Butylacetat werden im Wesentlichen die Monohydroxybenzene entfernt.

Neben den flüchtigen Fettsäuren waren die Polyhydroxybenzene die organischen Verbindungen, die das Abwasser am meisten belasteten. Da eine effektive adsorptive Reinigung mit werkseigenen Kohle-Stäuben in den meisten Fällen nicht durchführbar war, standen diese Stoffgruppen im Mittelpunkt des Interesses der Forschung hinsichtlich ihres Verhaltens gegenüber den Mikroorganismen bei einer biologischen Reinigung nach den physikalischen Behandlungsschritten.

Tabelle 2: Bestandteile eines Kondensationswassers einer Weichkohlenteer-Destillation (in mgL^{-1})

	Tar dist effluent	Phenosolvan extraction effluent	Adsorption (C powder) effluent	Mixed plant effluent	Activated sludge treatment effluent	Receiving water (pond)
pH	8	10	9	8—8.5	7—7.5	7—7.5
BOD$_5$	22,000	9,000	3,000	120—400	30	15
TOC	15,000	6,000	1,500	100—170	30	10
H$_2$S	0	0	17—51	0—6	0	0
Ammonium	5,000	4,500	1,200	50—200	50—200	5
Ketones	563	487	58—244	0—12	0	0
Nitriles	0	0	21—82	0—40	0	0
Ethylenehydrocarbons	171	158	0	0	0	0
Alcohols	612	228	12—120	6—36	1	0
N-bases	810	680	40—70	15—40	5	0
Volatile organic acids	6,000	5,900	1,200	60—180	0	1
Polyhydroxy benzenes	11,000	3,600	400—780	60—140	25	5
Aminophenolics	517	435	40—100	0	0	0

Quelle: MEISSNER 1960

4.2.2 Forschung zu mikrobiologischen Grundlagen der Reinigung von BKPW

Das durch die Phenosolvanextraktion weitgehend von Monohydroxybenzenen befreite Kondensationswasser war ein Abwasser, das durch den hohen Gehalt an flüchtigen Fettsäuren – besonders an Acetat – und dem alkalischen pH-Wert, der durch den hohen Ammoniakgehalt bewirkt wurde, charakterisiert war. Von den aromatischen Bestandteilen waren die Dihydroxybenzene (Polyphenole) die bestimmenden Substanzen.

Schon 1910 konnten von Tropfkörpern Phenol utilisierende Bakterien isoliert werden (FOWLER, ARDERN & LOCKETT 1910). Wenig später berichtete WAGNER (1914) über „Benzolbakterien", die er aus Erde, Mist, Speichel, verschiedenen Lebensmitteln usw. isolieren konnte.

Bedingt durch die Entwicklung der Carbochemie auf der Basis von Braunkohle in den 1930er Jahren, mussten Verfahren zur biologischen Reinigung von phenolhaltigen Abwässern erarbeitet werden.

Die grundlegenden Erkenntnisse verschiedener Forschergruppen lassen sich zusammenfassen:

• Phenolabbauende Bakterien sind ubiquitär, d.h. kommen überall vor.

• Zum Phenolabbau muss genügend Sauerstoff vorhanden sein.

• Die für das mikrobielle Wachstum notwendigen Mineralsalze (besonders Phosphat) müssen zur Verfügung stehen.

Nach diesen Erkenntnissen wurde das so genannte Magdeburger-P-Verfahren entwickelt und in einigen carbochemischen Werken und Gasanstalten erfolgreich eingeführt.

Besonders von sowjetischen Arbeitsgruppen wurde versucht, die Wärme der Kondensationswässer durch Behandlung mit thermophilen bzw. thermotoleranten Bakterien auszunutzen und so eine höhere Reaktionsgeschwindigkeit zu erreichen (EGOROVA 1946: 467).

Versuche zur Adaptation von Bakterien und bakteriellen Mischpopulationen an hohe Phenolkonzentrationen wurden insbesondere in den 1950er Jahren durchgeführt, weil die Toxizität der Phenole noch immer als ein entscheidendes Kriterium angesehen wurde. Von ZIMMERMANN (1958) wurde im Leipziger Institut erstmalig gezeigt, dass sowohl Mineral- als auch Kulturhefen Phenole utilisieren. Grundlagenuntersuchungen über die Veränderung der bakteriellen Population in Abhängigkeit von äußeren Bedingungen (Belüftung, Temperatur) wurden von ZÜLKE (1971) durchgeführt.

Die Frage, ob an hohe Phenolkonzentrationen adaptierte Bakterien den Verlauf einer biologischen Reinigung vorteilhaft beeinflussen können, wurde lange kontrovers diskutiert. Nach einer Arbeit von KUNST (1984) sollen an hohe Phenolkonzentrationen adaptierte Bakterien gegenüber unadaptierten selbst bei plötzlicher Erhöhung der Phenolkonzentration in der Reinigungsanlage (Phenolstoß) keine merklichen Vorteile bringen. Lediglich die Einfahrphase kann durch Zusatz derartiger Hochleistungsstämme verkürzt werden.

4.3 Möglichkeiten der Schlammverwertung bzw. Schlammbeseitigung aus biologischen Reinigungsanlagen der Braunkohlenprozesswässer

Wie bei allen biologischen Abwasserbehandlungsverfahren stellt die Beseitigung des anfallenden Schlammes ein Problem dar. Es konnte damit gerechnet werden, dass bei den mikrobiellen Reinigungsschritten der BKPW pro Tonne BSB$_5$-Belastung 20 bis 30 m^3 Frischschlamm erzeugt wurde, der einen Wassergehalt von

98 bis 99 % besaß (FRANZ 1975, 336). Eine Verregnung auf Halden zur Rekultivierung oder die Verspülung mit anfallenden Aschen war nicht in jedem Fall
möglich, wurde aber trotz des Gestanks häufig praktiziert.

An dieser Stelle sollen einige Bemerkungen zu den Bemühungen gemacht werden, ammoniakhaltige Phenolwässer durch eine direkte Landaufbringung zu Dün-
gezwecken zu nutzen (KRÜGER 1964, 106). Vorteilhafte Effekte auf das Pflanzenwachstum werden von SCHULZ (1978) beschrieben.

Es hat nicht an Versuchen gefehlt, die großen Mengen der bei der Abwasserbe-
handlung anfallenden Biomassen einer direkten Nutzung oder einer Wertstoffge-
winnung zuzuführen. In den 1960er Jahren führten Bemühungen, proteinhaltiges
Vitaminkonzentrat herzustellen, zu Untersuchungen an Belebtschlämmen aus der
Braunkohlenabwassereinigung, da diese bis zu 1.000 µg Vitamin B_{12} pro Liter
Schlamm enthielten.

Erste Versuche einer Nutzung von Abwässern der Braunkohlenindustrie zur Erzeugung von Futtereiweiß sind durch RIECHE et al. (1964, 293) beschrieben worden. Untersuchungen zur direkten Nutzung von Schlämmen zur Tierfütterung aus
Reinigungsanlagen der BKPW wurden von Behrens (1970) beschrieben. Die Nutzung von Dekantoren führte nach einer Schlammkonditionierung zu Konzentrati-
onen an Biomasse, die deren Anwendung als Tierfutterzusatz als geeignet erscheinen ließen (BEHRENS & KLAPPACH 1974). Orientierende Fütterungsversuche an
Schweinen und Geflügel zeigten keine negativen Einflüsse auf die Gesundheit der
Tiere oder den Geschmack des Fleisches und wiesen die günstige Eignung von
Belebtschlammbiomasse im Gemisch mit anderen Proteinen zur Maststeigerung
nach. In der heutigen Zeit sind derzeitige unter den äußeren Zwängen eines Pro-
teinmangels in der Tierzüchtung entstandene Untersuchungen und Zielstellungen
nur sehr schwer nachvollziehbar.

5. In der DDR entwickelte Technologien der biologischen Abwasserreinigung von Braunkohlenprozesswässern

5.1 Anforderungen an die Technologie

Die Spezifität der notwendigen Technologie für den mikrobiologischen Abbau
von Abwässern der Braunkohlen veredelnden Industrie ergab sich aus der hohen
organischen Belastung, der Spezifität der Inhaltsstoffe und der dadurch bedingten
starken Schaumbildungsneigung. Die Prozessführung wurde durch das spezifische
Nährstoffangebot der Wässer und die Toxikologie der Inhaltsstoffe bestimmt.

Aus den Betrachtungen zur Abbaukinetik ergab sich eine Zweistufigkeit der Prozessgestaltung als besonders günstig für den schnellen Abbau der organischen Belastung. In der Intensivbiologie spielte die Schaumbekämpfung infolge des notwendigen hohen Sauerstoffeintrages eine besonders wichtige Rolle. Durch eine kontinuierliche Prozessführung war es möglich, die Abbauleistung der Mikroorganismen dem Gehalt an toxischen Stoffen anzupassen und somit die aktuelle Substratkonzentration zu steuern. Die Reduzierung von hohen Stickstoffauslaufwerten wurde durch die Kombination von Nitrifikations- und Denitrifikationsstufen mit intensivbiologischen Verfahrensschritten erreicht. Das unzureichende Nährstoffangebot musste durch entsprechende Nährstoffzugaben ausgeglichen werden. Diese Ergebnisse der anwendungsorientierten Grundlagenforschung wurden in den neuen Prozessen der Abwasserbehandlung umgesetzt.

5.2   Prozesse der biologischen Reinigung

5.2.1   Das historische Magdeburger P-Verfahren

Das unzureichende Nährstoffangebot der BKPW bedingte in den ersten biologischen Reinigungsanlagen die Mischung mit kommunalen Abwässern. Eine biologische Reinigung von unverschnittenem Wässer wurde erstmals von Nolte durch die Zudosierung von Mineralsalzen, insbesondere Phosphaten und im Bedarfsfalle Mg, K und Fe praktiziert. Verwendet wurde eine konventionelle Technologie eines Belebtschlammverfahrens mit Bodenbelüftung (NOLTE, MEYER & FRANKE 1934, 126).

5.2.2   Das Turmtropfkörper-Verfahren

Die Errichtung von neuen Kombinaten der Braunkohleverarbeitung nach neuen Technologien machte in der DDR eine Weiterentwicklung der unzureichenden klassischen Reinigungsanlagen notwendig.

Das Bemühen, die Einlaufkonzentrationen der BKPW in die biologische Reinigung zu erhöhen, führte zunächst zur Entwicklung der Turmtropfkörper, in denen eine hohe Anfangsbelastung abgebaut werden sollte. Vorgereinigte Wässer der Kokerei wurden auf Turmtropfkörper geleitet, die den natürlichen Sauerstoffeintrag ausnutzten. An diesen Systemen wurde eine Vielzahl von Untersuchungen durchgeführt und publiziert (GÖTZE & RICHTER 1960; RICHTER 1962).

Die gesamte Reinigungsleistung einer Anlage, bestehend aus zwei in Reihe geschalteten Turmtropfkörpern als hoch belastete Stufe mit einer nachgeschalteten konventionellen Belebtschlammanlage, war relativ gering.

Turmtropfkörper eignen sich für den konkreten untersuchten Fall lediglich für eine relativ geringe Belastung. Der Energieaufwand für das Hochpumpen der Wässer ist beträchtlich. Das Tropfkörperverfahren hat in modifizierter Form als Tauchtropfkörper oder Tauchscheibenreaktor für kommunale Abwässer und Nitrifizierungsstufen eine Bedeutung gewonnen. Eine Batterie von ehemals als Turmtropfkörper vorgesehenen Betontürmen war als Investruine nach 1990 im Gaskombinat Schwarze Pumpe zu sehen.

5.2.3 Intensivbiologische Verfahren

Die weitere Entwicklung der Reinigungsverfahren führte zu Zweistufenverfahren mit einer hoch belasteten ersten Stufe, den so genannten Intensivverfahren oder Intensivbiologie. Die Raum-Zeit-Abbaukapazitäten dieser Verfahren lagen um das 8-10fache höher als bei den klassischen Verfahren. Es war notwendig, mit hohen Zulaufkonzentrationen zu arbeiten, bei denen die Menge an toxischen Inhaltsstoffen die Abbauleistung der Mikroorganismen nicht überstieg und nicht unter Subtratlimitation gearbeitet wurde. Der Abbau wurde bis zur Qualität schwach belasteter Wässer betrieben. Die notwendige Feinreinigung erfolgte extensiv, gemeinsam mit den Sozialwässern.

5.2.4 Endreinigungsstufe

Den Kenntnissen aus den biologischen und kinetischen Untersuchungen des Abbaus der Braunkohlenprozesswässer entsprechend blieb in der Intensivstufe der Reinigungsgrad auf ca. 90 % der angebotenen organischen Last beschränkt und die Biomasse neigte infolge des Überschusses an Substrat und der Flocken zerstörenden Turbulenz der Intensivbelüftung nicht zur Sedimentation. Es war darum erforderlich, der Intensivbiologie eine extensive Endreinigungsstufe auf der Basis von klassischen Belebungsbecken, Absetzbecken und Oxidationsteichen nachzuschalten.

5.2.5 Erweiterte biologische Reinigungsverfahren

Die Beurteilung der Ablaufqualität der Abwässer nicht nur nach der organischen Last, sondern auch nach dem Stickstoffgehalt erfordert die Einbeziehung der biologischen Nitrifikation und Denitrifikation, da in der normalen biologischen Reinigung eine Stickstoffelimination nur durch die Inkorporation in die Biomasse erfolgt.

Zur biologischen Reinigung von Braunkohlenprozesswässern wurden in der DDR folgende Anlagen technisch realisiert:

- Intensiv-biologische Reinigung nach dem PKM-Verfahren mit Saugkreiselbelüftung,
- Intensivbiologische Reinigung mit CLG-Biotankreaktoren (siehe *Foto 1*),
- PKM-Verfahren für die erweiterte biologische Reinigung.

Bei diesem Verfahren wurden zur Stickstoff-Elimination unterschiedliche Varianten des Wasserflusses verwendet.

Foto 1: Erste biologische Reinigungsstufe (Hochleistungsstufe) mit Tankreaktoren und Abluftableitung in einer carbochemischen Fabrik in der DDR

6. Fazit

Aus heutiger Sicht können die folgend zusammengestellten wissenschaftlichen Ergebnisse und technischen Entwicklungen besonders hervorgehoben werden:

1. Wissenschaftliche Ergebnisse

- – Analytik der komplexen Abwässer nach chromatographischen Methoden;
- – Nachweis der allgemeinen Eigenschaft von Hefen zum Phenolabbau;

- Grundlagenuntersuchungen zur Stickstoffelimination aus hoch belasteten Industrieabwässern (Nitrifikation, Denitrifikation);
- Grundlagen und theoretische Durchdringung der kontinuierlichen Prozessführung von Industrieabwässern nach Zweistufenverfahren;
- Erste Kenntnisse zur Autoxidation von Industrieabwässern;
- Erste Anwendungen von genetisch optimierten Leistungsstämmen zur Industrieabwasserreinigung;
- Erste Untersuchungen zu einem online-Monitoring der biochemischen Antwortreaktion auf Stresssituationen der Biozönose.

2. Technische Entwicklungen
- Konstruktion und Bau von Saugkreiselbelüftern für stark schäumende Industrieabwässer;
- Konstruktion und Bau von geschlossenen Tankbioreaktoren mit intensiven Belüftungssystemen (Tauchstrahlverfahren);
- Prozessvariantenentwicklung zum gemeinsamen Abbau der organischen Last und der Stickstoffelimination.

Nach Stilllegung der Werke der Kohleveredelung und Carbochemie nach 1990 konnten eine Reihe von Erkenntnissen der damaligen Forschung zur Reinigung der Prozessabwässer genutzt und weiter entwickelt werden.

Das erfolgte im Wesentlichen im UFZ Umweltforschungszentrum Leipzig-Halle GmbH. Hervorzuheben sind:

- Ausbau der Chemie und Analytik der Oxidationsprodukte komplexer Phenolabwässer als „AHS Anthropogene Huminstoffe";
- Entwicklung der Prinzipien der „enhanced natural attenuation" am Beispiel einer Schwelwasserdeponie (Phenolsee);
- Erstmalige Vollsanierung einer Industriewasserdeponie nach diesem Prinzip;
- Nutzung der Erkenntnisse der Chemie der AHS zur Entwicklung von „reaktiven Barrieren" zur Grundwassersanierung;
- Weitere Grundlagenuntersuchungen zum Plasmidtransfer in genetisch markierten Bakterienstämmen bei Freisetzungsversuchen;
- Phytoremediation und Stickstoffeliminierung bei Industriedeponiewässern.

Literatur

Behrens, U.: Die submerse biologische Abwasserreinigung als mikrobiologische Biomassesynthese, Doctoral thesis B, Academy of Sciences, Berlin 1970

Behrens, U. & Klappach, G.: Abwasser als Rohstoff für mikrobielle Produktsynthesen, Fortschr. Wasserchem. u. ihrer Grenzgeb. 13, I, 1974

Egorova, A. N.: Einige physiologische Daten über thermophile phenoloxydierende Bakterien, Z. Allg. Landwirtsch. Mikrobiol. Ind., 15, 467, 1946

Fowler, G. J., Ardern, E. & Lockett, W. T.: The oxidation of phenol by certain bacteria in pure culture, Proc. R. Soc. London, Ser. B, 83, 561, 1910

Franz, B.: Reinigung von Gaswässern aus der thermischen Kohleveredlung, in: Strzodka, K. (Hrsg.) Hydrotechnik im Bergbau und Bauwesen, VEB Deutscher Verlag für Grundstoffindustrie, Leipzig, 1975, 336

Götze, A. & Richter, H.: Erfahrungen und Ergebnisse beim Betrieb einer hochbelasteten Turmtropfkörperanlage zur Reinigung vorentphenolter Abwässer der BT-Verkokung im BKK Lauchhammer, Freiberger Forschungsh. A, 170, 28, 1960

Gundermann, E.: Chemie und Technologie des Braunkohlenteers, Akademie-Verlag, Berlin 1964

Krüger, W.: Erfahrungen mit der Bodenbehandlung der Abwässer der Großkokerei Lauchhammer in der Praxis, Wasserwirtsch. Wassertech. 14, 106, 1964

Kunst, S.: Vergleiche der Phenolabbauleistungen zweier Belebtschlämme mit und ohne Zusatz von a-daptierten Bakterien, Gas-Wasser-Fach, Wasser Abwasser, 125, 254, 1984

Meissner, B.: Biological decomposition of phenol, Wasserwirtsch. Wassertech., 3, 470, 1953

Meissner, B.: Investigations of the disposal of phenol-containing wastes by biological procedures, Wasserwirtsch. Wassertech., 5, 82, 1955

Meissner, B.: Broadening the scope of total analysis procedures by using cascade distillation, Wasserwirtsch. Wassertech., 8, 417, 1958

Meissner, B.: The biological decomposition of organic substances. Processes of self-purification and biological sewage purification, Wasserwirtsch. Wassertech., 8, 483, 1958

Meissner, B.: East German Patent 19439, 1960

Nolte, E., Meyer, H. J., & Franke, E.: Versuche zur Durchführung des Belebtschlammverfahrens bei gewerblichen Abwässern, Vom Wasser, 8, 126, 1934

Richter, H.: Neuere Erkenntnisse beim Betrieb der biologischen Nachreinigung von Phenosolvandünnwasser im VEB Braunkohlenkombinat Lauchhammer, Freiberger Forschungsh. A, 220, 87, 1962

Rieche, A., Hilgetag, G., Martini, A. & Lorenz, M.: Continuous production of yeast from phenol-containing substrates, in: Proc. 2nd Symp. Conf. Ferm. Microorganisms, Prague 1964, 293

Schulz, F.: Bodenbehandlung von Abwässern der Braunkohlenveredlung unter Berücksichtigung der Erfordernisse industriemäßiger Pflanzenproduktion, Doctoral thesis, Humboldt University, Berlin, 1978

Statistical Yearbook of United Nations, International Publications Service, a division of Taylor & Francis, Philadelphia, 1981, 199

Wagner, R.: Über Benzolbakterien, Z. Gaerungsphysiol., 4, 289, 1914

Zimmermann, R.: Über phenolspaltende Hefen, Naturwissenschaften, 45, 165, 1958

Zülke, H.-J.: Erfassung mikrobieller Leistungskriterien als Bestandteil der Verfahrenswahl für die biologische Reinigung von Industrieabwässern, Doktorarbeit, Ernst-Moritz-Arndt-Universität, Greifswald 1971

„Energie verschwenden". Grafiker: M. Bärmich: Eigenauftrag und Eigendruck.
3. Preis Plakatwettbewerb „Die 100 besten Plakate" 1983. Quelle: Verband Bildender Künstler
der DDR (Hg.): Die 100 besten Plakate des Jahres 1983, Berlin

„Haltet das Wasser rein". Herausgeber: Amt für Wasserwirtschaft beim Ministerrat der DDR
(1965). Gestaltung: DEWAG Berlin. Quelle: Plakatsammlung im Studienarchiv Umweltgeschichte des Instituts für Umweltgeschichte und Regionalentwicklung e.V. an der Hochschule Neubrandenburg

Wilhelm Knabe

Tharandt 1949 – erste studentische Umweltinitiative in Sachsen

Vorspann

Umweltschutz und DDR erscheinen in der Retrospektive als Antipoden, denn der SED-Staat hatte Umweltthemen in den 1980er Jahren beinahe zum Tabu erklärt und sah die Umweltgruppen als feindlich-negative Personenzusammenschlüsse an, die er dem politischen Untergrund zuordnete. Über diese Gegensätze ist mehrfach berichtet worden (z.b. JACOBI 1998; JORDAN & KLOTH 1995; KNABE 1993; NEUBERT 1997; RÜDDENKLAU 1992). Dagegen gibt es nur spärliche Aufzeichnungen über sehr frühe Bemühungen für den Erhalt der Umwelt im Jahr der Entstehung der DDR, wie sie beispielhaft in der sächsischen Kleinstadt Tharandt erfolgten. Der Zeitzeugenbericht lässt Erinnerungen an diese Zeit aufklingen und belegt sie mit einigen Zitaten.

1. Was war geschehen?

1949 schwärmten Studenten der Fakultät für Forstwirtschaft in Tharandt im Lande Sachsen aus und sprachen auf Lehrerversammlungen über die Bedeutung des Waldes. Sie sprengten die damals noch strengen Grenzen zwischen den Disziplinen, mischten sich als angehende Forstingenieure, die für Holzeinschlag und Wiederaufforstung sorgen sollten, unter die Pädagogen und wollten in diesem, sonst nur andere unterrichtenden Stand, Interesse und Liebe zum Walde wecken, wollten aufzeigen, welchen Wert der allseits bedrohte Wald für die Allgemeinheit hat. Sie wollten die angesprochenen Lehrer zur Mitarbeit gewinnen.

Wie war das möglich? Was waren das für Leute? Was war das für eine Zeit? Ich will versuchen, diesen Fragen nachzugehen und die damalige Zeit zum Leben zu erwecken.

2. Die Zeit

Das war eine spannende, aufregende Zeit, ein Umbruch auf allen Gebieten. Deutschland war besiegt und in vier Besatzungszonen aufgeteilt. Sachsen war Teil der sowjetischen Besatzungszone geworden, in der die KPD/SED im Begriffe war, die alleinige Macht zu übernehmen. Zur Sicherung ihrer Macht wurden ab 1945 Mitglieder der NSDAP weitestgehend aus dem öffentlichen Dienst entfernt, um mit neuen Kadern den Staat aufzubauen und zu kontrollieren. In dieser Umbruchs-zeit hing auch die Zukunft der Forstlichen Hochschule in Tharandt an einem seidenen Faden, denn die bis zum Kriegsende Hermann Göring unterstehende Forstwirtschaft war von ihm mit besonderem Druck nazifi-ziert worden. So waren auf seine Weisung hin nur Mitglieder der NSDAP als Anwärter für den höheren Forstdienst angenommen worden. Nach meiner Erinnerung hatten nur wenige Forstmeister wie Grasselt, König, Mandel (*Foto 1*) und Alfred Müller diesem Druck standgehalten. Die drei ersten wurden deshalb etwa 1946 als Oberforstmeister in die Landesforstverwaltung, der vierte als Professor berufen. Ihre Vorgänger in der Verwaltung waren von den Sowjets z. T. in die Straflager Buchenwald und Mühlberg eingesperrt worden, wo Oberforstmeister Bernhard Probst umgekommen ist.

Foto 1: Oberforstmeister Mandel (links) im Gespräch mit Prof. Heinrich Prell auf einer Exkursion in die Lausnitzer Heide bei Dresden (um 1947). Quelle: Archiv W. Knabe

Da in Tharandt nur drei unbelastete Pro-fessoren übrig geblieben waren, hatten forst-fremde Genossen beschlossen, das Forststu-dium ganz zu streichen. Als ich im Oktober 1945 nach britischer Kriegsgefangenschaft und anschließender Arbeit in einer Forstbaumschule in Halstenbek in die sächsische Heimat zurückkam und beim Landesforstamt in Dresden nachfragte: *„Wann wird die Hochschule in Tharandt wieder aufgemacht, wann kann ich anfangen zu studieren?"* bekam ich von einem dort hingespülten Mitarbeiter zur Antwort:

„Studieren, nee, das ham mer abgeschafft. Das brauch' mer nich mehr."

„Aber kann ich dann jedenfalls meine forstliche Lehre anfangen? In welches Lehrforstamt kann ich gehen?" „*Nee, Lehrforstämter ham mer och nich mehr. Na ja, wenn se durchaus Waldarbeiter spielen wollen, da könn' se überall anfangen.*" Spielen wollte ich nicht. Deshalb meldete ich mich als Neulehrer, denn man suchte dringend Ersatz für die aus dem Schuldienst entfernten Lehrer, die Mitglieder der NSDAP gewesen waren. Der für Dresden-Land rechts der Elbe zuständige Oberschulrat Petzold nahm mich bei meiner Vorstellung auch ohne die vorgeschriebene Prüfung an. Er meinte: *„Entweder Sie sind ein rein theoretisch veranlagter Mensch, dann hören Sie bald auf oder Sie schaffen das."*

Ohne Ausbildung, ohne Lehrbücher und Lehrplan, nur mit einer minimalen Fortbildung am Mittwoch Nachmittag unterrichtete ich in Moritzburg als Klassenlehrer ein Jahr lang eine 5. Volksschulklasse und eine 8. in Mathematik und Physik. Da musste ich sehen, wie ich zurecht kam, um mit meinem bescheidenen Wissen das Interesse der Kinder zu wecken. Das dabei gewonnene Selbstvertrauen war eine entscheidende Voraussetzung für die spätere Idee, schon als Student die Verbindung zur Schule zu suchen.

2.1 Treffen an Cottas Grab

Ein denkwürdiges Treffen ging der Wiedereröffnung des Forststudiums in Tharandt im Jahr 1946 voraus. Mitten im Tharandter Wald am Forstort Mauerhammer ruht unter hohen Bäumen der Begründer der Forstlichen Hochschule in Tharandt, die heute noch als Fachrichtung der Technischen Universität Dresden existiert. Ein ungewöhnliches Paar stand dort in ehrfurchtsvoller Stille. Der Ältere im abgetragenen Lodenmantel, der Jüngere in der Uniform der sowjetischen Armee. Dann begann der ältere von beiden zu sprechen: *„Hier liegt der Begründer der ältesten Forstlichen Hochschule der Welt, Heinrich von Cotta, begraben. Können Sie wirklich zulassen, daß diese Hochschule für immer geschlossen bleibt?"* „*Nein*", antwortete sein Gegenüber *„ich werde mich dafür einsetzen, daß Sie wieder arbeiten können.*" So berichtete uns unser hochverehrter erster Dekan, Professor Hans Sachsse (*Foto 2*), sinngemäß über seine Begegnung mit Oberstleutnant Dashkowitsch, dem für den Forstbereich zuständigen Offizier der sowjetischen Militäradministration. Wir müssen beiden Männern sowie dem sowjetischen Forstoffizier Malinowski (LOCHMANN 2004) heute noch dankbar sein.

2.2 Eröffnung in Tharandt

Als Folge dieses Einsatzes und der inzwischen gewachsenen Einsicht der Politik wurde die ehemalige Forstliche Hochschule Tharandt am 1. Oktober 1946 als Fakultät für Forstwirtschaft der Technischen Hochschule Dresden wieder eröffnet. Glückstrahlend begannen 25 Forststudenten (*Fotos 3 und 4*), die aus den 150 Bewerbungen herausgesucht worden waren, ihr erstes Semester. Ganz klar für das Regime war, dass ältere Semester, die bereits im Dritten Reich studiert hatten, und Mitglieder der NSDAP keine Chance hatten, zugelassen zu werden. Sie hätten ja alte Traditionen an die Hochschule bringen können. Nur drei hatten es irgendwie geschafft. Bei der Auswahl wurde gesellschaftliche Tätigkeit beim Neuaufbau positiv gewertet, doch die Professoren konnten auch fachliche Argumente einbringen.

Nie wieder – wage ich zu behaupten – hat ein bunteres Völkchen das Forststudium begonnen, nie zuvor gab es größere Unterschiede im Alter und in der Herkunft. Bei Studienbeginn war der älteste von uns, der ehemalige Offizier Dieter von Zedlitz, schon 30 Jahre alt. Er gehörte zu dem im Krieg arg dezimierten Jahrgang 1916. Wenig jünger war mein Freund Gottfried Neuhof vom Jahrgang 1918, der etwas später zu uns stieß. Nach mehrfacher Verwundung heimgekehrt war er trotz seiner

Foto 2: Professor Hans Sachsse mit Sohn Hanno, damals auch Forststudent (ca. 1949). Quelle: Archiv W. Knabe

Behinderung dem Forstberuf treu geblieben. Ja, er hatte bereits 2 Jahre als Waldarbeiter gearbeitet, als das Studium begann. Der mit 18 Jahren Jüngste, Günter Grüner, hatte gerade sein Abitur bestanden und begann schon drei Monate später das Studium. Die anderen dazwischen waren größtenteils Kriegsteilnehmer. Als erste Frau hatte es Brigitte Keitel geschafft, für das Forststudium angenommen zu werden. Eine Bereicherung der Vielfalt unserer Gruppe waren fünf Arbeiterstudenten, die in Sonderkursen auf das Studium vorbereitet worden waren. Drei von ihnen wurden voll integriert, zwei schieden bald aus, nachdem sie nach Aussagen von Werner Dietz versucht hatten, ihre Kommilitonen bei den Sowjets anzuschwärzen, dass diese eine faschistische Untergrundgruppe gebildet hätten. Der Schuss ging nach hinten los.

Foto 3: Das erste Nachkriegssemester vor dem Eingangsportal des Altbaus der Forstlichen Hochschule Tharandt, 1946 Fakultät für Forstwirtschaft der TH Dresden. Quelle: Archiv W. Knabe

Foto 4: Ehemaligentreffen des ersten Nachkriegssemesters, wiederum vor dem Eingangsportal des Altbaus, 50 Jahre nach Wiedereröffnung der Forstlichen Hochschule und Studienbeginn (1996). Quelle: Archiv Prof. Dr. Manfred Wünsche (Freiberg/Saale)

2.3 Schwieriger Anfang

Der Herbst 1946, in dem die Hochschule eröffnet wurde, war vom Mangel geprägt. Kaum waren die Studenten immatrikuliert und hatten mit dem Studium begonnen, kam der harte Winter 1946/47. Frierend saßen wir in den ungeheizten Hörsälen und lauschten in Mäntel gehüllt unseren Professoren, bis allgemeine Kohleferien ausgerufen wurden und man die Studenten nach Hause schickte, um im Forst praktisch zu arbeiten.

Die kargen Verpflegungsrationen auf Karten ließen die hungrigen Studenten nie satt werden. An Kohlen und Holz fehlte es überall. In vergilbten Papieren fand ich einen Brief vom 17. April 1947 an den Landtagspräsidenten Otto Buchwitz, einen Hilfeschrei der ausgehungerten 25 Forststudenten, die keine eigene Mensa hatten, ob man ihnen nicht jedenfalls Lebensmittel wie für die Tharandter Schulspeisung geben könne.

Erst mit der Gewährung von Lebensmittelkarten für Schwerarbeiter an die Studenten besserte sich die Situation ein wenig, doch ohne den Einkauf von Pferdefleisch, das mit dem Vierfachen der Kartenmenge ausgegeben wurde, und ohne die Haferflocken, die der Müller Dumont mir als Sozialreferenten des Fakultätsrates für die Mensa übergab, hätte mancher von uns nicht durchhalten können.

Damals wie heute spielten die Finanzen eine entscheidende Rolle. Am 21. Juni 1948 musste die sowjetische Besatzungsmacht auf die Währungsreform der Westzonen reagieren und wertete das umlaufende Geld im Verhältnis 10:1 ab. Das geschah gerade während unserer Vordiplomprüfung, so dass viele Studenten von der Abwertung kalt erwischt wurden, weil sie ihre spärlichen Ersparnisse nicht in Sachwerten angelegt hatten. Von meinen als Lehrer ersparten 2.100 Mark blieben nur 210 Mark übrig. Manche erhielten Stipendien. Bei mir waren es dank sogenannter gesellschaftlicher Arbeit als Sozialreferent 240 Mark im Semester, die aber auch erst ab dem 3. Semester gewährt wurden, nachdem die eigenen Ersparnisse aufgezehrt waren. Den Rest musste man dazu verdienen.

2.4 Die politische Lage

Politisch war die Studienzeit hochinteressant. Wir schwankten zwischen Hoffnung auf Wiedervereinigung und Bangen, dass wir eine Art sowjetische Provinz werden würden. Bei jeder Konferenz der Siegermächte flackerte ein wenig Hoffnung auf, um danach rasch wieder zu verlöschen. Politisch fiel unser Studienbeginn 1946 mit den ersten freien Landtagswahlen seit 1933 zusammen. Die Sozialistische Einheitspartei SED, die aus dem Zusammenschluss von Kommunisten und Sozialdemokraten entstanden war, die Christlich Demokratische Union Deutschlands

CDUD und die Liberaldemokratische Partei Deutschlands LDPD wetteiferten um die Gunst der Wähler. Trotz starker Förderung durch die sowjetische Administration verfehlte die SED im sächsischen Landtag 1946 knapp die absolute Mehrheit, während LDPD und CDUD jeweils knapp ein Viertel der Sitze erhielten. Nie wieder riskierten die Sowjets und ihre deutschen Statthalter deshalb später freie Wahlen, sondern erfanden für die Volkskammerwahl 1949 die Liste der Nationalen Front. Neben den drei genannten Blockparteien wurden dort zusätzlich Kandidaten der Bauernpartei und der Nationaldemokratischen Partei NDP sowie des Freien Deutschen Gewerkschaftsbundes FDGB, des Deutschen Frauenbundes und der Freien Deutschen Jugend FDJ einbezogen, um so die Anteile der bürgerlichen Parteien zu schmälern. Diese hatten ab 1949/50 nichts mehr zu sagen.

Die Politik wirkte massiv in die Hochschule hinein. Der erste 1946 frei gewählte Studentenrat hatte 5 LDPD-, 4 SED- und 3 CDU-Vertreter. Das durfte aus Sicht der Sozialistischen Einheitspartei nicht so bleiben. Man änderte den Wahlmodus von geheimer Wahl in offene Abstimmung, beorderte 4 Vertreter der Vorstudienanstalten hinzu und erreichte so einen 8:8-Stand. Deshalb kam alles auf die Wahl des Tharandter Vertreters an. Dort annullierte man das Ergebnis der geheimen Wahl, drohte Widerspenstigen mit Entzug des Stipendiums und wählte am 14.8.1948 mit einer Stimme Mehrheit den SED-Kandidaten Zetsche, der in geheimer Wahl nur 18 Stimmen von 60 Wahlberechtigten bekommen hatte. Unser Protest wurde nicht beachtet. Helmut Zetsche trug mit seinen Genossen dazu bei, dass das Stipendienwesen von der Bewertung wissenschaftlicher und gesellschaftlicher Arbeit auf reine Klassenherkunft und sozialistische Bindung umgestellt wurde. Der Vollwaise Johannes Schubert bekam keinen Pfennig mehr und musste sich den Lebensunterhalt durch nächtliche Forstschutzgänge verdienen.

3. Die Wurzeln der Arbeitsgemeinschaft „Wald und Volk"

Mitten in diesen politischen Auseinandersetzungen entstand in Tharandt die meines Wissens erste studentische Umweltinitiative in Sachsen. Was waren die Wurzeln?

3.1 Unsere Lehrer

Begierig begannen wir das Studium, neues Wissen wie ein Schwamm aufzusaugen. Die wenigen Professoren, die nicht der NSDAP beigetreten waren und deshalb weiterlehren durften, waren Persönlichkeiten mit Rückgrat. In atemloser Stille folgten wir den glasklaren wohlgeordneten Erklärungen von Professor Hans

SACHSSE, der uns lehrte, Wald und Boden als ein Ganzes zu sehen, der uns die Augen öffnete für die Standortunterschiede etwa bei der Exkursion an den Nord- und Südhängen des Weißeritztales.

Wir begegneten Professor Heinrich Prell (*Foto 1*), der zwar nie mit seinem zoologischen Vorlesungsstoff fertig wurde, aber der uns über die Stofffülle beruhigte. *„Sie müssen sich nicht alles merken, sondern die Vorlesungen einfach sedimentieren lassen. Später können Sie dann bei Bedarf in diesen Sedimenten graben.“* Er lehrte uns wissenschaftliches Herangehen. Nie vergesse ich seinen Rat zur Auswertung von Literatur: *„Wenn Sie etwas lesen, was Ihren eigenen Erfahrungen widerspricht, dann glauben Sie ihm nicht, halten ihn aber auch nicht für einen Lügner oder Dummkopf, sondern versuchen Sie herauszufinden, warum er zu anderen Ergebnissen gekommen ist.“*

Foto 5: Prof. Heinrich Wienhaus.
Quelle: Archiv W. Knabe

Professor Heinrich Wienhaus (*Foto 5*) führte uns in die Geheimnisse der Holz- und Pflanzenchemie ein. Das war zunächst ein sehr fremdes Gebiet. Der hochgewachsene Mann strahlte Ruhe, Gediegenheit und auch menschliche Wärme aus, ja er lud einige von uns sogar in sein Haus ein. Einer von uns, Werner Dietz, machte später die Harzgewinnung und -verwendung zu seinem Beruf, mit dem er auch im Westen Fuß fassen konnte.

Nicht vergessen darf ich unseren Lehrer im Waldbau, den sudetendeutschen Forstmeister Professor Anton Heger, den es wie einen Karpathenhirsch nach Tharandt verschlagen hatte. Seine Vorlesungen über Vorratspflege ließen in uns das Idealbild eines Waldes entstehen, dessen Einzelbäume genügend Standraum hatten, so dass die vollentwickelte Krone jedem Sturm trotzen konnte.

Anfang 1949 waren wir zwar erst im ersten Fachsemester, konnten es aber nicht erwarten, das erworbene noch bescheidene Wissen anzuwenden.

3.2 Ausmaß und Ursachen der Waldvernichtung

Dann kamen wir hinaus in die sächsischen Wälder und sahen die Riesenkahlschläge, wo der Borkenkäfer gewütet, die Besatzungsmacht Reparationsholz geschlagen hatte oder der Wismutbergbau rücksichtslos den ganzen Wald beseitigt oder verschüttet hatte. Wir diskutierten unter uns, sammelten Zahlen und verstanden allmählich das Ausmaß der Waldvernichtung.

Allein in Sachsen mussten 1948 34.000 ha Kahlflächen aufgeforstet werden. In der sowjetischen Besatzungszone waren 10 % der Waldfläche kahlgeschlagen, in ganz Deutschland rund 900.000 ha. Um sie aufzuforsten, rechneten wir aus, brauchte man 9 Milliarden Pflanzen. Bei einem Abstand von einem Meter könnte man damit 225 Reihen um den Äquator herumlegen.

Doch nicht nur die Kahlflächen schauten trostlos und anklagend in die Gegend. Auch die stehenden Bestände waren erschreckend gelichtet. Der Holzvorrat des vorbildlich gepflegten sächsischen Staatswaldes betrug 1927 im Mittel rund 170 fm/ha Holzboden. 1948 waren es in den 4 Zonen nur noch rund 87 fm/ha, also etwa die Hälfte. Genauere Zahlen hatten wir nicht.

Wir suchten nach den Ursachen der Waldzerstörung und fanden:
1. den Raubbau der Nazizeit und die Kriegsschäden,
2. die Übernutzung nach 1945,
3. sehr gefährliche Insektenkalamitäten, d.h. Massenauftreten von Waldschädlingen wie Nonne und Borkenkäfer,
4. den Diebstahl der Bevölkerung, die dazu oft von der bittersten Not getrieben wurde.

4. Arbeitsgemeinschaft „Wald und Volk"

4.1 Erste Überlegungen

Angesichts der furchtbaren Zerstörungen in den Wäldern reifte der Entschluss, etwas dagegen zu tun. Was konnte das sein?

Für das Frühjahr 1949 war ein studentischer Arbeitseinsatz auf den Kahlflächen des Forstamtes Limbach bei Chemnitz geplant (*Foto 6*). Dort hatte der Borkenkäfer die Fichtenreinbestände des sächsischen Hügellandes vernichtet und die frierende Bevölkerung den Rest noch abgehauen. Wie unser Chemnitzer Kommilitone Peter Mathé berichtete, hatte die großflächige Entwaldung den Grundwasserspiegel absinken lassen, sodass Trinkwasser z.T. mit Wagen herangeschafft werden musste. In unserem Arbeitseinsatz sollten wir neuen Wald begründen. Doch reichte das?

Wir Studenten des 5. Semesters setzen uns zusammen und berieten. Mussten wir nicht mehr tun, die Bevölkerung auf die Bedrohung aufmerksam machen und versuchen, die Liebe zum Walde neu zu wecken? Aber wie? Da tauchte die Idee auf, an die Schulen zu gehen. Wir müssen bei den Kindern beginnen. Natürlich konnten wir paar Forststudenten nicht alle sächsischen Schulen abklappern. Nein, wir mussten die Lehrer als Mittler gewinnen. Dass wir überhaupt etwas machten, wo uns doch Finanznöte nach der Währungsreform, Studium, Prüfungen, die Studentengemeinde und auch die Politik voll beschäftigten und wir eigentlich die Freizeit für Freundinnen oder Ehefrauen brauchten, grenzte an ein Wunder. Wir besprachen das unter uns und fanden, wir sollten damit beginnen.

Ich startete einen Versuch und fragte bei dem o.g. von mir verehrten Schulrat Petzold in Wachwitz an. Der begrüßte den Vorschlag und lud mich zur Versammlung der Dresdner Schulleiter ein. Im Tagebuch (KNABE 1949/1950) steht unter dem 13.4.1949 ein Eintrag während des Arbeitseinsatzes in Limbach: *„Einige kurze aber schöne Tage wurden mir nach der Gewerkschaftsschule in Klingenberg daheim geschenkt ... Die Arbeit an dem Referat: „Wie kann die Schule mithelfen, unseren Wald zu retten?" war eine Herzensfreude ... Bis früh 2.00 Uhr hatte ich am 25.3. daran gearbeitet, und um 8.00 Uhr mußte ich schon in Dresden sein. Aber es ging wunderbar. Ich konnte diese Schulleiter von der Notwendigkeit unserer Arbeit überzeugen und ihre Mitarbeit gewinnen. Glücklich ging ich weg."* Das war der Rückblick, nun die Beschreibung der Situation:

Foto 6: Drei Forststudenten (Helmut Schmiedel, Wilhelm Knabe und Claus Böhm) im April 1949 auf dem Weg zur Bepflanzung von Kahlflächen im Gebiet des Forstamtes Limbach (Sachsen). Quelle: Archiv W. Knabe)

„Am Dienstag begann dann die Arbeit. Rasen- und Humusabziehen und hacken. Es war ein strahlendes Wetter die ganze Woche. Schlimm war, daß schon 65 ha bearbeitetes Land dalagen und noch keine Pflanzen da waren. Mit der Zeit besserte sich das noch, aber es war ja ein Wahnsinn, auf diesem schweren Boden nur Fichte und Kiefer zu bringen. Der Besuch von Herrn Oberforstmeister Mandel war ein Lichtblick in dieser forstlich so trüben Zeit. Das Revier ist ja gräßlich verwüstet. Der Diebstahl der Bevölkerung hat unvorstellbare Ausmaße angenommen. Da wird die Bedeutung unserer Aufklärungsarbeit immer klarer."

4.2 Die Gründung der AG

Tatsächlich kam es dann in Limbach zur Gründung der Arbeitsgemeinschaft „Wald und Volk", der Parteilose und Mitglieder von CDUD, LDPD und SED, also aller 3 Parteien, angehörten. Wir hatten eingesehen, dass eine einzelne Aktion nichts bringt, dass wir ein Team bilden müssen, das Material zusammenträgt, sich gegenseitig unterstützt und die Außenarbeit verteilt. Jeder sollte zunächst versuchen, in seinem Heimatkreis für die Sache zu werben. Ich selbst übernahm das Beschaffen der Genehmigung und suchte den Leiter der Abt. Schulwesen Wilhelm Schneller im sächsischen Ministerium für Volksbildung auf und erreichte nach dem geglückten Einstand in Dresden weitere Genehmigungen. Bereits am 22. April 1949, wenige Tage nach Rückkehr vom Arbeitseinsatz, sprachen Peter Mathé (*Foto 8*) in Chemnitz und ich am gleichen Tage in Dresden auf Lehrerversammlungen zum Thema: **„Unser Wald ist in Gefahr – Wie können wir ihm helfen?**

Unsere Referate stellten wir den Kommilitonen zur Verfügung. Zum Glück blieben sie erhalten, das von mir verfasste auch im Bestand der Tharandter Bibliothek (KNABE 1949). Sein Wiederfinden bei einem Besuch der alten ‚alma mater' 1991 ließ mich auch nach meinem Tagebuch suchen und hat den Anstoß zu diesen Aufzeichnungen gegeben.

Dort las ich (KNABE 1949/1950): *„Tharandt am 6.5.49*

Eine halbe Stunde will ich mir gönnen, ehe ich wieder an die Arbeit gehe. Sonst schwindet die Erinnerung an die Dinge, die auch die letzten Wochen wieder aufregend und interessant werden ließen.

Der Vortrag in Dresden war ein Erfolg! Ich konnte in über tausend Menschenherzen hinein den Hilferuf des Waldes schreiben und leise anklingen lassen. Es war schwer. Ein zweistündiger Goethevortrag von Hugo Victor ging voraus. So erforderte es die Anspannung aller Kräfte, mit den zerstreuten und ungeduldigen Lehrern fertig zu werden. Nur von einem Vorhang von mir getrennt, machten die Chorkinder solchen Krach, daß ich mich mitten im Vortrag einfach umdrehte, den Vorhang beiseite riß und energisch um Ruhe bat. Der Schulrat Dölitsch hatte nur ein paar Worte über den Wald angekündigt, und ich hielt ein ganzes Referat. Da hieß es wirklich auf Draht zu sein. Aber es gelang mir, auch Gemüt und Herz anzusprechen, und so blieb ich doch wohl Sieger … So kam die Arbeitsgemeinschaft „Wald und Volk" langsam in Fahrt. Zweimal waren wir bei Ministerialdirektor Schneller im Ministerium. Er erlaubt uns, bei der Schulratskonferenz am 17.-21.5. kurz zu sprechen, um für alle Kreise Sachsens die Voraussetzung zu schaffen, auch dort jedenfalls vor den Schulleitern zu sprechen. Gott segne auch dieses Vorhaben! Das Fahrgeld versprach er uns dafür. Wir haben uns jetzt an die Deutsche Landwirtschaftsgesellschaft (DLG) angeschlossen. Zum dies academicus am 27.5.

werde ich einen Vortrag über unsere Aufgaben halten. Ich konnte diese Nacht kaum schlafen. Dauernd schossen mir Gedanken dafür durch den Kopf. Die besten schrieb ich gleich im Bett auf, um den Kopf zu entlasten. Es wird eine große Sache, denke ich."

Dazwischen gab es Phasen der Zweifel und Resignation. Das Tagebuch fährt an dieser Stelle fort: *„Das war das Schöne dieser Zeit. Daneben gab es viel Ärger. Das Theater am 1. Mai, die Unterschriften gegen Franco-Spanien und für den Weltfriedenskongress, die bevorstehenden „Ja-Wahlen" für den Volksrat, Sitzungen der Betriebsgewerkschaftsleitung und unerfreuliche Stipendienkürzungen bei Brückner, Schmiedel und Zedlitz wirken alle in derselben Richtung. Ich hatte die Nase manchmal restlos voll und trug mich mit Gedanken zur Auswanderung. Die AG „Wald und Volk" wird mein letzter Versuch sein, hier in der Zone etwas Positives zu tun. Läßt man mich arbeiten und respektiert man meine Überzeugung, gut, dann werde ich hierbleiben. Macht man mir das aber unmöglich, so werde ich die Konsequenzen ziehen und in einem freieren Land ein neues Leben beginnen."*

So weit der Eintrag. Die Hoffnungen auf eine Wiedervereinigung auf der Pariser Friedenskonferenz hatten sich ja zerschlagen.

Natürlich waren Diskussionen mit den anderen Kommilitonen vorausgegangen, so dass diese Referate als Gemeinschaftsarbeit zu verstehen sind. Wie erwähnt hatte Peter Mathé für Chemnitz ein eigenes Referat mit dem gleichen Thema ausgearbeitet. Das möchte ich ausdrücklich betonen, wenn ich aus meinem Tagebuch zitiere, um die damalige Stimmung authentisch wiederzugeben.

Meine Nachfrage bei den Professoren nach Unterstützung durch Lehrmaterial für eine Broschüre stieß auf Skepsis. Das traute man uns Anfängern nicht zu. Doch wir ließen uns nicht beirren. In der Folge wurden weitere Kreise erfasst. Horst Eisenreich sprach in Ruppendorf und Großenhain, sodass sogar die örtliche Zeitung berichtete, Gerd Hilde-brand in Leipzig, Johannes Schubert in

Foto 7: Manfred Wünsche (rechts) auf einer Semesterexkursion 1949/50. Quelle: Archiv M. Wünsche

Grimma und Freital, Wolfgang Schwotzer in Glauchau und Meerane, Herbert Schmidt in Borna, Helmut Schmiedel in Pirna und Großenhain und Manfred Wünsche (*Foto 7*) in Zwickau. Einer von uns, Udo Korell, ging sogar über die Landesgrenze hinaus und erinnert sich seines Vortrages in Niederspree, Brandenburg. Damals schickte er Kurzberichte an den Berliner Rundfunk. Bis zum 24. Juni 1949 waren bereits 13 Vorträge vor Lehrerversammlungen gehalten worden.

4.3 Was war die Botschaft?

Menschen gewinnen

Wer Menschen für eine Aufgabe gewinnen will, muss sich über vieles im klaren sein.
1. Was ist das Ziel ? Was will ich erreichen?
2. Wen will ich erreichen?
3. Wie komme ich an diese Menschen heran?
4. Wie finde ich Zugang? Was sind die Interessen, die Wünsche, die Bedürfnisse der zu gewinnenden Menschen?
5. Was ist der Kern meiner Botschaft?

Damals haben wir das nicht genau analysiert, aber doch danach gehandelt. Unser **Ziel** war, in der Bevölkerung die Achtung, die Liebe zum Walde wieder zu erwecken. Unsere **Zielgruppe** waren **Lehrer**, mit deren Hilfe wir die Jugend erreichen wollten. Durch Besuche bei **Schulräten** und im **Ministerium** für Volksbildung erreichten wir die Genehmigung, auf Lehrerversammlungen auftreten zu können. Ministerialdirektor Wilhelm Schneller sei heute noch Dank gesagt.

Diese Lehrer waren zum Teil selbst suchende, die oft ohne Ausbildung in den Lehrerberuf gekommen waren, die Interesse an lebendigeren Themen als der täglichen Politerziehung hatten und die ihren Unterricht interessanter gestalten wollten.

Der **Kern der Botschaft** war auch einfach.
- Der Wald ist wichtig für alle. Er ist in Gefahr.
- Ihr als Lehrer seid wichtig. Ihr könnt helfen, den katastrophalen Zustand langfristig zu bessern.
- Dabei habt Ihr vielleicht selbst Spaß daran, Eure Schüler ganz bestimmt. Und das macht Eure Arbeit leichter.
- Mit Eurem Einsatz leistet Ihr auch einen Beitrag zu dem vom Staat geforderten gesellschaftlichen Einsatz.

Nach diesem Rezept gingen wir vor. Ein paar Beispiele will ich bringen:

Beispiel 1. Zugang zu den Lehrern schaffen

Meine Einleitung in Dresden am 22.4.1949 vor mehr als 1.000 Lehren aus der ganzen Stadt: **„Unser Wald ist in Gefahr – Wie können wir ihm helfen?** (KNABE 1949)

Diese zwei Sätze möchte ich über mein Referat stellen. Es ist Frühling geworden draußen. Die Sonne hat mit ihrer Kraft überall neues Leben geweckt. Selbst in einer Großstadt wie Dresden spürt man das und alles atmet auf, daß der Winter mit seiner Not und Sorge endgültig vorbei ist. Ja, viele von Ihnen werden in den wunderschönen Ostertagen einmal hinausgegangen sein in den Wald und in die Heide, um den Alltag zu vergessen und sich neue Kraft zu holen für die kommende Arbeit. So glaube ich, daß die Natur selbst Ihre Herzen aufgeschlossen hat für mein Anliegen an Sie, die Sorge und die Hilfe der Schulen für unseren Wald.

Was sollen uns jetzt romantische Schwärmereien? werden manche von Ihnen sagen. „Wir stehen im Zweijahresplan, im Aufbau der Wirtschaft und der Schulen. Wir haben unseren Lehrplan zu erfüllen, damit die Kinder einst fähig sind, unsere Wirtschaft weiterzuführen und zu entwickeln.*

Foto 8: Teilnahme von vier Forststudenten an einer Freizeit der evangel. Studentengemeinde Dresden in Hartha (1949) mit Studentenpfarrer Fehlberg, vorn links: Gottfried Neuhof, zweite Reihe: Peter Mathé, Bernd Rossel, Wilhelm Knabe.
Quelle: Archiv W. Knabe

Liebe Kollegen, auch dieser Vortrag ist ein Stück des Zweijahresplanes, ich bringe Ihnen heute keine Gefühlsduseleien. Es geht um Sein oder Nichtsein unseres Volkes. Wenn wir nicht bald eingreifen, wird unser Wald hoffnungslos vernichtet sein und wir alle wären mitschuldig daran.

Was heißt das aber? Der Wald vernichtet? Wir können es nur ahnen. In anderen Ländern bedeutete es den Untergang der gesamten Kultur. In Innerasien finden wir heute noch die Trümmer einstiger Weltstädte. Ein waldfremdes Volk hat dort mit dem Wald die Grundlage des eigenen Lebens zerstört."

Soweit damals in Dresden.

Einleitung in Chemnitz, ebenfalls am 22.4.1949 von Peter Mathé (MATHÉ 1949):

„Wenn wir Forstleute uns gerade an diesen herrlichen und hoffnungsfrohen Frühlingstagen an Sie wenden, die Erzieher unserer deutschen Jugend, dann hoffen wir, daß unser Anliegen auf recht fruchtbaren Boden fällt, daß Sie mit Schwung und Begeisterung unsere Anregungen aufgreifen werden!

Fast jedes gesunde Gemüt und besonders das unserer Jungen und Mädel ist im zauberhaften Frühlingsgeschehen, wie ein Keimbett, aufgeschlossen für das, was ihm Natur und Wald zu sagen haben. Das gilt auch für die Ausläufer des Waldes in den Gärten, Parks, Grünanlagen und Alleen unserer Großstadt. Ehemals war ja fast ganz Deutschland, auch der Stadtbereich von Chemnitz, Wald gewesen. In oft mühseliger Rodungsarbeit haben unsere Vorfahren im Laufe der Jahrhunderte dem Wald Siedlungs- und Ackerland abgerungen. In der durch den Krieg geschaffenen Trümmerwüste von Chemnitz sehen wir heute bereits Pioniere des Waldes, wie Weidenröschen, Steinklee, Lupinen, Korbblütler. Weiden, Aspen, Holunder, Sommerflieder, Birken, Pappeln, Götterbaum und andere machen die ersten Versuche, das von Menschen so arg verwüstete Land wieder unter Schutz und Schirm ihrer Lebensgemeinschaft zu nehmen.

Ist unser deutscher Wald durch menschliche Unvernunft in seinen beklagenswerten Zustand geraten?"

Peter Mathé und ich versuchten beide am gleichen Tage auf unterschiedliche Weise unsere Zuhörer zu erreichen.

Beispiel 2: Verknüpfung des Kernanliegens mit den Interessen der Lehrerschaft

Nach Schilderung der Bedeutung des Waldes für Landeskultur, Holzversorgung und auch die Kultur kommt dann das Hauptanliegen. Mathé formulierte (MATHÉ 1949): *„Es erscheint mir eine Haupterziehungsaufgabe zu sein, der kommenden Generation wieder mehr Achtung und Ehrfurcht vor den Wundern und Geheimnissen der Natur, des Lebens, aller Lebewesen, auch der scheinbar unbedeutendsten nachhaltig beizubringen. Sie, Lehrer, leisten damit einen wertvollen Beitrag für die Persönlichkeitsentwicklung der Schüler und Studenten, für die Gedanken des Friedens und der Humanität! Das Kind, dem schon frühzeitig die Augen geöffnet wurden für die feinen, verflochtenen Beziehungen zu seiner Umwelt, das Kind, das Schauen und Hören in der Waldnatur gelernt hat, verliert m.E. die Lust an der Gewalt, am Töten und Zerstören."*

Ganz ähnlich führte ich aus (KNABE 1949):

*„Wie gesagt, all das diente dem **Verständnis** für den Wald. Das können wir eben durch bloße Worte oder anschauliche Beispiele in einem Menschen erreichen, wenn er sich nicht böswillig verschließt. Anders ist es mit der **Liebe**. Die kann ich nicht einfach den Kindern predigen oder befehlen. Sie werden als erfah-*

rene Pädagogen wahrscheinlich besser wissen als ich, wie man die Liebe zu einer Sache in einem Kinde weckt. Aber vielleicht erlauben Sie mir noch ein paar Worte, um auf zwei Dinge hinzuweisen.

__Liebe zur Natur und Ehrfurcht vor ihren Wundern und Geheimnissen__ erwächst nur aus der Kenntnis des einzelnen. Wenn ein Kind plötzlich die Wunder einer Blüte oder eines keimenden Pflänzchen schauen gelernt hat, wird es sie nicht mehr so leicht achtlos zertreten. Wenn es die Vögel oder die Sterne am Himmel beobachten gelernt hat, dann wird es nicht mehr laut krakeelend blind durch die Natur rasen. Wer beobachtet, verliert die Lust am Töten! Das wäre ein wichtiger Beitrag zum Erziehen des Kindes zum Frieden und zur Humanität.

__Die Kenntnis des einzelnen vermitteln__ und __das Öffnen der Augen__ der Kinder zum eigenen Beobachten sind so meiner Ansicht nach die beiden Dinge, durch die Sie im Kinde die Liebe zur Natur neu erstehen lassen können."

4.4 Praktische Anregungen für den Unterricht

Dann folgten praktische Anregungen für die einzelnen Fächer. Beide begannen wir mit der Biologie als wichtigstem Vermittler von Wissen über den Wald, aber dann wurden auch andere Fächer benannt. Auch hier mussten die Lehrer erst gewonnen werden. Ich selbst versuchte es auf folgendem Wege (KNABE 1949):

„Aber ich bitte nun auch die anderen Lehrer in ihren Fächern, jede Gelegenheit zu benutzen, in den Kindern die Liebe zum Walde zu wecken. Erinnern Sie sich noch an ihre eigene Schulzeit, wenn der Lehrer in einer trockenen Rechen- oder Geschichtsstunde plötzlich scheinbar abschweifte und irgend etwas Schönes erzählte. Wie tief haben sich diese 5 Minuten ins Gedächtnis eingegraben.

Sie können durch solch absichtliches Abschweifen oft mehr erreichen als durch lange Vorträge und gewinnen dabei gleichzeitig die Aufmerksamkeit der Kinder neu zurück.

Und Gelegenheit dazu gibt es mehr als genug. In Deutsch z.B. schon bei unseren Jüngsten. Unsere Märchen spielen im Walde, denn unsere ganze Kultur hat dort ihren Ursprung. Was sind die Buchstaben anderes als in Buchstaben eingeritzte Zeichen? Wie viele Gedichte besingen die Schönheit des Waldes. Lassen Sie doch auch diese in den Kinderherzen erklingen!

Dasselbe gilt für die Musik. Hier kann man beim Einfühlen in den Text so mancher Lieder viel erreichen. Man kann auch beim Klang einer alten Geige oder schönen Flöte die Kinder daran erinnern, was im Holze alles steckt, wieviel Klangschönheit in dem sonst so achtlos in den Ofen gesteckten Material. Und in der Kunsterziehung ist es nicht anders! Die herrlichen Schnitzereien Tilman Riemenschneiders, die Holzschnitte eines Holbein und Dürer sind aus ebendemselben

Stoff Holz hergestellt worden. Ja, all unsere Bücher sind ja auf Holzstoff gedruckt. Ohne sie verstünden nur einige wenige Gelehrte das Lesen und Schreiben wie zur Zeit der alten Ägypter auf Papyros und Pergament. "

Mathé ergänzte die Palette der Anregungen (MATHÉ 1949):

„Die Musik- und Zeichenlehrer könnten kostengünstige Besuche von Orchester-Veranstaltungen, von Kultur- und Märchenfilmen, von Museen und Ausstellungen mit Beziehung zum Wald organisieren. Sie könnten zum Geigen-, Cello-, Blockflöten- und Klavierunterricht Mut machen, bzw. im Unterricht Museumseindrücke nachzeichnen und -malen lassen. Der Musikinstrumentenbau im Vogtland, die Spielzeugindustrie im Erzgebirge werden wieder bedeutsame Exportschlager werden. Wie viele Klangschönheit steckt in einer Silbermannorgel, einer guten Violine, Klarinette, Oboe oder Flöte, welchen Seelenreichtum können sie empfänglichen Menschen bieten! Wenn ihr Holz in den Ofen gewandert wäre, hätte es nur minimale Kalorien gespendet!

Der Zeichenlehrer kann auch Holzschnitte von Tilman Riemenschneider z.B. aus Birnbaumholz, von Albrecht Dürer, Urs Graf, Edvard Munch u.a. nahe bringen, auf Altar-, Kanzel- und Gestühlholz aufmerksam machen sowie auf schöne Fachwerkhäuser, -kirchen, -höfe hinweisen!"

„Den Chemie- und Physiklehrern wird es nicht schwer fallen, Beziehungen zu den Nutz- und Wohlfahrtswirkungen des Waldes aufzubauen, sei es bei der Behandlung von Inhaltsstoffen der Waldprodukte, sei es beim Wasserhaushalt oder bei den vom Wald beeinflußten Atmosphärilien.

Der Sportlehrer wird die Aktivitäten der Klassen nicht nur in der Turnhalle oder auf dem Sportplatz entfalten, sondern jede Gelegenheit nutzen, Waldläufe zu machen, spielerisch Beziehungen zum Wald aufzubauen. Eingeatmete Waldluft läßt Stadtluft besser ertragen.

Der Mathematiklehrer fände ein reiches Betätigungsfeld im Bereich Forst- und Holzvermessung, Errechnung von Baumvolumen, von Zuwachs und Ertrag. "

Ich selbst beklagte aufgrund erschütternder Bilder den weitverbreiteten Holzdiebstahl und appellierte, ihn zu unterlassen. Aus heutiger Sicht kann man darüber lächeln, denn wer nichts zu feuern hat, verbrennt sogar Bücher, wie mir einst der Gouverneur des brasilianischen Bundesstaates Amazonien in Manaos sagte. Dann folgen jedoch Anregungen, die auch heute noch brauchbar erscheinen. Ich fuhr fort (KNABE 1949):

4.5 Zusätzliche Möglichkeiten der Schule

„Neben den Unterricht im Klassenzimmer treten die **Wandertage** *und kürzeren* **Schulausflüge.** *Dort kann man den Kindern die Augen öffnen für das Schöne in der Natur und sie zum eigenen Weiterbeobachten anregen ...*

Im **Schullandheim** *ist besondere Gelegenheit, die Natur kennenzulernen. Vielleicht kann man innerhalb der Klasse eine Arbeitsgemeinschaft Wald einrichten. Diese veranstaltet dann kleine Ausstellungen im Schaukasten oder in Gläsern, zeigt unsere Pilze, die wichtigsten Blumen und die Zweige unserer Bäume. Besonders interessierte Jungen kann man zu ornithologischen Arbeiten anleiten; man kann sie an die Vogelwarte in Moritzburg verweisen. Weshalb soll sich nicht jedes Kind eine Blattsammlung anlegen?*

Ein Schulleiter erzählte mir neulich von einem in seiner Schule erfolgreich durchgeführten Preisausschreiben. Ein Lehrer hatte sich 10-15 Zweige mit Knospen gepflückt und am Schwarzen Brett befestigt. Wer alle erraten hätte, sollte 10 oder 15 Mark als Belohnung erhalten. Sie sollten sehen, welcher Andrang dort entstand. Die Kinder brachten alle möglichen Bücher angeschleppt, um die Baumart festzustellen. Sogar die Eltern mussten in der nächsten Elternversammlung mitraten. Dasselbe kann man natürlich auch mit beblätterten Zweigen oder Blumen machen."

Zum Schluss folgten Appelle und Angebote zur Zusammenarbeit. Noch einmal ging ich auf die Bedürfnisse der Lehrer ein (KNABE 1949):

„Ich weiß, daß Sie heute mit Arbeit schwer überlastet sind. Der Lehrplan, die politischen Tagesfragen, Gedenktage, der Aufbau der Jungen Pioniere und anderes mehr nehmen die Schule schon voll in Anspruch. Aber ich wage es trotzdem, mich an Sie zu wenden, weil ich glaube, daß aus Ihrem Eifer nicht nur ein Segen für den Wald erwächst, sondern dieser umgekehrt die Arbeit in der Schule bereichert und befruchtet. Ich schließe mit einem Dank an all die, welche schon bisher unaufgefordert in unserem Sinne gearbeitet haben, und mit der herzlichen Bitte, unsere Hand nicht auszuschlagen, mit uns jungen Forststudenten gemeinsam die schwere und schöne Arbeit für unseren deutschen Wald zu beginnen."

4.6 Verbindungen nach außen

Zur Sicherung unserer Arbeit schloss sich die Arbeitsgemeinschaft der Deutschen Landwirtschaftsgesellschaft DLG an, die auch in der Sowjetzone zugelassen war. Darüber hinaus suchten wir Kontakte in den Westen und schrieben an die dort entstandene Schutzgemeinschaft Deutscher Wald, die Deutsche Dendrologische Gesellschaft DDG und die Gesellschaft zur Rettung des Laubwaldes unter ihrem

Vorsitzenden Wilhelm Müncker in Hilchenbach. Alle drei antworteten. Doch nur mit dem Vorsitzenden der DDG Professor C.A. Schenck, dem Gründer der ersten Forstschule in den USA, kam es zu einer dauerhaften Verbindung. Er war begeistert über unseren Versuch und ermutigte uns, weiterzumachen, ja er entwarf die Vision einer weltumspannenden grünen Union, die sich für die Erhaltung der Wälder einsetzte. Wohl schon damals wurde so mein Interesse an der von den Professoren Heske und Johannes Weck in Hamburg gegründeten Weltforstwirtschaft geweckt und die Idee einer Grünen Internationale im Bewusstsein verankert, was für die spätere Gründung der Partei DIE GRÜNEN und meine Arbeit als Abgeordneter im Deutschen Bundestag von Bedeutung war.

4.7 Ausklang der AG

Die AG „Wald und Volk" blieb leider eine Episode in der Geschichte Tharandts. Die SED verzieh uns nie, dass wir sie spontan durch freiwilligen Zusammenschluss aus der Taufe gehoben hatten. Deshalb erwirkte sie ein Verbot der FDJ an ihre Mitglieder, bei uns mitzuarbeiten. So lief die Arbeit 1950 nur noch auf Sparflamme und die geplante Broschüre wurde nicht fertiggestellt, da sich unser Semester auf die Diplomprüfung vorbereiten musste. Aber diejenigen, die mitgemacht hatten, waren um eine große Erfahrung reicher. Sie hatten über die Grenzen des engen Berufes hinausgeschaut, sie hatten es verstanden, Menschen anzusprechen. Sie hatten gelernt, die Belange ihres Berufes und des ihnen anvertrauten Waldes anderen verständlich zu erklären. Und dieses Wissen um größere Zusammenhänge half ihnen bei der Berufssuche, auch außerhalb der Forstwirtschaft oder in deren Randgebieten Fuß zu fassen und Spuren in der Praxis und Wissenschaft zu hinterlassen. Doch das ist eine andere Geschichte. Im Tagebuch vom 2.1.1950 klingt das beim Jahresrückblick an (KNABE 1949):

„Weit spannt sich der Bogen des vergangenen Jahres. Seine schwingende Mitte waren Studium und Diplomarbeit, nein das stimmt nicht ganz, seine Mitte und Angelpunkt war der Wald, mein geliebter deutscher Wald.

Ich spüre erst jetzt beim Schreiben, wie wahr das ist. Erst das Fachstudium des 5. bis 7. Semesters führte mich eigentlich in die Forstwissenschaft ein, und in der praktischen Arbeit in Moritzburg und Limbach diente ich ihm ein wenig und kam mit einfachen Menschen zusammen. Ja, und dann begann die Diplomarbeit über die Lärchenfrage. Schon diese Frage ein ungelöstes Rätsel des Waldwesens. Aber erst ihre Untersuchung trieb mich hinaus in den Tharandter Wald, den ich früher nur vom Hörensagen kannte. Unvergeßlich sind die Wanderungen zur Abt. 29 im Sommer und jetzt im Tiefengrund zur 109 mit den Begegnungen zwischen Muffelwild und mir. Der Wald, seine erste Kinderstube vielmehr fesselten mich den

Sommer über in den Forstbaumschulen von Halstenbek. Nächtens durchquerte ich ihn im Sommer 1949 bei Lübeck beim Überschreiten der Zonengrenze und erlebte, wie er mich vor der Hundestaffel der Grenzpolizei schützte. Der Wald, diesmal der tausendfach bedrohte, geschändete und verwüstete Wald, rief mich in seiner Not und brachte mich auf den Gedanken der Arbeitsgemeinschaft ,Wald und Volk'. Ich sprach über ihn vor tausend Menschen auf einmal und stieß in die Zimmer der Ministerien vor. Der Wald hatte mich zum Volksredner, Artikelschreiber und Politiker gemacht. Im Walde schloss sich die Freundschaft mit Eberhard immer enger, wie damals in Oberbärenburg mit Bernd, Peter und Gottfried. – alles andere stand nur am Rande."

5. Schluss

5.1 Zivilcourage gegen Schikane

Unser Semester hatte im November 1950 alle Prüfungen zum Diplom überstanden und kam im Cottabau zusammen, um die Ergebnisse zu erfahren und die Zeugnisse zu erhalten. Der Dekan Professor Kienitz las den gespannt lauschenden Studenten die Noten vor, doch dann stockte er: *„Meine Herren, ich muß Ihnen im Auftrag von Berlin leider mitteilen, daß Sie Ihre Zeugnisse nicht erhalten können, da Sie nicht die vorgeschriebene praktische Lehrzeit abgeleistet haben. Erst müssen Sie diese nachholen und ihre Prüfung als Forstfacharbeiter ablegen. Dann kann ich Ihnen die Zeugnisse aushändigen."* Wir saßen wie betäubt da. Dann erhob ich mich als damaliger Semestersprecher.

„Herr Dekan, das können Sie mit uns nicht machen. Wir haben diese Hochschule erst wieder zum Leben erweckt. Wir haben sie praktisch mit aufgebaut, bei den Sowjets um Kohlen, beim Landtag um Lebensmittel gerungen. Wir haben Sie Professoren von Anfang an unterstützt und vertrauensvoll zusammengearbeitet. Wir haben alle praktisch im Wald gearbeitet, aber bis 1949 gab es eben noch keine Lehrforstämter."

Doch der Dekan verließ, ohne ein weiteres Wort zu sagen, den Hörsaal und ließ seinen Prodekan Professor Sachsse allein bei uns zurück. Professor Sachsse versuchte, uns zu beruhigen, doch trotz seiner Beliebtheit war das nicht möglich. Wir beratschlagten, was zu tun sei, stellten eine Liste mit den Zeiten unserer praktischen Ausbildung zusammen und fuhren als Gruppe nach Berlin zum Zentralforstamt, ähnlich hartnäckig wie die Bauarbeiter am 16. Juni 1953, nur mit besserem Ausgang.

Dort warteten wir solange im Vorraum des damaligen Leiters Buchholz, bis er endlich auftauchte. Es war sozusagen die erste Bürobesetzung in der DDR. *„Sie* *müssen doch verstehen, sagte der Zentralforstmeister, daß Sie für den Forstberuf eine praktische Ausbildung brauchen. Und die ist bei den meisten doch sehr dürftig.*" Dabei zeigte er eine Liste, die ihm vom Landesforstamt Dresden zugestellt worden war. Da wurde uns alles klar. In Dresden hatte man unsere Eigeninitiative und freimütigen Meinungsäußerungen sowie unseren Potest gegen die manipulierten Studentenratswahlen und die Entlassung von Professor Schippel nicht verziehen und wollte uns im Interesse der linientreuen Kader der Folgesemester eine Zwangspause verordnen, damit wir denen nicht die fetten Stellen wegschnappen könnten. Jetzt zeigten wir unsere Liste vor, die den dreifachen Umfang hatte, denn Dresden hatte nur die Zeiten ab 1949 in Lehrforstämtern aufgeführt. Buchholz war überzeugt. Wir fuhren mit der Anweisung zurück, dass man uns die Zeugnisse aushändigen solle, wir aber nachträglich der Form Genüge tun und in der Waldarbeiterschule Wermsdorf unsere Forstfacharbeiterprüfung nachholen sollten. So geschah es.

Die Schikanen hörten jedoch damit nicht auf. Nur ein einziger unseres Semesters, Günter Grüner, wurde Forstamtsleiter. Auch ihn hat man aber später abgesetzt, als seine Schwiegermutter als Rentnerin in den Westen ging. Alle anderen mussten andere Arbeitsmöglichkeiten suchen. Einige fingen zunächst als Hochschulassistenten in Tharandt, Eberswalde und Berlin an, andere gingen zur Standortkartierung, wieder andere in den Westen, wo sie aber auch nicht mit offenen Armen aufgenommen wurden, sondern sich mühsam durchbeißen mussten. Selbst in der relativ unpolitischen Standortkartierung, die Manfred Schütze in der Potsdamer Zentrale unterstand, hörten die Schikanen nicht auf. So sagte man über den Kriegsinvaliden Gottfried Neuhof (*Foto 9*): *„Der darf nirgends seßhaft werden. Das werden wir verhindern."*

Foto 9: Kriegsinvalide Gottfried Neuhof, geboren 1918, einer der Ältesten im ersten Nachkriegssemester an der Forsthochschule Tharandt. Quelle: Archiv W. Knabe

Wir Forstleute wurden so in Spezial- und Nachbardisziplinen der Forstwirtschaft wie Landschaftsgestaltung, Wasserwirtschaft, Harzgewinnung, Bergbau, Bodenkunde und Umweltschutz abgedrängt. Das in der Forstwirtschaft selbstverständliche langfristige Denken, die Idee der Nachhaltigkeit und die Anpassung an die Besonderheiten des jeweiligen Standortes bereicherten diese Disziplinen. Auch die Geologie hat nach Aussagen meines Kommilitonen Gottfried Neuhof davon profitiert, denn der Boden wurde als jüngste geologische Schicht entdeckt; vorher hinderte er mehr daran, die geologischen Schichten zu ermitteln. Die Bodenkarte Sachsens von Manfred Wünsche (WÜNSCHE

1993) sowie zahlreiche Publikationen zur Rekultivierung im Braun- und Steinkohlenbergbau belegen diesen Gewinn. Die Entwicklung der Fernerkundung von einem Randgebiet zu einem zentralen Aufgabenfeld der Forstwissenschaft ist durch jahrzehntelange Forschung und Lehre unseres damaligen Mitstreiters Gerd Hildebrandt (HILDEBRANDT 1996) stark beeinflusst worden und Johannes Schubert (SCHUBERT 1999) hat große Verdienste um die forstliche Samenkunde.

Schließlich haben diese frühen Erfahrungen mich selbst dazu gebracht, mein ganzes Berufsleben von 1951 bis 1987 den wissenschaftlichen Grundlagen verschiedener Bereiche des Umweltschutzes zu widmen. So ist 1959 das erste Lehrbuch über die Wiederurbarmachung im Braunkohlenbergbau (KNABE 1959) entstanden und viele Arbeiten zur Rekultivierung von Industrieödland und die Belastung von Ökosystemen.

Durch Vermittlung von Professor C. A. Schenck gelangte ich auch in die Steinkohlenreviere der USA. Der 1962 auf einem Strip-mine Symposium in Wooster/Ohio gehaltene Vortrag über Braunkohlentagebau und Rekultivierung in Deutschland wurde in den USA 14 Jahre später als einzige Arbeit zum Thema Rekultivierung in der Sammlung klassischer Arbeiten aus dem Energiebereich (Benchmark papers on energy) als Faksimile abgedruckt. (KNABE 1964 und 1976).

Zurück in Deutschland konzentrierte ich die Forschung in den folgenden zweieinhalb Jahrzehnten auf andere Umweltthemen, vor allem auf Waldschäden durch Immissionen und die Belastung von Ökosystemen. Und wie damals im Kleinen bin ich später nicht bei der Theorie stehengeblieben, sondern habe erst in Bürgerinitiativen, dann mit der Gründung und Vertretung der GRÜNEN als Sprecher und Bundestagsabgeordneter aktiv in die Umwelt- und Deutschlandpolitik der 1970er und 1980er Jahre eingegriffen. Hervorzuheben ist hier der Einsatz für die Erhaltung der tropischen Wälder in der Enquete Kommission „Vorsorge zum Schutz der Erdatmosphäre", in der ich als einziger Forstmann wesentliche Teile formulieren konnte (DEUTSCHER BUNDESTAG 1990). In einem späteren Gutachten für den Deutschen Bundestag wurde die Frage der Zukunft der Wälder angesichts der globalen Klimaänderung behandelt (KNABE 1993).

5.2 Freundschaft überdauert 40 Jahre Trennung

Der Zusammenhalt zwischen den in Ost und Westdeutschland lebenden Angehörigen unseres Semesters war durch die staatliche Trennung sehr erschwert, aber die in den Jahren der Not gewachsene Verbindung riss nie ab. Mit dem Fall der Mauer begannen die gegenseitigen Besuche und bereits 1991 feierten wir das erste gemeinsame Semestertreffen mit unseren Frauen in Freiburg/Breisgau, dem dann viele andere im Jahresrhythmus folgten. Tharandt, das Erzgebirge, der Bayerische

Wald, Mülheim an der Ruhr, Usedom, die Schorfheide, die sächsische Schweiz, Eisenach, das Oberallgäu sowie Graubünden und Südtirol waren spätere Ziele.

5.3 Ermutigung

Wir 80-jährigen wissen, dass unsere Zeit sich dem Ende zuneigt. Meine Hoffnung ist, dass diese Aufzeichnungen Mut machen, Zivilcourage zu trainieren und anzuwenden, dass jedenfalls einige der Leser etwas dafür tun, dass unser Wald und unsere Umwelt erhalten bleiben. Jeder weiß, wie ernst die globalen Probleme sind. Der britische Forscher James Lovelock hat die Biosphäre der Erde als lebende Einheit ‚Gaia' gesehen. Diese kann Engagement für „Mutter Erde" fürstlich belohnen. So kann Zivilcourage auch die innere Widerstandskraft gegen Krankheiten stärken, denn die Freude an den Wundern der Natur macht uns offen für ihre unverwüstliche Kraft. Wir können und wollen nicht auf der Erde ein ewiges Leben haben, aber wir können durch unseren Einsatz ein erfülltes Leben gewinnen.

Literatur

Deutscher Bundestag (Hg.): Schutz der tropischen Wälder. Eine internationale Schwerpunktaufgabe, Zur Sache 10/90, Bonn 1990, 983 S.

Hildebrandt, G.: Fernerkundung und Luftbildmessung für Forstwirtschaft, Vegetationskartierung und Landschaftsökologie, Herbert Wichmann Verlag, Hüthig GmbH, Heidelberg 1996

Jacobi, M.: Das grüne Kreuz, Grüne Liga Sachsen 1998

Jordan, C. & Kloth, H.-M.: Arche Nova. Opposition in der DDR. Das „Grün-ökologische Netzwerk Arche" 1988-1990, Berlin 1995

Knabe, H.: Umweltkonflikte im Sozialismus, Verlag Wissenschaft und Politik, Köln 1993

Knabe, W.: Klimaänderung , Wälder und Forstwirtschaft – Zentrale Aspekte der Gefährdung der Wälder und Möglichkeiten der Anpassung der Bewirtschaftung oder Minderung schädlicher Einwirkungen, unter Mitarbeit von Kirsten Kuns, Harald Thomasius, Doris Hölling und Horst Reinecke, Mülheim 1993. In: Enquete-Kommission „Schutz der Erdatmosphäre" des Deutschen Bundestages (Hg.): Band 2: Wälder -Studienprogramm. Economica Verlag Bonn 1994, ISBN 3-87081-404-7.

Knabe, W.: Methods and results of strip-mine reclamation in Germany. Ohio Journal of Science, Columbus 64, H. 2, 1964, 75-105; reprinted in: Coal (Benchmark papers on energy /3-4) p.336-361, 1976

Knabe, W.: Tagebuch vom 1.3.1949 – 21.10.1950

Knabe, W.: Unser Wald ist in Gefahr – wie können wir im helfen? Ms. 1949

Knabe, W.: Zur Wiederurbarmachung im Braunkohlenbergbau, VEB-Verlag der Wissenschaften, Berlin 1959

Lochmann, E.: Die Geschichte der Tharandter Lehr- und Forschungstätte. (www\tu-dresden\Wirtschaft\ Fachrichtung Forstwissenschaften\Geschichte, download 2004)

Mathé, P.: Unser Wald ist in Gefahr – wie können wir ihm helfen? Ms. 1949 (Anschrift: Elbinger Str. 19, 40 670 Meerbusch)

Neubert, E.: Geschichte der Opposition in der DDR 1949-1989, Berlin 1997

Rüddenklau, W.: Störenfriede, ddr-opposition 1986-1989, Basisdruck Berlin 1992

Schubert, J.: Lagerung und Vorbehandlung von Saatgut wichtiger Baum- und Straucharten, LÖBF NRW, Düsseldorf 1999

Wünsche, M. et al.: Übersichtskarte der Böden des Freistaates Sachsen, Sächsisches Landesamt für Umweltschutz und Geologie, Freiberg/Sa 1993

Hermann Behrens und Jens Hoffmann

Umweltplakate in der DDR

Die Möglichkeiten des Mediums Plakat zu informieren, aufzuklären, zu mahnen usw. werden und wurden auch für die Belange des Natur- und Umweltschutzes eingesetzt. Auch in der DDR ist eine ganze Reihe an Plakate entstanden. Sie geben Auskunft darüber, wie sich Umweltpolitik entwickelt hat, welche Themen öffentlich gemacht wurden, wer mit welchen Stilmitteln und Botschaften im öffentlichen Raum Natur und Umwelt zum Thema machte.

1. Zu Begriff und Funktion von Plakaten allgemein

Das Plakat ist eine öffentlich angeschlagene Bekanntmachung oder Werbung in Schrift und Bild. Es ist ein öffentliches Medium. Es wird den Leuten nicht ins Haus gebracht wie die Zeitung, nicht in die Wohnung gesendet wie Radio und Fernsehen, es erreicht seine Adressaten auf den Straßen und Plätzen, angebracht an Hauswänden, Mauer und Zäunen, Anschlagtafeln und -säulen. Dort richtet es seine Botschaft gleichzeitig und gleichlautend an eine Vielzahl von Menschen. Sein Ziel ist die Erlangung von Aufmerksamkeit in der Öffentlichkeit. Das Plakat dient dazu zu werben, zu informieren, zu warnen, zu drohen, zu mahnen, zu erklären, zu argumentieren, anzuklagen, aufzufordern, zu agitieren, zu protestieren, zu provozieren, zu überzeugen, zu verharmlosen, zu übertreiben ... (HÜBNER & MÜLLER 1997, 186-188; BLUM 2002: 2)

Von einem Plakat spricht man im engeren Sinn, wenn folgende Merkmale zutreffen: 1. Es wird durch Druck – in der Regel auf Papier – vervielfältigt. 2. Es hat ein größeres Format (etwa ab DIN A3). 3. Es ist grafisch in Text und/oder Bild gestaltet. 4. Es wird auf einer öffentlich zugänglichen Oberfläche angebracht. 5. Es hat eine „mittelfristige" Aktualität (DORN 2004, 324). Um seine jeweilige Funktion erfüllen zu können, muss ein Plakat seiner Form, Farbe und Größe nach auffällig gestaltet sein, um auch aus einiger Entfernung bereits erkennbar und vom Inhalt her schnell erfassbar zu sein (HÜBNER & MÜLLER 1997, 188).

Der Begriff „Plakat" lässt sich aus einer deutsch-niederländischen und einer französischen Entwicklungslinie herleiten. Im Mittelalter hieß „plakken" oder „placken" soviel wie ankleben oder flicken. Im Französischen bedeutet „plaquer" belegen, bekleiden, überziehen und „placard" steht für Anschlag. Diese Worte beeinflussten das niederländische „anplakken". Im 16. Jahrhundert entstand daraus „plakkaat", als im Befreiungskampf gegen die spanische Herrschaft Aufständische ihre Flugblätter auch an öffentliche Wandflächen klebten und sie so bezeichneten (DORN 1998, 314; BLUM 2002, 3).

2. Zur Entwicklung der Plakate

Das Plakat ist ein sehr altes Medium. Bereits in frühen Kulturen und in der Antike gab es öffentliche Anschläge. Seit dem 15. Jahrhundert entwickelte sich dieses Medium aus Handzetteln und Flugblättern und durch die allmähliche Einbeziehung von Farb- und Bildelementen bis hin zum gegenwärtigen Stand. Vom Mittelalter bis zum 18. Jahrhundert waren es insbesondere Marktschreier, das Schaustellergewerbe und fahrendes Volk, das die Herstellung und Verwendung von Plakaten betrieb. Die Textanschläge ergänzende Illustrationen wurden dabei zunächst nur zögernd eingesetzt. Künstlerisch gestaltete und auf Fernwirkung bedachte Plakate entstanden erst Ende des 19. Jahrhunderts. Einzelne Künstler wie in Frankreich Jules Cheret oder Henri de Toulouse-Lautrec gestalteten Plakate. 1884 fand in Frankreich bereits die erste Plakatausstellung statt.

Die Voraussetzungen für den Aufschwung des Plakats zum Massenmedium schuf die Industrialisierung zum Ende des 19. Jahrhunderts: hergestellte Massenprodukte mussten beworben werden, die Metropolen wuchsen und ein breites Publikum ballte sich hier, ein gewisser Wohlstand verbreitete sich und den Menschen war es so möglich, Waren zu kaufen und kulturelle Veranstaltungen zu besuchen. Gleichzeitig entstanden politische Parteien, die auf Grundlage des allgemeinen Wahlrechts um Teilhabe an der Macht konkurrierten und ihre Ziele und Aktivitäten ebenfalls durch das Plakat als Informations- und Werbemittel publik machen wollten. Mit dem Aufkommen moderner Drucktechniken zu dieser Zeit, welche die preiswerte Herstellung großformatiger, farbiger Plakate in Großauflagen ermöglichten, fand das Plakat in fast allen Bereichen des öffentlichen Lebens massenhafte Verbreitung. Heutzutage sind Plakate zu einem gewohnten Bestandteil des öffentlichen Raumes und damit auch unseres Lebens geworden. Sie umgeben uns beharrlich, begleiten uns auf Schritt und Tritt, ohne dass wir uns ihrer ständigen Präsenz, Botschaft und damit verbundener Beeinflussungsmission bewusst sind (HÜBNER & MÜLLER 1997, 187 f.; BLUM 2002, 4 f.).

Die beschriebenen Funktionen und Wirkungen von Plakaten wurden und werden auch für den Umweltbereich genutzt. Denn wenn dieses Medium allgemein hohe Beachtung findet, kann und sollte dies auch für die Ziele Natur- und Umweltschutz genutzt werden.

3. Zur Entstehung des Umweltplakats

Am Anfang der Schutz der Natur

Bereits zu Beginn des 20. Jahrhunderts lässt sich auf Plakaten die Thematisierung von Belangen des Naturschutzes nachweisen (vgl. DIEDRICH & GRÜBLING 1986). Die Aufklärung über die Natur und ihre Gefährdung stand im Mittelpunkt. Naturwissenschaftlich begründete Plakate oder auch großformatige Wandtafeln an Schulen stellen dabei insbesondere Tiere und Pflanzen der engeren „Heimat" in den Vordergrund. Mit einer Zusammenstellung von Abbildungen von Pflanzen oder Tieren, „die man nur ansehen aber ja nicht nehmen soll" (ERZ 1981, 5), gestaltete Plakate finden sich auch in den nachfolgenden Jahrzehnten immer wieder (*auch in der DDR siehe Abbildungen 1 und 2*).

Zu dieser Zeit wurde die schöne Natur ebenfalls durch das Tourismusgewerbe entdeckt. Plakate belehren über Verhaltensregeln in der Natur. Der Naturschutz beklagt die zunehmende Verschandelung der Natur durch Werbeplakate und die Touristen selbst. Eine „ökologische Bewegung" existiert zu dieser Zeit noch nicht. Sich herausbildende umfassendere Bewegungen wie die zur Lebensreform, mit dem Drang nach Licht, Luft, Sonne, alkohol- und nikotinfreiem Leben reflektier-

Abbildungen 1 und 2:
Plakate mit Naturschutzschwerpunkt – Schutz von heimischen Pflanzen und Tieren.

ten jedoch indirekt Umweltprobleme und vereinigten diese Zivilisationskritik mit einem romantischen „Zurück zur Natur".

Umweltplakate seit den 1960er Jahren

Das „eigentliche" Umweltplakat – die Darstellung von Anliegen des Umweltschutzes unter dem Aspekt von Umweltbildung – entsteht erst mit der Begründung der staatlichen Umweltpolitik in den entwickelten Industrieländern Ende der 1960er Jahre. Zunächst wurden die mit Plakataktionen verbundenen Wirkungen von den zahlreichen Bürgerinitiativen und verschiedenen Umweltverbänden sowie in der Folge auch von den mit Umweltschutzaufgaben betrauten Fachbehörden erkannt und genutzt. Plakate wurden als gutes Mittel einer wirksamen Öffentlichkeitsarbeit erkannt, sollten das abhanden gekommene Umweltbewusstsein der Menschen wecken und durch entsprechende Beeinflussung Einstellungs- und Verhaltensänderungen bewirken (HÜBNER & MÜLLER 1997, 190 f.).

Die 1970er Jahre, das Jahrzehnt der Begründung staatlicher Umweltpolitik in West und Ost, bringen in den westlichen Industrieländern eine wahre Flut von Umweltschutzplakaten. Dazu tragen auch die beiden Wettbewerbe auf der Warschauer Plakatbiennale bei (1974 unter

Abbildung 3: Plakat von Dietrich Schade und Jürgen Stock, 1974. 1. Preis beim Wettbewerb „Das Wasser – Element des Lebens" auf der Plakatbiennale in Warschau 1974.

Schirmherrschaft der UNESCO zum Thema „Das Wasser – Element des Lebens", 1976 zum Thema „Habitat"). Umweltkatastrophen wie der Reaktorunfall in Harrisburg und der Chemieunfall von Seveso sowie der im großen Stil geplante Bau von Atomkraftwerken sensibilisieren die Bevölkerung für die bestehende Bedrohung ihrer Lebensgrundlagen, rücken Umweltproblem in den Fokus der Aufmerksamkeit (DIEDRICH & GRÜBLING 1986, 20, 23). Ein Boom der Umweltplakate entwickelt sich: „Kaum eine umweltrelevante Aufgabe und kaum eine umweltpolitische Maßnahme, die nicht durch Plakataktionen angekündigt und begleitet wurden. Ob Lärm, Luft, Wasser, Abfall, Boden, Verkehr, Natur, Artenschutz, E-nergie, Rohstoffe, Atomkraftwerke – jedes Stichwort dieser willkürlichen und längst nicht vollständigen Aufzählung war und ist Gegenstand sowohl regionaler wie überregionaler Plakatierungen." (HÜBNER & MÜLLER 1987, 191)

Umweltplakate seit den 1980er Jahren

In den 1980er Jahren entdeckt die Industrie in den westlichen Ländern die Umwelt als Marktchance. Es vollzieht sich eine Inwertsetzung des Umweltschutzes durch die Industrie. Umweltverschmutzer werden Umweltschutz-Produzenten. Gesunde Umwelt und ihr Schutz werden Kaufargument und Werbemittel für Produkte und Dienstleistungen. „In der Werbung dieser Jahre, gleichwohl für welche Produkte, werden diese Merkmale immer häufiger gepriesen: echt, naturbelassen, ursprüng-lich. Das Unverbrauchte in einer abgenutzten Welt." (HÖHLER 1985)

Abbildung 4 und 5: So nicht! Vermüllte und verunreinigte Gewässer und der erhobene Zeigefinger.

So wirbt ARAL auf einem Werbeplakat für sein Benzin mit dem blauen Himmel – ein Widerspruch in sich und nur ein Beispiel. „Überall werben mit den schönen Bildern ihrer Opfer die Täter für sich." (PIWITT 1983, 146)

Die Stilmittel der Umweltplakate

Der größte Teil aller bisher im deutschsprachigen Raum entstandenen Umweltplakate setzt bei seiner Botschaft auf die Warnung. Der erhobene Zeigefinger dominierte insbesondere in den Anfangsjahren der Umweltplakate: Vorsicht! Achtung! Nein! Nicht! Es wurde auf die Elemente der Mahnung und Abschreckung gesetzt. Viele Plakate enthielten negative Bildmethaphern: schwarzen Rauch, vermüllte Gewässer, gequälte Kreaturen ... Eine Kritik der Umweltplakate im Jahre 1981 fasst dies zusammen: „Es fällt auf, daß eine strenge Sachlichkeit – oft verbunden mit Belehrungen oder Forderungen –, der Hang zum Detail, eine puritanische Sterilität und eine pessimistische Grundhaltung dominieren" (ERZ 1981, 5) (*Abbildungen 4 und 5*)

In den Folgejahren zeichnet sich ein Wandel ab. Der erhobene oder gar drohende Zeigefinger wird zunehmend durch bildliche oder textliche Gags und Wortspiele als Auslöser für den beabsichtigten „Aha-Effekt" ersetzt. Humor und Ironie halten Einzug in die Landschaft der Umweltplakate und verdrängen schulmeisterliche und detailverliebte Ausdrucksformen (HÜBNER & MÜLLER 1987, 193). (*Abbildung 6*)

4. Umweltplakate in der DDR

Phase von Kontinuität und Wandel – Umweltplakate bis in die 1960er Jahre

In den ersten Jahren nach dem Zweiten Weltkrieg war das Plakat mit das auflagenstärkste Medium für die Propaganda der Parteien und Massenorganisationen. Aber auch später, als Funk und Fernsehen Verbreitung fanden, behielt es einen hohen Stellenwert. Unmittelbar nach dem Krieg prägten Kriegsfolgen, Not und Mangel die Botschaften der Plakate. Im Unterschied zu westlichen Ländern gab es einen wesentlichen Unterschied: Das durch Staat oder Massenorganisationen in Auftrag gegebene Plakat war die Regel, das private Plakat blieb die Ausnahme. „Unsere Plakate sind nicht geprägt durch private Interessen oder solche von Gruppierungen, von Vereinen und dergleichen. Sie sind Ausdruck grundlegenden Anspruchs unserer Gesellschaft." (FIEDLER 1987, 24) Das Plakat war somit im doppelten Sinne ein öffentliches Medium.

Alles im Griff.

Hexachlorcyclohexan, Quecksilberslebuloesulfamid, Dichlorvos, Carbaryl, Parathion-methyl, Polychlorcamphen, Dichlordiphenyltrichlorethan(DDT), Dalapon, Simazin, Ominaphos. Trichlorphon, Nepchlon, Amitrol, Chlorcholinchlorid, Lindan, Brozophos, Diquat, Alachlor, Prometryn, Butomet, Hexaohlorbenzen, Yrocazin, Dinitro-kresol, Trichlorphenylethanol, Chlorpropham, Lenacil, Metribuzin, Phenylquecksilberacetat, Dithiophosphorsäureester, Tetramethylendimethylsulfon, Metaldehyd, Abdotriazol, Cyclohexylthiophthalimid, Prometphos, Paraquat, Diuron, Propachlor, Chloralmethylhelbacetat, Dimethoat, Atrazin,...

Abbildung 6: Alles im Griff!? Die Stilmittel ändern sich.

Auch in der DDR lag der inhaltliche Schwerpunkt der Umweltplakate bis in die 1960er Jahre im Bereich des Naturschutzes. Vorerst galten nach dem Krieg Rechtsvorschriften wie das Reichsnaturgesetz von 1935 mit seinen Durchführungsverordnungen noch fort. Auch traditionelle Forschungen zu „Umweltproblemen" wie z.B. die Rauchschadensforschung an der Forsthochschule Tharandt wurden wieder aufgenommen und zeugten so von einer gewissen Kontinuität. Mit grundlegenden Veränderungen der Eigentumsordnung und der Durchsetzung der zentralen Volkswirtschaftsplanung bis Ende der 1950er Jahre änderten sich wesentliche Rechtsgrundlagen. Erste Ansätze der Entwicklung eines eigenen Umweltrechts waren die Verordnung des Ministerrates zum Schutz der Feldgehölze und Hecken (1953), erste chemikalienrechtliche Vorschriften (Pflanzenschutz, Giftgesetzgebung, Hygieneinspektion) sowie ersten Vorschriften über Jagdwesen, Fischerei und Angelsport, Bienenweide und Wiedernutzbarmachung bergbaulich genutzter Flächen. 1954 wurde dann das Gesetz zu Erhaltung und Pflege der heimatlichen Natur (Naturschutzgesetz) verabschiedet, das das Reichsnaturschutzgesetz ablöste. Mit dem Naturschutzgesetz hielt auch die Naturschutzeule Einzug in die Landschaften. Als Grundlage von großräumig angelegten Landschaftspflege- und -entwicklungsmaßnahmen wurde zwischen 1950 und 1952 mit der Landschaftsdiagnose der DDR ein frühes Projekt eines Umweltmonitorings initiiert. Die damit verbundenen Hoffnungen auf eine „Heilung" der Landschaft erfüllten sich jedoch nur in einigen Beispiellandschaften.

Auch mit Plakaten wurde versucht, Ziele und Inhalte des neuen Naturschutzgesetzes bekannt zu machen. „Schützt die Natur Eurer Heimat", „Verhindert Waldbrände", „Unterlasst das Abbrennen von Wiesen, Rainen und Hecken!" waren

Botschaften dieser Jahre. Die eingesetzten Stilmittel glichen noch sehr denen aus der Anfangs- und Entwicklungszeit des staatlichen Naturschutzes (*Abbildungen 7 und 8*).

Abbildungen 7 und 8: Und immer wieder der erhobene Zeigefinger. – Plakate aus den 1960er Jahren.

Phase des Aufbruchs – Umweltplakate seit den 1960er Jahren bis zur Institutionalisierung der Umweltpolitik bis 1972

Die Entwicklung hin zu einer umfassenden Umweltpolitik in dieser Phase schlug sich auch in den Plakaten nieder. Insbesondere das Thema Wasser und seine Verwendung und Reinhaltung hält seit Mitte der 1960er Jahre Einzug. Gewässerschutz stand beim medialen Umweltschutz deutlich im Vordergrund, was in der allgemeinen naturbedingten Wasserknappheit, die in der DDR herrschte, begründet war (*Abbildungen 9 und 10*).

Früher als andere entwickelte Industrieländer hatte die DDR eine moderne Umweltgesetzgebung. Bereits 1968 war eine Staatszielbestimmung zum Umweltschutz in die Verfassung aufgenommen worden. Im Jahre 1970 wurde das Landeskulturgesetz verabschiedet, das den Schutz von Wasser, Boden, Luft, Natur und Landschaft und vor Lärm in einem Gesetz bündelte. Zur Verbreitung der neuen Umweltschutzziele dienten in den Bezirken und Kreisen der DDR Landschaftstage, zu deren Bekanntmachung ebenfalls Plakate entstanden.

Abbildungen 9 und 10: Gewässerschutz – ein Schwerpunkt der Umweltplakate.

Auch die jährlich stattfindenden Wochen des Waldes und Naturschutzwochen der DDR hießen ab 1971 Woche der sozialistischen Landeskultur in der DDR. Für beide gab es ebenfalls begleitende Plakate (*Abbildungen 11 und 12*).

Mit der Gründung des Ministeriums für Umweltschutz und Wasserwirtschaft der DDR im Jahre 1972 wurde die Institutionalisierung der Umweltpolitik vollzogen. Eine der wichtigsten Personen zur damaligen Zeit war der Stellvertreter des Ministerpräsidenten der DDR, Dr. Werner Titel. Er begründete das Landeskulturgesetz in der Volkskammer und beförderte die Gründung des Ministeriums. Er kam 1971 bei einem Flugzeugabsturz ums Leben.

Phase von Stagnation und Niedergang – Umweltplakate seit Ende der 1970er Jahre

In den 1980er Jahren erlebte die Förderung und Verwendung der Braunkohle angesichts der „Ölkrise" und der falschen Politik der „Einheit von Wirtschafts- und Sozialpolitik" eine Renaissance. Braunkohle hatte einen Anteil von 70 Prozent an den Energieträgern (12 Prozent Erdöl, 10 Prozent Erdgas).

Hinzu kam – bereits seit 1967 – die „sozialistische Intensivierung" (Chemisierung, Mechanisierung, Bildung von „industriemäßigen" Großbetrieben, Flurbereinigungen) in der Land-, Forst- und Fischereiwirtschaft (*Abbildung 13*). Besonders in den Braunkohlenabbaugebieten und dort, wo die Braunkohlenchemie-Industrie lag, entwickelten sich regionale Umweltkatastrophengebiete. Einzelne Umweltplakate griffen diese Entwicklungen auf. Auch einzelne Grafiker wie Manfred

Butzmann bezogen mit Plakaten, die sie „in eigenem Auftrag" entwarfen, Stellung zu den zunehmenden und regional mitunter dramatischen Umweltproblemen.

Viele Menschen befassten sich in staatlichen Umweltschutzeinrichtungen, in Universitäten, in der Kammer der Technik oder im Kulturbund intensiv mit Umweltproblemen. Die Möglichkeiten, sie zu lösen, waren begrenzt durch die sich verschlechternden wirtschaftlichen Bedingungen in der DDR. Daten über die Umweltbelastungen durften auf der Grundlage eines Ministerrats-Beschlusses seit 1.2.1982 nicht mehr veröffentlicht werden. Vor diesem Hintergrund entstand eine oppositionelle Umweltbewegung (*Abbildung 14*) sowohl unter dem Dach der evangelischen Landeskirchen als auch im Kulturbund. Staatlichen Repressionen gegenüber den „Umweltbewegten" nahmen insbesondere in Großstädten und Industriegebieten im Süden der DDR in dem Maße zu, wie sich die ökonomische Krise des Landes zuspitzte. Im Kulturbund gründeten sich hunderte Interessengemeinschaften wie z.B. die IG Stadtökologie Köpenick, die sich mit städtischen Umweltproblemen befassten.

Abbildungen 11 und 12: Von der Naturschutzwoche zur Woche der sozialistischen Landeskultur.

Wende und Aufbruch – Umweltplakate 1989/90

Umweltschutz stand auf der Agenda der politischen Forderungen in der DDR 1989 ganz oben. Umweltpolitische Forderungen waren häufig mit allgemeinen gesellschaftspolitischen Vorstellungen verknüpft, die überwiegend auf eine „öko-soziale" Erneuerung des Sozialismus abzielten. Plakate dieser Zeit spiegeln dies wieder. Viele Mitglieder der „ökologischen Bewegung" hofften auf eine grundlegende Verbesserung der Umweltbedingungen. Tatsächlich hat sich seit 1990 in vielen Bereichen, wie zum Beispiel der Gewässerbelastung, die Umweltqualität verbessert. In anderen Bereichen bestehen Umweltprobleme fort, neue kommen hinzu. Es gibt somit auch weiterhin Anlass genug, auch über Plakate auf Umweltprobleme aufmerksam zu machen.

Abbildung 13: Ausgeräumte Landschaften – Folgen der Intensivierung.
Abbildung 14: Veranstaltungsplakat „Öko-Art". Ankündigung einer Öko-Vernissage in der Umwelt-Bibliothek Berlin, 1987.

Wanderausstellung „Grober Unfug" Umwelt- und Naturschutzplakate aus vier Jahrzehnten DDR

Im Heft 10 der Zeitschrift „National Geographic Deutschland" erschien 2005 ein Artikel, der über die im Studienarchiv Umweltgeschichte des Instituts für Umweltgeschichte und Regionalentwicklung e.V. (**www.iugr.net**) bestehende Sammlung von Plakaten zum Natur und Umweltschutz in der DDR berichtete. Dieser Artikel war Anlass dafür, dass in den folgenden Wochen und Monaten ein Ausstellungsprojekt realisiert wurde, dass sich der Verwendung des Mediums Plakat für Fragen des Natur- und Umweltschutzes in der DDR widmet. Ein Mitglied des Vorstandes der Stiftung Naturschutz Berlin war auf diesen Artikel aufmerksam geworden. Kontakte zum IUGR e.V. wurde geknüpft, die Idee einer Ausstellung war geboren. Bereits im März 2006 wurde in Berlin die Ausstellung erstmalig gezeigt. Seit Oktober 2006 wandert sie zu weiteren Ausstellungsorten in Berlin.

Die Ausstellung umfasst eine Auswahl von ca. 60 Plakaten aus dem Archivbestand des IUGR e.V. Es handelt sich dabei ausschließlich um Plakate, die von staatlichen Stellen oder Fachgesellschaften des Kulturbundes der DDR in Auftrag gegeben wurden. Ergänzt wird die Ausstellung durch begleitende Texttafeln, die allgemein die Entwicklung des Plakats und des Umweltplakats darstellen sowie orientiert an einzelnen Zeiträumen und deren Meilensteinen der Umweltpolitik die Entwicklung des Umweltplakats in der DDR beschreiben.

Literatur

Blum, R.: Plakat – Das alte, unbekannte, omnipräsente Medium, 2002. http://www1.uni-hamburg.de/ Bildkunde//Bildkunde/Placard-plakat.pdf#search=%22Plakat%20%E2%80%93%20Das%20alte%2C %20unbekannte%2C%20omnipr%C3%A4sente%20Medium%22, 20. August 2006

Diederich, R. & Grübling, R.: Wir haben die Erde nur geborgt. Plakate gegen Umweltzerstörung, Weinheim, Basel 1986

Dorn, M.: Plakat, in: Falustich, W. (Hg.): Grundwissen Medien, München 2004, 324-338

Erz, W.: Naturschutzplakate – kritisch gesehen. Gedanken zu einer Auswahl von Naturschutzplakaten anlässlich der Festveranstaltung „75 Jahre staatlicher Naturschutz" Bonn, 15./16. Oktober 1981, BFANL, Bonn.

Fiedler, J.: Zur Funktion des sozialen Plakats im Sozialismus. In: Verband Bildender Künstler der DDR, Zentralvorstand, Abt. Angewandte Kunst (Hg.): Plakate – Funktion und Wirkungsweise des Plakates in der sozialistischen Gesellschaft, Plakatsymposium, Erfurt 1986

Höhler, G.: Erlaubt ist, was gefällt. Eine Gesellschaft ohne Kleiderordnung, FAZ, 10.08.1985

Hübner, R.; Müller, H.-N.: Das Plakat in der Umweltbildung. In: Ferch, S.; Halder-Werdon, E. & Hu, M. (Hg.): Natur – Kultur, Perspektiven ökologischer und politischer Bildung, Schwabach 1997, 186-202

Piwitt, H. P.: Deutschland. Versuch einer Heimkehr, Frankfurt a.M. 1983

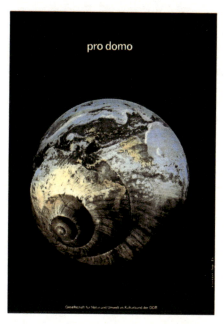

Abbildungen 15-18: Plakate aus der Ausstellung „Grober Unfug!" –
Umwelt- und Naturschutzplakate aus vier Jahrzehnten DDR.
Die Wanderausstellung startete im März 2006 in den Räumen der Stiftung Naturschutz Berlin.

Zu den Abbildungen

Bis auf die Abbildungen 3 und 14 wurden alle Plakate aus dem Plakatbestand des Studienarchivs Umweltgeschichte des Instituts für Umweltgeschichte und Regionalentwicklung e.V. entnommen. So weit den Plakaten zu entnehmen, werden nachfolgend Herausgeber und Gestalter benannt.

Abbildung 1:	Schützt die FRÜHLINGSBLÜHER, Herausgeber: Staatl. Komitee für Forstwirtschaft beim Ministerium für Land-, Forst- und Nahrungsgüterwirtschaft der DDR, 1974, Gestaltung: Zimmermann & Engemann
Abbildung 2:	GEFÄHRDETE HEIMISCHE TIERE. Insekten, Herausgeber: Rat des Bezirkes, Kulturbund der DDR, 1984, Gestaltung: Sauerzapfe
Abbildung 3:	Plakat von Schade & Stock, 1974, entnommen aus Diederich, R. & Grübling, R. 1986, 36
Abbildung 4:	so nicht! Benutzt Müllablageplätze!, Herausgeber: Landwirtschaftsrat beim Ministerrat der Deutschen Demokratischen Republik, Zentrale Naturschutzverwaltung, 1964
Abbildung 5:	So nicht! Haltet das Wasser rein, Herausgeber: Amt für Wasserwirtschaft beim Ministerrat der Deutschen Demokratischen Republik, 1966, Gestaltung: Mainusch, DEWAG WERBUNG BERLIN
Abbildung 6:	Alles im Griff, AKTION Garten ohne Gift, 1989/90, Gestaltung: Eva und Bernd Haak, Berlin
Abbildung 7:	Verhüte es! Herausgeber: Ministerium für Landwirtschaft, Erfassung und Forstwirtschaft, Zentrale Naturschutzverwaltung, 1961, Gestaltung: Tilo Schubert
Abbildung 8:	Laß ihn leben! Herausgeber: Zentrale Naturschutzverwaltung und Oberste Jagdbehörde
Abbildung 9:	Haltet das Wasser rein, Herausgeber: Amt für Wasserwirtschaft beim Ministerrat der Deutschen Demokratischen Republik, 1965, Gestaltung: DEWAG Berlin
Abbildung 10:	Haltet das Wasser rein, Herausgeber: Amt für Wasserwirtschaft beim Ministerrat der Deutschen Demokratischen Republik, 1965, Gestaltung: DEWAG Berlin
Abbildung 11:	Naturschutzwoche 1961 vom 7. bis 14. Mai, Herausgeber: Ministerium für Landwirtschaft, Erfassung und Forstwirtschaft, Zentrale Naturschutzverwaltung, 1961, Gestaltung: Zimmermann & Engemann
Abbildung 12:	Woche der sozialistischen Landeskultur 1972 vom 14. bis 20. Mai
Abbildung 13:	Ein Baum …, Sozialistische Landeskultur und Umweltschutz – gesamtgesellschaftliches Anliegen, Herausgeber: Rat der Stadt Schwerin, 1979, Gestaltung: Arno Krause
Abbildung 14:	Veranstaltungsplakat „Öko-Art". Ankündigung einer Öko-Vernissage von Rainer Zapka in der Umwelt-Bibliothek Berlin am 25. Februar 1987. Quelle: Robert-Havemann-Gesellschaft, http://www.jugendopposition.de/index.php?id=1419, Zugriff am 30. August 2006
Abbildung 15:	pro domo, Herausgeber: Gesellschaft für Natur und Umwelt im Kulturbund der DDR, 1987, Gestaltung: Norbert Vogel
Abbildung 16:	Herausgeber: Gesellschaft für Natur und Umwelt im Kulturbund der DDR, 1987, Gestaltung: Norbert Vogel
Abbildung 17:	GROBER UNFUG ist das Abbrennen des dürren Grases im Frühjahr, Herausgeber: Ministerium für Landwirtschaft, Erfassung und Forstwirtschaft als Zentrale Naturschutzverwaltung, 1961
Abbildung 18:	Schützt und pflegt unsere Natur! Herausgeber: Staatliches Komitee für Forstwirtschaft der DDR, Zentrale Naturschutzverwaltung, 1966

Grafiker für das Motiv des Einbandes

Werner Schinko, Diplom-Grafiker, geb. 1929. 1950 bis 1955 Studium an der Kunsthochschule Berlin-Weißensee; seit 1955 freischaffender Künstler in Röbel (Mecklenburg). Der Liebe zu der mecklenburgischen Landschaft, ihrer Natur- und Tierwelt hat er in einer fast unübersehbaren Schaffensfülle künstlerischen Ausdruck verliehen. Werner Schinko beherrscht alle grafischen Techniken, vom Zeichnen mit der Feder bis zum Holz- und Linolschnitt. Seine Bildideen und Motive sind einfach: Landschaft, Pflanzen, Tier- und vor allem Vogelwelt, Kinder in ihrem Spiel, Menschen in ihrem Arbeitsalltag und immer wieder Märchen- und Fabelwesen. Werner Schinko fordert – teils mit hintersinnigem Witz – dazu auf, über die täglich sichtbaren Dinge und ihre Bedeutung nachzudenken. Er war Mitglied des Verbandes Bildender Künstler der DDR (bis 1990) und des Künstlerbundes Mecklenburg und Vorpommern e.V. im Bundesverband Bildender Künstler (1990 bis 2004).

Die Autorin und die Autoren

Prof. Dr. rer. nat. habil. Ludwig Bauer, geb. 1927. Studium 1946 bis 1951 an der Friedrich-Schiller-Universität Jena (FSU; Geographie/Geologie, Chemie); Promotion 1952 (Hochwasserschutz und Hochwassergenese im Unstrutgebiet); Habilitation 1960 (Vergleichende Hydrogeographie von Thüringen); 1953 bis 1963 Assistent bis Zweigstellenleiter Jena am Institut für Landesforschung und Naturschutz Halle der DAL; ab 1961 Dozent für Landschaftsökologie und Landschaftspflege an der FSU Jena; 1963 bis 1976 Direktor des Instituts für Landesforschung und Naturschutz Halle der DAL; 1977/1978 wiss. Mitarbeiter am ILN Halle der DAL/AdL; Mitglied und Sekretär der Sektion Landeskultur und Naturschutz der DAL/AdL; Mitglied der Ständigen Kommission Landschaftspflege und Naturschutz der Geographischen Gesellschaft der DDR; Mitglied des Wiss. Beirats beim Minister für Umweltschutz und Wasserwirtschaft der DDR; Kandidat der DAL/AdL seit 1968; Chefredakteur der Zeitschrift „Archiv für Naturschutz und Landschaftsforschung".

Prof. Dr. Hermann Behrens, geb. 1955, Schule in Dickel und Diepholz (Niedersachsen), Studium der Landschaftsplanung, 1983 bis 1990 wiss. Mitarbeiter am Institut für Landschaftsökonomie der TU Berlin, 1990 Referent des „Bundes für Natur und Umwelt e.V.", der aus der „Gesellschaft für Natur und Umwelt im Kulturbund der DDR" hervorging, 1991 bis 1994 Lehrer und Projektentwickler im Berufsfortbildungswerk des DGB, 1991 Gründungsmitglied Institut für Umweltgeschichte und Regionalentwicklung e.V. (IUGR), 1994 bis 1997 wiss. Mitarb. im IUGR e.V.; seit April 1997 Professur für Landschaftsplanung/Planung im ländlichen Raum an der Hochschule Neubrandenburg, Studiengang Landschaftsarchitektur und Umweltplanung. Seit 1991 ehrenamtlicher Geschäftsführer des IUGR e.V.

Michael Beleites, geb. 1964 in Halle/Saale, aufgewachsen in Trebnitz bei Zeitz; ab 1981 Ausbildung und Arbeit als Zoologischer Präparator am Naturkundemuseum in Gera, ab 1987 freiberuflich tätig; ab 1982 Engagement in überregionalen Initiativen der kirchlichen Friedens- und Umweltbewegung, ab 1986 Recherchen zu den ökologischen und gesundheitlichen Folgen des Uranabbaus der SDAG Wismut, 1987/88 Autor der Dokumentation „Pechblende -Der Uranbergbau in der DDR und seine Folgen"; 1982 bis 1989 Verfolgung durch die Stasi (OV „Entomologe"); 1989 bis 1990 Mitglied des Geraer Bürgerkomitees zur Stasi-Auflösung; Februar 1990 Berater des Neuen Forum am Zentralen Runden Tisch in Berlin; Juni 1990 Gründungsmitglied von Greenpeace DDR e.V.; Engagement für Öffnung der Stasi-Akten; 1990 bis 1992 Autor (Buchveröffentlichungen „Untergrund", „Altlast Wismut"); 1992 bis 1995 Landwirtschaftsstudium in Berlin und Großenhain (Sachsen), seit 1995 publizistische Arbeiten in Dresden und Leipzig (u. a. Ausstellungen über den Ornithologen und Theologen Otto Kleinschmidt sowie über die Umweltbewegung in der DDR); seit Dezember 2000 Sächsischer Landesbeauftragter für die Stasi-Unterlagen in Dresden.

Prof. Dr. med. habil. Hans-Joachim Dobberkau, geb. 1933. Abitur 1951 in Stendal; Studium der Medizin an der Humboldt-Universität zu Berlin 1951 bis 1956; Approbation als Arzt (Nov. 1956); Promotion zum Dr. med. 1958 (Universität Leipzig). Facharzt für Mikrobiologie und Infektionsepidemiologie (Bakt. und Serologie) 1962. Facharzt für Hygiene und Umweltmedizin (Hygiene und Epidemiologie) 1964. Habilitation 1970 (Med. Akademie Dresden) mit dem Thema: „Untersuchungen hygienischer Parameter von Oberflächenwasser-Verunreinigungen im Einzugsgebiet einer Trinkwassertalsperre zur Sicherstellung des Gesundheitsschutzes der Bevölkerung". Honorarprofessur 1974 (Friedrich-Schiller-Univ. Jena – FSU). Lehraufträge an der FSU und der Medizinischen Akademie Dresden für Allgemeine und Kommunalhygiene 1971 bis 1990. Arbeits- und Forschungsschwerpunkte: Umwelthygiene/Umweltmedizin; Umweltmikrobiologie, Wasserhygiene; Desinfektion und Sterilisation im Gesundheitswesen. Leiter des Forschungsinstituts für Hygiene und Mikrobiologie, Bad Elster, 1972 bis 1990; Leiter des DDR-weiten multizentrischen Forschungsprojektes „Medizinische Aspekte des Umweltschutzes" ab 1981. Stellvertretender Vorsitzender der Med. Wiss. Gesellschaft für Allgemeine und Kommunalhygiene der DDR. Berufenes Mitglied der Hauptforschungsrichtung „Ökologie" der AdW. Ab Oktober 1991 Mitarbeiter des Bundesgesundheitsamtes in Berlin. Ab 1994 privatärztliche Tätigkeit, u.a. für Krankenhaushygiene, Umweltmikrobiologie, Wasserhygiene.

Prof. Dr. Wolfgang Fritsche, geb. 1933. Biologiestudium, Promotion und Habilitation an der Martin-Luther-Universität Halle/Saale. Von 1977 bis 1998 Hochschullehrer für Technische Mikrobiologie an der Friedrich-Schiller-Universität Jena und von 1993 bis 1998 Direktor des Instituts für Mikrobiologie. Gastprofessuren in Bagdad und Comodoro Rivadavia (Argentinien). Mitglied der Sächsischen Akademie der Wissenschaften zu Leipzig. Autor der Lehrbücher „Biochemische Grundlagen der Industriellen Mikrobiologie", „Mikrobiologie" und „Umweltmikrobiologie". Forschungsgebiete: Mikrobieller Abbau von Natur- und Fremdstoffen, Mikrobielle Synthese und Funktion von Sekundärmetaboliten, Ökologische Mikrobiologie und Umwelt-Biotechnologie.

Dr. Hans-Peter Gensichen, geb. 1943 in Pritzwalk (Brandenburg). Evangelischer Theologe. Studium in Ost-Berlin. 27 Jahre Tätigkeit im Kirchlichen Forschungsheim Wittenberg. Das Forschungsheim war damals das intellektuelle Zentrum der kritischen Umweltbewegung in der DDR. Prägend waren Bündnisse zwischen Christen und Nichtchristen auf dem gemeinsamen Themenfeld Ökologie. 1989 Gründer des Zentralen Grünen Tisches in der DDR. 1990 bis 1998 Gründungskurator der Deutschen Bundesstiftung Umwelt. Autor und Herausgeber u.a. von: „Genetik und Ethik" (zusammen mit Dr. sc. nat. Charlotte Boost) Wittenberg (Kirchliches Forschungsheim) 1976; „Wissenschaftsethik in der DDR". In: Zeitschrift für Evangelische Ethik 32 (1988) 4; „Umwelt-Mosaik DDR '89". Berlin (Deutscher Verlag der Wissenschaften) 1990; „Weiter Sehen. Die EXPO 2000 und die Aufgaben der Kirchen", Wittenberg (Kirchliches Forschungsheim) 1999; „Umweltverantwortung in einer betonierten Gesellschaft. Anmerkungen zu Entwicklungen in der DDR 1970-1990" (Uni Freiburg, Historisches Seminar, Tagungsband 2005) und „Die ethische Dimension von Nachhaltigkeit", in: Michelsen, G. & Godemann, J. (Hg.) Handbuch der Nachhaltigkeitskommunikation, München 2005.

Prof. Dr. Christian Hänsel, emeritierter Professor für Allgemeine und Umweltgeophysik an der Universität Leipzig und (seit 1985) ordentliches Mitglied der Sächsischen Akademie der Wissenschaften zu Leipzig, arbeitete anfangs vorwiegend in der Ausbildung von Meteorologie-Studenten, nach der 3. Hochschulreform in der DDR (1968/69) in der Aus- und Weiterbildung sowie der Forschung auf dem Gebiet geowissenschaftlicher Umweltprobleme, speziell der Ursachen, Eigenschaften und Wirkungen atmosphärischer Beimengungen. Sein besonderes Anliegen waren interdisziplinäre Kooperationen und praxisorientierte Arbeiten.

Jens Hoffmann, *Dipl.-Ing.* Stadt- und Regionalplanung, geb. 1972. 1993 bis 1998 Studium am Institut für Stadt- und Regionalplanung der Technischen Universität Berlin, seit 1999 Arbeit als freier Stadt- und Regionalplaner (Schwerpunkt: Regionalentwicklung, insbesondere Leitbildprozesse, Regionale Entwicklungskonzepte, Regionalmanagement), seit 2001 ehrenamtlicher 2. Geschäftsführer des Instituts für Umweltgeschichte und Regionalentwicklung e.V., 2002 bis 2004 wissenschaftlicher Mitarbeiter am Institut für Umweltgeschichte und Regionalentwicklung e.V., seit 2004 wissenschaftlicher Mitarbeiter an der Hochschule Neubrandenburg (Schwerpunkt: Indikatoren für ein Integriertes Küstenzonenmanagement)

Dr. Wilhelm Knabe, geb. 1923. 1946 bis 1950 Studium der Forstwissenschaften in Tharandt, TU Dresden, Gründung einer Hochschulgruppe der CDUD. 1951 bis 1959 Wissenschaftlicher Assistent, ab 1957 Forstmeister am Institut für Garten- und Landeskultur der landwirtschaftlich-gärtnerischen Fakultät der Humboldt-Universität Berlin (Wiederurbarmachung im Braunkohlenbergbau u.a.). 1957 Doktor der Landwirtschaft. 1959 Flucht in die Bundesrepublik. 1961 bis 1966 Wissenschaftlicher Mitarbeiter im Institut für Weltforstwirtschaft in Reinbek bei Hamburg (Rekultivierung von Industrieödland, Wald und Wasser in Trockengebieten u.a.). 1966 bis 1976 Oberregierungsrat und Regierungsdirektor an der Landesanstalt für Immissions- und Bodennutzungsschutz (LIS) in Essen (Wirkungen von Luftverunreinigungen auf den Wald). 1976 bis 1987 Leiter einer Forschungsgruppe an der Landesanstalt für Ökologie (LÖLF) in Düsseldorf und Recklinghausen (Belastung von Ökosystemen). 1978 bis 1980 Mitbegründer und 1979 Sprecher der Grünen Liste Umweltschutz (GLU) NRW sowie der GRÜNEN auf kommunaler, Landes- und Bundesebene, 1979 bis 1980 Sprecher in NRW, 1982 bis 1984 Sprecher der Bundespartei. 1987 bis 1990 Mitglied des Deutschen Bundestages, Bonn, u.a. im Innerdeutschen und Umweltausschuss sowie in der Enquete-Kommission „Vorsorge zum Schutz der Erdatmosphäre", Unterstützung von Bürgerrechtsgrupen in der DDR. 1994 bis 1999 2. Bürgermeister von Mülheim an der Ruhr, der erste Bürgermeister der GRÜNEN in einer Ruhrgebietsgroßstadt, seit 1998 bis 2004 Mitglied im Vorstand der Vereinigung ehemaliger Mitglieder des Deutschen Bundestages und des Europäischen Parlamentes e.V.; 1993 bis 1994 und seit 1999 zeitgeschichtliche Forschung über das Thema „Die Grünen und die DDR". 2004 bis heute Mitbegründer und Vorsitzender der Grünen Alten und 2005 Mitbegründer des European Network of Green Seniors (ENGS).

Prof. Dr. sc. oec. Heinz Kroske, Studium der Volkswirtschaftslehre/Afrikanistik an der Karl-Marx-Universität Leipzig (1957 bis 1961), daselbst Promotion A (1964) und Promotion B (1973). Als wissenschaftlicher Assistent im Afrika-Institut der KMU Leipzig von 1961 bis 1966 tätig, davon 1 Jahr Lehre in Ghana. Ab 1966 wissenschaftlicher Referent an der Deutschen Akademie der Wissenschaften zu Berlin, 1973 wissenschaftlicher Arbeitsleiter an der Forschungsstelle für Umweltforschung der Akademie der Wissenschaften der DDR. Ab 1977 Leiter des Bereichs ökologisch-ökonomische Systeme am Institut für Geographie und Geoökologie in Leipzig. Seit 1986 Stellvertretender Direktor des Heinrich-Hertz-Instituts für Geomagnetismus und Athmosphärenforschung. 1991 mit der Akademie abgewickelt. Danach bei der WITEGA Projektleiter Umweltverträglichkeitsprüfung und Leiter des UVP-Büros Brandenburg-Berlin. Ab 1994 wissenschaftlicher Mitarbeiter an der TFH Wildau, Ingenieurwesen/ Wirtschaftsingenieurwesen und 1997 berentet. Seit 1997 Vorsitzender des Technologie- und Weiterbildungszentrums (TWZ) an der Fachhochschule Wildau e.V.

Prof. em. Dr. agrar. habil. Albrecht Krummsdorf, geb. 1926. Studium Landwirtschaft und Gartenbau, 1952 bis 1966 wissenschaftlicher Assistent/Oberassistent im Institut für Landschaftsgestaltung an der Karl-Marx-Universität Leipzig, 1966 bis 1976 tätig in der Braunkohlentagebau-Rekultivierung im Wissenschaftlich-Technischen Institut/Braunkohlenkombinat Regis, 1976 bis 1991 Lehrstuhl für Landeskultur und Umweltschutz an der Universität Rostock. Langjährig ehrenamtlich tätig bei den Natur- und Heimatfreunden sowie der Gesellschaft für Natur und Umwelt im Kulturbund der DDR, u.a. BFA Landeskultur und Naturschutz Leipzig, 1980 bis 1990 Vorsitzender des Bezirksvorstandes der GNU Rostock; Mitarbeit in zahlreichen Fachgremien der Fachgebiete Landeskultur und Umweltschutz, z.B. AG

Ingenieurbiologische Bauweisen sowie AG Bodenschutz und Abproduktnutzung der Kammer der Technik. Ab 1980 Mitglied der Sektion Landeskultur und Naturschutz der ADL und ihrer Fachgremien; ab 1960 Landschaftsarchitekt BdA/DDR, ab 1980 Mitglied Nationalkomitee der DDR für das UNESCO-Programm Man and Biosphere (MAB).

Dr. med. Peter Meißner, geb. 1937. 1955 bis 1960 Studium der Humanmedizin an der Humboldt-Universität zu Berlin und der Medizinischen Akademie Magdeburg; 1960 medizinisches Staatsexamen, 1963 Promotion zum Dr. med., 1976 Facharzt für Hygiene; 1963 bis 1990 Leiter der Kreishygieneinspektion Rügen (Kreishygienearzt); 1990 bis 1996 stellvertretender Amtsarzt im Landkreis Rügen; Rentner seit 1997.

Dr. Ing. habil EUR ING Herbert Mohry, geb. 1930. 1940 bis 1945 Gymnasium in Breslau, Ministrant in Breslau-Lissa, Segelflieger; 1945 bis 1948 Internierung im Kaukasus (Caissonarbeiter); 1948 bis 1951 Lehre als Bergknappe, Bergmann in der Braun- und Steinkohle; 1953 Fernabitur an der Friedrich-Schiller-Obeschule in Bautzen; 1951 bis 1954 Studium an der Bergingenieurschule Senftenberg; 1954 bis 1962 Fernstudium an der Bergakademie Freiberg; 1974 Promotion A an der Bergakademie Freiberg; 1975 Fac. Doc. an der Technischen Universität Dresden; 1986 Promotion B an der Technischen Hochschule „Otto von Guericke" Magdeburg; 1960 bis 1962 Gruppenleiter an der Zentralstelle für wirtschaftliche Energieanwendung; 1962 bis 1975 Haupttechnologe, Produktionsingenieur, Luft- und Umweltschutzbeauftragter im VEB Kombinat „Otto Grotewohl" Böhlen; 1975 bis 1989 Umweltschutzbeauftragter des Ministeriums für Kohle und Energie Berlin mit Sitz im Institut für Energetik Leipzig; 1990 bis 1994 Experte bei Westinghouse in Frankfurt a.M.; 1995 bis 1997 Berater in der Abfallwirtschaft; 1997 bis 2005 Repräsentant für Ostdeutschland und Osteuropa bei Von Roll Umwelttechnik in Zürich und Frankfurt a.M. (Thermische Abfallverwertung); 1974 bis 1990 Mitglied des Präsidiums der Kammer der Technik; 1991 bis 1998 Präsident der Umwelttechnischen Gesellschaft (Berlin); 1991 bis dto. Mitglied der gemeinnützigen Akademie zu Erfurt; 1993 bis 1999 Mitglied des Nationalen Komitees des Weltenergierates für die BRD; 1994 Verleihung des Titels „Europaingenieur" durch die FEANI; 1986 Verleihung der „Ernst-Abbé-Medaille"; 1988 Verleihung des „Kurt-Schwabe-Preises" der Sächsischen Akademie zu Leipzig; verantwortlicher Redakteur der Schriftenreihe „Technik und Umweltschutz", Herausgeber und Mitautor des Buches „Reinhaltung der Luft", 150 Veröffentlichungen, über 500 Vorträge.

Prof. Dr. rer. nat. habil. Wolfgang Mundt, Geophysiker; 1954 bis 1959 Studium der Geophysik an der Humboldt-Universität zu Berlin mit Diplomabschluss; Grundlagenforschung zum Geomagnetischen Hauptfeld und zur Säkularvariation am Geomagnetischen Institut Potsdam der Akademie der Wissenschaften (AdW, bis 1969) und am Zentralinstitut für Physik der Erde der AdW in Potsdam (bis 1981); 1963 Promotion, 1968 Habilitation an der Karl-Marx-Universität Leipzig; 1976 Professor für Geophysik; 1981 bis 1991 Direktor des Heinrich-Hertz-Instituts für Atmosphärenforschung und Geomagnetismus der AdW; ca. 120 wissenschaftliche Publikationen; 1981 Korrespondierendes und 1988 Ordentliches Mitglied der AdW; 1986 bis 1990 Vorsitzender des Wissenschaftlichen Rates für Grundlagen der Umweltgestaltung und des Umweltschutzes beim Präsidium der AdW; 1992 bis 2002 Gutachter für industrielle und militärische Altlasten und Forschungen zur Umweltgeophysik im PROTEKUM Umweltinstitut GmbH Oranienburg.

Prof. Dr. jur. habil. Ellenor Oehler, geb. 1927, gest. 2005. Rechtspflegerin, Jurastudium, Notarin, ab 1959 wissenschaftliche Laufbahn: 1962 Promotion (Bodenrecht), 1968 Habilitation (Umweltrecht); 1969 ord. Prof. mit Lehrstuhl für Bodenrecht und Umweltrecht an der Akademie für Staats- und Rechtswissenschaft Potsdam-Babelsberg, daneben Lehraufträge der Humboldt-Universität zu Berlin und der TU Dresden; 1988 Emeritierung nach Erreichen der Altersgrenze; 1990 Gastprofessorin beim Institut für Umwelt- und Technikrecht an der Universität Trier. 1962 bis 1989 umfangreiche Vortrags-, Publikations- und Beratertätigkeit, Mitarbeit in zahlreichen zentralen und bezirklichen Gremien, Gesetzgebungskommissionen und wissenschaftlichen Räten, umfangreiche internationale Wissenschaftskooperation;

Leiterin des Arbeitskreises „Umwelt- und Bodenrecht" des Rates für staats- und rechtswissenschaftliche Forschung der Akademie der Wissenschaften der DDR. Ab November 1989 Unterstützung der Landesgesetzgebung in den neuen Bundesländern, Vorlesungen in Weiterbildungs- und Umschulungskursen und mit Lehrauftrag an der TU Dresden; Beiträge zu wissenschaftlichen Veranstaltungen; umfangreiche Publikationstätigkeit zum Umweltrecht.

Studiendirektor Dipl.-Ing. Horst Rogge, geb. 1934. Nach der Berufsausbildung als Zimmerer 1952 bis 1954 Direktstudium an der Fachschule für Bauwesen Blankenburg/Harz mit Abschluss als Bauingenieur. 1955 bis 1966 Berufsschullehrer in der Fachrichtung Wasserbau an der Betriebsberufsschule für Wasserbau Kleinmachnow (1957 und 1958 1. und 2. Lehrerprüfung für Lehrer an Berufsschulen, 1959 bis 1966 Fernstudium in der Hauptfachrichtung Bauwesen der TU Dresden mit Abschluss als Dipl.-Ing.). 1967 bis 1968 Projektierungsingenieur im VEB Projektierung Wasserwirtschaft. 1968 bis 1992 Dozent an der Ingenieurschule für Wasserwirtschaft Magdeburg und ihrer Nachfolgeeinrichtung (1976 bis 1978 postgraduales Studium Umweltschutz an der Sektion Wasserwesen der TU Dresden mit Abschluss als Fachingenieur für Umweltschutz, 1978 bis 1992 Abteilungsleiter in der Aus- und Weiterbildung). 1993 bis 1994 Mitarbeiter im Bereich Erwachsenenbildung, Weiterbildung und Umschulung des Kultusministeriums des Landes Sachsen-Anhalt. 1995 bis 31.1.1999 Fachschullehrer an einer berufsbildenden Schule, seitdem Altersrentner.

Manfred Simon, geb. 1938. Grundschule und Oberschule im Raum Magdeburg. Nach dem Abitur 1958 bis 1963 Studium an der Baufakultät der Technischen Hochschule in Prag, mit der Spezialisierung in der Fachrichtung Wasserbau. Ab 02.01.1964 wissenschaftlicher Mitarbeiter für Speicherwirtschaft und Flussbau in der Wasserwirtschaftsdirektion Mittlere Elbe-Sude-Elde in Magdeburg. Ab Juni 1965 Einsatz als Oberflussmeister für das Flussgebiet der Bode in Blankenburg/Harz und ab November 1975 als Oberflussmeister in Dresden für den Bezirk Dresden. Nach der Berufung zum Direktor der Wasserwirtschaftsdirektion Untere Elbe in Magdeburg ab November 1982 Gesamtkoordinierung der Wasserbewirtschaftung des Einzugsgebiets der Elbe auf DDR-Gebiet. Von 1991 bis 2003 wissenschaftlicher Mitarbeiter im Sekretariat der Internationalen Kommission zum Schutz der Elbe. Neben zahlreichen ehrenamtlichen Funktionen 1984 bis 1990 Vorsitzender des Bezirksfachausschusses „Wasser" der Gesellschaft für Natur und Umwelt im Bezirk Magdeburg. Es war dies der einzige Bezirksfachausschuss in der DDR, der sich mit der breiten Thematik Wasser befasste.

Prof. Dr. habil. Ulrich Stottmeister, geb. 1939. Studium der Chemie an der Universität Leipzig mit Abschluss Diplomchemiker (1964), 1968 Dr. rer. nat., Universität Leipzig; 1986 Dr. sc. nat., Akademie der Wissenschaften Berlin; 1987 Fac. Doc., Universität Leipzig; 1991 Dr. habil. rer. nat., Universität Leipzig. 1964 bis 1968 Wiss. Mitarb. der Universität Leipzig, Institut für anorg. Chemie; 1968 bis 1970 Laborleiter „Metallaufbereitung" Leipzig; 1970 bis 1985 Wiss. Mitarb., Institut für Biotechnologie Leipzig, der Akademie der Wissenschaften der DDR; 1985 bis 1990 Abteilungsleiter „Mikrobielle Produktbildung/Mikrobieller Abbau", Institut für Biotechnologie der AdW; 1988 Dozent für Biotechnologie, Universität Leipzig; 1991 Ass. Professor, Dep. of Chemical Engineering, Universität Waterloo, Ontario, Canada; 1990 bis 1991 Abteilungsleiter „Biodegradation" im IBT Institut für Biotechnologie Leipzig; 1990 bis 1991 Sprecher der Sektion „Umweltbiotechnologie", IBT Institut für Biotechnologie Leipzig; 1992 bis 2003 (1. Position) Leiter der Sektion Sanierungsforschung des UFZ Umweltforschungszentrum Leipzig-Halle; 1995 bis 2004 (2. Position) Professor für Technische Chemie/Biotechnologie, Universität Leipzig; seit 1996 Ordentliches Mitglied der Sächsischen Akademie der Wissenschaften, Klasse Technikwissenschaften; zahlreiche Berufungen und Ernennungen in wissenschaftliche Gremien. Hauptarbeitsgebiete: 1970 bis 1986: Mikrobielle Überprodukten von organischen Säuren und Biopolymeren; 1985 bis 1991: Mikrobieller Abbau und Stickstoffelimination in industriellen Abwässern; 1983 bis 1989: Mikrobielle Transformationen und die Anwendung mikrobieller Produkte in der chemischen Synthese; seit 1992: Grundlagen der Altlastsanierung und Umweltbiotechnologie; seit 2005 freier Mitarbeiter der GWT Gesellschaft für Wissenstransfer der TU Dresden.

STUDIENARCHIV UMWELTGESCHICHTE

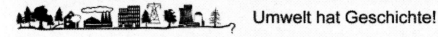 Umwelt hat Geschichte!

Archiv und Bibliothek

Wir sammeln Archivalien (Akten, Aufzeichnungen u.Ä.), Dias, Fotos, Schriftgut jeglicher Art (Bücher, Zeitschriften), Musealien (Abzeichen, Plaketten, usw.) zu den Bereichen:

- Bürgerliche und proletarische Heimat-, Naturschutz- und Wanderbewegung vor 1945
- Naturschutz, Umweltpolitik in der SBZ und DDR,
- Natur- und Umweltschutzbewegung (Natur- und Heimatfreunde, Gesellschaft für Natur und Umwelt im Kulturbund der DDR, kirchliche und oppositionelle Umwelt- und Naturschutzgruppen),
- Umwelt- und Naturschutzbewegung seit 1990 in den neuen Bundesländern.

Wenn Sie Quellen und Dokumente zu den genannten Themen haben und sie nicht mehr benötigen und die Zeugnisse Ihrer wissenschaftlichen, beruflichen oder ehrenamtlichen Natur- und Umweltschutzarbeit am richtigen Ort wissen wollen, dann …

Werfen Sie nichts weg und regeln Sie, wo Zeugnisse Ihrer Tätigkeit bleiben sollen.

Rufen Sie uns an oder schreiben Sie uns !

 **Institut für Umweltgeschichte und Regionalentwicklung e.V.**

an der Hochschule Neubrandenburg

Brodaer Str. 2, 17033 Neubrandenburg
Tel.: 0395-5693 224 oder -255, Fax: 0395-5693 299
Internet: www.iugr.net ✉ Email: info@iugr.net

Nachhaltigkeit

A-Z →

J wie Jugendreport Natur

Jeder dritte Schüler hat noch nie einen Bach gestaut, jeder vierte noch nie ein Reh beobachtet, nur noch jeder fünfte streift gerne durch die Natur. Dafür besitzen bereits über 70 Prozent aller Schülerinnen und Schüler einen eigenen Fernseher oder Computer. Die Hightechwelt lässt für Naturerfahrungen keinen Platz – die klassische Umwelterziehung ändert daran wenig. Der „Jugendreport Natur" plädiert dafür, spontanen Naturerfahrungen von Jugendlichen mehr Raum zu geben.

R. Brämer
Natur obskur
Wie Jugendliche heute Natur erfahren
oekom verlag, München 2006
182 Seiten, 19,80 EUR, ISBN 978-3-86581-037-3

U wie Umweltpolitisches Testament

Johannes Rau, der beliebte Alt-Bundespräsident, engagierte sich in besonderem Maße für die Umwelt. Mit viel Weitblick und Charme setzte er sich für den Erhalt und die Pflege von Natur und Umwelt ein, die ihm als Politiker und gläubigem Christ ein Herzensanliegen waren. Seine unterhaltsamen und visionären Reden zeugen davon. Werfen Sie einen Blick in das umweltpolitische Testament des ehemaligen deutschen Staatsoberhaupts.

Deutsche Umweltstiftung (Hrsg.)
Zukunftsverantwortung.
Reden von Bundespräsident Johannes Rau zu Natur- und Umweltschutz
oekom verlag, München 2007, 112 Seiten, 14,80 EUR, ISBN 978-3-86581-056-4

Erhältlich bei
www.oekom.de | oekom@rhenus.de | Fax +49/(0)81 91/970 00-405

 oekom
verlag